人力资源管理实战型系列教材

丛书主编 罗 帆 孙泽厚

工作分析与职位管理

袁声莉 毛忞歆 主编

科学出版社
北京

内 容 简 介

本书介绍了工作分析与职位管理的基本理论与方法，同时穿插大量案例，具有很强的实操性。首先，在对工作分析与职位管理、组织设计与职位管理相关理论与应用背景进行详细介绍的基础上，本书提出战略导向的工作分析与职位管理。其次，对工作分析的内容与流程、通用性工作分析方法及其他工作分析方法的运用进行了详细的描述，并论述了职位说明书的编制与运用。再次，重点探讨了职位评价的流程及方法的运用。最后，剖析了工作分析与职位评价成果的运用。

本书是人力资源管理实战型系列教材，适合高等院校人力资源管理专业、工商管理类专业、公共管理类专业本科生使用，也可供企业人力资源管理工作者阅读参考。

图书在版编目(CIP)数据

工作分析与职位管理／袁声莉，毛忞歆主编．—北京：科学出版社，2014.3

人力资源管理实战型系列教材

ISBN 978-7-03-039969-4

Ⅰ．①工… Ⅱ．①袁… ②毛… Ⅲ．①企业管理－人力资源管理－教材 Ⅳ．①F272.92

中国版本图书馆 CIP 数据核字(2014)第 040511 号

责任编辑：方小丽／责任校对：贾如想
责任印制：赵 博／封面设计：蓝正设计

科 学 出 版 社 出版
北京东黄城根北街 16 号
邮政编码：100717
http://www.sciencep.com

中煤（北京）印务有限公司印刷
科学出版社发行 各地新华书店经销

*

2014 年 3 月第 一 版　开本：787×1092　1/16
2024 年 11 月第十次印刷　印张：18
字数：418 000

定价：39.00 元

（如有印装质量问题，我社负责调换）

人力资源管理实战型系列教材编委会

主　任　罗　帆　孙泽厚
委　员　(按姓氏笔画排序)
　　　　毛态歆　卢少华　朱新艳　孙泽厚
　　　　牟仁艳　张清华　张　敏　罗　帆
　　　　周　勇　赵琛徽　赵富强　赵应文
　　　　胡　浩　桂　萍　袁声莉　徐慧娟
　　　　彭华涛

总　序

二十六年前,当我们开始学习组织行为学时,即被其以人为本的内涵所吸引。虽然,当时国内很少有人关注这一学科,甚至有人批驳它是伪科学,但我们相信,这门由心理学、社会学、人类学、经济学等有关行为的学科组成的交叉学科一定会在管理中有重大的应用价值。

从主讲组织行为学或管理心理学课程,到探讨其在劳动人事管理中的应用,我们默默地耕耘,直到五十而知天命。随着劳动人事管理向人力资源管理方向发展,武汉理工大学形成了工商管理专业人力资源管理方向,毕业生受到了人才市场的欢迎。九年前,我们创办了人力资源管理专业,毕业生就业率一直在本校名列前茅。2005年,我们的教学研究成果获得了湖北省教学成果一等奖;2008年,"人力资源管理"被评为湖北省精品课程;2013年,"组织行为学"被评为湖北省来华留学生品牌课程。我们主编的《人力资源管理——理论与实践》和《组织行为学》教材,深受社会各界好评。一路走来,充满艰辛,我们付出了许多心血,也获得了无限喜悦。

人力资源管理是蓬勃发展的新兴专业,实践性非常强,教材建设是专业建设的重要组成部分,是教学质量工程的建设重点。为此,在科学出版社的支持下,我们精心策划,联合有关高校的师资力量,组织企事业单位的人力资源管理人员,共同编写了工商管理类人力资源管理实战型系列教材,主要面向人力资源管理、工商管理、劳动与社会保障等专业的本科生和研究生(包括MBA、EMBA),也可作为企事业单位在职培训的教材,以及各类管理人员的参考用书。

这套系列教材的特色主要体现在三个方面。

1. 统筹规划的系统性

作为湖北省教学研究项目"人力资源管理专业实践教学体系创新研究"的重要成果,该系列教材经过精心规划和系统设计,涵盖了"绩效管理""薪酬管理""工作分析与职位管理""人力资源风险管理""职业生涯管理""人力资源法""人力资源管理战略规划""人员测评与选拔""人力资源开发与培训""组织行为与人力资源管理实训"等核心课程和特色课程，体系完备，重点突出。同时，该系列教材注重理论教学与实践教学相结合，纸质教材与电子课件、课程网络资源相结合，各种教学方法和手段优化组合，系统性强。

2. 领先前沿的创新性

罗帆、孙泽厚、桂萍、赵富强、卢少华、彭华涛等主编人员具有在美国、英国等发达国家知名大学留学的经历，了解人力资源管理的国际学术前沿和发展动态，将所主持的国家自然科学基金项目、国家社会科学基金项目的最新研究成果纳入教材。《人力资源风险管理》是国内外第一本相关领域的教材，包含人力资源风险预警管理、新生代农民工管理等内容，具有显著的创新性。该系列教材所采用的混合式教学、原创性案例、情景模拟、角色扮演和实训等方法，新颖独到。为了适应互联网+时代教育信息化的发展趋势，我们在书中插入二维码，读者用手机扫描即可观看关键知识点教学录像、最新案例和阅读材料。

3. 需求导向的实战性

我们在全国范围内针对企事业单位人力资源管理人员、高校人力资源管理教师和学生分别进行了问卷抽样调查，对目前人力资源管理教材建设中的问题进行了诊断，了解了三方对人力资源管理教材的需求和期望，以需求为导向进行人力资源管理教学改革，所编写的教材强调实战性。以《组织行为与人力资源管理实训》为代表，综合反映实践教学创新的成果，致力于提高学生将来从事人力资源管理所需的综合素质，强化人力资源管理的战略视角、业务技能和实际操作能力。

该系列教材的主编主要来自武汉理工大学、中南财经政法大学、华中师范大学、武汉科技大学、湖北经济学院、中南民族大学等高校，是多年教授人力资源管理相关课程的任课教师，积累了丰富的教学研究和实战经验。参编人员还有来自美国明尼苏达大学、日本帝京平成大学、上海金融学院、中山大学、上海交通大学、华南理工大学及企事业单位的人力资源管理人员。人员队伍结构合理，优势互补，不仅在人力资源管理理论研究方面有新突破，而且具有丰富的人力资源管理咨询或实践经验。该系列教材充分体现了集体智慧和多方经验，涉及面广，受益面大。

在编写系列教材的过程中，我们吸收了国内外学者的研究成果以及众多人力资源管理者的实践经验，得到了科学出版社、湖北省教育厅、湖北省人力资源学会、武汉理工大学等高校的大力支持和帮助，在此我们深表谢意！

罗帆　孙泽厚
2016年1月

前　言

工作分析与职位管理是人力资源管理的一项基础性工作，没有科学、及时、系统的工作分析，人力资源管理的其他工作在决策的有效性上都要打折扣。而这样一项十分重要的奠基性人力资源管理工作，在不少企业以及其他组织的高层领导决策和一些人力资源决策中往往容易被忽视。近年来，在人力资源管理的六大模块中，绩效管理和薪酬管理已引起广泛关注，员工招聘模块也因企业内、外部各种原因受到部分用人单位的重视，随着《中华人民共和国劳动合同法》的颁布实施，劳动关系协调也牵动着不少用人单位的神经，其在完善劳动关系体系上纷纷投入相应精力。但是，工作分析和职位管理却相对受到"冷遇"，真正运用科学系统的方法和工具开展专业化工作分析和职位管理的企业并不多。然而，诚如本书在第一章和第九章中所提及的，大量的企业案例表明，企业只有高度重视工作分析和职位管理，并形成科学的工作分析和职位管理体系，人力资源管理的其他各项工作才会有坚实的基础和较好的条件。有鉴于此，我们专门组织专家编写出版本教材，目的在于普及工作分析与职位管理的基础知识和基本技能，并为专业的人力资源工作者提供一些实用的工具。书中介绍了如何开展工作分析与职位管理的操作性较强的典型性设计与分析图表供学习者借鉴，希望能对其学习有实实在在的帮助。

本教材编写的基本原则如下：

第一，学科知识完备。学科体系尽可能完整，知识阐述以解释清楚为原则，侧重突出知识的实用性和内容的可操作性。

第二，突出教材的可读性。书中引用大量的案例或故事对理论知识加以解释，拓宽读者的阅读范围，启发思维。

第三，突出知识的直观性。本教材运用大量的图和表格的形式直观地呈现理论、知识点之间的联系、作业流程、操作要领等。

本教材的编写是各位编者共同努力的结果，其中，

湖北经济学院袁声莉教授和中南民族大学毛恣歆博士起草全书总框架，罗帆老师

对本书体系的完善提出了十分宝贵的意见，袁声莉对全书进行统稿。各章编写的具体分工如下：第一、三、九章由袁声莉负责编写，第二、四至六章由毛忞歆负责编写，第七章由平芸负责编写，第八章由彭华涛负责编写。

在全书编写和出版过程中，得到了科学出版社领导和编审老师的大力支持和帮助，在此衷心地表示感谢！

本教材的编写参考了大量的书籍和文章，在本教材的"参考文献"中以及各章相应的地方我们尽可能作了列举，但难免有疏漏之处。本书不当之处，敬请赐教。

编　者

2013 年 11 月

目 录

第一章 工作分析与职位管理概论 ………………… 1
第一节 什么是工作分析与职位管理 ………………… 2
第二节 为什么要开展工作分析与职位管理 ………… 7
第三节 工作分析与职位管理存在的问题 …………… 15
第四节 战略导向的工作分析 ………………………… 21

第二章 组织设计与职位管理 ……………………… 28
第一节 战略导向的组织设计 ………………………… 30
第二节 职位管理提出的背景 ………………………… 43
第三节 如何进行职位分类 …………………………… 51
第四节 如何设计职位体系 …………………………… 55

第三章 工作分析的内容与流程 …………………… 62
第一节 工作分析的内容 ……………………………… 64
第二节 如何设计工作分析的流程 …………………… 73
第三节 工作分析的实施方案 ………………………… 82

第四章 通用性工作分析方法的运用 ……………… 93
第一节 如何运用观察法 ……………………………… 94
第二节 如何运用访谈法 ……………………………… 99
第三节 如何运用问卷调查法 ………………………… 110
第四节 如何运用日志法 ……………………………… 125

第五章 其他工作分析方法的运用 ………………… 129
第一节 基于胜任力工作分析法的运用 ……………… 130
第二节 关键事件法的运用 …………………………… 139
第三节 功能性工作分析法的运用 …………………… 144

第六章 职位说明书的编制与运用 ………………… 153
第一节 工作描述 ……………………………………… 154
第二节 工作规范 ……………………………………… 162

第三节　如何编制职位说明书……………………………………………169
第四节　职位说明书文本举例……………………………………………173

第七章　职位评价的流程……………………………………………183
第一节　职位评价的目的和意义…………………………………………184
第二节　职位评价的内容与流程…………………………………………189
第三节　职位评价的指标体系……………………………………………198
第四节　职位评价方案的撰写……………………………………………217

第八章　职位评价方法的运用………………………………………221
第一节　职位排序法的运用………………………………………………221
第二节　职位分类法的运用………………………………………………224
第三节　因素比较法的运用………………………………………………230
第四节　因素计分法的运用………………………………………………234

第九章　工作分析和职位评价成果的运用…………………………248
第一节　在定编定员中的运用……………………………………………249
第二节　在绩效管理中的运用……………………………………………259
第三节　在薪酬管理中的运用……………………………………………262
第四节　在其他人力资源工作中的运用…………………………………265

主要参考文献……………………………………………………………276

第一章

工作分析与职位管理概论

学习目标

1. 描述工作分析和职位管理的基本内涵。
2. 陈述工作分析与人力资源管理其他各项工作的联系。
3. 列举工作分析与职位管理存在的主要问题。
4. 描述战略导向下工作分析的基本步骤。

导读案例 1-1

张骁和他的同事们怎样贯彻公司竞争战略

这是一家年销售规模达 2 亿元的制造型企业(以下简称 A 公司),张三在这里任职人力资源总监,张骁是该公司最近新上任的公司销售支持与客户维护经理。

张骁上任之初就发生了许多大客户注销原本在 A 公司的而投到竞争对手门下,对此 A 公司调整了竞争战略。新竞争战略强调鉴别并迅速排除导致其客户离去的客户服务问题。张骁发现新战略的提出意味着员工要完成许多新任务,并且会对公司人力资源政策和程序的方方面面产生影响。为了确保公司的客户服务以及即时处理客户不满的服务,人力资源部必须为所有员工,包括前台服务人员、技术人员、保安、公司各级管理者制作新的职务说明书,将其有关服务的新职责写进职务说明书。与此同时,公司还要在培训、绩效、薪酬等人力资源管理其他板块上跟进。客户服务新战略要想取得成功,A 公司的整个人力资源活动都必须为它提供支持。于是,A 公司必须从职务分析入手,否则,张骁和他的同事们就不能透彻地了解职务的要求,从而无法贯彻公司新的竞争战略。

人力资源管理的核心是实现人与工作、人与人的最佳匹配,做到事得其人,人尽其才,才尽其用。要达到这一目的,就必须了解组织内各项工作的特点。工作分析是人力资源管理的基础工作,它是全面了解组织内各项工作特点的一项重要的常规技术,提供了组织内各项工作相关的工作职责、工作关系、工作环境以及工作任职者的资格要求等信息。

对于一个想要在激烈的竞争中占得一席之位的企业来说,仅仅做好工作分析是不够的,还要进行组织设计、工作设计、职位评价等工作,并且要将它们进行统一,做好职位管理等工作才能促进企业长期进步与发展。

那么，什么是工作分析？工作分析和职位管理有什么样的战略地位和作用？工作分析为什么必须以组织战略为导向？本章将围绕这些问题展开讨论。

第一节　什么是工作分析与职位管理

一、什么是工作分析

(一)什么是工作

> **小　辞　典**
>
> "工作"指的是"土木营造之事"或"百工操作"。
>
> ——《辞源》
>
> 工作，用作名词是指"职业、业务"；用作动词是指"从事体力或脑力劳动"。
>
> ——《辞海》

1. 工作的狭义与广义理解

工作(job)有狭义和广义之分。狭义的工作等同于任务(task)，是一个人在组织中在特定的时间里为了某目的所从事的活动；广义的工作是指一个人在组织中所扮演的角色的总和，通常由一系列专门任务组成。本书中的工作主要指广义的工作。

2. 工作的六个特点

从广义的角度来看，工作有以下六个特点：

(1)工作是组织的细胞。每个组织由各种各样的工作构成，每个工作在组织中都扮演着各自不同的角色，这些角色为组织目标的有效实现担负着各自不同的职责。

(2)工作是责任和权利的统一体。工作给人最直观的感受是相互联系的一系列任务的组合，而在背后支撑这些任务的是一系列与之相对应的责任和权利。如果没有组织授予的这些责任和权利，任务的有效完成将成为一句空话。三者之间的关系可以概括为：完成任务是履行组织所赋予的职责，而权利是履行职责的组织保障。

(3)工作是同类职位(岗位)的总称。从严格意义上来讲，工作和职务(job)代表一个意思，而职位和岗位(position)代表的是另外的意思。但在我国，工作、职务、岗位和职位四个概念经常相互通用。

工作、职务、岗位和职位四者的关系可以通过下面的例子来理解。假如，一个企业有五个会计，即会计是一个工作(职务)，它提供了五个从事会计工作的职位(岗位)。可见，工作是由许多相同的职位(岗位)所组成，而职位(岗位)是以某项工作的人数而定，即有多少职位(岗位)就有多少员工。

(4)工作是部门组成、业务组成以及组织划分的信息基础。组织的划分与部门业务的分割，往往是以工作的信息为基础的。严格地说，工作是从组织中分解出来的，但是它一旦被分解出来，便成为组织管理的基础。

部门的职责是由具体的工作支持的，业务的划分也是以流程的逻辑相关性或活动的同类性为基础的。所以，工作分析所提取的信息不仅是管理工作的重要基础，也是管理组织的重要基础。

（5）工作是人进入组织的中介。工业化的发展，使人们脱离了生产资料，从而导致人不再具有与生俱来的就业权利。人是通过工作的中介进入组织的，这就是我们经常说的为事求人而不是因人设事。

在传统产业，人进入组织是为了履行工作职责，因此组织对进入组织中的人是有要求的，这些要求（即能力与经验）就是履行工作职责的过程中产生的。当然，这种工业化的思考就是标准化，以其不变的工作来管理变化的人（具有市场化、流动的人）。

（6）工作与组织的相互支持。组织目标是工作分解的基础，工作是构成组织的最小单元。当组织发生变革的时候，工作的分配也将发生改变；同时，随着工作过程的改变、工艺流程的改变、工作熟练程度的提升等，工作的内涵和外延都会发生变化，而这种变化最终将导致组织分工方式和管理方式的改变。

阅读材料 1-1

如何面对您的工作

常常听到刚刚步入职场的大学生这样抱怨："我现在的工作真是无聊，尽是些打杂的小事，我的专业和能力压根没有发挥的余地！如果给我一个更好的平台，我一定可以干得更好。"古人云：一屋不扫，何以扫天下？任何事情都是由小事组成的，任何工作都是由更小的工作单元组成的。或许，大多数的工作并不是很多人想象中的那么有趣、充满成就感和自我满足感。相反，它可能是烦琐、无聊的。但是，我们不能因为工作的微不足道和繁杂而不去做。

熟悉军旅生活的人都知道，战场上无小事。在战场上，任何人都不可以轻视任何一件事情。因为一件看起来微不足道的小事，或者一个毫不起眼的变化，却往往能决定一场战争的胜负。事实上，任何事情都是一种锻炼，微不足道的工作可能正是你将来晋升的阶梯，因为它给了你不同的工作经历和经验。

其实，每个人所做的工作，都是由一件件繁杂的小事构成的。战场上如此，工作中亦然。宾馆的服务员每天的工作就是对顾客微笑、解答顾客的疑问、整理床单、打扫房间等小事；您每天所做的可能就是绘制图纸、接听电话、整理报表、电脑输入之类的小事，您或许对此感到厌倦认为毫无意义而提不起精神，您可能因此而敷衍了事，有所懈怠……但是务必请记住：这不是借口。工作常常是这样的，但同样的工作就看你怎么去做、怎么去想了。要想把每一件工作做到完美，就必须付出我们的热情、智慧和努力。

资料来源：施伟德．没有任何借口．博锐管理在线，http://www.boraid.com/article/html/114/114338.asp，2009-06-29．

（二）什么是工作分析

小 辞 典

分析，就是把一事物、现象、概念分成较简单的组成部分，找出它们的本质属性及其间的联系。

工作分析也称职务分析、职位分析或岗位分析，它是针对某种目的，全面了解组织的一项管理活动，旨在对工作的有关信息进行收集、整理、分析和综合，为组织的发展战略、人力资源管理和其他管理职能提供基础服务。工作分析的结果是产生工作说明书等工作分析文件。

在从事工作分析时，还必须了解以下术语：

(1) 工作要素(job element)。工作要素是指工作中不能再继续分解的最小工作单位，如发货员从货架上搬卸货品、打开包装箱、取出箱内物品等都是工作要素。

(2) 任务。任务是指工作活动中为达到某一目的而由相关要素直接组成的集合，是对员工所从事的事情做的具体描述。任务是工作分析的基本单位，并且它常常是对工作职责的进一步分解。大多数任务是由多个工作要素组成的，如办公室文秘复印文件这一工作任务必须从事以下具体行动：①启动复印机；②将复印纸放入复印机内；③将要复印的文件放好；④按下按钮进行复印。也就是说，办公室文秘复印文件这一任务，是上述四项工作要素直接组成的一个集合。

(3) 职责(responsibility)。职责是由某人在某一方面承担的一项或多项任务组成的相关任务集合。例如，监控员工满意度是人力资源部经理的一项职责，这一职责由下列五项任务组成：①设计满意度的调查问卷；②进行问卷调查；③统计分析问卷调查的结果；④向企业高层反馈调查的结果；⑤根据调查的结果采取相应的措施。

(4) 职权(authority)。职权是指赋予的特定的权力，甚至于特定的职责等同于特定的职权。它常常用"具有批准某某事项的权限"来表达。例如，具有支配50万元资金和几十辆车的权限。

(5) 职位(position)。职位又称岗位，是指由一个人在一定时间和空间里完成的一项或多项相关职责组成的集合。例如，人力资源部经理这一职位，它所承担的职责有以下几个方面：员工的招聘录用、员工的培训开发、企业的薪酬管理、企业的绩效管理、员工关系的管理等。在组织中的每一个人都对应着一个职位或岗位，因此从理论上说职位的数量应该等于人员的数量，组织有多少人员相应地就有多少职位。

(6) 工作。工作也称职务，是指主要职责在重要性和数量上相当的一组职位的统称。企业通常把所需知识技能及所需要的工具类似的一组任务和责任视为同类职务，从而形成同一职务、多个职位的情况，如企业的副经理是职务，可以对应生产副经理、财务副经理、行政副经理等具体职位。

(7) 工作族(occupation)。企业内部具有非常广泛的相似内容的相关工作群，又称职位族、工作群。例如，企业内所有从事技术的职位组成技术类工作族；所有从事销售工作的职位组成销售类工作族。

(8) 职业(profession)。职业是指由不同组织中的相似工作组成的跨组织工作集合，如教师职业、秘书职业等。

以上工作分析相关术语间的关系见图1-1。

(三) 工作分析的原则

1. 系统原则

一个组织、一个单位、甚至一个岗位就是一个系统，它们是由这一组织、单位或岗

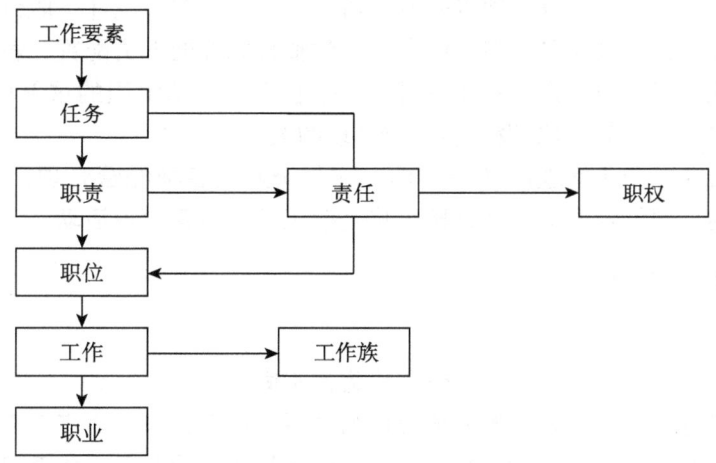

图 1-1　工作分析相关术语间的关系

位独立承担的各种各样既有区别又相互依存的工作任务组成的有机统一体。在对某一工作进行分析时,要注意该工作与其他工作的关系以及该工作在整个组织中所处的地位,从总体上把握该工作的特征及对人员的要求。

2. 目标明确原则

每一个组织的存在都是为了实现特定的目标,所以不论是对企业内还是部门内各岗位职责的分析,都必须以完成企业目标为依据。也就是说,全面的工作分析应该从企业战略与目标、经营业务等方面和角度着眼,将企业内需要落实的任务分解为各部门的目标、职责和要求,再将这些目标、职责和要求分解到具体的岗位。反之,每个具体岗位、每项具体工作也同样应该体现与反映企业的总体规划和目标。

3. 动态原则

工作分析的结果不是一成不变、一劳永逸的,环境的变化、组织战略的变化、业务的调整,都会导致工作任务或者责任的变化、工作活动的变化、工作关系的变化等,所以企业要经常性地针对变化对工作分析的结果进行调整。工作分析是一项常规性工作。

4. 成本效益原则

工作分析涉及企业组织的各个方面,需要投入大量人力、物力、财力。所以,企业应本着成本效益原则来设计实施,根据工作分析的目的,采用合理有效的方法,收集适用的信息。

5. 应用原则

工作分析后的结果,即工作描述与工作规范,或形成职务说明书后,管理者就应该把它应用于企业管理的各个方面——薪酬管理,工作设计,工作评价,工作分级,人员招聘、甄选、配置,培训开发及组织设计等。另外,进行工作分析也应该根据工作分析的目的而有所侧重,根据不同的目的,收集相应的工作信息。

二、职位管理

在传统人事管理中,职位管理以"四定"(即定岗、定编、定员、定责)为主要内容;

在现代人力资源管理中，职位管理以企业战略为导向，以职位设计、职位分析、职位评价、职位分类分级、职位发展为核心内容，有效整合职位的人员配置、薪酬管理、绩效管理的有机系统。当组织面临大的变革时，职位管理还包括组织的重新设计（详细内容请参见本书第二章第一节"组织设计与职位管理的关系"）。

职位管理贯穿于企业管理的各个方面，它与企业的各项经营管理活动都是密不可分、相辅相成的，职位管理不当会直接影响企业正常的经营管理活动。

导读案例 1-2

职位名称为何不同

在对某家国有企业作人力资源咨询时碰到这样的问题：该公司有几个分公司，分公司的职能完全一样，组织结构也完全一样，职位设置也几乎相同，但是同样工作内容的职位的名称却大不一样。同样是作一线销售的人员，有的分公司叫业务员，有的叫业务代表，有的叫销售代表。除了几个总经理、部门经理的名称相同以外，其他相同工作内容的职位的名称大多数都不相同。所以起初看到他们的职位表，顾问还以为这几个公司的业务和职能不一样呢！实际上，这种情况非常普遍，不论是国有企业还是民营企业都存在着这种职位管理混乱的现象：工作职责相同的职位名称不统一；设置职位、删减职位、调整职位都不经过人力资源部和总经理审核；人力资源部和总经理不知道公司有多少个职位，不知道各部门到底有什么职位；职位职责不明确，相互交叉等。

对职位的管理是组织管理和人力资源管理的基础，一个公司出现相同职位名称不同的情况，说明这个公司的组织管理和人力资源管理水平是低下的，说明这个公司的组织化和正规化程度不高。

产生这种现象有几个原因，其中主要是公司缺乏职位管理相关的制度和流程，人力资源部门缺乏职位管理的意识和技能，公司没有进行过职位分析和梳理等。

资料来源：思捷达咨询．如何规范职位管理．中国管理传播网，http://manage.org.cn/Article/200604/30260.html，2006-04-20．

三、工作分析与职位管理的关系

如前面所言，现代意义上的职位管理包括组织设计、职位设计、职位分析（即工作分析）、职位评价、职位分类分级、职位发展，以及以职位为中心的绩效管理、薪酬管理、人力资源配置等活动，显然职位管理包含了工作分析，工作分析是职位管理的一个部分。

在职位管理的各项工作中，工作分析是基础性工作，因为只有通过工作分析，我们才能够得到职位的基本信息，依据这些信息才能进行职位评价、职位分类分级、职位发展等工作。

如果说开展工作分析，标志着一个企业人力资源管理开始走向规范化，那么开展职位管理体系建设，则标志着一个企业人力资源管理开始向更高层次和更高水平迈进。

第二节 为什么要开展工作分析与职位管理

导读案例 1-3

人力资源部在开展工作时为何力不从心

赵珍最近很兴奋,因为大学刚毕业,她就顺利进入 HI 信息服务公司(以下简称 HI)。这是一家中外合资的信息服务公司,近几年发展迅速。考虑到赵珍在大学学习的是国际企业管理,公司把她安排在人力资源部工作。

HI 在目前国内的计算机业算是一家高收益、有很大发展潜力的公司,它主要为企业和个人提供软件及硬件。自 1994 年创办以来,HI 通过灵活的经营手段在激烈的竞争中保持了领先地位。它是一个人员及技术密集型企业,并且企业的发展主要依赖于它的人力资源。因此 HI 在人力资源管理方面的最大兴趣是制定政策和程序,提高员工的素质及满意度。由于信息业正以难以置信的速度发展,企业机会很多,但同时企业间对高质量人力资源的竞争也非常激烈。HI 的管理者深知,如同容易吸引新雇员一样,其也容易失去他们。目前它的人员流动率接近其行业的平均水平。

但是在听了人力资源部佟经理的一番谈话后,原来赵珍乐观的想法改变了。佟经理告诉她,尽管从表现上看,公司有着骄人的经营业绩和良好的发展势头,但是事实上公司内部的管理制度有很多不完善的地方,这些方面将严重阻碍公司的进一步发展。佟经理举例说,作为人力资源管理基础工作之一的工作分析,在公司就没有得到贯彻落实。随着公司规模的扩大,新的工作不断增加,但却没有制定相应的工作描述和工作说明书,原有的一些工作描述和工作说明书的内容也与实际情况完全不匹配了(此时,佟经理交给赵珍一份旧的工作说明书)。造成这种状况的原因在于,初创期员工较少,公司内部的局域网可以使上下级之间和同事之间非常顺畅地沟通,相对扁平的组织结构也使公司各个层次上的员工很容易接近,同部门的工作经常由员工们共同协同完成,职位在公司被定义成员工之间关于特定技术、专业能力和兴趣的竞赛,有超常能力和成就的员工常被录用,接着很快获得晋升。正因为如此,公司并不注重为每个工作制定工作描述和工作说明书,因为从某种意义上说,其只是一纸空文。

但是,这种忽略工作分析的做法随着公司规模的日益扩大显示出越来越多的对人力资源管理工作的负面影响。佟经理坦率地告诉赵珍,在公司,人力资源部被认为是一个低效率的团队。比如说,本来通过绩效评估发现员工绩效不符合标准的原因,并安排培训的锻炼机会以提高这部分员工的技能、增强他们的信心,这应该是人力资源部门的职责。但是,由于缺乏准确的工作描述和工作说明书,人力资源部门就没有确切的标准来衡量员工的绩效,因而也无从发现员工究竟有哪些地方需要改进和提高,更别提为员工制订适宜的培训计划了。因此,在 HI,没有部门认为人力资源部的员工有这方面的能力和经验。另外,公司主要的奖励系统也似乎和人力资源部没有太大关系,甚至公司的年度职工表彰晚宴也被认为是来自外方总经理的奖赏而与人力资源部无关。而按惯例,员工的薪酬奖励计划应该是人力资源部根据工作描述和工作说明书,判断每个工作岗位的相对价值以后,再以此为依据制定的。另外,使新进的员工尽快适应新工作,尽快融入到企业文化中去,并通过安排各种培训和锻炼机会以提高他们的技能,增强他们的信心也应该是人力资源部门员工的职责。但在 HI,没有部门认为人力资源部能做这件事。因此,新进员工的职前培训很少由人力资源部进行。

正是由于缺乏细致的工作分析,HI 的人力资源部在开展工作时显得力不从心。近期,公司又大规模招聘新员工,佟经理决定先从工作分析这一环节抓起,彻底改变以往人力资源部在人们心目中的形象。他将此重任交给赵珍,要求她在 6 个月时间内修正所有的职位说明书。

资料来源:董临萍. 工作分析与设计. 上海:华东理工大学出版社,2008.

思考:

1. 如果你是赵珍,你如何看待工作分析在人力资源管理职能中的作用?
2. 你认为工作分析重要吗?体现在哪些方面?

面对以上问题,我们将在本节具体介绍工作分析与职位管理对一个企业发展的作用及做好工作分析与职位管理的意义。

一、工作分析的目的

工作分析在组织与人力资源管理中具有"承上启下"的重要作用,是人力资源管理中其他所有工作的基础。它的主要目的有两个:第一,弄清楚企业中每个岗位都在做些什么工作;第二,明确这些岗位对员工有什么具体的从业要求。通过工作分析产生出工作描述(职位描述)和工作规范(岗位规范)。通常情况下,进行工作分析是为了解决以下 8 个重要问题:

(1) 员工应完成什么样的体力和脑力活动?
(2) 工作将在什么时候完成?
(3) 工作将在哪里完成?
(4) 为什么要完成此项工作?
(5) 员工如何完成此项工作?
(6) 完成此项工作需要哪些条件?
(7) 谁来完成此项工作?
(8) 该工作的服务对象是谁?

阅读材料 1-2

6W1H 工作分析

外国的人事心理学家从人力资源管理的角度出发,提出了一个非常容易记忆的 6W1H 工作分析公式,即从七个方面对工作进行分析:

◇ Who:谁来完成这项工作?

◇ What：这项工作的具体工作内容是什么？
◇ When：工作的时间安排是什么？
◇ Where：工作在哪里进行？
◇ Why：从事这项工作的目的是什么？
◇ Whom：这项工作的服务对象是谁？
◇ How：如何来进行这项工作(包括工作的流程、程序、方法、措施以及相关条件)？

资料来源：董克用，叶向峰．人力资源管理．北京：中国人民大学出版社，2003．

但在企业实际工作中，广大员工对工作分析的目的却不那么认为。他们往往把工作分析看做企业"裁人"的工具。案例"小V的烦恼"就是一个例证。

导读案例 1-4

小 V 的烦恼

小V接到指示，公司本月将开始工作分析。小V负责销售部门各个岗位的工作分析，他决定先从普通销售员开始，从下往上分析，销售经理最后分析。事实上，普通员工并不像小V预想的那样配合。"工作分析？干吗用的？""哦，是不是要裁人了？怎么突然要进行工作分析了呢？""真抱歉，手头忙，过阵子再谈吧"。一周下来，小V精疲力竭，却收获寥寥。

由此可见，工作分析前若没有宣传说明，员工就容易产生恐惧心理。员工不清楚工作分析的目的，其结果自然是不配合。因此，在进行工作分析之前应做好充分的准备，制订切实可行的方案，并对员工进行动员培训，使员工对工作分析的真正目的和意义有充分的了解和认知。

资料来源：赵永乐．工作分析与设计．上海：上海交通大学出版社，2006．

二、工作分析的时间选择

企业的工作分析一旦完成，就具有一定的稳定性，但在企业本身的战略目标、工作流程、工作性质等发生了变化，或是企业外部的环境发生了变化时，就要对工作进行重新分析。总的来说，在下列情况下企业需要进行工作分析。

(一)企业成立时需要进行工作分析

新成立的企业需要进行组织目标分解、组织结构设计、岗位设置、定编定员、人员招聘等一系列奠基工作，而所有这些工作的顺利展开都需要以工作分析为基础。

(二)企业进入新的发展时期需要进行工作分析

企业进入新的发展时期可以包括企业战略调整、业务扩展、工作流程重组、引进新技术和新工艺、导入新的管理模式、建立新的组织架构、建立新部门、增加新的工作岗位、岗位新增工作内容、组织规模发生变化、人员结构发生变化等情况。毋庸置疑，进入新的发展时期的企业，其工作内容、性质等都发生了变化，需要重新定岗、定编、定员，旧的工作分析系统已不能适应新形势的要求，就需要重新进行工作分析。

(三)企业制定新的制度时需要进行工作分析

当企业需要进行绩效考核、薪酬调整、员工培训等方面的研究时，也需要进行新的工作分析。

导读案例 1-5

铝业公司工作效率为何提高

某铝业公司是中国铝工业集团公司的成员之一，属国家大型企业，现有员工1.7万人，年创利润2亿元。随着现代企业制度的建立，铝业公司在用人制度、用工制度、薪酬制度、培训体制改革为主要内容的人事与激励约束机制改革方面进行了有益的探索。

铝业公司在进行有益探索前，首先要做的一件事是工作分析，这样才能确保各项工作科学、合理地开展。对此，人力资源部门对职位要求、职位关系、职位工作内容、职位考核标准等要素进行分析、规范和整理，用标准方式对各类职位进行界定和描述，形成职位工作规范文件——《职位说明书》，以量化指标对职位进行排序和分级，并在此基础上确定各职位的等级关系。他们的职位评价主要是根据职位的劳动技能、劳动责任、劳动强度、工作环境等要素来确定职位等级关系。

通过这一系列的工作，铝业公司的上下各级员工对自己的工作都有了明确目标，大大减少了人员冗杂、人浮于事、扯皮推诿的现象，提高了工作效率。同时，企业工作考核、薪酬管理、人员招聘等工作也有了标准，从而有效地保证了公司的健康、稳定、持久地发展。

资料来源：周翠红. 山东铝业如何分析职务、评价岗位. 企业管理，2002，(1).

三、工作分析的作用和意义

(一)工作分析在组织分析方面的作用和意义

1. 企业根据工作分析形成组织结构

进入21世纪以来，整个世界都在发生着急速的变化，企业也不例外。不论是处于创立期、发展期的企业，还是成熟期的企业，其发展战略都要随着环境的变化进行及时调整，对企业在运行过程中存在的组织结构和工作流程等方面的弊端及潜在问题加以改进和预防，从而提高工作效率，更好地实现组织目标，而调整的前提就是对企业进行工作分析。

2. 为企业定岗、定编、定员提供依据

工作分析的结果可以为企业定岗、定编、定员提供依据。工作分析的结果详细说明了各个岗位的特点和要求以及各个岗位的地位和作用。同时，对各个岗位的职责及岗位间的关系进行了明确规定，既为定岗提供了依据，又可以避免重复劳动或者相互推诿责任的现象，提高了企业的劳动生产率。

工作分析的结果可以建立起排列有序的职位体系,使每个具体职位都能在该体系中找到相应位置,从而确定企业的职位数量和任职者人数、构成,为定编定员提供依据。同时,工作分析的结果可以准确揭示每个职位的工作性质、特征、责任大小、技术难易程度、任职者所需资格等职位特点和任职条件,为劳动力管理提供标准。具体如图1-2所示。

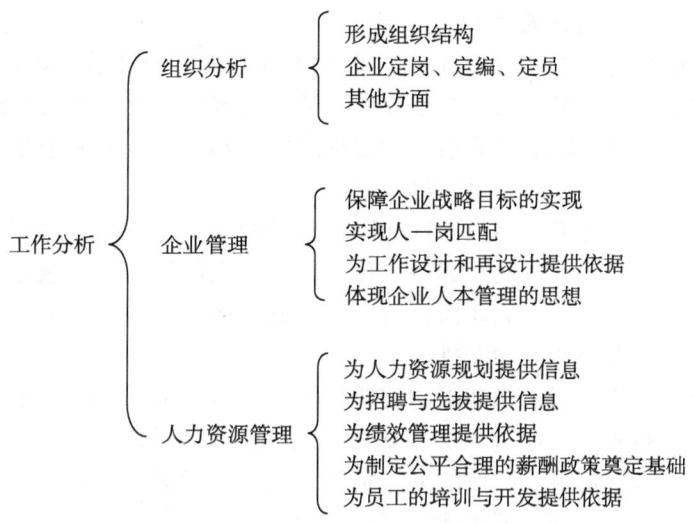

图1-2　工作分析在企业活动中的重要意义

(二)工作分析在企业管理方面的价值

1. 保障企业战略目标的实现

企业战略目标的实现有赖于合理的组织结构和岗位设置,通过工作分析明确每个岗位和部门的职责、权限、上下级关系、工作环境、工作联系等要素,可以为企业战略目标的实现提供良好的平台和基本保证。

2. 实现人—岗匹配

通过工作分析不仅要确定岗位责权,还要确定岗位主持人的任职资格和条件。这样,以工作分析文件的要求来选拔或招聘合适的人主持相应的岗位,就能使企业实现人—岗匹配。

3. 为工作设计和再设计提供依据

通过工作分析,人们可以了解工作的内容、方法、程序、工作环境、工作关系等,进而使工作与工作者的特性相适应,最大限度地减少无效劳动,大幅度地提高劳动生产率;通过工作分析可以实现工作的多样化和丰富化,减少由于工作单调、重复和不完整而引发的工作人员的不良心理反应。根据工作分析的结果进行的工作设计和再设计改善了工作人员与自然环境、机器设备及其他员工之间的关系,从而增强工作中的自主权和责任感,提高了工作效率。

4. 体现企业人本管理的思想

有效的工作分析需要事先做好宣传,让员工明白工作分析的目的和重要性,并阐述其与员工切身利益的关系,从而调动广大员工的积极性。只有在收集资料的过程中,得到全体员工的广泛参与和积极配合，并吸取员工的积极建议形成的工作分析才是有效的工作分析，而这样做无疑体现了企业人本管理的思想。在工作分析结果出台后还要做好宣传和培训工作，以使员工按照文件要求，主持好自己的岗位。

(三)工作分析在人力资源管理方面的作用和意义

1. 工作分析在人力资源规划中的作用

在制定人力资源规划之前，首先应对企业中现有的各种工作(岗位、职务)进行审查。企业现存的工作说明书一般含有审查所需的详细资料，包括目前工作的种类、工作的数量以及这些工作之间的隶属关系。严谨细致的工作分析能够为企业制定有效的人力资源规划、预测方案和人事计划提供可靠的依据。

一个组织中有多少种工作岗位，这些岗位目前的人员配备能否达到工作和职务的要求，今后几年内职务和工作将发生哪些变化，组织的人员结构需要做什么样的调整，几年甚至十几年内人员增减的趋势如何，后备人员的素质应达到什么水平等问题，都可以依据工作分析做出适当的处理和安排。

一个企业如果仅认识到未来期限内需要招聘100名新员工以满足企业生产经营发展的需要，显然是不够的，企业的人力资源部门还应该明确每项工作都需要什么样的知识、技能和素质。毋庸置疑，有效的人力资源规划必须考虑到这些要求。

2. 工作分析在人员招聘、选拔和调整中的作用

工作分析为企业人员招聘、选拔和安置提供了有效的依据。通过工作分析，企业能够明确地规定工作岗位的近期和长期目标，掌握工作任务的静态和动态特点，提出有关人员的心理、生理、技能、文化和思想等方面的要求，选择工作的具体程序和方法等。在此基础上，就可以进一步确定选人、用人的标准，以实现人—岗匹配，有效利用企业资源。有了明确而有效的标准之后，通过心理测评和工作考核就可以选择和任用符合岗位要求的合格人员。

假设在招聘过程中招聘官不知道胜任某项工作所必需的资格条件，那么招聘和挑选将成为漫无目的的无效劳动。因此如果没有适时的职位说明书和任职说明书，就去盲目地招聘和选择员工，其结果无疑是很糟的。

导读案例 1-6

招聘与工作分析

F公司是一家从事物流运输的公司，最近由于业务的发展需要，公司需要加强在互联网的网页宣传，因此要招聘一位进行网页设计、网站管理的计算机专业人员。公司通过刊登招聘启事，对应聘者进行资格筛选、面试，最终录用了计算机专业的应届大学生小李。小李到任后，对公司原有的网页进行了修改、设计，将公司的网页做得有声有色，焕然一新。

但是，一段时间后，公司需要将有关公司客户的数据库资料上传，小李却无从下手。原来小李在学习期间主修的是计算机硬件，对相关数据库的知识却知之甚少，需要至少三月的学习和适应时间。如此一来，就严重影响了F公司宣传计划的如期进行。

从这一案例中可以看出，工作岗位的工作任务决定了任职者所需具备的知识、技能和能力。如果不能以工作分析和任职资格分析为依据准确了解工作岗位所需的知识、技能和能力，并以此选拔、测试应聘者，会导致录用的应聘者不能完全胜任工作岗位，从而对任务的完成造成不良影响。

3. 工作分析在人员培训与开发中的作用

根据工作分析资料可以制订出相应的培训计划，有针对性地开展各种培训活动和设计员工的职业生涯。同时，通过工作分析，员工可以明确从事该岗位工作所应具备的技能、知识和素质。这些条件和要求并非人人都能满足和达到，所以必须对员工进行不断的培训和开发。然而，培训是需要支付成本的，较多的培训使员工具备较好的技能，激励员工更好地发展，但可能造成企业负担过重；过少的培训会导致员工的知识、技能不足，影响工作效率。而工作分析能够明确培训目标、培训内容、培训方法，确定员工需要的培训种类、需要达到的效果等。因此，可以按照工作分析的结果，设计和制订培训方案，根据实际工作要求和聘用人员的不同情况，有区别、有针对性地安排培训内容和方案，以培训促进员工技能的提高和发展，不断提升工作效率。

另外，职业咨询和指导是人力资源管理的一项重要内容。工作分析还可以为职业咨询和职业指导提供可靠且有效的信息。

4. 工作分析在绩效管理中的作用

工作分析可以为工作考评和升职提供标准和依据，标准公开有利于考核公正。工作的考评和职务的提升如果缺乏科学依据，将影响员工的积极性，最终使工作受到影响。根据工作分析的结果，可以制定各项工作的客观标准和考核依据；也可以将其作为职务提升和工作调配的条件和要求；同时，还可以确定合理的作业标准，提高生产的计划性和管理水平。

工作分析文件还可以提高工作和生产效率。通过工作分析，一方面有了明确的工作任务要求，企业可以建立起规范化的工作程序和结构，使工作职责明确，目标清楚；另一方面，明确了关键的工作环节和作业要领，企业能充分利用和安排工作时间，使员工更合理地运用技能，分配注意和记忆等心理资源，增强工作满意感，从而提高工作效率。

5. 工作分析在薪酬管理中的作用

工作分析可以帮助企业建立先进、合理的工作定额和报酬制度。工作和职务的分析，可以为各种类型的工作或各种任务确定先进、合理的工作定额。

6. 工作分析在劳动关系中的作用

通过工作分析，不但可以确定职务的任务特征和要求，建立工作规范，而且还可以检查工作中不利于发挥人们积极性和潜能的因素，并发现工作环境中有损于工作安全、加重工作负荷、造成工作疲劳与紧张以影响社会心理气氛的各种不合理因素；工作分析有利于改善工作环境，从而最大限度地调动工作积极性，发挥员工技能水平，使人们在更适合于身心健康的安全舒适的环境中工作。同时，工作分析中对工作环境的分析和说明，可以提醒组织和人员对危险场所和设施采取适当的措施，以减少或消除工伤和职业病的发生。

在考虑安全与健康问题时，来自于工作分析的有关信息也很有价值。例如，企业应该说明一项工作是否具有危险性，其应该在工作分析文件中将这一点体现出来，而且在某些具有危险性的工作中，员工为了安全地完成工作，也需要了解一些有关危险的信息。

7. 工作分析在职位评价中的作用

工作分析是职位评价的基础，任何一种岗位评价方法的基础工作都是进行工作分析。只有根据科学的工作分析所获得的资料才能作为进一步评价企业中各个职位的相对价值，并进一步对职位进行分级评定的依据。

此外，工作分析对定编、定员同样具有重要意义。

四、职位管理的作用和意义

目前国内不少企业对职位管理认识与重视程度不够，依旧停留在职位说明书层次，职位管理尚未形成系统的方法，或者方法较为简单。

导读案例 1-7

A省网通公司职位体系

A省网通公司隶属于中国网络通信集团（有限）公司，公司现有员工1.6万人，总资产121亿元，年收入规模在43亿元以上；下设9个市州分公司，40个县（市）分公司。A省网通公司拥有该省覆盖最广、规模最大的数字电话交换网、数据网、智能网、支撑网、管理网和技术先进的干线传输网，建成了技术先进、功能完善、覆盖全省的各类数据通信网以及基于数据通信网的多种资源平台和应用平台，业务范围分为固定电话、小灵通、本地电话、国内国际长途、宽带互联网、电子商务、多媒体等多种语音、图像、数据通信的通信服务。

现在的A省网通公司由原来政企合一的省级邮电管理局历经分拆重组演变而来，其前身是A省邮电管理局，在先后历经寻呼业务剥离、邮电分营、移动业务剥离、南北拆分、融合重组之后，2005年10月，公司由中国网络通信集团（有限）公司注资收购，在纽约、香港成功上市，成为中国网络通信集团（有限）公司的子公司。A省网通公司紧紧抓住国家实施"以信息化带动工业化"战略的历史机遇，广泛依靠各级政府和社会各界力量，积极跟踪和应用世界先进技术、加快网络技术演进步伐，推进企业转型，把企业建设成为业务种类齐全、服务质量优良、网络运行稳定、基本建立现代企业制度、全面协调可持续发展的宽带通信和多媒体服务提供商。但是随着企业一系列分拆重组的重大演变和市场经营环境的变化及企业自身的发展，作为一家国有特大型企业，同时也是一家海外上市公司，正处于转型时期的A省网通公司现有的职位管理体系暴露出诸多问题，如职位序列不足、职位晋升通道不畅、缺少职位及工作分析等，原有职位体系已经越来越不能适应企业发展的需要，使得企业的人力资源竞争力越来越不能适应现代企业制度的需要，影响员工的工作绩效和职业生涯发展。建立有效的职位体系和职位管理机制，从而有效调动员工积极性和创造性，成为摆在A省网通公司管理层面前的一个严峻而紧迫的课题。

资料来源：钱磊．吉林省网通公司职位体系的设计与应用．吉林大学硕士学位论文，2007．

A省网通公司在职位管理上存在的问题反映了我国大多数企业在职位管理上面临的问题，由于职位序列不足、职位晋升通道不畅，员工职业发展必然受到影响，员工工作积极性难以为继。要改变职位管理上的混乱局面，必须重视职位管理体系的建设。

健全的职位管理体系有助于企业顺利开展组织管理、战略管理和人力资源管理。

(1) 从企业的组织结构来看，职位是组织结构中的最小要素。作为对职位的分类所形成的所有职位的集合，职位管理体系明确了职位在组织结构中的角色和职责，实现了组织结构划分的意义（详细内容请参见本书第二章第二节）。

(2) 从企业的战略管理来看，职位管理体系通过对职位进行分析，阐明职位的职责和任职要求，不仅将企业的战略目标转换为一系列相互联系、相互支持的具体工作任务，而且明确了职位间职责的边界，避免了由边界不清而可能导致的责任不明，使企业的每一项工作都得到具体落实。

(3) 从企业的人力资源战略来看，职位管理体系的建立，能够明晰企业核心业务的职位需要何种专长与技能的核心人才，能够为实现人才梯队建设提供顺畅的职位通道，从而实现人力资源战略中的人才战略。同时，职位管理体系强调系统性，通过职位体系整合招聘管理、职业发展、培训开发、绩效管理、薪酬管理等职能，为把人力资源工作的重点从单独做好某一项工作转向为强调系统整合的战略性人力资源管理提供客观基础。

第三节 工作分析与职位管理存在的问题

在实际工作中，不管是在认识层面还是操作层面上，工作分析还存在着不少问题。

导读案例 1-8

A公司高层的决策

A公司是中关村的一家从事软件开发与生产的股份有限公司。A公司高层坚信，科学的管理能够带来巨大的效益和收益，因此他们非常重视采用现代管理技术和手段。

因此，在1999年10月，公司组织并进行了大规模的工作分析，并根据工作分析的结果，编制了各岗位的职位说明书，规定了各个岗位的人员编制，制定了各个岗位的薪酬水平。在初期，这些变革确实给企业带来了高效率和高效益，但是后来的发展却事与愿违。从2000年7月开始，各部门经理就不断抱怨职位说明书不符合其部门现在的主要职责和任务，人员编制禁锢了其部门及公司的发展，薪酬水平也不能体现各岗位的实际工作，公司员工的士气大大下降等。A公司现在正处于一种尴尬的境地。

公司专门找人对此进行了细致的分析和调研，得出的结论是，随着生产技术的飞速发展，产品生命周期逐渐缩短（大约为12个月）。有了职位说明书后，降低了公司人力资源使用的弹性。当今软件开发所要求的产品知识更新速度极快，相应的任职人员的资格条件也会随之变化，刚刚通过工作分析所得到的职位说明书基本上不起什么作用。所以该公司高层领导决定不再进行工作分析，也不再使用职位说明书和任何工作分析的结果。

资料来源：王小艳．职业经理人十万个怎么办：如何进行工作分析．北京：北京大学出版社，2004．

思考：
1. 工作分析在当今社会所面临的困难有哪些？
2. A公司高层做出不再进行工作分析、不再使用职位说明书是否有道理？为什么？

一、工作分析的应用现状

(一) 工作分析在国外企业的应用现状

工作分析技术来源于欧美国家的企业。国外经济学家认为，西方工业化是"三分靠技术，七分靠管理"，尤其是人力资源管理，更是企业发展的巨大动力。在现代管理中，"工作分析"是国外人力资源管理的主要方法之一，"职位说明书"是优化人力资源配置，提高人力资源管理水平的重要工具。

"职位说明书"又称"抽屉式"管理。"抽屉式"管理是一种通俗形象的管理术语，它形容在每个管理人员办公室的抽屉里，都有一个明确的职位工作规范，在管理工作中，既不能有职无权，更不能有权无责，必须职、责、权、利相互结合。

国外企业进行"抽屉式"管理分以下五个步骤：

第一步，建立一个由企业各个部门组成的工作分析小组。

第二步，正确处理企业内部集权与分权关系。

第三步，围绕企业的总体目标，层层分解，逐级落实职责权限范围。

第四步，编写"职位说明书"、"职位规范"，制定出对每个职位工作的要求准则。

第五步，必须考虑到考核制度与奖罚制度相结合。

(二) 工作分析在国内企业的应用状况

我国真正重视工作分析的企业还不多，而能够有效利用好工作分析成果的企业就更少。我国企业人力资源管理中存在一个普遍的问题：职位说明书对某一职位的职能描述不清楚，如工作内容、职责及范围、机构等，对完成工作所需要的知识、技能、能力、素质等资格描述说明不恰当或不完整。

部分外商投资企业、大型股份制企业应用了工作分析，但效果不是特别理想，翻看许多企业的职位说明书，虽然洋洋洒洒，内容丰富，但如果仔细推敲还是存在不少问题。例如，职位说明书的格式、语言和内容不规范，给管理造成很大麻烦；对工作描述的语言比较模糊，或者语言比较空洞，让任职者不知所云；关键词运用不当，混淆了职务间的区别；许多人力资源工作者和部门经理在设计职位说明书时往往不专业，职位说明书流于形式等。

大多数企业实行了岗位责任制。在许多企业中，可以查阅到厚厚的一本岗位责任手册，在手册中有每个部门的部门职能和每个职位的岗位职责，书写非常细致和系统。岗位责任制的实施对企业来说应该是管理上的一个提高，但就现实情况而言，在多数企业，岗位责任手册只是一套形式上的文件，并没有得到认真的落实。在职者没有根据岗位职责的内容来规范自己的工作，企业更没有将它作为真实的依据而进行绩效考评。

二、工作分析中存在的主要问题

(一)对工作分析的认识、重视程度不够

相当多的企业管理者因为急功近利，希望人力资源管理工作直接上台阶，见到明显效果，从而忽视了直接成果不明显却作用巨大的工作分析，把这项工作看成是一件可有可无的事，因而对工作分析抱着做不做都一样的态度。特别是一些中小型企业的管理者，总认为自己的规模不算大，还不需要开展工作分析，认为工作分析是一种浪费人力、财力、物力的行为，对企业管理和人力资源管理起不到什么作用。

(二)缺乏系统思考与整体思维

1. 工作分析缺乏战略导向

许多企业不是遵循先调整战略、组织与流程，再开展工作分析的逻辑次序，而往往是将工作分析作为战略、组织与流程变革之前的先导步骤。企业在耗费大量的资源完成工作分析之后，才发现企业的战略发生了变化，伴随而来的是组织结构的调整、职位的变迁、职位内容和职责的变化，原来煞费苦心形成的职位说明书却成了形同虚设的文档。

2. 工作分析静止化，不能适应组织变革的需要

多数企业在工作分析实践中没有考虑到动态环境的影响因素，忽视了组织变革对职位本身的影响，片面追求工作分析的稳定性和职位说明书的严密性，没有关注工作分析的动态管理和职位说明书的分层分类管理，从而难以满足持续性的组织变革与优化的内在要求，造成工作分析与组织变革和实际的脱节。这样，就会经常使得企业的职位说明书被束之高阁，导致工作分析陷入形式主义的困境。

(三)重技术，轻理念

很多人力资源工作者认为，工作分析是一项技术性很强的工作，只要掌握工作分析的各种方法，即使没有任何管理理论，也可以把工作分析做好，从而陷入"重技术，轻理念"的实用主义误区。

工作分析由于缺乏企业理念和目标的导向、职位说明书缺乏目标针对性，导致其在组织与人力资源管理中的应用不够显著，耗费大量资源形成的职位说明书与工作分析报告往往最终发挥不了作用，不能为实际的人力资源管理提供有效的支持，工作分析项目也成了毫无意义的"造文件运动"。

(四)重结果，轻过程

工作分析的实质是以某职位的任职资格条件、工作环境等作为工作输入，分析经过怎样的工作流程、工作关联进行工作转换后，应该输出什么样的工作结果，并确定如何评估其工作结果的过程，如图1-3所示。

工作分析对于企业的价值主要体现在两个方面：一是成果价值；二是过程价值。而大多数企业在开展工作分析时，常常只重视前者，而忽视后者，认为工作分析的重要性

图 1-3 工作分析实质示意图

和工作成果只单纯地体现在最后生成的职位说明书上，动辄要求整个工作分析工作在十几个工作日之内完成，主观地认为只要最后得出一套职位说明书，工作分析的过程如何进行并不重要，单纯用职位说明书本身的形式质量来评价整个项目的价值与意义。这就造成工作分析片面追求文本形式的规范与美观，而忽视了工作分析的过程价值。

(五) 重形式，轻应用

企业虽然进行了工作分析得出了一套工作说明书，却束之高阁，从未有效利用工作分析的结果开展其他人力资源管理工作，就好比病人去医院开了治病良药却将之供奉起来。

在工作分析结束后，企业要注重在实际工作中应用工作说明书。例如，在每一位新员工入职后将职位说明书发给他，有利于新员工尽快进入工作角色，也提出了相应的工作考核标准，便于试用期结束时以此为依据对其进行考核。又如，以工作分析为基础的工作规范可以告诉我们每一个职位所需的知识、素质和能力，如果现有的员工不具备这些条件，相应的培训开发就有了明确的目标和内容。

(六) 重描述，轻分析

工作分析的一大基本任务是对工作要素的分析，而不是对其进行简单的罗列与描述，而重描述、轻分析恰恰又是国内企业目前在工作分析中的通病，具体体现在以下几个方面。

1. 忽视对工作职责之间内在逻辑关系的系统把握

任何职位的工作职责都是一个有机的系统，而非简单的拼凑与组合。对职责之间内在逻辑的把握，一是有利于形成对职责的系统理解，使任职者能够按照职责的逻辑来安排工作，而非无头苍蝇似的找不到头绪；二是有利于把握不同职责对整体目标的贡献，找到努力的方向，优化资源的配置；三是有利于找到职责履行中的难点，为绩效的改进找到突破口和切入点。目前国内企业在进行工作分析时，一方面由于任职者本身的参与不够，另一方面由于工作分析人员缺乏系统的训练，从而往往难以形成对职责逻辑的准确把握，而仅仅进行简单的罗列与描述。

2. 忽视对职责与业绩标准、任职资格之间关系的把握

如果把职位看做一个投入产出系统，那么任职资格就是投入，职责就是过程，业绩标准就是产出。只有在对它们之间的内在关系进行系统分析的基础上，才能真正实现任职资格与业绩标准的科学化与标准化。国内企业在进行工作分析时往往割裂了它们的内在联系，仅仅依靠感觉与经验来设定业绩标准与任职资格，使得职位说明书本身的系统性、准确性和可信度受到影响，进而使职位说明书在招聘、录用，考核等组织与人力资

源管理中的运用受到限制。

(七)重"拿来",轻创新

由于我国企业管理的基础较为薄弱,工作分析技术的开发与应用缺乏丰厚的实践土壤,对工作分析的研究大都还停留在简单理论的引入与技术模仿上,缺乏基于本土实践的系统性和工作分析理念以及技术与方法的创新,以致中国企业的工作分析在假设系统、框架体系、技术方法上存在着诸多矛盾和问题,在一定程度上制约了中国企业工作分析项目的有效开展。其具体表现在以下几个方面。

1. 工作分析框架与技术缺乏假设系统

西方发达国家的各种工作分析方法的背后都有一套独特而完整的关于职位的理解和诠释,从而保证了工作分析方法的系统性与科学性。但与此相反,国内的管理学者和企业管理实践者在对国外的工作分析方法加以引进、消化、改进和创新,以及开发本土化的工作分析技术时,却往往忽视了隐藏在技术背后的假设系统,形成对技术的孤立而片面的理解,使工作分析技术的有效性大打折扣。

2. 缺乏成熟的职位信息收集与处理技术

目前国内企业所采用的工作分析技术中,职位信息的收集与处理技术还停留在较为初级的阶段:一方面缺乏定量化的技术与方法;另一方面,传统的、定性的信息收集与处理方法缺乏系统性的总结,而无法对人力资源管理人员进行有效的培训。这就导致工作分析的效果在很大程度上还取决于工作分析员的个人能力及其对工作的感性认识,这也是目前国内企业中的职位说明书形式五花八门、质量参差不齐的重要原因。

(八)忽视关于工作分析的培训

实践中,由于很多员工根本不知道为什么要做工作分析,怎样做工作分析,影响了工作分析的质量和效率。因此,加强工作分析的培训很重要。

培训可分为两个层面,一个层面包括公司高层及人力资源部门全体员工。在工作分析中,表格的设计、访谈提纲编制、调查方法的使用以及各种信息的归纳总结等都对工作人员的素质有很高的要求。因此,企业必须对人力资源部门的工作人员进行关于工作分析方面的培训,可以请外部咨询公司具体加以指导,培训的主要内容包括工作分析的理念、工作分析的主要内容和流程,工作分析常用方法(观察法、问卷法、访谈法),如何进行有效沟通等,如果连人力资源部门的员工都不能掌握这些技能,就很难保证他们能够正确地运用工作分析这种管理工具,工作分析的目的也就无法达到。另一个层面是岗位信息提供者,包括公司中层及基层员工,通过培训让他们认识到工作分析的目的和意义,争取他们的理解与支持,以及如何正确填写岗位信息,让参与的人知道如何更好地完成这项工作。

三、当前企业职位管理中存在的主要问题

许多企业目前的职位管理是静态的,缺乏随企业技术条件和外部环境变化而动态调整的机制。企业往往热衷于追逐一些新的管理理念,对职位分析、职位评价、职位分类分级、职位设计等基础工作重视不够,甚至长时间不开展这些工作,造成职位管理工作

薄弱的局面。

许多企业至今没有编制职位说明书，岗位职责不清，工作中推诿扯皮的现象时有发生。许多企业对职位的价值没有进行正确的评估，职位的价值往往取决于职位行政级别的高低，而与职位对企业的实际贡献关系不大。加之没有对任职者的绩效进行评估，从而造成"大锅饭"、"干好干坏一个样"等问题，引起了一些在重要职位上做出较大贡献的员工的不满，甚至造成了部分优秀员工的流失。在人员配置方面，许多企业目前考虑的首要因素是员工的个人能力和专业对口，而对员工是否具备职位要求的素质关注不多，往往出现员工素质低于职位的要求，或员工素质高于职位要求，企业中人与事的匹配程度较低，常常挫伤员工积极性，导致人力资源的极大浪费。

职位管理的落后状况在一些企业中已经成为制约企业发展的重要因素。企业应当立即采取措施解决这些基础管理方面的问题，在打好基础的前提下，为构建其他相关管理制度创造便利条件。

阅读材料 1-3

Dean 的困惑

Dean 进入某公司后有点找不到北，如有件事要解决，A 部门说归 B 部门管，B 部门称不知道，让他找 C 部门。Dean 觉得有必要对岗位和责任进行梳理，建议人力资源部门进行工作分析。人力资源经理却摇摇头告诉他，员工对此发憷，不配合，工作分析很难进行。原因何在呢？

症状 1：准备不充分

本章导读案例 1-4 主人公小 V 所遇的困惑即因准备不充分、缺乏宣传、员工不支持所致。

症状 2：事后大地震

人力资源经理 Luna 刚从某外企跳槽到一家民营企业，发现企业管理有些混乱，员工职责不清，工作流程也不科学。她希望进行工作分析，重新安排组织架构。一听是外企的管理做法，老板马上点头答应，还很配合地做了宣传和动员。

Luna 和工作分析小组的成员积极筹备一番后开始行动。不料，员工的反应和态度出乎意料地不配合："我们部门可是最忙的部门了，我一个人就要干 3 个人的活。""我每天都要加班到 9 点以后才回去的，你们可别再给我加工作量了。"

多方了解后，Luna 才知道，她的前任也做过工作分析。不但做了工作分析，还立即根据分析结果进行了大调整。不但删减了大量的人员和岗位，还对员工的工作量都做了调整，几乎每个人都被分配到更多工作。有了前车之鉴，大家忙不迭地夸大自己的工作量，生怕工作分析把自己"分析掉了"。

症状 3：问题大而无当

"请你谈谈你这份工作对公司的价值"，听到这样的问题，Carol 愣住了，该怎么回答呢？当然要说价值很大啦，怎么大呢？思索了半天，她也不知道该如何回答，只能说"我的工作是公司正常运转不可缺少的一个环节"，心理暗想，这回答还真是废话。

不仅仅是 Carol，还有不少员工都在面谈中遭遇这样的"宏观"问题。原本以为工作分析是人力资源部在了解情况后会对每个人的工作进行评价，谁知道，上来就让员工自己谈价值。这下可把大伙难住了，说高了，一听就是空话；自谦一下，不等于让人家来炒鱿鱼？只好统一口径，简单几句把进行工作分析的人打发走了。显然，职位管理和工作分析是一门学问，提什么问题，如何提问，都必须事先进行精心设计和考虑。

资料来源：工作分析中如何消除员工恐惧心理．人才资源开发，2005，（5）：51．

第四节 战略导向的工作分析

一、工作分析的战略地位

企业战略目标的实现有赖于合理的组织结构和岗位设置，通过工作分析明确每个岗位和部门的职责、权限、上下级关系等基本内容，为企业战略目标的实现提供良好的系统保证。工作分析对于企业战略实施和组织管理具有十分重要的意义，具体表现在以下几个方面，如图1-4所示。

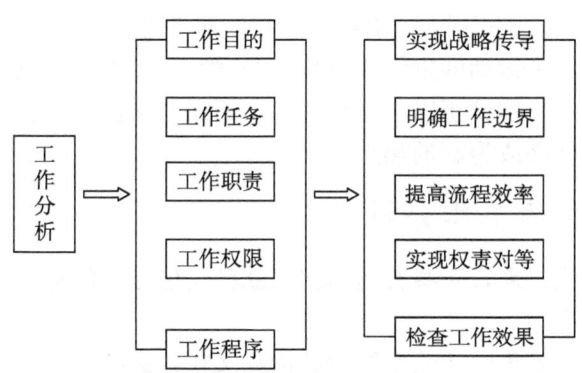

图1-4 工作分析在战略与组织管理中的作用

（1）实现战略传导。通过工作分析可以明确组织中每个工作职位设置的目的，从而找到每个工作如何为整个组织创造价值，如何支持企业的战略目标与部门目标，从而使组织的战略目标的实现能够得以落实。

（2）明确工作边界。通过工作分析可以明确界定工作的职责与权限，消除各工作之间职责上的相互重叠，从而尽可能地避免工作边界不清导致的互相推诿，并且防止工作之间的职责真空，使组织的每一项工作都能够得以落实。

（3）提高流程效率。通过工作分析可以理顺工作与其流程上下游环节的关系，明确工作在流程中的角色与权限，消除工作设置或者工作界定的原因所导致的流程不畅，效率低下等现象，从而有效提高组织的流程效率。

（4）实现权责对等。通过工作分析可以根据工作的职责来确定或者调整组织的授权与权力分配体系，从而在工作层面上实现权责一致。

（5）检查工作效果。工作分析有助于员工本人反省和审查自己的工作内容和工作行为，以帮助员工自觉主动地发现工作中存在的问题，并且圆满地实现职位对于企业的贡献。

二、传统的工作分析

工作分析就是组织确定某一项工作的任务、性质以及什么样的人员可以胜任这一工作，并提供与工作本身要求有关的信息的一道程序。它为广泛变化的组织和管理职能提供了信息基础，包括选拔和员工安置、培训和发展、绩效评估、薪酬福利、工作描述和工作设计、雇佣公平和组织公民行为。传统工作分析主要具有以下几个特点：

第一，环境稳定性假设。传统工作分析的基本假定是个体、工作以及个体与工作之间的匹配在一定时间里是稳定的。这种稳定性与大量生产技术、较长的产品周期、巨大的市场份额和较少的市场竞争联系在一起。

第二，工作存在性假设。传统工作分析对于实现工作绩效所要求的知识、技能和能力的要求都是基于现在已经存在的工作或者是过去曾经存在的工作。这种假设下的工作是静态的，对于现在不存在而未来是很可能存在并且重要的工作的任务和知识、技能、能力(knowledge, skills, abilities, KSAs)没有任何考虑。

第三，受到科学管理运动的重大的影响。"科学方法"下工人只需要负责最终产品的一个特定的部分，传统工作分析以岗位为中心，不关注岗位上的员工，而知识经济以人员导向性的工作分析势必成为新的焦点。

三、战略导向的工作分析

自20世纪80年代以来，一些发达的国家就已经思考如何将人力资源管理整合到企业战略管理的框架中来。

人力资源管理越来越集中于改变组织结构和文化，提高组织效率和业绩，开发组织特殊能力，并且不断管理组织变革。急剧变化的环境要求工作分析不仅能体现大背景下工作内容和性质的发展趋势，而且还能够跟组织的具体特性及发展目标相结合。而传统工作分析方法在强调适应变化和战略一体化的商业环境中，日益暴露出了不适应，分析结果给企业的人力资源管理决策和经营协作带来了混乱和冲突。根源在于传统分析方法假设环境和工作是不变或者静止的。传统工作分析是人力资源管理的基础，而战略人力资源管理作用的发挥需要更灵活、更具有前瞻性的工作分析方法。

Schneider和Konx在1989年就提出了战略性工作分析的概念。其主要思想是将环境变化因素、企业战略以及特定工作的未来发展趋势纳入传统的工作分析中，工作分析方法要反映和容纳因为未来环境变化而形成的工作变化。在操作层面上，邀请相关人员进行访谈和讨论；参加访谈的人员除了工作分析专家、任职者、任职者的上级和人力资源管理专家等传统工作分析包含的人员外，还应包括企业的战略规划者、相关技术领域的技术专家和经济学家，因为他们能够提供关于技术进步和经济发展等影响工作的环境因素的信息。这样通过将得到的对未来需要的KSAs和现有的KSAs进行对比，就能对现有的任务和KSAs进行修正，把自上而下得到的信息和自下而上的信息有机结合。

Sanchez在1994年提出了新的工作分析的概念，并就传统工作分析的不足对未来的工作分析提出了一系列建议。工作分析应体现组织自己的特定需求，这如何做到呢？

首先，工作分析应该结合组织的文化和战略特点，对任职者的素质提出特定要求。

在对现有员工的素质有了清楚了解之后，进行焦点组访谈，可以明确企业的特殊要求和员工具有的素质之间存在的差距。这样既可以了解到组织的人力资源需求状况，又可以对组织进行长期的人力资源规划；同时还能对员工进行效用分析，确定最有价值的员工。

为了更好地实施工作分析，Sanchez 在 2000 年进一步提出了在迅速变化的环境下如何进行工作分析的两个问题。传统工作分析往往把任职者作为主要的信息来源，而 Sanchez 认为，为了适应新的需要，不能仅仅把任职者作为唯一的工作信息来源，还应该让一些非任职者，如企业的战略制定者和人力资源管理者以及相关领域的行业专家，加入到工作分析的过程中，这样他们可以就企业需要的一些比较抽象的个性特质和企业的战略需求提出建议。另外，为节省时间和成本，他提出应改变传统的用纸笔测验和面谈收集工作信息的方式，代之以计算机等现代通信设备来收集和保存工作信息。

综上所述，战略导向下的工作分析应当体现工作的未来发展趋势和组织的战略需求。

四、战略导向的工作分析步骤与方法

导读案例 1-9

某外资商业银行投资项目经理战略性工作分析

一、环境分析

1. 外部环境分析

（1）威胁分析。第一，行业方面，由美国次贷危机引起的全球金融危机蔓延全球，特别是金融行业首当其冲。第二，市场方面，国际市场发展受挫。第三，竞争激烈，各银行在金融服务创新等方面推出多项金融创新，以争夺国际市场。

（2）机会分析。第一，金融行业正在慢慢走出危机。第二，该银行在亚太区包括中国区业绩的强劲增长，2008 年税前利润为 93 亿美元。其中，中国内地税前利润为 16 亿美元，上升 25%。

2. 内部环境分析

随着该商业银行业务的不断开展，对银行内部专属职能人才的需求量加大，从银行的业务方面考虑，其急需大量的投资、基金项目人才。其主要职责是：①参与项目的谈判，组织项目（融资、并购、上市）的协调与执行；②积极寻求项目资源，负责项目进展情况的跟踪与联络，制定项目可行性报告；③挖掘和引导客户需求，引导客户接受银行服务模式和理念。

3. 由环境分析结果确定的对投融资项目经理所需要的 KSAs 要求

学历要求硕士或以上；持认可的相关专业资格证书（金融分析师、会计师或律师）；有 5 年或以上相关工作经验；具备与岗位职责相称的专业知识和理论基础，了解一般公司运作规律；熟悉香港、内地与投资业务有关的法律和监管常识；具有较佳经济、市场分析经验及能力；有开拓及寻找投资商机经验者优先考虑；具有良好的营销素质和谈判能力；有较强的营销开拓能力；有良好的团队意识和沟通协调能力；较强的财务分析和项目可行性研究能力。

二、当前工作分析与差距判断

当前工作分析与通过环境分析之后得到的KSAs的差异主要体现在：①学历从本科提高到硕士；②要求熟悉香港投资业务。这主要是因为：一是公司业务发展和扩张客观上需要更具有理论功底及实践经验的人才；二是该外资商业银行因面临金融危机更需扩大受金融风暴影响较小的香港和内地的市场。这种中度差距使得主题专家会议法（subject matter experts，SMEs）对投融资项目经理所需要的KSAs做出的判断仍然是基于对未来市场的预测，根据该商业银行投资项目部不断上升的绩效证明，这种预测是合理的。

资料来源：杨仕元，岳龙华. 战略性工作分析：框架与应用——以某外资商业银行投资项目经理职位分析为例. 浙江金融，2010，(1)：56~58.

上则案例是某外资商业银行开展战略性工作分析的一个侧面事例，它呈现了这样一个事实，即战略性工作分析已经在一些企业中得到运用。但是，怎样进行一项完整的战略性工作分析呢？

(一) 环境分析

1. 环境分析的内容

环境分析是战略性工作分析框架中一个重要的组成部分，环境分析主要按以下几个步骤进行：

第一步，对组织运行的外部环境进行系统分析。组织的外部环境是由若干方面组成的，对于任何组织，其环境领域都可以通过以下10个方面加以分析，即行业、原材料、人力资源、金融资源、市场、技术、经济形势、政府、社会文化以及国际环境。

第二步，组织内部环境分析。组织应该根据自身实际状况，如组织战略、产品、生命周期、组织文化等来预测组织内部可能出现的未来工作职位及对人员的要求，以适应外部环境的变化，如建立学习型组织、扁平化组织结构、采用自我管理团队、加速技术变革、规划组织战略等。

2. 由环境分析确定未来工作变化的方法

战略性工作分析进行环境分析主要采取三种方法：

第一种方法是SMEs。参加人员除了工作分析专家、任职者、任职者的上级和人力资源管理专家等传统工作分析包含的人员之外，还应该包括企业的战略制定者、相关技术领域的技术专家和经济学家，因为他们能够提供关于技术进步和经济发展等影响工作环境因素的信息。

第二种方法是情景预测法。情景可以被描述为"可以用书面形式描述的可预见的情况，这种情况是组织希望在将来某个时间处理的"。情景可以通过帮助组织制定战略来处理突发事件，可将环境趋势分析、组织目标、人力资源要求和有效性紧密结合起来。

第三种是预测模型法。这种模型大多数是复杂的并要求大量的历史数据和统计程序，模型技术的共同点包括回归、计量经济学和模拟模型。每一种技术都能够被用来预测工作变化和帮助决定有效绩效所要求的KSAs，为管理提供涉及方向和营运方面的帮助。

3. 环境分析的结果

通过借助三种主要的工作分析方法对外部环境的内部环境进行分析，必须要得到一系列可以操作的比较详细的指标来指导现实中的工作分析。美国劳工部组织发起开发的工作分析系统 O*NET 的指标体系，主要从六个方面来考察这种变化：一是任职者要求，包括基本技能、跨功能型技能、知识和教育三个指标；二是经验要求，包括培训、经验、证书三个指标；三是工作要求，包括一般工作活动、工作情境、组织情境指标；四是工作特定要求，包括职业技能、任务职责、机械工具装备指标；五是职业特征，包括劳动力市场信息、职业前景、薪酬等指标；六是任职者特征，包括能力、职业价值观和兴趣以及工作风格几个指标。O*NET 方法考虑了组织情境和工作情境的要求，而且还能够体现职业的特定要求。因为未来工作所要求的 KSAs 各不相同，所以企业在工作分析过程中可根据实际需要对一些非常细致的指标加以取舍。

(二) 当前工作分析

当前工作分析指的是对已经存在职位的工作分析。在进行当前工作分析时实际上有两个重要参考内容，一是工作说明书，二是工作分析报告。这个步骤的工作主要是为了与未来可能存在的工作及其对人员要求进行对比，即做差距分析。

第一步，对已有工作说明书的了解。对已有工作说明书的了解主要包括以下几个方面：工作概要、职责任务、关键绩效指标(key performance indicator，KPI)、组织图表、KSAs。了解已有工作的情况主要为与未来的工作做对比时打下基础。

第二步，对已有职位分析报告的理解。职位分析报告主要描述在职位分析的过程中所发现的组织与管理上的问题、矛盾以及解决方案，具体包括组织结构与职位设置中的问题与解决方案、工作方式和方法中的问题与解决方案等。可见，如果职位分析报告做得好，实际上就为差距分析打下了良好的基础。

(三) 差距分析

在这个阶段，由 SMEs、工作分析专家和组织内相关人员对目前和将来最可能发生的情况进行对比，这种对比是为了评估组织环境变化的程度。组织环境变化会产生重大任务，还会引起工作中 KSAs 的变化并最终通过评估对当前工作分析加以修正。这种比较，将会出现以下三种结果，即微小差距、中度差距和巨大差距。差距分析的不同结果要求对工作分析做出不同的反应。

(1) 微小差距。在相对稳定环境下的组织，很可能从差距分析中发现工作内容有微小的变化。组织在这样的一种环境下完全可以使用传统的工作分析方法，因为工作的内容没有什么大的变化，这符合传统工作分析的静态假设，处于稳定组织环境中的组织使用传统的工作分析方法还是有效的。

(2) 中度差距。当差异分析的结果显示现状和未来之间有中度差异的时候，组织可以采取适时工作分析来确保工作内容的持续变化以跟上技术或其他环境因素的变化。这意味着工作内容需要被重新考虑，传统工作分析的周期大大缩短，各个部门主管随时上交本部门工作中的变化情况，并随时进行工作分析。适时工作分析在实践过程中要注意以下几个问题：

第一，对工作岗位的性质进行认真的识别。在组织中，总有一些岗位的工作内容是相对稳定的，针对这些岗位就要相应的减少工作分析的频度。

第二，信息的选择。当差异分析的结果显示现状和未来之间有中度差异的时候，组织需要采取适时工作分析来确保工作内容的持续变化以跟上技术或其他环境因素的变化。这意味着组织在做出工作分析决策时，不能被动地等待积累足够的信息，要尽早分析，采取适当行动。

第三，进行团队工作分析时要注重 KSAs 中"软技能"的要求。未来的工作更多是由小团队来完成的，同时更为重要的是，小团队的成员都从事具有相当柔性和动态性的工作，这恰恰与环境的中度变化对员工的 KSAs 要求是一致的。因此，注意力应该集中在团队导向情况所要求的 KSAs 并且应当包括这些"软技能"，如 Sanchez 也建议组织公民行为、合作和顾客导向行为应当被视为相关的技能。

(3) 巨大差距。如果当前与未来 KSAs 的差距很大，就意味着当前工作的内容变化很大，需要迅速地改变当前的工作或者创造以前从来不存在的工作岗位。在这种情况下，SMEs 根据未来工作的相关信息来确定任职者要求以及经验要求、任职者的特征、工作的特定要求、职业特征来确保员工在未来的工作情景下具备高效完成工作所必需的 KSAs。

（四）战略性工作分析结果的信度和效度检验

在战略性工作分析实施的最后阶段有一个关于工作分析结果的效度评估（不再进行信度评估原因见下文），如果招聘和绩效评估结果与组织预期一致或者超过组织预期，则可直接实施工作分析方案，如果低于预期，则需要返回到差距分析部分，继续进行差距比较和效度分析。

(1) 战略性工作分析结果不再进行信度检验的原因。如果不能证明工作分析是有效可信的，那么以此为基础的其他人力资源管理活动的可靠性就会受到猜疑。工作分析结果信度分析的重点是确定工作分析不准确性来源，工作分析中的不准确性来源及其影响包括：职务分析者、职务分析工具以及社会和认知的不准确性。由战略性工作分析前述步骤可以看到，在使用 SMEs 等方法进行工作的同时，实际上已经在很大程度上规避了工作分析结果的信度风险，因为 Harvey 和 Wilson(2000) 已经研究证实，SMEs 可以帮助保证工作分析的准确性，并且提供证据证明 SMEs 或者是有经验的工作分析专家提供了优于其他资源的工作分析。

(2) 工作分析结果的效度检验。战略工作分析 (strategy job analysis，SJA) 的有效性随时间的推移必须进行持续的评估，常用的方式就是员工选拔和绩效评估。我们使用工作分析得到的结果进行招聘，对使用该工作分析结果得到的 KSAs 招聘进来的员工进行绩效考核，若绩效考核结果佳，则可证明工作分析结果是有效的。

▶ 案例讨论

"因事设人"还是"因人设事"？

每个人都有自己的特长和弱项，每一个工作都需要不同的人来完成。

正方案例：

一般来讲，因人设事会把公司的本位工作置于次要地位，而夸大人情的作用，也会使公司在复杂的人际网络中逐步失去内在活力和竞争能力；会使公司人才受到打击，因为不正常的人际关系会制约有用之才发挥作用。因人设事的弊端非常多，最致命的一点是给公司使用人才带来负面效应，从而使公司丧失内部管理机制应起到的作用，直至出现任人唯新后果。

因事设人之所以与因人设事相对立，是因为从人力资源管理方面体现了两种不同的用人态度和方法。管理者不应该漠视公司的实际需要安置"多余人"，因为安置"多余人"只能给公司带来人事的不良效果。因此，因人设事是管理者不可不重视的戒律，而以因事设人为行之有效的用人原则，就是根据工作岗位的需要来挑选合适的人选，把合适的人才聘用到合适的职位上工作来提高公司效率。

反方案例：

深圳中兴公司"因人设职"

进了中兴，公司就按你个人的特长，结合本人意愿安排在某个课题组成或项目中担当一部分工作，一个周期下来，如果你能独当一面，公司就以你的特长设岗，你有课题，公司就给你配助手、资金、设备，你有销售才能，公司就会委任你担当销售经理重任，那里的人、财、物全部由你组合调动，充分发挥你的才能，并使责、权、利捆在一起。

中兴视讯产品部经理李志前于1995年1月到公司，当时国内的会议电视市场"洋货"充斥，他从1995年7月开始利用业余时间进行会议电视的调研，公司领导看了调研报告后，对其视讯开发的想法表示大力支持，并立即立项，让李志前担任项目经理，1995年年底，项目组人员及资金到位，开始运行，1997年进行投产、推广、试运营，到1998年，视讯产品迅速成长为公司的又一支产品，李志前不仅成为高级管理人才，并且取得了不错的个人收入。

企业的发展不仅迫切需要各方面的人才，而且也为发挥人才的作用创设转动的平台，企业应充分尊重每个人的选择权，每个人的兴趣爱好不同，特长也不同，所以在人员管理中，应"因人设职"，也就是说按照员工的特长来设岗。

➢ 讨论

1. 你如何看待深圳中兴公司的"因人设职"？
2. "因人设事"和"因事设人"是否是截然相反的？为什么？两者和工作分析的关系是什么？
3. "因人设事"和"因事设人"的使用是否和文化有关？哪一种情况更适合我国企业？

➢ 思考题

1. 试述工作分析的基本内涵。
2. 工作分析的原则有哪些？
3. 什么是职位管理？
4. 当前我国企业的工作分析与职位管理存在哪些问题？
5. 为什么必须重视把工作分析置于企业的战略导向之下？

第二章

组织设计与职位管理

学习目标

1. 阐述战略导向组织设计的基本思想。
2. 陈述职位管理的主要内容。
3. 理解职位管理的产出。
4. 描述职位分类的结构。
5. 陈述设计职位体系的流程。

导读案例 2-1

愚蠢的组织设计

到 2013 年年底了，A 公司人力资源总监张三正热火朝天地做着公司 2014 年度人力需求规划。

对于年度人力需求规划，张三从事这项工作已经三四年了吧，他打算就一直这样做下去。

首先，他组织各部门按照模板的格式要求编写了 2014 部门组织架构。我曾经仔细研究过张三的这个模板，发现还是蛮有可取之处的，那就是非常关注细节：在这张组织架构图上，其明确地要求各部门显示出管理层级、管理幅度、岗位名称、岗位上已有在岗员工标识出员工姓名（其中由于生产与销售的人数较多，就只标注出具体的人数）、岗位上缺编员工及人数的标识、编制总人数、在职总人数、缺编总人数。

如此一来，岗位的数量、工作行政关系、兼职的、缺编的等所有信息就可以通过一张简单的图表全面地展现出来。

其次，各部门的组织架构图必须经过"三图章"的签核，即部门负责人编制、上级主管审核、总经理审批，然后才交人力资源部备案。说到这里，我不得不佩服张三的聪明大脑。他脑子转得十分快，如此一来，一个部门要设置哪些岗位、岗位上定多少人等这些关于组织管理的工作完全不需要人力资源部去操心了，张三坐享其成，直到最后看看有没有各级领导的签字，有了签字就可以往下操作第三步。

再次，请各部门根据签核后的组织架构图填写 2014 年编制计划书。在这张表上，我再一次钦佩张三系统思考与关注细节的能力：必须填写一级部门名称、二级与三级部门名称以及细分到下面每个科室的名称，再就是岗位名称、岗位编制数量、在职数量、预离职数量（张三要求各部门填写这一栏时必须参考部门过去一年的离职率与现有人员明年的工作意愿）、缺编数量、招聘方式（这是一个选择框：内部晋升、外部招聘、兼职）。

最后，各部门负责人在编制计划表上签字后，由人力资源部根据编制计划表中的缺编数量与招聘方式来做明年的人力需求计划、招聘费用预算等各项人力资源规划工作。

正当我沉浸在对张三系统思维、关注细节的膜拜之中时，突然他的 QQ 头像连续闪了三下，打开聊天窗口一看，张三一阵号啕大哭，他说：

"我的年度人力需求计划、招聘费用预算居然被老板扔回来了！他说让我再仔细审核这样的规划岗位和编制有没有问题！"

"我怎么审核，各部门负责人、分管领导、包括老板自己本人都签字了，兄弟我该怎么办？"

"让我审核这些岗位和编制有没有问题，是不是要我一个个地去给他们做工作量分析，这么大的工作量怎么完成啊！"

看来，张三的老板对这种测算人力资源需求的方法以及结果都不满意，甚至说是不同意的。可是，张三的老板为什么会在各部门负责人及分管领导签完字后的组织架构图上签字呢？

估计，张三并没有在制定年度人力需求规划之前和老板直接沟通这种做法，导致老板看到这样的架构图后不知道用来干什么，只是认为让他履行最终确认的程序。

"你做这些工作之前和老板沟通过没？"我按捺不住自己的好奇心。

"没有哦。"

哎，可怜的张三，一个做了 6 年人力资源管理的专业经理人居然也会犯下如此致命的错误：在没有弄明白为什么要做组织管理的情况下，贸然地设计工作流程，快速地得出各部门的组织架构、岗位设置、部门编制、人力需求。

如果我们没有弄明白为什么要做组织管理，即使方法再优秀，得出的结果还是会像张三总监一样，最后被老板推倒重来。

我们为什么要做组织管理工作？难道真如张三所言，去监督各岗位设置时工作量是不是饱和？工作量不饱和就合并岗位或者减少编制吗？

如果这样的话，就要让大家每天写工作日志，去做大规模的工作分析，测算每项工作所需要的时间。当然，这种方法也不适合全部铺开，如销售代表这样的职位就不需要这样做。

非常有必要明确组织管理的工作目的。战略决定组织，我们要做什么样的业务，做到什么程度才能持续地为顾客创造价值，为企业创造利润，是需要恰当地组织才能实现的。所以，组织管理的目的就是要关注内外部客户的需求，通过各部门努力工作所创造出对应的贡献与成功来满足内外部客户的需求。而满足内外部客户需求的组织成果与贡献必须由各部门的关键职责来实现。

所以，组织管理要做的事情就是：根据内外部客户的需求，明确各部门的关键职责和对应的成果与产出，并且将这些部门的关键职责与成果产出分解到各个岗位上去。也就是说，在做下一年度人力需求计划时，我们关注的焦点是：设置这些岗位是为了产出哪些能够满足内外部客户需求的成果；要实现这些成果，我们要履行什么样的关键职责；这些关键职责要多少人才能实现。

只有这样，我们才能正确地评估设置什么样的部门、岗位以及编制。

所以，张三兄弟，你现在就不需要去做各岗位的工作量分析了，你只需要设计一个合适的表格，让各部门负责人梳理出自己部门的内外部客户、关键成果与关键职责，同时再让各岗位员工与部门负责人从下到上明确自己岗位的内外部客户、关键成果及关键职责，最后你只需要简单地审核部门内外部客户、成果与职责是否正确，以及这些内容是否已经分解到部门的各岗位中由各岗位通过工作来实现了。

这样，你就做到了"千斤重担团队挑，个个头上有指标"，从而实现了企业的本质要求：为内外部客户创造价值。

资料来源：石才员．愚蠢的组织设计．中人网社区，2011-01-10．

思考：

为什么张三的年度人力资源需求计划、招聘费用预算被老板否决了？如何做好职位管理以服务于组织的管理？

职位管理是组织管理尤其是人力资源管理活动的基石，通过组织设计、职位设计、职位分析、职位评价、职位发展等一系列活动，服务于组织与员工，达到位得其人、人尽其才、适才适所、人事相宜，充分挖掘员工的积极性与创造性。由于职位管理活动会受到内外部环境的影响，因此，职位管理的其他活动需要在组织战略导向下进行。职位管理各个环节在不同的管理目的下有不同的产出，有不同的作用。本章将围绕战略导向下的职位管理展开讨论，并对职位管理提出的背景、职位管理的产出、职位管理的内容、如何进行职位分类、如何设计职位体系等进行介绍。

第一节　战略导向的组织设计

导读案例 2-2

猫咪游戏玩具公司的人事问题

乔·伯恩斯是一家公司的职员，创办了猫咪游戏玩具公司，但起初是在业余时间干。起初，他在自己家的地下室里制作一些供人消遣的玩具小猫，谁要买就直接邮寄给他。1980年，他开了一家乔记精品商店，这是他在市中心商业区的第一个零售小商店。乔的生意越做越大，他终于辞去工作，把商店搬进了一个大型购物中心，把原来的店名也改了，正式定名为猫咪游戏玩具公司。后来，生意红火到在这个大都会地区联手开张了7家连锁分店，乔又买下了一个小型玩具制造工厂，开始大批量地生产玩具小猫。随着生意上的发展，他感到不得不处理一些一向被忽视的人事问题。

第二章 组织设计与职位管理

杰拉尔丁·菲茨是总经理，乔雇她来管理这些零售商店。她抱怨说，下一年度她需要补充人手，乔问："需要多少?"杰拉尔丁举出以下一些数字：

现有职工	350 人
生意扩大，需要追加职工	50 人
为了填补缺勤，400人按2.5%的比率算，需要职工	10 人
为了替换预期中的正常辞职和解雇，需要职工	70 人
为了替换预期中的退休人数，需要职工	20 人

总经理还要求乔批准每个星期给每个商店的首席店员多付薪50美元，因为首席店员对清点库存与现金收款负更多的责任。

杰拉尔丁从乔那里获得批准追加职工，在每家商店贴出布告："招聘零售商店职工"。布告张榜了3个星期，这位总经理大失所望，因为几乎没有人来应聘，就是来应聘的那几个人也不具备她所希望的素质。

此外，一家分店的首席店员辞职了，而这家商店的经理法利·曼尼克斯告诉杰拉尔丁，他希望提拔的一个店员当即要他准确描述这份工作该干点什么，这真让他吃了一惊。"我确实不能挑这副担子"那个人说，"除非你能明确这份工作，明确希望我干什么。"

乔常常灰心丧气，因为他巡访零售商店时常碰到有些店员对公司的产品系列竟一无所知，特别是新职工，看上去甚至不知道猫咪游戏玩具公司有自己的工厂。总经理对商店经理们所干的事及没干的事也很失望。她说："我们得干点什么来改进他们的工作。"

一家零售商店突然发生的一件令人不愉快的小事，使得乔和杰拉尔丁明白了需要对人力资源更好地管理。这牵涉到一个叫玛丽·泽勒的售货员，她已工作了3年。她的表现总的来说令人不满意，但商店经理迈克尔·默里留着她，希望她会改进。她并没有这样做，一天上午，有位顾客想买东西，玛丽却不理不睬，商店经理当场解雇了她。这件事情没有到此为止，玛丽指控那家商店经理和猫咪游戏玩具公司，说谁也没对她的工作表现有什么异议，都说满意。她认为解雇她纯粹是一种歧视行为。"商店经理不喜欢雇用妇女"她说道。当迈克尔因此事受到质问时，他辩解道："店里每个人都知道玛丽是这里最差的店员，如果她还不知道，那她不是聋子，就是瞎子。"

资料来源：企业管理咨询案例分析：猫咪游戏玩具公司的人事问题. www.exam8.com, 2009-08-08.

思考：
1. 你认为猫咪游戏玩具公司的组织设计存在哪些问题？
2. 猫咪游戏玩具公司的职务设计应该怎样进行？
3. 玛丽的指控和迈克尔的辩解有没有道理？为什么？

战略实施离不开组织载体，而组织又需要在以战略为导向的管理中生存与发展。组织战略的实施需要与之相匹配的组织设计，战略也是评价组织优劣的标准，决定了组织的发展方向。本节从组织设计与职位管理的关系、组织设计的基本思想、组织结构类型、组织结构设计如何影响职位的设计和管理等方面来分析它们之间的内在联系。

一、组织设计与职位管理的关系

导读案例 2-3

市场部与销售部的争吵

某公司是西南一家大型成套设备生产企业，企业的客户主要为老客户，销售部门主要的任务是对这些老客户销售成套设备。

随着竞争的加剧，公司的客户资源急剧萎缩，公司意识到以前对市场变化的认识度不够，于是成立了一个市场部，专门负责市场信息的收集、整理、分析工作，为销售人员提出建议。

市场部刚成立不久，就有销售人员反映说，市场部不但是多余的，并且扰乱了他们的工作，因为市场部的人员要求出差人员交出出差地的市场情况报告，占用了他们的时间，并且市场部经常对他们的工作指手画脚，销售部的人员认为他们只会动嘴，让他们去跑销售还不如自己。

市场部的人员却认为销售人员目光短浅，缺乏远见。

思考：

问题出在哪？有人建议把两个部门合而为一，这样能解决目前问题吗？是否还会产生其他影响？为什么？

针对这些问题，这一部分内容将侧重分析组织设计与职位管理的关系，以及处理好组织与职位之间关系的意义所在。

企业组织是由有着共同的目标而行动的一群人组成的，是企业管理得以进行的基础。组织管理就是为了有效而合理地确定组织成员、任务及各项活动之间的关系，对各项资源进行合理配置的过程。组织设计是对企业总体组织构架的规划，是组织战略规划的重要组成部分，是对企业的权力资源进行配置的过程。在组织运营的流程中，会形成指挥链、决策链、控制链和协调链，所以组织设计除了对各部门岗位设计外，还需要考虑决策、控制与协调机制。建立适合企业发展的组织结构，就是要确保人员流动、资金流、物流、信息流畅通，增强组织的市场适应能力和学习能力，使各部门的协调与沟通顺畅，集权分权合理，形成强大的协同效应。组织设计决定了各个部门的定位与职责、定岗定编及职务说明。

虽然不是所有的职位管理工作都必须要进行组织结构重组，但是职位管理工作流程的第一步却是组织设计。企业组织在变革与发展的过程中是否需要进行组织设计，可以从业务、客户信息、内部管理、员工等角度来进行判断。通常需要进行组织设计的情况有以下几种：一是新建的企业；二是原有组织结构出现较大的问题或企业的目标发生变化；三是组织结构需要进行局部的调整和完善。在进行组织设计时，企业高管层必须认识到组织设计是职位管理中的一项关键工作，有必要审时度势，通过对原有组织设计的适当调整，使之更符合企业发展，从而提高企业管理效率。同时，在对组织架构调整的过程中完成职位分析并形成职位描述。

阅读材料 2-1

是否需要组织设计

1. 业务角度

现有的组织设计是否覆盖了企业全部的业务要求？

企业各个业务负责部门是否都具备了相应的行动权力，确保符合公司业务战略要求？

如果战略业务组合没有相应组织予以支持，或者支持力量过于分散，那么组织在业务层面需要做相应整合。

2. 客户角度

各类客户信息是否都能够得到正常传递并得到处理？

如果因为组织的原因使客户信息不能够得到及时处理，企业就要在流程重组基础上对组织结构或组织功能做适当调整。

3. 内部管理角度

各个管理部门是否发挥了应有的作用？

如果各个管理部门因历史原因导致业务划分不明确，不能促进组织的良好发展，就需要对原有组织进行整合，使之发挥更大的作用。

4. 员工角度

企业内的人才优势是否得到了恰当的发挥？

人才优势是企业最大的竞争优势，如果企业内存在人—岗不匹配时，就需要合并或拆分企业组织，形成更恰当的组织单元，增加或削减各单元负责人的职责权限，以保证最大限度发挥企业的人才优势。

二、组织设计的基本思想

(一)组织设计的基本原理

企业进行组织设计时应遵循以下基本原理。

1. 目标统一

组织结构的设计和组织形式的选择必须以实现组织目标为宗旨。组织的形成离不开其目标，组织中的每一部分都不应该偏离组织目标。例如，医院的目标是治病救人、服务社会，它的组织机构分为内科、外科、妇科、儿科、门诊科室、药房、供应科、财务科等，这些都是围绕实现医院的目标而设置的。在组织中，各个部门会有各自的分目标来支持组织总目标的实现，分目标也是部门内部职责细分的依据。通过目标层层分解，每个部门、每个人都能在完成总目标的过程中做好自己的工作。按照这个原理建立的组织架构是一个有机的整体，为保证组织目标的实现奠定了基础。目标统一原理要求在组织设计中要以事为中心，因事设部门、设岗位，确保人与事高度匹配，避免出现因人设事、因人设岗的现象。

2. 分工协调

分工就是为了提高管理专业化程度和工作效率，将组织目标分解成各层级、各部门以至各员工的目标和任务，使组织的各个层次、各个部门的每个人都了解自己在实现组织目标中应该承担的责任与具有的权力。分工离不开协调，协调不仅包括部门之间的协调还包括部门内部的协调。分工协调原理就是有效的组织结构必须能反映组织目标所必需的各项任务和工作的分工与协调，并且委派的职务要与担任这一职务的人的能力与动机相匹配。分工协调原理具体体现在组织结构中的各层次、各部门和各职权的合理分工，以及各种分工之间的协调。

3. 管理宽度

管理宽度原理要求主管人员有效地监督、指挥其直接下属的数量是有限的。管理的宽度因组织、因人而异，取决于多方面的因素，如工作类型、管理人员的素质和能力、下级人员的素质和能力、管理层次的高低、授权的程度、计划的完善程度、组织沟通渠道状况、下属工作的相似性、工作地点的相近性、组织的稳定性等。由于管理宽度的大小影响甚至决定组织的管理层次、主管人员的配置数量等一些重要的组织问题，所以，各管理人员都应该综合多方面因素来确定理想的管理宽度。一般来说，一个领导者的直接下属为5~6人，最多不宜超过10人。

4. 权责一致

权责一致原理即职权和职责必须相等。在进行组织设计时，既要明确规定每一管理层次和各个部门的职责范围，同时又要赋予完成其职责所必需的管理权限。职责与职权必须相等，要履行一定的职责，就该有相应的职权。若只有职责没有职权、或权限太小，那么职责承担者的主动性、积极性会受到束缚，在工作中不愿意或不能承担起应有的责任；相反，只有职权没有责任、或责任程度小于职权，则会导致权力的滥用而使企业运营混乱等。在进行组织设计时应尽量避免这两种倾向。一项科学的组织结构设计是将职务、职责、职权形成规范，订立章程，让所有承担该工作的人都有章可循。

5. 统一指挥

统一指挥原理即组织的各层级、各人必须服从一个上级命令和指挥，保证命令和指挥的统一，避免多头领导和多头指挥，使组织高层的决策得以贯彻执行，表现为"下级服从上级，局部服从整体"。统一指挥原理要求上级的命令要从上到下逐级下达，不能越级指挥，下级只接受一个上级的领导并且只向一个上级汇报、对他负责，上下级之间就形成了一个"指挥链"。在这个指挥链上，上级既容易了解下属情况，下属也容易领会上级的意图。指挥和命令如果能够安排得当，就可以做到命令畅通，提高管理工作的有效性，避免因"多头领导"所造成的混乱。

统一指挥的原理在实践中可能因缺乏横向联系和必要的灵活性而出现一些问题，所以在应用中，上级可授权下级进行直接的联系，但必须将行动结果报告直接上级，这样也有助于统一指挥的实施。

6. 集权与分权相结合

为了保证有效的管理，必须要实行集权与分权相合的领导体制。对权力进行划分，该集中的权力集中在高层，该下放的权力分给下级，加强组织的适应性与灵活性。高度集权会降低决策的质量、降低组织的适应能力、不利于调动下属积极性、阻碍信息交流;高度分权则使政令难以统一、指挥不便。作为高层管理者应该赋予下属与其承担的职责相符的职权,使下属有职、有责、有权,充分调动他们的积极性,提高管理效率。适当的分权也可以减轻高管的负担,以集中精力抓重要的事。

7. 精简高效

精简高效原理即在服从由组织目标所决定的业务活动需要的前提下尽量减少管理层次,精简管理机构和人员,充分发挥组织成员的积极性,提高管理效率,以更好地实现组织目标。组织机构如果不够精简、队伍不够精干,就会导致机构臃肿、人浮于事,沟通成本大,容易增加人际关系方面的矛盾,最终浪费人力,效率低下。精简高效原理还体现在:组织中应具备高素质的人和合理的人员结构;因事设职,能合并的岗位尽量合并,能少设的职位尽量少设;组织中各部门、各岗位的人员形成合力,减少内耗。

8. 稳定性与适应性相结合

组织结构及其形式既要有相对的稳定性,不能经常变动,但又必须在组织内外部条件有变化时,根据远期目标进行相应的调整。组织在社会大系统中是一个开放的子系统,在其运营过程中,会与外部环境发生一定的交互作用。组织在实现目标的行动中,必须维持一种相对平衡的状态,因为组织越稳定,其效率就越高。由于组织赖以生存的大环境是不断变化的,如果组织结构一直保持稳定不变化则会呈现僵化状态,导致组织内部效率低下,而且也无法适应外部变化。所以组织进行适当的调整与变革是不可避免的。因为只有调整变革,才会给组织带来活力和效率。

(二)企业组织设计的思想

组织设计的思想大致有两种:

一种思想是将组织看成是由一系列工作岗位构成的系统,按照专业化分工原则进行设计,先把系统中的全部活动划分成许多岗位(职能),然后再组成系统。这是传统的组织设计思想,依据亚当·斯密的劳动分工理论而形成,体现了劳动分工理论的优点。根据这种设计思想设计出来的企业组织,其基本结构是专业化的工作岗位,组织结构形态是层次等级和专业分工明确的组织形式,即层级制组织结构形式。这种设计思想的不足之处是没有考虑到业务流程的整体性,不利于满足"社会人"和"自我实现人"的需求,会影响员工的积极性。

另一种思想是将组织看成是一系列活动过程所构成的系统,设计时先把这些活动过程构成小组(团队),然后再组成系统。这种设计思想于 20 世纪初提出。1990 年,美国学者迈克尔·哈默(Michael Hammer)发表的相关论文,以及 1993 年哈默与詹姆斯·钱皮(James Champy)著作的《再造公司——企业革命的宣言》一书中,都提出了企业再造理论和以活动过程为中心的组织设计思想。根据这种设计思想设计出来的企业组织,其基本构件是活动过程。这种设计思想克服了第一种设计思想的不足。由于按活动过程组成的团队在内部协调中拥有较多的自主权,减少了分管经理的协调工作量,增大其管理幅度,从而使组织结构趋向于扁平化。

(三)影响组织设计的因素

由于企业最终要在环境中运行,所以企业的组织结构要适应企业所处的环境。在设计组织结构时，也要根据企业自身的条件，因为设计出来的组织结构要依靠企业自身条件来支撑，同时组织结构也是服务于企业的经营管理活动的。因此，现代组织设计的基本思想就是要因地、因事制宜。在进行组织设计时一般应考虑如下影响因素。

1. 经营业务

企业组织设计的出发点和归宿就是为企业经营业务服务。设计组织结构的根本目的是为企业经营业务创建良好的组织环境。设置工作岗位的依据是经营业务活动的内容，部门的划分和组织结构框架由经营业务活动的运行方式来决定。经营业务活动内容与运行方式越多，相应的部门、岗位设置也越多，组织结构也越复杂。工作程度和效果都可以预测的重复、简单的业务，采用正式的集权式组织结构进行指挥管理就比较有效；而工作程度和效果都难以预测的复杂的、创新性的业务最好采用分权的组织结构。

2. 经营规模

经营规模的大小会影响组织结构中管理跨度和层次结构。规模越大，组织内部工作的专业化程度就越高，标准化操作程序就越容易建立。标准化程序下管理者用于处理日常事务的时间较少，因而管理跨度就可以大一些。一般而言，规模大的企业由于管理跨度可以大一些，有利于减少管理层次。但是，规模大的企业由于经营范围宽、业务量大，有些管理职能就可能要独立出来，这就会增加机构，增加层次。如果规模太大，受管理者能力的限制，需要分权的程度就会高，有可能需要建立分权式的组织结构。

3. 技术复杂程度

技术复杂程度影响着组织内部协调关系。一般来说，技术越复杂，部门或个人之间的交往越多，信息传输量大、传输频率增加，就会使得相互之间的协调关系变得复杂。为了有效协调，就需要增加协调机构，或者调整组织结构。技术复杂程度高的企业，其自动化程度相对较高，操作人员和工作岗位减少，基层管理的跨度可能变小。对于上层管理人员而言，由于专业化程度和标准化程度高，管理幅度可以增大。若从技术特征来分类，单件小批量生产的企业适合采用分权方式管理，大批量生产企业宜运用相对集权的方式管理，批量生产企业需灵活掌握好集权与分权的界限。

4. 人员素质因素

人是组织生存与发展的决定因素，企业的组织结构实际上是人员的职位结构，设计出来的组织结构是由人来担任各个职位上的角色。各个职位上的责任和权力，以及相互之间的各种关系，都要通过人的活动才能体现出来。所以，组织中人员的素质对组织结构起着决定性的作用。人员素质包括身体素质、思想素质、心理素质、职业道德、知识水平等。高素质的管理者可以承担更多的责任，因而可以赋予其更大的权力；一专多能的人才可以身兼多职，这样可以减少人员、职位和机构。

5. 环境因素

对组织设计有影响的环境因素包括外部环境和特定环境。外部环境即对组织管理目标有间接影响的因素，如政治、经济、文化、技术等。特定环境即对管理有直接影响的因素，如政府、顾客、竞争对手、供应商、分销商、战略联盟等。外部环境和特定环境会相互影响。

由于环境的复杂性及其频繁变化，会出现管理者因不了解环境而无法做出正确决策的情况。组织设计者可以采用以下方式来应对环境的变化：对传统职位和职能部门进行调整；根据外部环境的不确定程度来设计不同类型（机械式或灵活式）的组织结构；通过加强计划和对环境的预测来减少不确定性；根据组织各部门目标的差别性、整体性来设计组织结构；通过加强组织之间的合作来减少组织对环境的过度依赖。一般而言，稳定环境中的企业适合采用正式化、集权化的组织结构；变迁环境中的企业也可采用正式化、集权化的组织结构，但需要在变化中保持弹性、进行动态调整；剧烈变化环境中的企业则应采用分权化的组织结构，并不断进行动态调整。

三、几种常用的组织结构类型

导读案例 2-4

组织结构的变化

A公司是某市一家中等规模的企业，拥有职工800余人。公司在20世纪90年代初创立时，主要给其他企业做贴牌生产（original equipment manufacture，OEM），生产一些通用性强的电子零部件，品种不多，设计定型，新产品也很少。当时公司设开发、制造、销售等部门，其中制造部是主要部门，开发部和销售部都不大，开发部隶属于技术科，销售部门和供应部门在一起，统称供销科。开发部门担负的新产品开发的工作，主要是按照生产部门下达的任务，对现有的产品和设计工艺进行改进。销售部门工作也不多，主要是签订合同、跟催、交接货物。这三个部门分开设立，彼此间依赖程度不大，主要通过计划和统计手段（新产品计划、生产作业计划）进行相互沟通和协调。

20世纪90年代后期，随着国家经济体制改革的推进，A公司开始感到市场的压力，市场竞争日益激烈，竞争对手主要是新兴的乡镇企业。这些乡镇企业生产同类的电路测量仪器，产品设计新颖，生产成本和销售价格很低。该市的交电公司不再对A公司的产品实行包销，而是实行择优定货的方式。市场形势迫使该公司改变经营战略，采取先进技术，加快产品的更新换代，并增加产品的规格和系列。为此，A公司加大研发部门和销售部门的力量，使之分别从技术科和供销科中独立出来。组织结构调整后，公司明显感到开发、制造、销售三个部门之间的沟通和协调不够顺畅。在新的研究开发中，从一开始就有些新产品因不符合市场要求，或是由于企业技术条件欠缺而无法正常投产。最主要的问题还在于试制周期长，从研究到投入市场的中间环节太多，结果投入市场晚，失去了本应占领的市场。经过研究分析，公司认为周期太长主要是三个部门之间相互提供的信息不够、不及时，试制周期环节上三者之间的协调和衔接不好。现在三个部门的相互依赖性提高了，而原来的组织结构适应不了新的要求。找到了问题的原因，企业决定，原来设置的三个部门不变，但要加强协调，于是增设了三名项目经理，让他们分别负责新产品在试制过程中各环节的衔接和协调问题。组织改革之后，效果不错，新产品的试制周期从原来的一年缩短到平均半年左右，企业领导对此感到满意。

2003年左右，情况又有了新的变化。一方面，经过几年的发展，公司规模已扩大到1 500人；另一方面，电路测量仪器市场趋向饱和，市场空间有限。为谋求企业进一步发展，企业领导决定发挥本企业的技术、人才、资金比较雄厚的优势，在维持原有产品生产规模的同时，进入电子医疗器械及办公用品电子产品两个新的市场。为此，其应进一步加强研究开发部门，适当充实制造和销售部门。现在遇到的问题还是三大部门的协调问题。一位副总经理总结说："产品开发没有研制出完全符合市场要求并能及时投放市场的新产品，特别是原来缩短了的试制周期又加长了。"分析原因后，试制车间的主任讲话指出了问题所在，他说："现在新产品试制的战线拉长了，计划书下来，同时要试制的品种多，时间都很急，车间没有办法，只好什么方便先干什么。结果，这个新产品在样品试制这个关节上被卡住了，那个产品在成批生产上被卡住了。各个产品的试制周期被拉长了。"公司经过研究，根据分析进一步发展的需要，决定对组织结构进行重大改革，将原来按职能分段设计的组织结构改为事业部制，分设电路测量、医疗器械、办公用品三个事业部。每个产品事业部都有自己的开发、制造、销售部门。按总经理的话说，就是"要组成电路、测量、办公三条龙，大大加强产品的开发—生产—销售之间的协调，各事业部对自己生产的产品实行一条龙管理"。改革后，新的事业部独立经营，这与过去的做法大不一样。公司运行近一年，取得了较好的成果。一个突出的表现就是新产品试制的周期加快了，有两个产品只用了三个月就投入了市场。

资料来源：管理咨询案例分析一：组织结构的变化. http://www.100ksw.com/，2006-10.

思考：

1. 20 世纪 90 年代后期，A 公司所处的内外环境发生了哪些变化？

2. A 公司面对新的市场环境，进行了组织变革，增设了 3 名项目经理，分别负责新产品在试制过程中各环节间的衔接和协调的问题，此时 A 公司属于何种组织结构，该组织结构具有什么优缺点？

3. 2003 年后，A 公司采取了什么样的组织结构，这种组织结构的优缺点是什么？

上述案例说明了不同类型的组织结构在组织发展的过程中有着不同的作用，本部分内容将对常用的五种组织结构类型进行介绍。

(一) 直线制

直线制是一种最早、最简单的组织形式。它的特点是企业各级行政单位从上到下实行垂直领导，下属部门只接受一个上级的指挥，各级主管负责人对所属部门的所有问题负责。

直线制组织结构的优点是：结构比较简单，命令统一，责任分明；缺点是：它要求行政负责人通晓多种知识和技能，亲自处理各种业务。如果业务比较复杂、企业规模比较大时，所有管理职能都集中到最高主管一个人身上，会比较难胜任。因此，直线制只适用于规模较小、生产技术比较简单的企业，生产技术和经营管理比较复杂的企业并不适合采用。直线制组织结构如图 2-1 所示。

(二) 职能制

职能制组织结构是，各级行政单位除主管负责人外还相应地设立一些职能机构，如在总经理下面设立职能机构和人员，协助总经理负责职能管理工作。这种结构要求行政单位主管把相应的管理职责和权力交给相关的职能机构，各职能机构就有权在自己业务范围内指挥下级行政单位。因此，下级行政负责人除了接受上级行政主管的指挥外，还

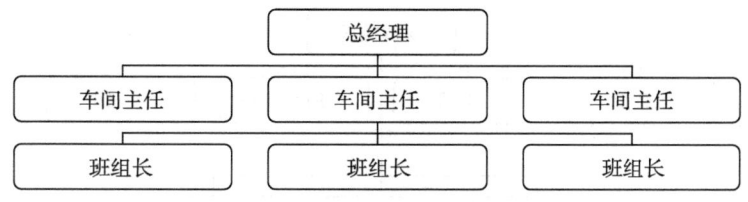

图 2-1　直线制组织结构

必须接受上级各个职能机构的领导。

职能制的优点是：能够适应现代化工业企业生产技术比较复杂、管理工作比较精细的特点；能充分发挥职能机构的专业管理作用，减轻直线经理的工作负担。它的缺点是：缺乏必要的集中领导和统一指挥，容易形成多头领导；不利于明确各级行政负责人和职能科室的责任，中间管理层会出现抢功推过的现象；另外，当上级行政领导和职能机构的指导和命令发生矛盾时，下级会无所适从，影响工作的正常进行，导致生产管理秩序混乱。其组织模式如图 2-2 所示。

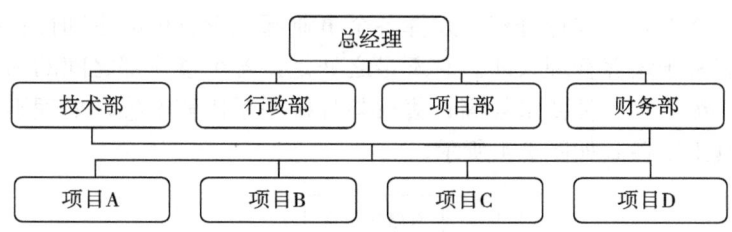

图 2-2　职能制组织结构

(三) 直线职能制

直线职能制结合了直线制和职能制的优点，是按照一定职能进行的专业分工，其各级都建立职能机构，发挥专业作用为各级领导提供支持。国内很多企业都采用这种组织结构形式，但它并不适合多品种生产和规模很大的企业。这个系统中企业管理机构和人员分为两类：一类是直线领导机构和人员，按命令统一原则对下级组织和人员行使指挥权；另一类是职能机构和人员，按专业化原则负责组织的各项职能管理工作。直线领导机构和人员在自己的职责范围内有一定的决定权和对所属下级的指挥权，并对自己部门的工作负全部责任。职能机构和人员则是直线指挥人员的参谋，只能进行业务指导。

直线职能制的优点是：各部门任务、职责划分明确，效率较高；既能保持统一指挥，也能发挥参谋人员的作用。直线职能制的缺点是：部门间缺乏信息交流，协作和配合性较差；直线部门与职能部门之间目标不易统一，职能部门横向联系少，使得上层主管的协调工作量大；系统刚性大，适应性不强。其组织模式如图 2-3 所示。

(四) 事业部制

事业部制最早是在 1924 年由美国通用汽车公司总裁斯隆提出的，故有"斯隆模型"之称，也叫"联邦分权化"，是一种高度（层）集权下的分权管理体制。实行事业部制结构的企业，对于具有独立的产品和市场、独立的责任和利益的部门实行分权管理。它适用

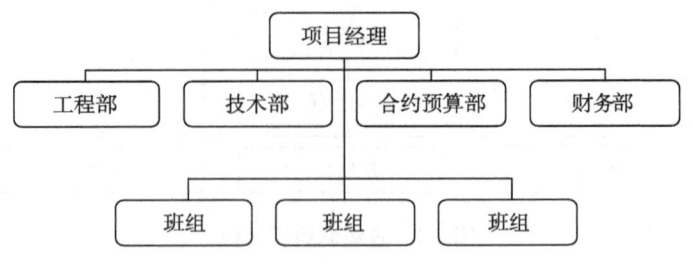

图 2-3 直线职能制组织结构

于规模庞大、品种繁多、技术复杂的大型企业,是国外大型联合公司所采用的一种组织形式,近几年我国一些大型企业集团或公司也引进了这种组织结构形式。

事业部制是分级管理、分级核算、自负盈亏的一种形式,即一个公司按地区或按产品类别分成若干事业部,产品设计、原料采购、成本核算、产品生产、产品销售均由事业部及所属工厂负责,实行单独核算、独立经营,公司总部只保留事业发展决策权、人事决策权、资金分配决策权和监督权,并通过利润等指标对事业部进行控制。

事业部制的优点是:实行分权,发挥各个事业部经营管理的主动性;有较高的稳定性和适应性;有利于培养管理人才。它不足之处是:各个事业部之间的沟通协调比较困难;对事业部一级管理人员要求较高;集权与分权关系比较敏感,处理不当容易削弱组织的协调性。其组织模式如图 2-4 所示。

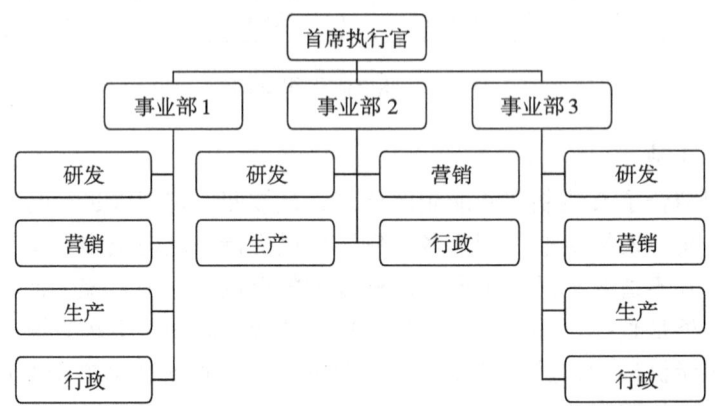

图 2-4 事业部制组织结构

(五)矩阵制

矩阵制结构是由从事某项工作的工作小组形式发展形成的。工作小组一般是由一群选自不同部门、不同技能、不同知识结构的人员组成,通常人数不多。工作小组形成后,大家为了某个特定的任务共同工作。当任务完成后,工作小组就解散。矩阵式组织结构就是既有按职能划分的垂直领导系统,又有按产品(项目)划分的横向领导关系的结构。

矩阵制组织能够改善其他组织结构横向联系不紧密的弊端。如果组成一个产品(项目)小组去从事新产品开发工作,在研究、设计、试验、制造各个不同阶段,会由相关部门派人参加,发挥各自的优势,保证任务的完成。这种组织结构形式是固定的,人员是变动的，需要谁谁就来，任务完成后就可以离开。因此，这种组织结构非常适用于横向协作和攻关项目。企业可用来完成涉及面广、临时的、复杂的重大工程项目或管理改革任务。特别适用于以开发与实验为主的单位，如科学研究，尤其是应用性研究单位等。

矩阵制结构的优点是：项目组人员比较机动、灵活，可随项目的开发与结束进行组织或解散；有利于人员、资源、信息共享；能满足顾客在职能和产品方面的双重要求；适应不确定环境下的复杂决策。

矩阵制结构的缺点是：项目负责人的责任大于权力，项目参加人员都是临时性的，项目负责人没有足够的激励手段与惩治手段，在人员管理上会比较困难；项目成员需要面对双重领导，难取舍；项目组成人员容易产生临时观念，对工作会有一定影响；需要花费更多的时间来解决冲突。其组织模式如图 2-5 所示。

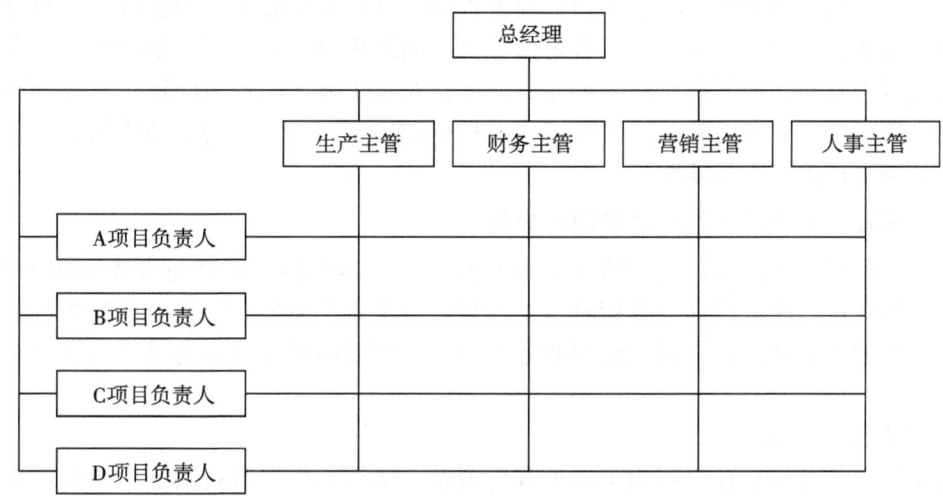

图 2-5 矩阵制组织结构

四、组织设计如何影响职位的设计和管理

(一) 组织战略对职位设计与管理的影响

组织战略通过组织活动的流程安排与组织结构来影响职位管理的相关活动。组织战略不同，流程安排就有差异；与不同的战略相匹配的职位的设计与管理也存在很大的差异。

对于采用低成本竞争战略的组织而言，提高效率是摆在首位的。达到效率最大化可以通过精简组织中多余的支持性服务以及加强专业化分工来实现。组织中各个职能的模块经过明确分工，每个职能模块的员工工作都类似，促进员工在各自的职能模块中提升熟练程度和技巧。提高效率也可以通过职位设置简单化来达到，将组织的任务和目标分解和细化，让每个员工只需要完成有限的工作。组织也不需花费太多的精力来培训和保留员工，因为这些工作足够简单，从外部人力资源市场上随意就能找到类似的人员，即使是新手，经过简单的培训也能很快胜任工作。

组织采用低成本战略时，一般都倾向于职位简单化设计与管理，并在人力资源管理中通过科学管理等手段来设计职位的任务量（即定额）；通过明确的职位说明书谨慎甄选新员工；根据职位的职责来设定业绩考核的标准；基于职位能力要求进行培训；通过客观地提取职位要素来评价职位本身的价值，从而建立内部公平的薪酬制度。

当组织采用差异化竞争战略时，它关键的目标就是提高组织的灵活性和创造性。很多大型组织采取地区事业部或产品事业部的设计，通过围绕组织特定产品或特定地区将各职能部门员工组合在一起完成工作来提高灵活性和创造性。在特定产品或特定地区产品或服务的提供方面，来自各个职能部门的员工虽然工作内容不同，但是通过他们之间的相互配合、协调与沟通，组织能够对特定产品或特定地区市场保持动态适应化。

组织采用差异化竞争战略时，会倾向于职位复杂化设计与管理。每个员工的工作内容可能在一段时间内相对固定，但一般都会有工作轮换、工作扩大化、工作丰富化等形式来提高员工的技能和柔性。在人力资源管理中要综合考察候选人的职位匹配与组织匹配再进行甄选；员工关系管理方面需要倡导员工的组织公民行为来实现创新；培训要以员工的发展为目标，而不是仅仅为了完成任务；对员工表现与价值的评价要更全面，除了职位价值，还需要考虑到员工实际拥有的技能和知识，员工的薪酬结构与水平要与岗位评价及绩效评价结果相匹配。

(二)流程、组织结构对职位管理的影响

职位与组织业务流程、组织结构的关系就如同人体中各个器官与身体系统的关系。组织管理者在进行职务设计与管理时，不能只局限于各个单独的职位，而应将这些职位与特定组织的背景联系在一起。组织业务流程与组织结构都对职位的设计与管理有影响作用。

1. 业务流程的影响

组织的业务流程设计是对为了满足客户需求，从输入生产资料到输出产品或提供服务所必须完成的一系列活动及顺序进行分析和安排的过程与技术。管理者只有充分理解组织的业务流程，才能做出科学的决策，确定如何将需要完成的各项任务分配到各个职位上。

传统的流水线式的流程设计侧重效率、程序化、劳动分工、集中决策和严格控制，以确保产品生产或服务的提供过程稳定、可控。与流水线式流程设计相匹配的职位内容设计就会偏专业化、简单化，职位的发展空间也比较小。自主团队的流程设计侧重质量、横向协调、分权与自主控制，从而使得组织更灵活、富有弹性。在这种流程设计导向下，职位内容更加丰富，员工技能的多样性得以实现，职位发展空间就比较广。

2. 组织结构的影响

组织结构清晰地刻画出组织的各个职位之间存在的相对稳定、正式的纵向与横向的关系网络。在充分了解某职位与上级职位、平级职位、下级职位之间的联系后，才能对具体职位的权限、责任、任务范围等进行合理的设计与管理。

传统的、刚性的组织结构强调垂直控制、效率、专业分工、标准程序和集中决策，对职位的内容要求比较具体。创新的、弹性的组织结构侧重于通过团队或其他方式进行横向协调，较少进行明确的劳动分工，规则和标准也比较少，对职位的内容要求比较宽

泛，更强调其合作性。

在职能式的组织结构中，职位内容就被界定得较为狭窄，且具有高度的专业化，在这种组织结构中的各个职位的员工需要单独完成工作。员工主要朝着职位纵向方面发展，职位横向方面交流沟通少。由于专业分工很细，组织层级相对较多，且注重纵向的沟通与汇报，决策通常集中在高层管理者。中低层管理者被赋予的权力比较少，即使是中层管理者可能也没有决策权，在协调与他人工作方面也不需要承担责任。职能式组织结构中的部门和职位用"职能/专业"来命名，如技术部/电气工程师。部门内职位的区别是以技能水平的高低来区分，如市场分析员、市场分析师、首席市场分析师等。这样的组织结构、部门、职位名称会很稳定，很少变动，员工的晋升、调动也是以技能水平为依据，路径单一。

事业部制、矩阵制组织结构中的职位内容要求就比较全面、灵活，由于员工大多会通过团队或工作小组的形式来完成工作，所以这些部门或团队管理者会拥有较大的决策权，并承担相应的责任。各职位内容相对不固定，变动较多，职位之间更注重横向的沟通与联系。员工的晋升、调动路径不仅不局限于所在职能领域，还可以在自身职能领域和其他领域获得技能发展及职业生涯发展计划。矩阵式组织结构中，一个职位可能需要向多个领导汇报、负责，对员工的能力要求更高。

第二节 职位管理提出的背景

导读案例 2-5

盗窃还是职务侵占？

被告人陆某系某市信用社运钞车随车业务员，其岗位职责是"往来账单"传递及运钞车行驶途中的安全保卫。但在实际工作中，其又经常兼做随车押运员的工作，可以出入金库提取和存放现金箱。2001年5月12日上午，被告人陆某利用进入信用社金库提取现金箱的便利，趁机将未列入该日出库的装有人民币68万元的一只现金箱移离金库并藏匿于金库外的值班室床下。当日中午陆某用钳子等工具撬开钱箱，窃取人民币9万元。同日下午，被告人陆某又利用下班前钱箱入库之机，将已短缺9万元的钱箱，自值班室取出并与其他钱箱一同放入金库。

案发后，司法机关对陆某行为的定性产生了分歧。

一种观点认为，被告人陆某虽为信用社职工，但依其岗位职责，不具有管理或经手钱箱内现金的职权，其之所以能进入金库并窃取钱箱中的部分现金，仅因熟悉作案环境，以及凭借工作人员身份，较易接近作案目标或对象，而不是利用其职权或职责范围内的合法条件。故应以盗窃罪定罪处罚。另一种观点认为，陆某作为事实上的兼职随车押运员，随之形成了出入金库的职责或职权，并对出入金库的钱箱负有准确交接、安全无误的责任。因此，其利用兼职随车押运员可出入金库提取、存放钱箱的职务之便，秘密窃取钱箱中的现金符合职务侵占罪的特征，应以职务侵占罪处罚。

依据法律，在秘密窃取本单位财物的情况下，行为人的行为性质决定于是否利用职务上的便利。所谓职务上的便利，是指将自己主管、管理、经手的本单位财物非法占为己有。职务上的便利不同于工作上的便利，前者是职位所规定应该担任的工作而形成的便利；后者是与职位无关，仅因是本单位工作人员，熟悉本单位的环境状况而带来的较易接近作案目标或对象的便利。因此，同是本单位工作人员，若是利用职务上的便利，窃取本单位财物，则构成职务侵占罪。若利用工作上便利，窃取本单位财物，则构成盗窃罪。

然而，当规定的职务与实际具有的职务不一致时，如何认定行为人的行为是否利用了职务上的便利呢？通常的情况下，我国的公司、企业和其他经济组织等单位，均实行定岗、定员、定职责，且不依规定程序并经领导机构批准，是不允许擅自换岗或兼职本单位其他工作的。但在工作实践中，由于管理混乱，制度执行不力，未依规定办理职务变更手续而换岗或兼职的事例常有发生。如果行为人的换岗或兼职为本单位领导机构或职能部门所不知，则行为人利用换岗或兼职后的职务便利，秘密窃取本单位财物的行为，应定盗窃罪。因为，这一职务的取得不具有合法性。如果行为人的换岗或兼职，为本单位领导机构或职能部门所明知而予放任，因该"默示"使行为人具有实际上的职务（相对规定职务而言），若行为人利用了实际上的职务秘密窃取本单位财物的行为，应定职务侵占罪。因为，这一实际职务的拥有不具有违法性。

本案中，虽然陆某兼职押运员，并且所在单位领导明知其兼职情况而不予纠正，应当认定陆某实际上已具有押运员的职责。但是，即便是押运员的工作职责，也只是进出金库取、存现金箱和确保运钞途中现金箱的安全，即对现金箱负有看守、护送和交接等责任，对被上锁的箱内之现金无权、也不能直接管理、经手，其所管理的仅仅是放置现金的载体即铁箱。而无撬锁入内的权利。因此，本案被告人陆某的行为，应以盗窃罪处罚。再者，钱箱的存取，每天都有特定的对象，那么，未列入当天存取范围的金库内其他钱箱，是押运员职务所不能及的，即对该部分钱箱无管理、经手等职责。

资料来源：陆漫. 盗窃还是职务侵占. 沿海经贸，2002，(4)：44.

我们暂且不从法律的角度上来分析上述案例中陆某的罪行，从职位管理的角度上而言，这个信用社对陆某所在职位的职责、权力设计与管理是不合理的。职位管理不善导致了道德品质差的员工有机可乘，给组织造成危害。

一、为什么提出职位管理

职位管理对整个组织的管理活动都有着非常重要的价值。职位管理为组织管理、尤其是人力资源管理奠定了坚实的基础。职位管理活动为组织的经营任务和战略目标高效率实现提供后盾。职位管理从职位着手进行各项管理工作，实现了内部公平与外部合法。职位管理在不断丰富和变革职位的过程中，使得"人—职"实现动态匹配，有效达成员工的内在激励。GE前首席执行官（chief executive officer，CEO）韦尔奇先生说过：让合适的人做合适的工作，比制定一条战略要重要得多。组织进行职位管理能避免走很多弯路，让员工在自己的职位上找到工作的乐趣。

(一)职位管理对组织管理的作用

(1)实现战略落地。职位管理中职位设计的过程就是将组织战略和经营目标落实的过程,组织通过优化组织结构与业务流程、设置具体的职位,实现组织战略落地,确定不同职位在企业发展中的价值。职位任职者和管理者就可以明确每个具体职位设置的目的与角色,以及这种职位是如何为组织创造价值的。

(2)明确职位权责。通过职位设计与职位分析等过程,明确职位的职责与权限。任职者了解自己在组织中应该完成哪些工作任务,扮演什么样的角色,如何去做好工作。职位管理可以保证各个员工的职位不存在交叉重叠,员工都拥有自己独特的、与职位相应的权限,并对自己的职位负责,从而有效避免了因职位权责不明而导致的混乱。

(3)提高流程效率。职位管理实现了组织战略落地,并明确了职位权责,使得职位之间关系清晰、分工明确、组织的业务流程合理顺畅,从而有效地提高了组织的效率。

(4)实现组织公平。通过职位管理,组织中人得其事、事得其人、人尽其才、事尽其功,优化组织人力资源的配置,以及在此基础上进行的组织分配等都在一定程度上体现组织公平。

导读案例 2-6

职位管理的缺失

最近,T公司人力资源部部长自动离职了,这样,人力资源部就只剩下了两名员工。一位是小王,她来公司已经一年多了,无论是对人力资源部的业务还是对T公司的情况都了如指掌,并且在来T公司之前,已经有4年的人力资源管理经验。另一位是小G,他是去年毕业的大学生,学的是行政管理,刚来公司半个月。

部长离职时,公司老板让他把工作交接给了老板的跟班秘书B先生。公司的人都知道,B先生是老板的本家亲戚,虽然来公司也快一年了,但是,他来公司后,一直跟着老板四处流动办公,对人力资源部的业务了解甚少。

B先生上任后,小王便把手头急需处理的事情向他汇报。在几天的接触过程中,B先生对小王的工作给予极大的肯定。虽然小王没有要求过什么,但是,B先生三番五次承诺,无论是在薪水上还是在职务上,一定给小王一个说法。受宠若惊的小王全身心付出,把手头的紧急事情处理得很完美。

作为公司员工,谁都希望遇到一个赏识自己的领导,此时此刻,小王有一种千里马遇伯乐的感觉。虽然小王心里也明白,在民营企业里,仅凭能力是很难出人头地的。但是,她总感觉这是个机会。根据他的分析,B先生是老板身边跟班的人,绝对不会全身心接手人力资源部的事情,但是,看看周围的所有人选,除了自己,没有一个合适的人选了。所以,她一直努力着……

但是,快乐的日子过了没几天。一天早晨,B先生领着一位陌生人来到了办公室,然后宣布,这是人力资源部的新部长L先生。小王苦笑了一下,仍旧忙着手头的工作,因为还有两天,集团职业健康安全认证就要开始监督审核了,手头有一些资料需整理。小王整理完资料,把所有的资料转给新来的L部长,让他熟悉一下,迎接审核。L先生说自己对企业的事不懂，但是 B 先生还是让 L 部长接手了。

认证审核开始了，结果是文件不合格。

审核过后，B 先生让小王拿出近几个月的工作计划，说是换了新领导，工作要有新气象。当小王与 L 部长商量如何做计划时，L 部长对人力资源却没有一点思路。

加薪与职务晋升的事，B 先生始终没有再提，此时此刻，小王已深深明白自己的位置，明白了 B 先生对 L 先生的一片苦心，借自己的思路，为 L 先生打开一条路。

小王相信自己的实力，无论是对同事还是对领导，在业务上从来不耍小心眼，她相信，是人才终究会发光。小王决定，等通过了人力资源三级认证就跳槽。

资料来源：荷意．关注中小民营企业里的"B"角．中国人才资源开发网，www.abler.cn，2010-02-22．

由这个案例可看出 T 公司的 B 先生、L 先生能力、职责都与其职位需求不相符，真正有能力的员工小王却不被重用，这势必会导致员工的不满与离职。很多企业不重视职位管理，造成人才的大量流失，也使得组织的其他各项管理工作难以推进。

(二) 职位管理对人力资源管理的作用

职位管理在人力资源管理中具有基础性作用，职位管理活动的产出通过公平管理可以运用到人力资源规划、招聘甄选、人员配置、员工培训、绩效管理、薪酬激励、职业生涯规划等各个环节。图 2-6 是职位管理与其他人力资源管理活动之间的关系。

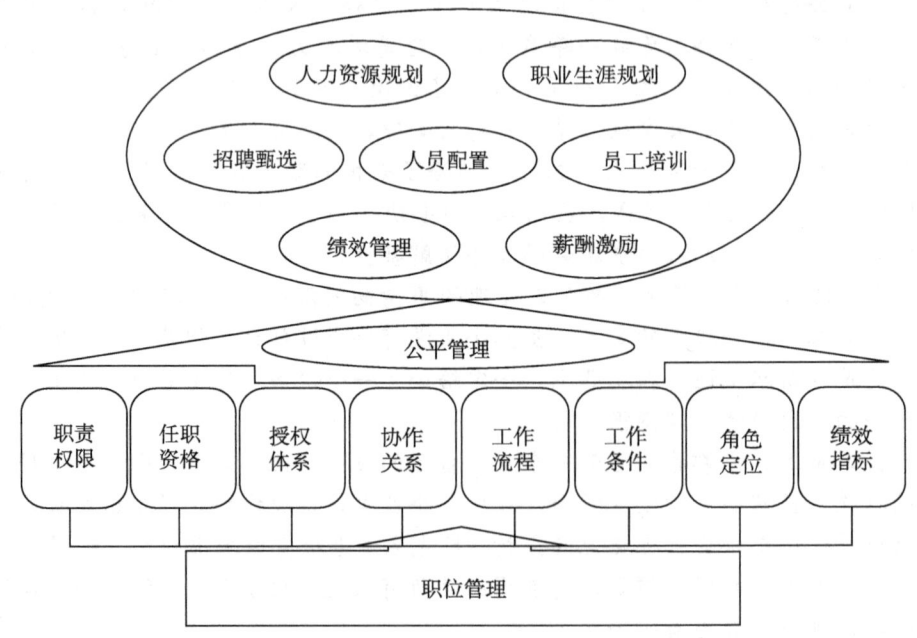

图 2-6 职位管理与其他人力资源管理活动的关系

1. 职位管理与人力资源规划

通过职位设计与职位分析，可以得到完成各职位工作最佳的方式、程序和行为，通过对某些职位的任务与负荷进行标准化分析，可以确定职位数量。职位分析在对职位的工作量科学分析和预测的基础上，为职位的增减提供必要信息，也为组织规划在某一时点上需要多少以及需要什么类型的员工奠定了基础。职位管理产出的结果增强了人力资源规划的准确性和有效性。

2. 职位管理与人员招聘甄选

组织总是在寻找合适的员工，招聘是人力资源工作者一项长期的工作。如何才能招聘到合适的员工呢？职位设计与职位分析的结果为招聘甄选活动提供了所需雇佣人员的任职资格，建立了人员筛选的标准，从而避免了招聘的盲目性，提高了人员甄选的有效性和任用效率。

3. 职位管理与人员配置

人才的价值需要通过与其能力相匹配的职位发挥出来，人才如果不能得其位，则很难尽其才。根据职位设计与职位分析的结果对员工的知识、经验、技能等进行评价，可以将现有员工安排到更合适的岗位上，以发挥员工的才能、获得竞争优势，实现人力资源的优化配置。

4. 职位管理与员工培训

培训是人力资源管理中的重要活动，越是发展好的企业越注重培训。培训效果不仅取决于培训的内容、方式、投入，还取决于受训对象对培训的需求及其对知识、技能的接受能力。管理者通过职位设计与职位分析，了解任职者所需要的知识、技能、能力以及心理方面的要求，与任职者现有水平进行比较，如果存在差距就对相关的内容进行培训。通过职位发展与再设计，可以实现员工与职位的互动，促进员工的发展。

5. 职位管理与绩效管理

绩效管理是实现组织目标的重要环节，对员工实际绩效与组织所期望的绩效进行比较，能够明确改进的方向。企业通过职位设计与职位分析确定如何考核任职者，以及不同职位的考核方式、考核标准、考核指标等，以确保绩效考核的可行性与适用性，从而保证组织绩效管理的顺利进行。

6. 职位管理与薪酬激励

组织的薪酬要有公平性、竞争性，才能对员工有足够的激励作用。通过职位分析和职位评价，组织可以根据职务的职责大小、所需知识技能、工作繁简程度、环境危险程度等，确定不同职位的相对价值，有效建立组织中各职位之间的等级关系，职位价值越大，薪酬越高，从而越能体现薪酬设计的内部公平性。

7. 职位管理与职业生涯规划

职业生涯规划是将个人的技能及愿望与组织内已经存在或将要出现的机会匹配。通过职位设计、职位分析与职位发展，可以按照工作性质对组织中的职位进行归类，如划分成职位群（又叫做职位族，是指企业内部具有非常广泛的相似内容的相关工作群）、职位组、职位系等，并且在每一群、组、系中，职位与职位之间可能存在监督、同级协调、能够相互轮换等关系。所有这些职位分类、职位关系以及相应的任职资格要求等就构成了较为清晰的职位关系与发展路径，有利于组织及其成员进行职业生涯规划。

二、职位管理的主要内容

职位管理的主要内容分为五大部分。

1. 职位设计

职位设计(job design)是指将任务进行组合形成完整职位的过程。其目的是完成组织目标,同时兼顾员工个人需要,确定员工职位的具体内容和职责,并形成组织内部职位之间的联系。广义上讲,职位设计不仅包括具体职位的设计,还包括组织结构与部门化设计等活动。组织设计是职位管理的一项关键性工作,公司领导决策层需要参与,并通过对原有组织结构、流程的适当调整,使之更符合公司发展,提高公司管理效率,从而更好地发挥各个职位的作用。

2. 职位分析

职位分析(job analysis)是指通过系统全面的方法获取与职位相关的详细信息的过程。职位分析过程包括使用一些方法来收集职位相关信息,以及对这些信息进行系统性分析和逻辑性归纳整理。不同的职位分析方法对于信息的准确性与有效性有不同的作用。职位分析涉及:设立该职位的说明;分析具体内涵和工作量;提出开展工作所应具备的能力和技巧;整理关键绩效考核因素;职位的内外部联系和工作条件;等等。职位分析的结果就是对职位设置目的、汇报关系、任职要求、主要职责、衡量标准、工作权限、工作方式、主要流程及制度等方面作充分的、详细的分析及说明,制定工作规范和职位说明书。最终可以让管理者和员工清楚地了解企业开展正常工作所需要设立的职位名称与数量、关键职位和在职员工的工作负荷。

3. 职位评价

职位评价(job evaluation)是指采用科学的方法,对组织中的各个职位按照一定的标准进行比较、衡量和评价的过程,以确定组织中各个职位的相对价值差异。职位评价的步骤一般是:首先,确定公司总体职位等级长度;其次,确定部门职位等级区间;最后,对具体职位评级。通常需要关注的职位信息有:职位名称和编码;职位所属单位、上级单位、下级单位;职位上下级领导关系;职位工作内容、职责、权利;职位任职条件;职位劳动条件与环境;职位对员工素质的综合要求(如体能、技能等)。职位评价的方法有定性方面的也有定量方面的,包括参照法、排列法、分类法、因素比较法和要素计点法(又称评分法)等。评价工作可以由外部咨询公司协助进行,也可以抽取不同部门员工组成评价委员会来进行,其目的是提高评价工作的科学性和客观性。

4. 职位分类分级

职位分类分级(job grading classification)包括横向分类和纵向分类(后者往往被称为职位分级)。职位分类分级是指根据工作性质等因素对职位进行属类划分,形成不同的职门(职门是指若干工作性质大体相近的所有职组的集合,是职位分类中最粗略的划分。我国目前职门划分方式是把所有职业归入八个职门之中,它们是操作类、农业类、商业服务类、专业技术类、管理类、办事类、军事类和其他类)、职组和职系;再根据职务责任大小、繁简程度以及对任职人员的资格要求高低等因素进行职位评价后,对职位进行纵向分类(即职位分级)等的过程和技术。职位分类的目的是建立所有职位之间横向、纵向顺序与结构，使职位之间的关系更清晰，更有层次性。通俗地说，就是将不同的岗位分成若干类，在每一类里划分若干等，每一等里又分出若干级，使企业的各种岗位形成有序网络，各岗位在整个组织岗位中的横向、纵向联系一目了然。例如，职位归类分级法可以按岗位分类，如技术研发类、销售类、行政类等，这是一种简单的归类分级法。

5. 职位发展

职位发展(job development)是指对职位内容、功能、环境以及履行职位的方法等进行重新设计(job redesign)，使任职者满意，以及人和职位在不断变化过程中的动态平衡与匹配的过程。通常需要考虑到员工因素、组织因素、环境因素，从职位的工作内容、工作职责和工作关系三方面入手，依据工作特征模型，达到员工与职位的动态匹配。职位发展侧重人—职的互动层面的内容，主要包括任务再设计、环境再设计与任职者再设计等内容，其核心思想是变革与发展。其中，任务再设计又可以分为个体任务再设计(工作轮换、工作扩大化和工作丰富化)和群体任务再设计(工作团队、工作塑造)。

职位设计、职位分析、职位评价、职位分类分级、职位发展等活动共同构成了职位管理。职位管理的内容有连贯性和一致性，职位设计通常是一个组织、尤其是新建组织首先要面对的问题，然后通过职位分析、职位评价、职位分类分级，最终实现职位发展。职位发展能对前面职位设计的内容进行修正和完善，职位分析又能将职位管理的其他几项活动串联起来，因为职位管理的其他活动都需要通过职位分析来提供各种职位信息。职位分析是整个职位管理活动的核心，也是人力资源管理活动中最为基础和重要的工作。职位管理的各项基本活动的主要内容及目的如表2-1所示。

表 2-1 职位管理的基本活动及内容

职位管理活动	主要内容/环节	目的
职位设计	定岗/定员	落实组织任务； 职责清晰； 提高效率
职位分析	任务分析/人员分析/方法分析/环境分析	明确职位性质； 职位描述与任职资格； 为职位管理其他活动提供基础信息
职位评价	评价指标/评价标准/评价技术/评价控制	建立薪酬的内部公平
职位分类分级	横向分类/纵向分类(职位分级)	有序的职位与职位关系
职位发展	任务再设计/任职者再设计/方法再设计/环境再设计	任职者满意与激励； 人—职动态匹配

资料来源：刘俊振. 职务管理. 天津：南开大学出版社，2009

三、职位管理的目的

(一)职位管理活动的产出

1. 职位设计活动的产出

通过职位设计活动，管理者对组织的目标与任务以组织结构和职位的形式进行安排。其产出形式可能是组织结构图、业务流程图、各职位内容或职责描述、职位与职位之间的关系（监督、报告、分工协助、轮换等）、职位的责任与权限图等。

2. 职位分析活动的产出

通过职务分析活动，管理者对目前职位进行有效的收集与梳理，从而为人力资源管理各个模块提供支持。职位分析大体包括对任务、人员、方法和环境等方面的分析，产出形式可能是职位描述、职位任职资格、职位定额与标准、定岗定员标准、职位环境报告等。

3. 职位评价与职位分类分级活动的产出

通过职位评价与职位分类分级活动，管理者将组织中的各种职位进行科学的测量、分级分类、比较和评价，得到职位的级别、类别及相对价值。其产出形式可能是职位价值评价表、职位分类表、职位等级表等。

4. 职位发展活动的产出

通过职位发展活动，管理者更多地考虑任职者在完成职位工作中所需的心理、身体需求，以达到人和职位的共同发展。其产出形式可能是职位轮换图、职位再设计的方案等。

(二) 职位管理在不同管理目的中的产出结果

职位管理对组织管理和人力资源管理的基础性作用通过不同的活动、运用各种工具与方法，会有不同的产出与结果。这里重点介绍职位管理在职位定额、职责明晰、定岗定员、招聘甄选、培训开发、绩效考核、职业发展与管理、安全保护、确定工资等级结构、职位设计与再设计等方面的活动、方法及产出，详细内容见表2-2。

表2-2 职位管理目的、活动、方法与产出一览表

服务功能	主要活动	工具与方法	可能的产出/结果
提高效率，制定定额	任务与方法分析 动作要素分析	动作研究 测时/工作抽样	职位定额 职责清晰
明晰职责，定岗，安排任务	任务分析 职责分析 权限分析 关系分析	任务清单 "职责饼" 流程图分析	业务流程图 职位描述 职位职责 职位职权表
定岗定员，人力资源规划	工作量分析 工时利用分析 技能分析	工作日写实 工作抽样	定岗定员标准 人员需求表
人员甄选与聘用	任务分析 KSAs分析	能力清单法 劳动强度分级	任职资格 心理图示
培训与开发	任务分析 KSAs分析 行为分析	任务清单法 能力清单法 行为锚定法	工作流程与步骤 工作目标与难点 关键事件与行为
绩效考核	任务分析 投入-产出分析	任务清单法 关键绩效指标 目标管理	关键绩效指标 绩效标准

续表

服务功能	主要活动	工具与方法	可能的产出/结果
职业发展与管理	职位关系分析 资格条件分析	职门/职级/职系	职位分类 职位关系图 职位晋升发展路径
安全保护	工作物理环境分析 工作空间分析 职业伤害分析 工作时间分析 辅助设备分析 工作社会环境分析	环境-职业病矩阵分析失效模式分析	工作地点/危险性/防护措施清单 工作失效模式报告
确定工资等级结构	职位评价 职位评级	排序法 职位分类法 评点法 因素比较法	职位分类分级表
职位设计与再设计	任务分析 环境分析 任职者分析	工作扩大化、工作轮换、工作丰富化 团队作业设计 工作地点移动设计 弹性工作时间	职位轮换表 各种职位发展报告

资料来源：刘俊振．职务管理．天津：南开大学出版社，2009

第三节　如何进行职位分类

一、职位分类含义与特征

(一)含义

职位分类是指对所有的职位，按其业务性质分为若干职组、职系（横向）；然后按责任大小、工作难易程度、所需资格条件及技术要求高低分为若干职级、职等（纵向）。职位分类是现代人事分类的一种类型，对从事不同性质工作的人，运用不同的要求和方法管理，对同类同级的人员用统一的标准管理，从而实现人事管理的科学化，做到"适才适所"，确保劳动报酬公平合理。职位分类是以"事"为中心的分类，侧重职位的职务、职责与职权。在组织里面，最常用的职位分类是部门分类和等级分类，如营销部经理这个职位就涵盖了部门和等级的分类。

(二)特征

第一，职位分类以"事"为中心进行分类，针对该职位的工作内容与性质而不是所在职位上的员工。

第二，职位分类的依据是职位的工作性质、难易程度、责任大小及所需资格条件等。

第三，职位分类是对各个职位的具体工作进行客观分析与评价，而不是硬性规定何类职位应做什么事，并由此确定职位在职位分类体系中所处的位置，从而达到分类管理的目的。

第四，职位分类应适度反映各个职位间各种因素的差别，既不能过大，也不能过小。

第五，职位分类有阶段性，随着职位工作的变化需要对职位进行重新分类，但是不因工作人员的变动而变动。

第六，职位分类不是目的，而只是人力资源管理的一种科学方法。

(三)职位分类的作用

职位分类是人力资源管理科学化的基础，为复杂多样的职位建立排列有序的职位体系，使每个具体职位都能在该体系中有明确的位置。管理者通过对职位进行排列组合，辨别它们之间的相似性和差异性，找到职位管理的一般性规律，进而提升职位管理的科学性和操作性。职位分类的具体作用如下：

第一，优化人力资源配置。当职位出现空缺时，根据职位分类可以挑选职位所属类别中的员工补缺，从而带动整个职系人员的运动，有利于调动员工的积极性。如果内部供给不足，从外部招聘时，职位分类可以提供职位的职务内容、责任、资格，从而确保招聘录用的效率与效益。对于应聘方而言，应聘者通过职位分类也能了解该职位在整个职位类别中的位置，有利于将来工作的稳定性与发展性。职位分类划分职组、职系、职级和职等，明确了各职位之间的相互关系，为组织的定岗定员工作奠定了基础。而且当组织的任务和工作量发生变化时，相关工作人员还可以根据职位分类及时调整职位编制，提高工作效率，防止人浮于事或人员短缺。

第二，增强培训效果。职位分类使每个职位的任职资格和对工作任务的要求具体化，也可以使培训目标、内容与方法明确化，并增加人员培训的针对性和目的性。同时，接受培训人员也能从职位分类结果中做好自身的定位，提升参与培训的主动性，增强培训效果。

第三，有利于绩效考核。职位分类的前提是对每一职位工作标准与要求有具体、明确的规定。根据这些规定可以对员工所从事的工作及任务完成情况进行测量和评估，并激励员工不断提高工作质量和工作效率。

第四，确保薪酬的合理化。通过职位分类，管理者可以根据职位的条件制定公平合理的薪酬制度，做到同工同酬。对于相同职位上能力有差别的员工，设计差异化的薪酬制度，对员工提升自身素质有着很强的激励作用。

第五，增强职业生涯规划。职位分类为员工提供了清晰的晋升路线选择和个人在组织中职业发展的通道。通常，在组织中存在不同级别、不同任职要求，相互间有密切联系的职位群，员工可以结合自身条件、素质、兴趣等，有目的、有计划地选择一条职业发展路径。职位分类有利于管理员工升迁、晋级、调转，便于掌握升迁的幅度、横向调转的情况。

第六，合理控制人工成本。职位分类对组织内部各部门所需职位数量及工作总量有准确的统计，并有相应的工作报酬方面的规定。这就为企业在控制劳动成本与人员使用方面提供了衡量的标准，从而极大地提高对人工成本控制的准确性，使成本核算更科学。而且在职位增加或减少时，薪金增加或减少的数量也清晰明了。

阅读材料 2-2

职位分类的发展

职位分类在美国产生以后，一直都处于不断调整改革之中。1949 年美国国会对 1923 年职位分类法案做了比较全面的修改，将公务员职位划分由原来的七大类减少为两大类；1976 年其又从技术上对职位分类进行了修改补充，实行因素评价制度，使职位分类朝着系统化、规范化、可度量化和科学化方向前进了一大步。1978 年美国联邦政府进行文官制度改革，设立了"高级行政职务"，把 GS16 职等至 GS18 职等高级职业文官的工资划出文官工资体系，变为"级别随人"的工资。美国实行职位分类制度的经验，受到许多国家的人事管理当局和专家学者的重视，并极力倡导这一制度。加拿大、阿根廷、泰国等国家先后实行了职位分类制度。这些国家在借鉴美国经验的同时，也根据本国实际对职位分类做了各种改进，进一步推动了职位分类的发展。

美国劳工部汇编了《职业名称词典》（*The Dictionary of Occupational Title*），其中包含大约 2 万种工作标准及其综合性描述。职位分类以事为中心，强调因事设岗、以位择人、人位相符、同工同酬；分类依据按照职位的工作性质、责任轻重、难易程度和所需资格条件四个基本要素条件。职位分类通常采用因素评价的方法，对职位的职责任务进行客观分析评价，确定职位在分类体系中的位置，实现分类管理的目的。

资料来源：赵永乐，朱燕，邓东梅，等．工作分析与设计．上海：上海交通大学出版社，2006.

三、职位分类的结构

(一)横向的职位划分

1. 相关概念

职位的横向划分中，一个职业为一个职系，众多职系组成一个职组，众多职组又组成一个职门。

职门，也称为职类，是横向上对职位进行的最大的划分，它是根据职业性质对职位进行的最初步的划分。

职组，也称为职群，是在职门中再进行的分类，是由工作性质大致相同的职位汇集而成，职组也是由业务性质相同的若干职系构成的。

职系是在职组的范围内，由职务种类相似、工作性质相同，而工作复杂程度、责任轻重不相同的职位汇集而成。

2. 横向职位划分的实践

(1)横向职位划分思想。职位分类层次应考虑到企业规模，宜少不宜多，一般控制在两层，生产复杂的大型企业也不宜超过三层。管理人员的职位分类根据具体的职能来划分，直接生产人员的职位分类根据劳动分工与协作的性质与特点来划分。划分大类、小类的数目与划分粗细程度相关，在操作中可以通过限制类别的数目来确定划分的粗细程度。

(2)横向职位划分实践。按照职位承担者的性质和特点来划分，一般可以将全部职位划分为管理人员职位和直接生产人员职位两大类，再按照职位职能及分工，将两大类划分为若干中类或小类。

按照职位在组织运营中的地位和作用划分，一般可将全部职位划分为生产职位、技术职位、管理职位、服务职位四大类，再继续将各大类细分成若干小类。

(二)纵向的职位划分

职级是唯一的纵向划分。职级是在工作的性质分类(横向分类)的基础上，对各职系的职位，按照工作繁简难易、责任大小、对任职资格条件要求的高低进行的纵向分类。各个职位层次所对应的级别就是职级，是体现职位、能力、业绩、资历的综合标志，同时也可以作为确定员工薪资报酬及其他报酬的依据。员工在组织中所在职位可以通过职级这个统一标尺，以职位层次为横轴、以级别为纵轴构成的"坐标系"，衡量出在组织中的位置。

(三)第三维职位划分

职等是把工作性质或者主要事务不同，但工作的繁简难易、责任轻重和资格条件相似的所有职位划归在一起所形成的职位等级。它不是同一职系内不同岗位之间的等级划分，而是不同职系之间的相似岗位等级的比较和平衡。以职组、职系为横坐标，职级为纵坐标，职等为第三维，这样的划分使职位分类的体系形成了一个三维的体系。

表 2-3 中列出了我国部分技术人员专业技术职位中职组、职系、职级和职等，通过对这些职位在表中的位置，可以辨析这些类别的关系。

表 2-3 职组、职系、职级、职等之间的关系与区别

职组	职系	职等 V 职级 员级	IV 助级	III 中级	II 副高职	I 正高职
高等教育	教师		助教	讲师	副教授	教授
	科研人员		助理工程师	工程师	高级工程师	
	实验人员	实验员	助理实验师	实验师	高级实验师	
	图书、资料、档案	管理员	助理馆员	馆员	副研究馆员	研究馆员
科学研究	研究人员		研究实习员	助理研究员	副研究员	研究员
医疗卫生	医疗、保健、预防	医士	医师	主治医师	副主任医师	主任医师
	护理	护士	护师	主管护师	副主任护师	主任护师
	药剂	药士	药师	主管药师	副主任药师	主任药师
	其他	技士	技师	主管技师	副主任技师	主任技师
企业	工程技术	技术员	助理工程师	工程师	高级工程师	教授级高级工程师
	会计	会计员	助理会计师	会计师	高级会计师	
	统计	统计员	助理统计师	统计师	高级统计师	
	管理	经济员	助理经济师	经济师	高级经济师	
农业	农业技术人员	农业技术员	助理农艺师	农艺师	高级农艺师	

续表

职组	职系	职级 / 职等	V 员级	IV 助级	III 中级	II 副高职	I 正高职
新闻	记者			助理记者	记者	主任记者	高级记者
	广播电视播音		三级播音员	二级播音员	一级播音员	主任播音指导	播音指导
出版	编辑			助理编辑	编辑	副编审	编审
	技术编辑		技术设计员	助理技术编辑	技术编辑		
	校对		三级校对	二级校对	一级校对		

资料来源：陈维政，余凯成，程文文．人力资源管理．北京：高等教育出版社，2011

阅读材料 2-3

××公司职位分类

职等	行政管理类		工程技术类		营销类	
	管理岗位	专业岗位	管理岗位	专业岗位	管理岗位	专业岗位
一		经办员		管理员		经办员
二		专员				专员
三	主管	专员	主管	助理工程师	主管	专员
四、五	副主任、副经理	高级专员	副经理	工程师	副经理	高级专员
六、七	主任、经理	资深专员	经理	高级工程师	经理	资深专员
八、九			项目经理	总工程师		
十、十一	副总经理		副总经理		副总经理	
十二	总经理					

第四节 如何设计职位体系

导读案例 2-7

普天：以职位为中心的全员职业发展体系

普天信息技术研究院（以下简称普天研究院）是中国普天信息产业股份有限公司投资组建的中央研究院，是从事通信领域新产品研究与开发的高新技术企业。普天研究院主要从事信息通信系统与终端的研发与中试生产、信息网络软件系统的开发、大型信息网络工程的集成、新产品的市场培育，并向中国普天信息产业股份有限公司提供产业技术支撑。普天研究院于2002年通过ISO9001：2000质量体系认证，获得双证书；2006年成为国内首家、全球第15家通过CMMI5级（SE/SW/IPPD）评估的企业，2006年被认定为国家级企业技术中心。普天研究院设立了国家级博士后科研工作站，与国内著名学府联合培养和输出博士后人才。

从2002年起，普天研究院开始了关于员工职业发展的思考和探索，并通过对"职位族理论"、"员工职位价值理论"、"员工职业生涯规划理论"、"员工激励理论"的深入研究，结合非生产型研发企业的特点，坚持以提高人才管理效益为中心，以强化人才管理职能为重点，加强人才建设的统筹规划，把引进培养与大胆使用结合起来，发挥"核心人才"作用，同时注重人才开发整体效能，把解决当前突出矛盾与注重人才队伍长远发展结合起来，不断优化人才队伍结构，推进各类人才在各自的职业通道全面协调可持续发展，逐步确定了以职位为中心的人力资源管理与开发体系，搭建了集管理人员、研发人员、专业技术（非研发）人员职业发展通道于一体的全员职业发展通道。

全员职业发展通道分四步进行：第一步，建立全员职位体系，形成以系列、族、类三个层次组成的完整的全员职位体系，将组织内部的所有职位划分为3大职位系列、7大职位族、14大职位类。第二步，搭建研发人员职业发展通道，形成研发人员职位评聘制度。第三步，完善管理人员职业发展通道，形成管理人才储备体系和干部竞聘上岗制度。第四步，搭建专业技术（非研发）人员职业发展通道，形成专业技术（非研发）人员职位层级晋升审批制度。

普天研究院建立全员职位体系。职位是企业组织结构的细胞，企业依据一定的战略而设立部门机构，企业战略的执行职能按照一定的管理关系逐级分解，最后落实到各个职位，企业的目标与实现目标的能动主体——"人"在职位上实现了最终的结合。

普天研究院认为，企业战略实现的重要基础是职位，人力资源管理与开发将围绕职位展开。由此，普天研究院引进了先进的职位管理体系。

职位管理是以单个职位为管理对象，通过职位分析来明确不同职位在企业中的角色和职责以及相应的任职资格，然后通过职位评估等分析工具来确定职位在企业中的相对价值大小，在企业内部形成职位价值序列。

为了将全员职业发展工作做实，并为构建全员职业发展通道建立科学的理论和实践基础，普天研究院于2002年就基于职位管理理论以及职位族平台，设计了员工职业发展体系的核心——普天研究院全员职位体系。

依照此思路，并根据企业战略定位及中长期规划目标，其确定了以系列、族、类三个层次组成的完整的普天研究院全员职位体系，由此便将组织内部的所有职位划分为3大职位系列、7大职位族、14大职位类。

在分类管理的基础上，为体现不同职位对企业相对价值的差异，普天研究院运用职位价值评估工具在3大职位系列、7大职位族、14个职位类的基础上确定出76个职位，并从影响（影响、组织、贡献三维度）、沟通（沟通、构架二维度）、创新（创新、复杂性二维度）、知识（知识、团队、宽度三维度）等四个要素10个维度对每个职位进行了价值评估，同时根据每个职位点值的高低，形成了所有职位的内部价值序列图，这样就使所有员工清楚地了解到自己所从事的职位在组织内部的位置以及价值所在，为全员的职业发展奠定了理论和实践基础。

通过建立和实施以职位为中心的全员职业发展通道，普天研究院克服了所遇到的难题及困惑，并成为创造价值的部门。

其组建了一支结构合理的人才队伍，对业务的推进和可持续发展提供了人才资源保障；员工的职位晋升更加系统化和规范化，提升员工对外竞争力；能够更科学地评价员工的胜任力，更好地做到公平竞争、人尽其才；统计数据表明，在员工适岗率、满意度、培训达成率、核心人才流动率等多个方面均有显著的成效。

资料来源：蒲培，程萍，林雪，等. 以职位为中心普天的职业发展体系. 人力资源管理，2007，(7).

普天研究院的案例从实践层面揭示出组织建立职位体系的重要作用，完善的职位体系为员工职业生涯发展提供了通道，也激发了员工的工作热情。本部分将介绍如何设计职位体系。

一、职位体系概述

(一)相关概念

职位体系是指在组织内部所有不同领域的职位按照所属关系和等级关系而形成的职位组合。职位体系中包括岗位序列、岗位等级、职位层级和职衔等要素。

(1)岗位序列是指职责相近、知识技能要求类似的岗位组合。不同的岗位序列分别设定职衔、任职资格与能力要求，为员工职业发展提供多方向通道。

(2)岗位等级体现了岗位之间相对价值的大小，岗位等级的确定不以岗位任职员工的资历与能力来衡量。

(3)职位层级是根据员工履行岗位职责的程度而赋予员工的职位级别。

(4)职衔是给予员工的职位头衔，按照不同序列、不同职位层级分别规定。

(二)建立职位体系的作用

1. 规范职位管理

职位体系的建立，使对各个职位的所属关系和级别关系有了更清晰的界定，有利于对职位进行分类管理，便于资源的合理投入，为员工的发展提供了更多选择机会，规范了职位管理。

2. 提升招聘配置

职位体系对于一个职位所赋予的工作内容，以及技能要求有具体描述，为招聘提供了依据；解决了组织需要寻找什么样的员工，以及员工入职后所从事的工作和应承担的责任与义务，以及权力分配等方面的内容。

3. 支撑薪酬体系

职位是员工与企业之间的桥梁，职位的职责和职能反映了该职位在企业业务运作中的作用和效益价值(经济价值)，职位的角色要求和任职资格反映了担任该职位的员工所应具备的能力和应该付出的劳动，因此薪酬的系统设计要围绕职位系统的设计展开，工资结构和工资标准应针对职位来制定。职位体系是薪酬基本的支撑体系。职位体系除了本身的职能部门、职系和职位之外,还要有级别,而且级别与薪酬是直接相关的。

4. 强化绩效考核

企业可将职位视作考核对象,对应职位上的任职人员参与考核,并且绩效考核的评价关系也依附于职位的关系。绩效考核过程及绩效考核计划也可根据职位关系来确定相应的管理关系。

5. 引导培训发展

职位体系中的职位上下级之间都有界定标准,组织根据职位说明书与绩效考核结果来制订员工培训计划,员工也愿意通过培训为自己创造职业发展机会,无论是组织层面还是员工层面都能促进培训发展。

6. 促进职业生涯规划

企业要以事实分析为依据,以市场标准为参考,建立分类分层的职位序列与职位层级,打破单一的、官本位的行政职务序列设置,实现员工在不同职业通道上的多元化发展,促进员工的职业生涯规划与管理。

二、设计职位体系步骤

导读案例 2-8

为员工成长铺全方位通道 天津移动建立双轨职位体系

"大 H"双轨制,顾名思义,就是两种通道制度,技术晋升通道作为行政晋升通道的补充,完善了用人机制。要透彻地理解双轨制,必须从两方面入手:首先,作为人力资源管理的手段,现代企业必须遵从个人心理规律,以此为出发点,探讨双轨制的起因。其次,双轨制的执行与效果。只有好的执行与好的效果,才能证明这是成功的制度创新。

1. 满足员工心理的更高需求——自我实现

在一些企业中普遍存在这样一种现象:一些技术人员往往专业水平较高,但不善于与人打交道,工作多年,职位还是在原地踏步。如果想"进步",历来是"自古华山一条路"——做管理者,走行政路线,而这往往又是专业技术人员所不适合的。但这些知识型员工已经超越了为报酬而工作的基本需求,他们希望获得更多的发展机会和更大的表现空间,实现自我价值,获得成就感。

在天津移动看来,员工是企业最有价值的资源。每个踏进企业大门的员工都有着不同的特质和各自的职业理想,但无论进门前各自的想法多么千差万别,每个人的心理有一点是共同的,那就是渴望被尊重、被承认,实现个人价值,获得成就感。双轨晋升体系使技术人才的愿望变成了现实,弥补了单一行政晋升通道的不足,更显"以人为本"的管理理念。

2. 突破企业发展的内部瓶颈——激发员工热情

对于技术人才,天津移动在中国移动系统率先改变了单一行政序列晋升模式,创建了行政、技术序列并存的"大 H"双轨职位体系。这一体系的建立,使管理和技术人员在两个序列里都有发展的路径，为员工提供了多方位的发展空间和获得晋升的机会。

2006年6月，天津移动首次进行了高级技术主管职位的竞聘。因为是"首次"，所以广受员工的关注。公司副总经理及各部门的主要负责人共14人组成了评委，19位员工经过人力资源部的资格审核参加了竞聘。竞聘程序包括：应聘人员作10分钟的就职演说，向评委汇报近年来取得的工作业绩和科研成果；评委针对其竞聘职位的具体要求进行提问；应聘人员答辩。经过4个小时的激烈角逐，最终有6人过关斩将，晋升为"高级技术主管"。目前，这些专业技术人才在各自的岗位上发挥了"专家"作用，个人价值得到认可，自身的工作热情得到了大幅度提升。

为强化对专业技术人员的管理，在个人价值伴随企业的成功而得到不断提升的同时，天津移动也注重培养员工对企业的忠诚度，公司出台了《天津移动专业技术人才管理办法》。该办法以"合适的人做合适的事"为原则，建立员工发挥才能的机制。对于普通岗位的专业技术人员，天津移动也为他们创造机会。近来，公司正在修改完善《天津移动专业技术人才评选办法》，进一步完善了人才晋升的发展通道，为各级专业技术人才提供了更加广阔的发展空间。

资料来源：道是无形却有形　天津移动创新人力资源管理纪略．中国信息产业网，www.cnii.com.cn.

职位体系的建立为员工成长铺筑了道路，也为组织的发展奠定了基础。通常，设计职位体系的步骤分为业务流程分析、划分职能部门、划分职系、确定职位、建立职位体系五步。

(一)业务流程分析

组织业务流程是创造组织价值、实现组织战略与目标的渠道。组织的业务性质和运作流程直接决定职位体系的内容，包括职位设置、职位类型、职位标准、职位要求。

(二)划分职能部门

划分职能部门是根据组织业务划分职能部门，再依据一定的部门组合方式确定企业组织结构，然后再确定组织需要什么职位，以及各职位在部门及组织中的作用。建立职位体系初期就需要根据组织结构进行控制，细分工作内容，建立对应的职位。

(三)划分职系

(1)按管理职能划分职系，适用于以人员管理为主的工作。

(2)按专业技术划分职系，适用于运用某项专业知识提供某种支持或服务，直接或间接创造价值的工作。

(3)按专业技能划分职系，适用于以一定技能为主、重视技术熟练程度的工作。

(4)按辅助生产、生活划分职系，适用于以操作事务性工作为主的工作。

(四)确定职位

在划分的部门、职系的基础上再确定职位，按管理层级其可划分为高层管理者、中层管理者、基层管理者。例如，财务部门分为高级会计师、中级会计师、会计员、初级会计员等。技术部门分为高级技术员、中级技术员、初级技术员等。生产部门有机磨工、油漆工、车工、电工等技能工种。辅助生产职系分为清洁工、包装工、搬运工等。

(五)建立职位体系

确定了每个职能部门和职系,以及每个职系的每个职位之后,就可以建立组织的职位体系。

阅读材料 2-4

××公司是一家制造型企业,其职位体系按照组织业务划分为管理层与员工层。管理层再按照管理层级划分为高级管理层和中级管理层,其中高级管理层划分为 2 个层级,中级管理层划分为 3 个层级。员工层再按照生产业务划分为技术员工与普通员工。技术员工按照专业技能划分为 10 个层级,普通员工按照事务性工作分为 6 个层级,如图 2-7 所示。

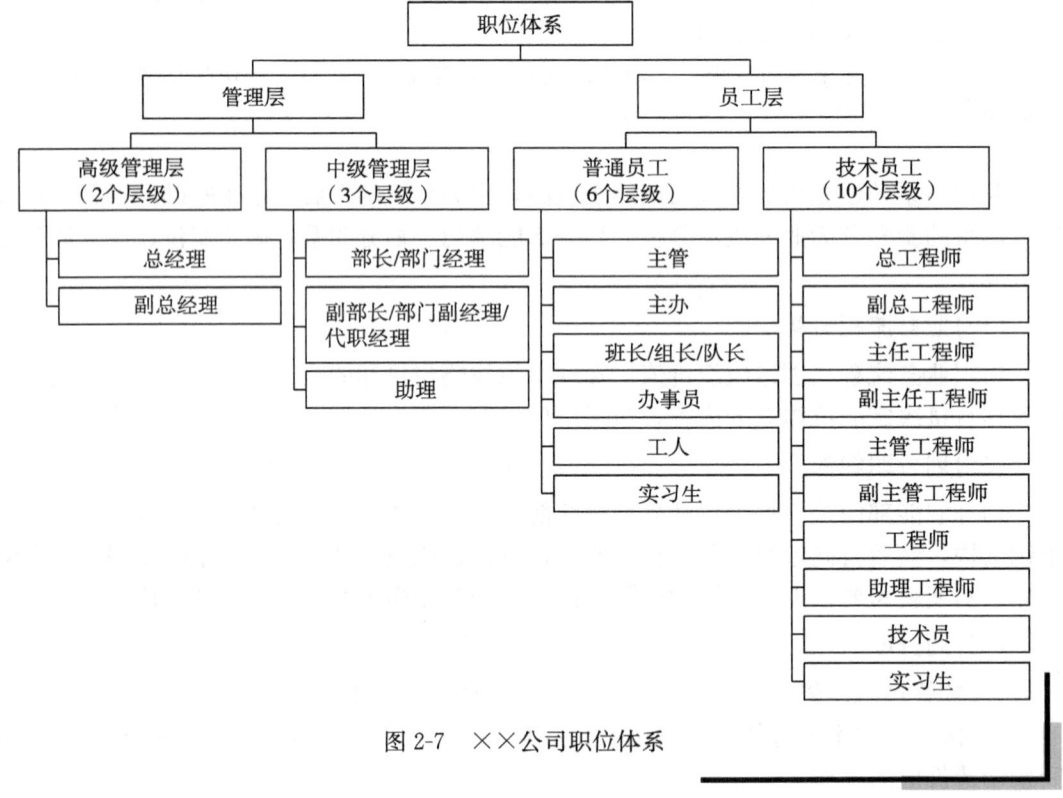

图 2-7 ××公司职位体系

➤ 案例讨论

从聘任要求看高级职位设计

A 投资公司资产逾 30 亿元,目前控股多家海内外上市公司,近年来在国内主要是以证券市场运作为主,较少涉足产业经营。托管某 B 集团后,A 投资公司公开高薪招聘派驻 B 集团的人力资源总监,并且委托多家知名猎头公司代为寻找。其中一家著名的猎头公司开列的条件如下:

(1) 年龄为 32~40 岁，硕士以上学历。
(2) 五年以上大型企业人力资源管理经验，至少担任三年人力资源总监。
(3) 熟悉中国劳动人事政策及相关法律、法规。
(4) 熟悉中西文化，西方人力资源理论。
(5) 富有团队精神和战略眼光，具有出色的组织能力、判断能力和沟通能力。
(6) 年薪 20 万元以上。

表面看来，这家猎头公司给出的资质要求较为明确。然而对于应聘者来说，这里有许多标准难以有效量化，缺乏详尽的岗位工作内容、流程描述与工作目标要求，而这对于一个真正懂行的人力资源总监来说是至关重要的，因为他(她)要借此判断自己的工作经验与能力特点能不能胜任该工作，这涉及聘任的一个基本原则，即判断自己是不是最合适人选，而不一定是最好的人选。

笔者在与 A 投资公司的接触过程中，发现对要招聘什么样的人力资源总监，A 公司自身实际上也模糊不清。A 公司虽然在道理上明白人力资源总监这一职位的重要，然而并不能明确人力资源总监及其所属部门在公司经营战略及组织中的地位与作用，不能明确其真正的工作内容与流程及工作目标要求，因而难以对这一职位提出客观的评价与要求，招聘周期过长、招聘费用加大，甚至可能在社会上形成一定负面影响。而难以设计、实施与此高管职位相对应的岗前定向培训和工作铺垫，则导致不能理性规避其工作过程中由于能力原因及工作失误造成的失败风险，加大了聘任失败的可能。

我们最不愿意看到却最容易发生的情况，就是聘任失败不是由于应聘者工作能力与人品的原因，而是由于应聘者的个人专长与岗位工作要求不匹配，从而导致工作不能有效开展。这无论对于用人单位还是应聘者来说，都意味着巨大的实际利益与机会损失。

资料来源：赵波. 从聘任要求看高级职位设计. 中国人力资源开发网，2009-12-22.

➢ 讨论

1. 你认为此案例中对人力资源总监的聘任要求有什么不妥之处？
2. 对 A 公司人力资源总监聘任有什么更好的解决方案？
3. 如何从高级职位设计上避免招聘的失败？

➢ 思考题

1. 如何进行战略导向的组织设计？
2. 职位管理包含哪些主要内容？
3. 职位管理有哪些产出？对组织管理有什么作用？
4. 职位分类的结构是什么？
5. 如何设计职位体系？

第三章

工作分析的内容与流程

学习目标

1. 描述工作分析的内容框架。
2. 陈述工作分析的基本流程。
3. 设计工作分析的实施方案。

导读案例 3-1

A 公司工作分析为什么失败

近年来,随着 A 公司规模持续扩大,员工人数大量增加,众多的组织和人力资源治理问题逐渐凸显出来。

公司现有的组织机构,是基于创业时的公司规划随着业务扩张的需要逐渐扩充而形成的,在运行的过程中,组织与业务上的矛盾已经逐渐凸显出来。部门之间、职位之间的职责与权限缺乏明确的界定,扯皮推诿的现象不断发生;有的部门抱怨事情太多,人手不够,任务不能按时、按质、按量完成;有的部门又觉得人员冗杂,人浮于事,效率低下。

公司的人员招聘方面,用人部门给出的招聘标准往往含糊,招聘主管往往无法准确地加以理解,使得招来的人大多只是差强人意。同时目前的许多岗位不能做到人事匹配,员工的能力不能得到充分发挥,严重挫伤了士气,并影响了工作的效果。公司员工的晋升以前由总经理直接做出。现在公司规模大了,总经理已经几乎没有时间与基层员工和部门主管打交道,基层员工和部门主管的晋升只能根据部门经理的意见做出。而在晋升中,上级和下属之间的私人感情成为了决定性的因素,有才干的人却往往并不能获得提升。因此,许多优秀的员工由于看不到自己未来的前途,而另寻高就。在激励机制方面,公司缺乏科学的绩效考核和薪酬制度,考核中的主观性和随意性非常严重,员工的报酬不能体现其价值与能力,人力资源部经常可以听到大家对薪酬的抱怨和不满,这也是人才流失的重要原因。

面对这样严重的形势,人力资源部开始着手进行人力资源治理的变革,变革首先从进行工作分析、确定职位价值开始。工作分析、职位评价究竟如何开展,如何抓住工作分析、职位评价过程中的要点,为公司本次组织变革提供有效的信息支持和基础保证,是摆在 A 公司面前的重要课题。

  首先,他们开始寻找进行工作分析的工具与技术。在阅读了国内目前流行的基本工作分析书籍之后,他们从其中选取了一份工作分析问卷,来作为收集职位信息的工具。其次,人力资源部将问卷发放到了各个部门经理手中,同时还在公司的内部网上也上传了一份关于开展问卷调查的通知,要求各部门配合人力资源部的问卷调查。

  据反映,问卷在下发到各部门之后,却一直搁置在各部门经理手中,而没有发下去。很多部门是直到人力资源部开始催收时才把问卷发放到每个人手中。同时,由于大家都很忙,很多人在拿到问卷之后,都没有时间仔细思考,草草填写完事。还有很多人在外地出差,或者任务缠身,自己无法填写,而由同事代笔。此外,据一些较为重视这次调查的员工反映,大家都不了解这次问卷调查的意图,也不理解问卷中那些生疏的治理术语,何为职责、何为工作目的,许多人对此并不理解。很多人想就疑难问题向人力资源部询问,可是也不知道具体该找谁。因此,在回答问卷时只能凭借自己个人的理解来进行填写,无法把握填写的规范和标准。

  一个星期之后,人力资源部收回了问卷。但他们发现,问卷填写的效果不太理想,有一部分问卷填写不全,一部分问卷答非所问,还有一部分问卷根本没有收上来。辛苦调查的结果却没有发挥它应有的价值。

  与此同时,人力资源部也着手选取一些职位员工进行访谈。但在试着谈了几个职位之后,发现访谈的效果也不好。因为,在人力资源部,能够对部门经理访谈的人只有人力资源部经理一人,主管和一般员工都无法与其他部门经理进行沟通。同时,由于经理们都很忙,能够把双方凑在一块,实在不轻易。因此,两个星期过去之后,只访谈了两个部门经理。

  人力资源部的几位主管负责对经理级以下的人员进行访谈,但在访谈中,出现的情况却出乎意料。大部分时间都是被访谈的人在发牢骚,指责公司的治理问题,抱怨自己的待遇不公等。而在谈到与职位分析相关的内容时,被访谈人往往又言辞闪烁,顾左右而言他,似乎对人力资源部这次访谈不太信任。访谈结束之后,访谈人都反映对该职位的熟悉还是停留在模糊的阶段。这样持续了两个星期,访谈了大概 1/3 的职位。王经理认为时间不能拖延下去了,因此决定开始进入项目的下一个阶段——撰写职位说明书。

  可这时,各职位的信息收集却还不完全。怎么办呢?人力资源部在无奈之中,不得不另觅他途。于是,他们通过各种途径从其他公司收集了许多职位说明书,试图以此作为参照,结合问卷和访谈收集到的一些信息来撰写职位说明书。

  在撰写阶段,人力资源部还成立了几个小组,每个小组专门负责起草某一部门的职位说明,并且还要求各组在两个星期内完成任务。在起草职位说明书的过程中,人力资源部的员工都颇感为难,一方面不了解别的部门的工作,问卷和访谈提供的信息又不准确;另一方面,大家又缺乏写职位说明书的经验,因此,写起来都感觉很费劲。规定的时间快到了,很多人为了交稿,不得不急急忙忙,东拼西凑了一些材料,再结合自己的判定,最后成稿。

最后，职位说明书终于出台了。然后，人力资源部将成稿的职位说明书下发到了各部门，同时，还下发了一份文件，要求各部门按照新的职位说明书来界定工作范围，并按照其中规定的任职条件来进行人员的招聘、选拔和任用。但这却引起了其他部门的强烈反对，很多直线部门的治理人员甚至公开指责人力资源部，说人力资源部的职位说明书是一堆垃圾文件，完全不符合实际情况。

于是，人力资源部专门与相关部门召开了一次会议来推动职位说明书的应用。人力资源部经理本来想通过这次会议来说服各部门支持这次项目。但结果却恰恰相反，在会上，人力资源部遭到了各部门的一致批评。同时，人力资源部由于对其他部门不了解，对于其他部门所提的很多问题，也无法进行解释和反驳，因此，会议的最终结论是：让人力资源部重新编写职位说明书。后来，经过多次重写与修改，职位说明书始终无法令人满足。最后，职位分析项目不了了之。

人力资源部的员工在经历了这次失败的项目后，对职位分析彻底丧失了信心。他们开始认为，职位分析只不过是"雾里看花，水中望月"的东西，说起来挺好，实际上却没有什么大用，而且认为职位分析只能针对西方国家那些治理先进的大公司，运用到中国的企业来，根本就行不通。原来雄心勃勃的人力资源部经理也变得灰心丧气，但他却一直对这次失败耿耿于怀，对项目失败的原因也是百思不得其解。

资料来源：彭剑峰. 人力资源管理概论. 上海：复旦大学出版社，2008.

工作分析真的是他们认为的"雾里看花，水中望月"吗？A公司的工作分析项目为什么会失败呢？A公司工作分析的内容和流程究竟存在哪些问题？

工作分析是由多个环节组成的有机整体，一项完整的工作分析要经过立项、准备、调查、分析及完成等五个阶段，需对工作本体和任职资格进行分析，并事先进行周密的安排，制订工作分析实施方案。接下来本章首先从工作分析的内容入手展开介绍。

■ 第一节 工作分析的内容

一、工作分析的内涵

工作分析的内容确定是进行工作分析的最基本的要素，也是工作分析人员进行工作分析的依据，只有明确了工作分析的内容和各项指标之后，工作分析人员才能有所侧重地收集相关工作信息，分析并形成工作分析文件。

工作分析的内容包括两个方面，即工作本体分析和任职资格分析。工作本体分析回答以下问题，即这个工作是做什么的？有哪些任务？承担怎样的责任？与哪些工作岗位产生联系？工作的环境如何？任职资格分析则是对具体工作岗位上的任职人员应该具备哪些素质做出说明。

一般来说，工作分析的内容如表 3-1 所示。

表 3-1　工作分析的内容

内容	具体表现
工作本体分析	职位识别、工作任务分析、工作职责分析、工作流程分析、劳动资料和工作对象分析、工作强度分析、工作条件和环境分析、工作时间分析、工作权限分析、工作关系分析
任职资格分析	教育水平、知识、技能、工作经验、能力、职业素养、心理品质、其他要求

二、工作本体分析

工作本体分析，又称工作描述分析。从形成职务说明书的角度而言，工作本体分析的结果最终要形成文本，用于指导人力资源管理实践。所以，工作本体分析的内容一般从以下方面展开，即工作标识分析、工作编号分析、工作概要分析、工作关系分析、工作职责分析、工作条件及工作环境分析等。

(一) 工作标识

工作标识又叫工作识别、工作认定，包括工作名称和工作身份。

(1) 工作名称是指一组在重要职责上相同的职位总称，如财务总监、人力资源经理等。

工作名称是职位识别中最重要的项目，工作名称必须明确，使人看到工作名称就可以大致了解工作内容。它是公司招聘人员时，或工作人员之间所用。工作名称应标准化，按照有关职位分类、命名的规定或通行的命名方法和习惯来确定。如果该工作已经完成了工作评价在工资上已有的固定的等级，则名称上可以加上等级。例如，技师，必须加以细分为何种性质、何种等级的技师。

(2) 工作身份。其一般在工作名称后，包括所属部门、直接上级、工作等级、所辖人数、定员人数等。

(二) 工作编号

组织一般按照岗位评估与分析的结果对岗位进行编号，主要是为了方便职位的管理，组织可以根据自己的实际情况来决定应该包含的信息。工作编号需要既能反映出工作岗位所属部门，又能反映出工作岗位的上下级关系，如果能够反映出该岗位的工作性质和其在组织中的地位更好。

(三) 工作概要

工作概要是指用简练的语言阐述工作的总体性质、中心任务、任职者的工作活动和要达到的目标。

(四) 工作任务

工作任务是指为了达成某一个特定的目的而进行的活动。每个工作岗位都有它规定的任务，工作因任务而存在。所谓任务的分析，就是分析任务的性质、任务的内容、实现任务的形式和执行任务的步骤。通过对任务的分析，可以实现任务的一体化并体现任务的意义。如果某些任务设计缺乏一体化，员工不能参与完整的工作，那么他们就几乎没有责任感并会缺少对成果的满足感，在完成本职工作后就没有成就感。如果岗位任务分析能够让员工感到自己做出了贡献，其工作的积极性就会大大增加。对岗位的任务进行分析是整个任务分析的前提和基础，岗位任务的分析应该从以下几个方面进行：

(1)本岗位的基本任务及包括哪些具体内容。

(2)完成这些任务的基本程序，并说明其基本步骤。

(3)从工作量上看，每项具体的工作任务所占的百分比。

(4)说明完成这些任务时，所需执行的规章制度，如作业指导书、劳动规范、质量标准。

(5)完成这些任务时，所需的劳动分工与协作方式，如工作时间、工作轮班、作业组情况。

(6)完成这些任务时，使用的设备、工具、容器器皿等劳动资料。

(7)在常规任务之外，在何时何种情况下，会出现哪些不确定任务，完成的难易程度如何。

(五)工作职责

工作职责一般是通过对不同任务简洁、明了和直观的描述来揭示的，是工作分析的主要部分。工作职责大体分为两类，即管理职责和非管理职责。管理职责是影响他人的工作方式，或者对他们的工作进行帮助和指导；非管理职责包括制作产品的责任，保证某些特定材料使其不受损害的责任，保护机器和设备的责任，与其他人合作的责任，保护他人安全的责任。

上述各项的具体分析中，既要有定性的分析，也要有定量的说明，表3-2从经济损失大小的角度来分析某职位责任的程度。

表3-2　某职位工作责任程度分析表

等级	工作责任的程度
1	因工作失误造成较小的经济损失(2 000元以下)
2	因工作失误造成一般的经济损失(2 000～10 000元)
3	因工作失误造成较大的经济损失(10 000～100 000元)
4	因工作失误造成很大的经济损失(100 000～500 000元)或影响业务的拓展
5	因工作失误造成巨大的经济损失(500 000元以上)或使公司形象严重受损

(六)工作流程

工作流程是指员工如何从事或者企业要求员工如何从事此项工作，主要有以下两个方面的内容：①工作程序、规范。②展开此项工作所必需的各种硬件、软件设施。有时，工作流程是工作任务分析的一个重要的组成部分，有时是单独拿出来进行分析。随着规范化管理价值被越来越多的企业所重视，流程设计思想和方法得到广泛的推广和运用。

导读案例 3-2

岗位管理的革新：以程序管理替代岗位管理

德胜（苏州）洋楼有限公司（以下简称德胜）的管理创新原则是，淡化部门和岗位意识，用程序代替岗位。他们通过部门人员集体民主协商的方式将自己部门的各种工作编成一个个流程，一个部门的每一件工作都有与之相对应的一个程序，同时，其将程序标准化、详细化，使自己的工作达到工序流程化。程序中心（一个专门进行流程管理的部门）管理并监督各个部门在平时工作时，是否按照程序来做事，以达到公司的统筹管理。

在德胜，处处都在运行程序，如何接待来宾？如何处理礼品？如何开会？如何过感恩节？安全事故应急救援怎么办？台风来了有哪些应急程序？采购部门工作流程是什么？人力资源部门招聘人员的程序是怎样的？等等，甚至于怎么刷马桶都分了详细的几个步骤。

从《德胜员工守则》以及相关文献中，人们看到，德胜既有岗位分工，又没有岗位分工，既有岗位的界限，又没有岗位的界限。如果顾客询问到某位员工时，即使这件事不是该员工的职责范围，他必须按照德胜规定的程序序言来回答，甚至马上亲自去办。

资料来源：郑元．以"德"制"胜"永得胜——在德胜公司的实习总结．http://www.tecsunhomes.com/Manage/data/7920.asp，2011-08-25.

（七）劳动资料与对象分析

根据经济学的观点，劳动者与劳动资料、劳动对象是构成生产力的三个基本要素，劳动过程就是劳动者使用劳动资料作用而后影响劳动对象。劳动资料与对象分析是指对完成此岗位工作应具备的劳动资料、劳动对象等进行分析。例如，需要的资金、设备、工具、原材料等。

对生产性岗位劳动资料的分析，主要侧重于对劳动者看管的设备、操纵的机械或使用工具的复杂性、精密度、自动化程度等方面的分析，必要时还应对所需要具备的经验、技能水平进行分析；对生产岗位劳动对象的分析，主要侧重于对被加工资料材质、加工形位、尺寸公差、光洁度、质量及数量要求等方面的分析，必要时，还应对加工过程中所消耗的电力、动力、燃料、辅料，所需要掌握的信息等因素进行分析。从某种意义上说，劳动资料和劳动对象的分析，实质上是对岗位员工以外的一切直接使用、影响和改变的有形或无形的客体所进行的分析研究。

总之，对生产性岗位劳动资料和劳动对象的分析，较为容易进行对比分析研究，而对技术岗、管理岗、营销岗或其他一些特殊岗位工作资料和对象的分析却具有一定难度，因为它们的存在大都具有一定的抽象性、模糊性和不确定性。

（八）工作强度

工作强度是指员工从事劳动活动的繁重、紧张或密集程度。衡量工作强度的指标主要包括劳动紧张程度、劳动负荷和劳动姿势。

劳动紧张程度分析主要是对员工在劳动过程中脑、眼、耳和四肢的协调性、感知和处理信息的速度、注意力集中程度、反应的快慢等进行分析。一般根据工作时间构成、作业持续时间和动作频数等可以对劳动紧张程度做出分析判断。

劳动负荷分析主要是对员工在制度时间内实际工作时的利用情况进行分析，计算出勤率、作业率、工时利用率、定额完成率、劳动时间率等相关指标。

劳动姿势分析，主要是对员工作业时所采用的坐、站、跑、蹲、攀、踢、踏、俯卧、仰视、蹲伏、弯腰和倒悬等劳动姿势进行分析。表3-3为劳动姿势等级的定量分析。

表 3-3 劳动姿势等级的定量分析

等级	劳动姿势属性	分值
1	可以采取任何作业姿势	5
2	站立或久坐占用全部工作时间的一半以上	10
3	长时间站立、攀登、踢、踏、爬、跑、弯曲等平常姿势，时间占全部工作时间的25%～50%	15
4	长时间行走、攀登、踢、踏、爬、跑、弯曲等平常姿势占全部工作时间的51%；或仰视、蹲伏、弯腰和倒悬等不平衡状态，占全部时间的25%～50%	20
5	仰视、蹲伏、弯腰和倒悬等不平衡状态，占全部时间的51%以上	25

(九) 工作时间的安排

工作时间的安排主要包括两个方面的内容：①工作时间的安排。②该项工作每日、每周、每月的工作进程的安排。

(十) 工作环境

工作环境主要包括工作所处的自然环境和社会人文环境两个方面的内容。

(1) 从事该工作的自然环境，包括工作场所、工作环境的危险性、职业病、工作环境的舒适度等，如地理位置、室内的温度、采光度、通风设备、安全措施等。

(2) 从事该工作的社会人文环境，包括企业内各部门之间的关系、当地的社会经济状况、文化氛围等，包括任职者应用的设备名称和任职者运用信息资料的形式。

(十一) 工作权限

企业应根据工作所需完成的任务，按照责权对等的原则，赋予岗位任职者相应的工作权限。责权不对等的情况有以下两种，这两种情况都是组织应该避免的：其一，权力小于责任，这样可能会导致任职者很难顺利地完成工作。其二，权力大于责任，它可能造成任职者滥用职权。

(十二) 工作关系

工作关系是指从事该工作的人员与企业内外的其他部门、组织发生的相互关系。

在组织中，工作作为其中的一个基本单元都具有自己独特的功能，但是无论它归属于哪一个类型，处于哪一个层级，都会与其他工作之间产生不可分割的联系。工作关系分析就是要说明一个工作与另一个工作有着何种协作关系；协作的内容是什么；它受谁的监督、指挥，它又去监督、指挥谁；这个工作的上下级关系如何，本工作职工的升降方向、平调的路线如何。在进行工作分析的时候，一般说明以下三种关系：

(1)监督指挥，即隶属关系，包括直属上级、直属下级、该工作制约哪些工作、受哪些工作制约等。

(2)职位升迁，即该工作岗位可以晋升或降级到企业的哪些工作岗位，可以与哪些工作岗位之间进行同级调度等，为员工做好职业规划。

(3)工作联系，即本工作岗位在具体工作中会与哪些岗位或部门发生工作上的往来，发生联系的目的、方式是什么等。

三、任职资格分析

任职资格分析又称工作规范分析，这项分析具体包括任职者身体素质分析、工作经验分析、学历分析、能力分析、智力分析、体力分析等。

1. 知识技能及工作经验

知识技能及工作经验主要包括知识水平、职业技能及完成工作、解决相关问题的实践经验。

(1)知识水平分析。在对工作进行调查之后，应对工作所必需的知识水平进行分析，认真研究每一工作所需要的基本知识与作业知识，为实现人—职匹配奠定基础。工作所需要的知识水平不仅是指学校的正规教育，也包括通过培训获得的知识与技能。通常，它会涉及以下几个方面：①本工作所需具备的专门知识，即胜任本工作所应有的专业基础知识。②政策法规知识，即应具备的政策、法律、规章或条例方面的知识。③管理知识，即胜任本岗位工作所应具备的经济、管理科学知识或业务管理的知识。④外语水平，因专业、技术或业务工作的需要，对一种或两种以上外语应掌握的程度，在听、说、读、写方面应当达到的水平。⑤相关知识，即除主体专业知识以外，本岗位需要掌握的其他知识。

(2)职业技能分析。职业技能是指对与工作相关的工具、技术和方法的运用。事实上，工作所需要的技能会随着职位的不同而存在很大的差异，所以工作所需要的技能要根据具体职位要求完成的任务和职责来确定，人们往往会关注其中的少数几项对所有职位均通用的技能，一般包括计算机技能、外语技能与公文处理技能。技能模块的主要项目要求或等级如表3-4所示。

表3-4 技能模块

技能模块	主要项目要求或等级
外语	(1)不需要 (2)国家英语四级，简单读写 (3)国家英语六级，具备一定听说读写能力 (4)英语专业，能熟练使用英语表达
计算机	(1)办公软件 (2)MIS软件 (3)专业软件
公文处理	(1)仅需看懂一般公文 (2)熟悉一般公文写作格式，能够起草基本的公文，且行文符合要求 (3)能抓住公文要点，并加以归纳整理 (4)具有较强的文字表达能力，言简意赅，行文流畅

(3)工作经验分析。工作经验是指完成工作、解决相关问题的实践经验，它反映的是担任该职位之前，应具有的最起码的工作年限要求。之所以对承担本工作的员工提出他应具有的经验阅历的要求，是因为一个员工是否能够胜任岗位的工作，不仅仅取决于其通过书本获得知识，还需要员工具有一定的通过自己亲身参与工作实践所获得的直接经验。

对工作经验的度量可以使用社会工作经验和组织内部工作经验两个尺度：①社会工作经验，包括任职者的所有工作经历。针对这些工作经历与现任职位的相关性可以将其具体分为，一般工作经验、相关工作经验、专业工作经验和管理经验几种不同的类型。②组织内部工作经验，是指任职者所需具备的本组织内部的工作经历，具体分析可以从该职位所需具备的经验结构和类型，结合任职者的职业生涯路径出发。这种方式适用于由于组织业务性质和管理方式特殊，不适合在外部招聘的岗位，如某房地产开发公司市场部副总经理的内部职业要求（图3-1）。

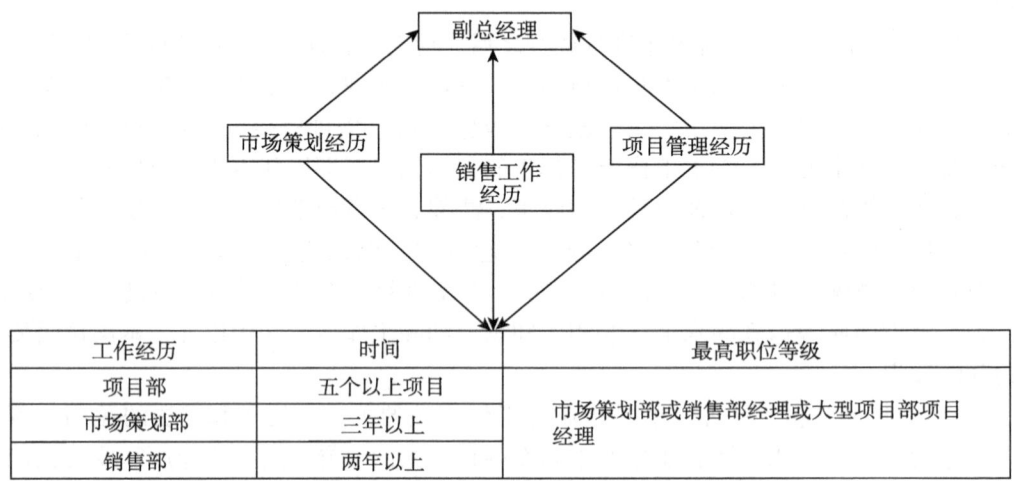

图3-1 某房地产开发公司市场部副总经理的内部职业要求

2. 教育和培训情况

教育和培训情况主要指所受的教育水平和参加培训的情况。教育水平是从事该工作应具有的最低学历要求，有两种方法可以度量任职者的教育程度：

一种是用完成正规教育的年限与专业来加以界定。用这种方法确定教育水平较为方便快捷，易于理解和测度，但它也存在着较大的缺陷，因为具备同样学历的人，其实际的认知能力可能存在重大的差异，并且对那些自学成才的人，这种方法就明显不适合。

另一种是以任职者实际达到的教育水平与职业培训来确定。这种方法普遍采用实际教育水平量表（美国《职业名称词典》教育量表），在国外应用最广泛的就是美国劳动部的"普通教育程度量表"（general education degree，GED），该表根据职位对推理能力、语言能力和数学能力三个维度的要求来界定任职者所要具备的实际教育水平，该量表的使用与美国《职业名称词典》(*The Dictionary of Occupational Title*)中的对应职位的相似性，来确定该职位具体在GED上的位置。表3-5为人力资源部经理的教育程度要求。

表 3-5　美国企业人力资源部经理的教育程度

教育程度	普通教育程度——17年以上		
	推理能力	数学能力	语文能力
具体描述	(1)能应用逻辑的或科学的方法思考广泛的理论和实际问题 (2)能运用非文字的符号（公式、科学方程式、图像、乐符） (3)能处理抽象和具体的变量，理解深奥的各种概念	(1)能运用高等数学和统计技术 (2)能运用许多理论和数学概念 (3)能创造性地运用数学方法解决问题	(1)能撰写报告、文章和编审文献 (2)能起草契约、合同 (3)能为各类人员提供咨询意见

3. 能力要求

能力是人们顺利完成某种活动的必要条件。岗位能力一般包括领导能力、组织沟通能力、计划能力、创新能力等，不同的岗位对能力有不同的要求。

4. 职业素养分析

职业素养是个很大的概念，专业是第一位的，但是除了专业，敬业和道德是必备的，体现到职场上就是职业素养；体现在生活中就是个人的素质或者道德修养。

职业素养是指职业内在的规范和要求，是在职业过程中表现出来的综合品质，包含职业道德、职业技能、职业行为、职业作风和职业意识等方面。

根据能力素质模型冰山理论，在决定岗位任职者个人绩效的各因素中，职业素养往往比知识和技能更加重要，因为职业素养往往是隐形的，难以被发觉，更难以通过后天的改造实现改变。根据心理学家麦克利兰对职业素养的分析，职业素养可以进一步分为社会角色、自我概念、特质、动机四个方面的内容：①社会角色，指岗位任职者基于态度和价值观的行为方式和风格。②自我概念，指岗位任职者的态度、价值观和自我印象。③特质，指岗位任职者身体特征对环境和各种信息所表现出来的持续反应。④动机，指岗位任职者对某种事物持续渴望进而付诸行动的内驱力。

5. 心理品质分析

心理品质是胜任工作所需要任职者具有的心理要素。心理品质分析是根据工作的性质和特点，对员工心理素质及其发展程度的要求所进行的综合分析。根据国外心理学家的研究，一般情况下，以下11项心理品质与工作相关：

(1)智力。一般学习能力，理解工作指令和原理的能力，推理与判断能力。

(2)语言能力。理解词义的能力，运用语言的能力，理解语句、段落和文章中心思想的能力。

(3)数字能力。迅速、准确地进行算术运算的能力。

(4)空间理解，亦即图形视觉思考能力。理解空间形状、平面和立体客体之间关系的能力，具有对二维、三维空间客体做出视觉判断的能力(如阅读蓝图、解决几何问题等)。

(5)形状视觉。对客体、图纸、表格的细微部分的感知能力，对形状、长度差异做出视觉比较和辨认的能力。

(6)书面材料知觉。对语言、表格材料细节的感知能力，对复印文件差异的观察能力，校对文字、数材料和防止计算差错的能力。

（7）运动协调能力。迅速、准确地协调眼、手、手指并做出准确动作的能力。

（8）手指灵巧。迅速、准确地移动手指，操作小件物体的能力。

（9）手的技巧。轻巧熟练地进行手工操作，安放和转动运动物体的能力。

（10）眼、手、足协调能力。根据视觉刺激，手足配合活动的能力。

（11）颜色分辨能力。观察识别相似或不同色彩的能力，相同色彩在阴影中或其他明暗效果不同情况下的分辨能力。

心理品质分析通常采用五点量法来对上述能力指标按岗位要求的重要程度评级。五点量法就是用简洁的文字说明五个级别："5"为最重要、最优的，即对某种品质、能力的需要为最高程度；"4"为较重要的、良好的，即对某种品质、能力的需要为中上等程度；"3"为中等重要的、一般的，即对某种品质、能力的需要为中等程度；"2"为次等重要的、差的，即对某种品质、能力的需要程度很低；"1"为不重要的，最差的。

6. 其他相关要素分析

有时候企业对员工的性别、年龄、身体素质、容貌等方面也提出要求，这些要求一般会与岗位性质紧密联系在一起，为了避免在提出这些要求时出现各种歧视，不能对任何职位都提出这些类似的要求，而且不可违反《中华人民共和国劳动法》的相关规定。例如，礼仪接待人员要求相貌端正，身高达到一定标准；健身陪练员要求身体强壮等。

员工任职资格分析表如表 3-6 所示。

表 3-6 员工任职资格分析表

任职资格要素	主要项目	等级要求
身体素质要求	健康状况	优（　）良好（　）一般（　）较差（　）
	有无过往病史（包括家人）	有，请注明（　）没有（　）
	能否在高压力的状态下工作	可以（　）不能（　）
知识技能水平	外语水平	
	计算机水平	
	有无取得相关证书	
	特长	
教育及培训	教育水平	硕士及以上（　）本科（　）大专（　） 高中或中专（　）初中（　）
	是否参加过相关的培训	是（请注明）（　）
		否（　）
工作经验	否（　）	
	有，请详细注明（　）	
能力要求	领导能力（　）沟通能力（　）计划能力（　）创新能力（　）	
个性特质分析	血型	A 型（　）B 型（　）AB 型（　） O 型（　）
	性格	外向（　）内向（　）中性（　）
	爱好	

第二节 如何设计工作分析的流程

工作分析的基本流程可以概括为五个阶段,即立项阶段、准备阶段、调查阶段、分析阶段及完成阶段(图 3-2)。每个阶段的具体任务都不同,它们构成了工作分析的完整过程。

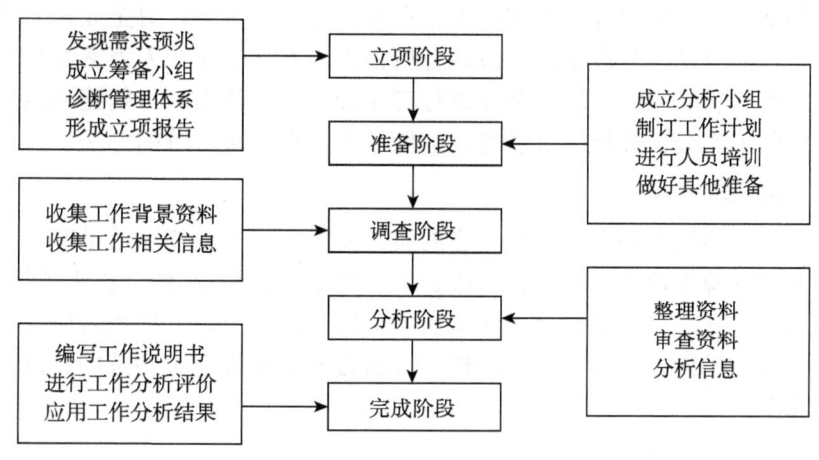

图 3-2 工作分析基本流程

一、工作分析的立项阶段

工作分析的立项阶段是工作分析的起始阶段,该阶段的主要任务是确认工作分析的需求,制定工作分析的大体原则,主要在企业内部自行完成。本阶段主要包括工作分析需求诊断和立项两项工作。

(一)工作分析需求诊断

1. 发现工作分析需求的预兆

在本书第一章,我们提出了工作分析的三类时机选择,这是一个大体的时间概念。当企业出现以下现象时,也有助于帮助企业做出工作分析需求的诊断:①组织管理体系、业务流程不畅,造成效率低下;②客户的需求提高,而目前的产品和服务无法满足顾客的需求;③缺乏明确的、完善的、书面的工作说明,人们对工作的职责和要求不清楚;④虽然有书面的工作说明,但与实际工作情况不符,难以遵照它去实施;⑤经常出现推诿扯皮、职责不清或决策困难的现象;⑥刚刚进行了组织机构和工作流程的变革或调整;⑦当需要招聘某个职位上的新员工时,发现很难确定用人标准;⑧当需要对员工进行培训时,发现难以制订有针对性的计划;⑨当需要对员工的业绩进行考核时,发现没有根据职位确定的考核标准;⑩当需要建立新的薪酬体系时,无法对各个职位的价值进行评估。

2. 成立工作分析筹备小组

在发现了工作分析需求的预兆后,应由企业的高层主管领导牵头组建工作分析筹备小组，其成员包括人力资源部经理、主管以及其他相关部门（财务部、行政部）经理。筹备小组的主要职责是：确认工作分析的需要；制定工作分析的总体原则、预算；建立工作分析的目标导向；确定工作分析的主体；监控整个工作分析过程；确认工作分析的最终结果；推广应用工作分析成果；项目述职。

3. 人力资源管理体系诊断分析

工作分析筹备小组成立后，可以由小组成员采用问卷调查、重点员工访谈等方法，也可以聘用外部专家采用规范、系统的人力资源管理诊断工具，对企业人力资源管理的现状进行诊断，形成诊断分析报告。诊断分析报告应发现企业在人力资源管理中存在的问题，分析问题产生的原因，反映企业进行工作分析的具体需求，阐述满足这些需求的现有条件；预估工作分析过程中可能遇到的困难并找出解决困难的办法。

(二) 工作分析的立项

工作分析是一项复杂的系统工程，它的实施需要获得企业高层的批准。工作分析筹备小组要在人力资源管理体系诊断分析报告的基础上，撰写《工作分析立项报告》，向企业高层申请立项。立项也就是要对工作分析的导向进行定位。立项报告应该在原则上确定工作分析的目标导向、目的、主要用途、开展方式、外部专家的选聘，以及大致的时间进程和预算等。

二、工作分析准备阶段

这一阶段主要是完成以下几项任务：

(1) 确定工作分析的目的、侧重点和用途。工作分析的目的不同，其所要收集的信息和将使用的方法也会不同。表 3-7 为不同目标的工作分析的重点。

表 3-7　不同目标的工作分析的重点

目标	强调的重点
以组织优化为目标	对工作职责、权限的明确界定； 将工作置于流程与战略分解体系中来重新思考该职位的定位； 职位边界的明晰化
以甄选为目标	对工作所需教育程度、工作经验、知识、技能与能力的界定，并确定各项任职资格要求的具体等级或水平
以薪酬为目标	对与薪酬决策有关的工作特征的评价分析，包括工作所需知识、技能与能力水平，工作职责与任务的复杂性与难度，工作条件，工作负荷与强度大小等
以培训开发为目标	工作典型样本、工作难点的识别；对工作中常见错误的分析；任职资格中可培训部分的界定
以考核为目标	对工作职责以及责任细分的准确界定，并收集有关对各项工作职责与任务的重要程度、过失损害的信息，为绩效指标的提取以及权重的确定奠定基础

(2) 制订工作分析的实施方案或工作分析计划（详细叙述请参见本章第三节的内容）。

(3) 成立工作分析小组。为了保障工作分析的顺利进行，在准备进行阶段还要成立一个工作分析小组，从人员上为这项工作的开展做好准备。

小组的成员一般由三类人员组成：①企业的高层领导；②部门领导、人力资源部人员、外部专家;③岗位任职者。聘请外部专家或顾问是因为他们具有这方面丰富的经验和专门技术,可以防止工作分析的过程出现偏差,有利于结果的客观性和科学性。通常情况下,工作分析小组成员的数量为6～15,一般是单数,具体人数根据企业实际需求而定,这样有利于工作分析结果的形成。表3-8为工作分析小组人员各自职责一览表。

表3-8 工作分析小组人员各自职责一览表

主体	职责
企业的高层领导	(1)相关政策的发布 (2)动员全体员工配合人力资源部的工作 (3)为工作分析的顺利进行铺平道路 (4)工作分析成果的验收
部门领导、人力资源部人员、外部专家	(1)动员本部门员工配合岗位信息调查工作 (2)协助人力资源部编制本部门岗位说明书的工作 (3)制订并执行工作分析的实施方案 (4)整体上掌控工作分析的实施情况 (5)设计相关工具(如表单、调查表等) (6)提供技术上的支持 (7)对内部员工进行工作分析培训 (8)与其他部门的协调与沟通 (9)获取企业(组织)高层领导的支持和配合 (10)岗位信息的收集、分析、整理 (11)编制岗位说明书
岗位任职者	尽可能地提供岗位信息的全面、详尽的资料

(4)对工作分析人员进行培训。为了保证工作分析的效果,还要由外部的专家和顾问对本企业参加工作分析小组的人员进行相关培训,主要是对在小组中担任收集分析工作的人员,包括信息收集员、信息分析员、信息分析专家等进行相关培训。

工作分析人员应具备以下条件:①具有人事管理、心理学的一般知识,对工作分析的技术与程序比较了解;②应掌握观察、面谈、记录等技巧;③具备较强的文字表达能力;④应有所要分析的工作的常识;⑤有较强的责任心、耐心;⑥应有良好的理解力、记忆力和分析能力;⑦应有获得他人信赖与合作的能力。

(5)做好其他必要的准备。例如,确定工作分析开展需要的前提条件,与有关人员进行沟通,由各部门抽调人员,部门经理要对其工作进行适当的调整,以保证他们有充足的时间进行这项工作,在企业内部对这项工作进行宣传,消除员工不必要的误解和紧张。

三、工作分析的调查阶段

这一阶段主要完成以下几项任务:

(1)制定工作分析的时间进度表,以协调各部门有序地工作。表3-9是某次工作分析活动的时间安排。

表 3-9 某次工作分析活动的时间安排

阶段	时间	工作内容
准备阶段	第一周	(1)根据工作分析的目的,收集相关信息和资料,制定总体规划 (2)召开动员大会,公布日程安排
实施阶段	第二周	部门中层经理访谈
	第三周	部门基层经理访谈
	第四周	员工访谈
整理分析、完成阶段	第五周	利用收集到的信息,撰写岗位说明书,并征求各级管理人员和员工的意见,进行修订
应用	第六周	工作说明书的培训和使用,进一步收集反馈意见

(2)根据工作分析的目的,选择收集工作内容相关信息的方法,如面谈法、问卷法、观察法、参与法、实验法、关键事件法等(详细介绍请参见本书第四章和第五章的内容)。

(3)收集工作的背景资料,这些资料包括工作的组织结构图(图 3-3)、工作流程图(图 3-4)、部门职能说明书(表 3-10)以及国家的职位分类标准,条件允许的话还应该找到以前保留的工作分析资料。

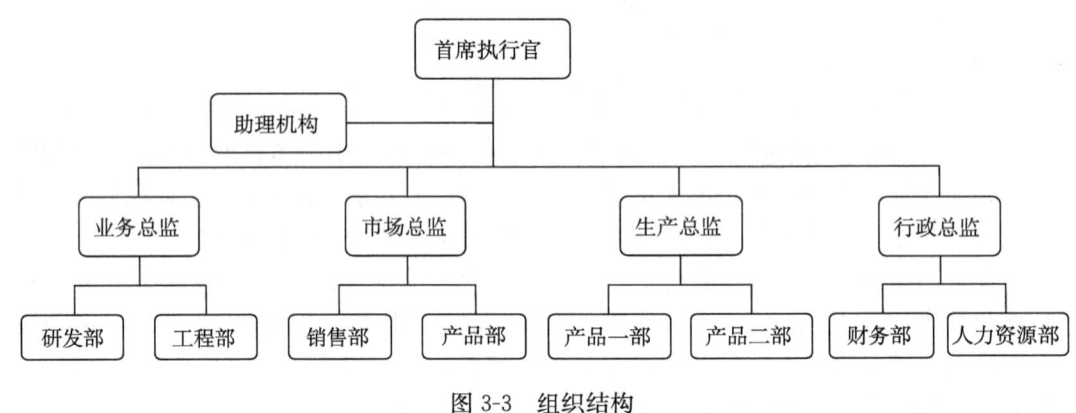

图 3-3 组织结构

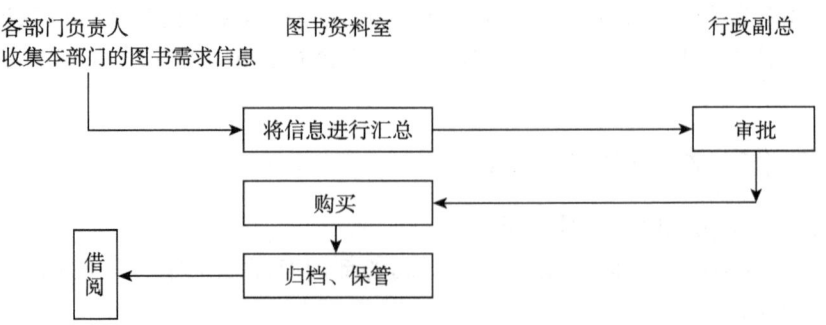

图 3-4 购买图书资料的工作流程

表 3-10 人力资源部职能说明书

部门名称	人力资源部
职位设置	人力资源部经理、招聘专员、培训专员、绩效考核专员和薪酬专员
部门使命	负责建立健全人力资源管理和开发体系,并确保使其得到有效实施和持续发展,为其他各部门提供人力资源管理服务和支持
部门主要职能	(1)制定人力资源管理规范 (2)制定人力资源规划 (3)实施工作分析,编写工作说明书 (4)实施人员的招募和选拔 (5)分析培训需求,展开培训工作 (6)组织实施公司的绩效考核工作 (7)建立和调整薪酬福利体系

(4)收集职位相关的信息。一般来说,工作分析需要收集的信息主要分为以下几类:①工作活动,包括承担工作必须进行的与工作有关的活动过程、活动的记录、进行工作所运用的程序、个人在工作中的权利和责任等。②工作中人的活动,包括人的行为,如身体行动以及工作中的沟通、作业中使用的基本动作;工作对人的要求,如精力的耗费、体力的耗费等。③在工作中所使用的机器、工具、设备以及辅助用品,如电话、计算机等。④与工作有关的有形和无形的因素,包括完成工作所要设计或要运用的知识,如公司的会计需要运用会计方面的知识,法律事务主管要懂得法律知识等。⑤工作绩效的信息,如完成工作所耗费的时间、需要投入的成本,以及工作中的误差等。⑥工作的背景条件,包括个人时间、工作地点,如在室内还是室外;工作的物理条件,如没有噪音等。⑦工作对人的要求,包括个人特征(如个性和兴趣)、所需要的教育与培训水平、工作的经验等。

(5)信息来源的渠道。上文的信息一般要通过以下几个渠道来获得。

首先,工作任职者。一般来讲,工作任职者了解工作内容,他们有可能提供有关工作的真实、可靠的依据。工作任职者进行工作分析会遇到一些问题,如工作任职者不一定愿意报告他们工作的内容;工作任职者往往需要接受关于收集工作信息方法的培训;一部分工作任职者往往会带有功利目的,夸大他们的工作。尽管使用工作任职者收集工作信息会出现上面一些问题,但也有一些好处,如工作任职者能够提供关于工作的完整的信息;通常可以使用大量的任职者对同一职位的工作提供信息;当需要对大量的职位进行工作分析时,使用工作任职者来收集工作信息是最有效率的方法。工作任职者必须经过认真的挑选,要符合以下要求:①必须是自愿的。②必须具有比较好的口头交流、阅读和书面表达能力。③至少在待分析的职位上工作 6 个月以上,这样他们才有可能提供关于该职位的全面和准确的信息。④当某个职位上的工作任职者数量较少时,一般使用所有符合要求的人收集工作信息;当某个职位上的工作任职者数量较多时,需要对符合要求的工作任职者进行取样,保证样本具有代表性。

其次,工作分析专家。其可以来自于组织内部,通常是人力资源部门或业务流程研究部门;也可以来自于组织外部的专业机构。聘请外部专家进行工作分析的优点包括:①外部专家对组织内问题的分析会更加客观、可信。②外部专家往往具有在不同组织中实施工作分析的丰富经验。聘请外部专家进行工作分析的缺点是：①当工作地点分布较广时，费用会比较高。②工作分析的专家需花费大量时间去了解工作业务。③工作任职者会感到外部专家的压力，在提供信息方面会受到限制。

再次，工作任职者的上级主管。任职者的上级主管监控任职者从事工作，他们有机会观察任职者的工作，能够客观地提供工作信息。直接上级作为收集信息工作者之一的前提是，应该很清楚地知道其下属做了些什么，并对其工作表现的好坏有明确的判断标准。他们收集信息的速度较快，但信息的客观性难以保证，可能会带有一定的主观色彩。由于任职者的上级主管往往倾向于从任职者"应该怎样做"的角度去描述任职者的工作，而不是从任职者"实际上怎么做"的角度去描述任职者的工作。因此，任职者的上级主管并不作为主要的工作信息收集者，往往需要他们对已经收集来的工作信息进行检查与补充。

最后，其他渠道。信息还可以来自于顾客、职业名词辞典以及以往的分析资料。

利用不同的渠道搜索工作信息时要注意：由于各种主客观原因的存在，不同的信息源提供的信息会有一定程度的差异。工作分析人员要站在中立的立场听取各方面不同的意见，或者亲身实践一下相关的工作活动，以掌握可靠的信息。

(6)计算机在收集工作分析信息中的作用。越来越多的企业在工作信息的收集过程中借助计算机提高收集工作信息的效率。对于拥有人力资源管理软件的企业，其可以把工作说明书的模板挂在企业内部软件系统上，由各部门负责人组织填报，并在指定的时间内汇总到公司人力资源部门。国内人力资源管理软件用友 HER、金蝶 HER 软件，国外用 SAP HR、ORACEL HR，在它们的系统内都设有工作说明书模板，企业可以直接使用。对于还没有配置人力资源管理软件的大型企业，也可以根据自己的实际情况，由软件开发人员开发一个网络版的工作说明书填报工具。

导读案例 3-3

某公司工作说明书网上提交系统使用手册

(一)管理人员进行新岗位的编制

(1)管理人员进入该系统主页面，单击屏幕右边的"岗位编制"按钮，进入岗位设置主页面。

(2)通过展开屏幕左边的树形机构目录，找到要设置岗位的部门(部、处、科室)，然后单击"设置新岗位"按钮。

(3)屏幕出现设置新岗位的填写表单，包括：①岗位所属部门(是一个提示信息，是你在第二步中所选择的部门)；②岗位编码(六位)；③岗位名称(不超过十个汉字)；④编写人帐号(七位)；⑤审核人帐号(七位)；⑥审批人帐号(七位)。在新岗位设置填写表单的下方，系统会列出该岗位目前已经设置的岗位列表清单，包括岗位编码及岗位名称，以供参考。

(4)单击"保存"按钮，以保存所填写的新岗位设置情况。

(5)若要修改或删除刚刚填写的新岗位信息，单击屏幕右边对应的"修改"或"删除"按钮。

(6)单击"返回"按钮,返回到岗位设置主页面,选择某个部门的某个岗位,单击进入该岗位的设置情况就可以对该岗位的设置进行修改或删除。

(二)岗位编写人填写岗位说明信息

编写人、审核人以及审批人进入岗位说明书网上提交系统后,系统将需要他们进行填写、审核或审批的岗位所属部门按照树形结构显示在屏幕左边,当你选择某个部门后,屏幕右边将显示该部门需要你填写、审核或审批的岗位清单。

对于岗位编写人,若第一次进入某个岗位的编写页面,系统将自动进入该岗位的基本信息填写页面,以接受岗位编写人关于该岗位以下信息的填写:①该岗位的直属上级岗位名称(从下拉列表中选择);②该岗位的设置目的(简单而精确地描述该岗位为什么存在,长度不能超过100个汉字)。

填写完后,按"保存"按钮,进入该岗位说明书填写的主页面,在该页面中对于编写人,可以针对该岗位说明书进行以下操作:

(1)单击"填写岗位基本信息"按钮,可以对上面所填写的两条信息进行修改。

(2)单击"填写主要岗位职责"按钮,可以对该岗位的所有主要职责(主要职责是用陈述句来说明一项有明确结果或产出的工作以及岗位所负的责任)进行逐条填写,包括每条职责的序号(必须是数字:1、2、3……)、主要岗位职责(描述请以重要性为序,长度不能超过100个汉字),以及所占工作时间百分比。填写完一条后按"保存"按钮,系统显示你所填写的结果,并询问你是否接着填写该岗位的下一条主要岗位职责,若是,单击"继续"条目。否则,单击"返回"按钮,以返回到该岗位说明书填写的主页面。

该主页面中,在"填写主要岗位职责"按钮下方,系统将你已经填写的该岗位主要岗位职责依照条目清单逐条显示,单击某个条目,系统将允许你对该条目进行修改或删除。

(3)单击"填写权限范围"按钮,可以对该岗位的所有权限范围进行逐条填写,包括每条权限范围的序号(必须是数字:1、2、3……)及描述(长度不能超过60个汉字)。

权限范围是指该岗位被授予的任何方面的决策权,如财务、人员管理、合同管理及生产运作方面等。例如,采购主管有权批准50 000元人民币的采购申请,任何超出这个数字的采购要求必须由采购经理批准。

(4)单击"填写上下级关系"按钮,可以对该岗位的上下级关系描述进行填写。

进入该页面,系统首先要求你就该岗位的上下级关系中有关"如果岗位需要经常与一些临时组成的团队共同工作,请描述该岗位在团队中的角色、工作性质及范围"进行填写,填写完成后,单击"保存"按钮。然后通过分别单击"填写本岗位的直属下级岗位名称及任职人数"、"填写本岗位的间接下级岗位名称及任职人数"、"填写与本岗位向同一上级汇报的岗位名称及任职人数"按钮,对该岗位的上下级关系分别进行填写。每条信息包括,序号(必须是数字:1、2、3……)、岗位名称(不超过15个汉字)、任职人数(人数必须是数字)。每填写完一条信息返回上下级关系填写主页面后,该条信息就会显示在对应的关系栏目下,单击该条目可以进行修改或删除。

(5)单击"填写联系对象"按钮,可以对该岗位的联系对象进行描述,包括每个联系对象(不超过30个汉字)与联系目的(不超过40个汉字)。

(6)单击"填写工作难点"按钮,可以对该岗位的所有工作难点逐条进行录入,每条工作难点的长度不超过100个汉字。

工作难点是指在执行岗位职责时的主要困难或阻力,如问题的复杂、资源/信息的匮乏以及责任的重大等所导致的困难,可用实例解释。

(7)单击"填写任职条件"按钮,可以对该岗位的所有任职条件的方方面面进行填写,包括:①学历(可以选择高中以下、技校、中专、大专、本科、硕士研究生、博士研究生)与专业(专业描述的长度不超过40个汉字),通过单击"保存"按钮进行保存。②其他专业知识(逐条填写,每条长度不超过60个汉字)。③相关工作经验(逐条填写,每条长度不超过60个汉字)。④核电知识/行业资格(逐条填写,每条长度不超过60个汉字)。⑤其他技能(逐条填写,每条长度不超过60个汉字)。

若要对某个栏目填写新的条目,都必须通过单击该栏目对应的按钮来打开新条目填写页面完成;若要对已经填写的条目进行修改或删除,必须通过单击该条目进入修改页面来实现。

填写完成后,在该岗位说明书填写主页面中单击"提交"按钮,将该岗位说明书填写情况提交给审核人进行审核。一经提交,编写人就不能对该岗位的说明书填写情况再进行修改了。

(三)审核人对编写人所填写的岗位说明书信息进行审核

进入工作说明书网上提交系统后,系统将对需要审核人审核的岗位清单按树形部门进行显示,展开后,单击某个部门,屏幕右边将显示该部门下属的所有需要审核的岗位清单,单击某个岗位条目进入该岗位说明书填写主页面,就可以查看该岗位的编写人关于该岗位说明书的填写情况,并可以进行修改或增删,或者通过单击"审核"按钮,填写审核意见,并决定是否通过审核。

若未通过审核,系统会自动将该岗位说明书填写返回给编写人重新进行编写;若通过审核,系统会将该岗位说明书的填写情况传送给审批人进行最后的审批。

(四)管理人员确认

管理人员在确认以前也可以对该岗位的说明填写内容进行增删修改。

在确认时,可以填写确认意见。若通过确认,该岗位说明书编写的审批人就可以进行最后的签字了;若没有通过确认,则该岗位说明书会返回给审核人重新进行审核。

(五)审批人最后签字

审批人进入该岗位说明书详细页面,通过单击"签字"按钮,以实现对该岗位说明书的编制进行最后的签字。

四、工作分析的分析阶段

(1)整理资料。工作分析小组将收集到的信息按照工作说明书的各项要求进行归类整理,看是否有遗漏的项目,如果有的话返回到上个步骤,进行再调查收集。

(2)审查资料。归类整理后,分析小组要对所获信息的准确性进行核查,如有疑问,还需要找相关人员进行核实,或者回到上个步骤,进行再调查。参与信息核实的人员包括从事该工作的人员及其直接主管。

核实工作信息的作用不仅仅是确保信息的准确性,还有助于了解岗位的工作人员及直接主管是否理解这些信息,有助于赢得该岗位工作人员及其直接主管的认可。审核完毕,工作分析人员还需将审查后确认的信息送交领导人或委托人进行审查确认。

(3)分析资料。如果信息准确完备,接下来要对资料进行分析,对工作名称、工作描述、工作环境、任职资格等必需材料和要素进行归纳总结,解释出各个职位的主要成分的关键因素。

分析过程中要遵循以下原则:

(1)对工作活动是分析而不是罗列。分析时应当将某项职责分解为几个重要的部分,然后将其重新组合,而不是对人物或者活动进行简单罗列。例如,对公司前台小姐迅速转接电话的这项职责,经过分析后应当这样描述,"按照公司的要求接听电话,并迅速转接到相应人员那里",而不应将所有活动都罗列上去,"听到电话铃响后,拿起电话,放到耳边,说出公司名字,然后询问……"。

(2)针对的是工作而不是人。

(3)分析要以当前的工作为依据。工作分析是为了获取某一特定时间内的职位情况,应当以当前的工作状况为基础进行分析,不能加入对工作的设想。

五、工作分析的完成阶段

这是工作分析过程的最后一个阶段,主要任务包括以下几个部分。

(一)编写工作说明书

1. 编写工作说明书步骤

首先,按一定的格式编写工作说明书的初稿。

其次,将初稿反馈给相关的人员进行核实,意见不一致的地方要重点进行讨论,无法达成一致的还要返回调查阶段,重新进行分析。

最后,形成工作说明书的定稿。

2. 明确工作说明书的准则

(1)符合逻辑的顺序,清晰明白。

(2)尽量使用通俗易懂的语言,简短扼要。

(3)应该表明各项职责层次性,具体细致。

3. 确定工作说明书主要内容

详细内容见本书第六章。

阅读材料 3-1

猴子取食的启示

美国加利福尼亚州的学者做了这样一个实验:把六只猴子分别关在三间空房子里,每间两只,房间里分别放着一定数量的食物,但放的位置高度不一样。第一间房子的食物就放在地上,第二间房子的食物分别从易到难悬挂在不同高度的适当位置上，第三间房子的食物悬挂在房顶。数日后，他们发现第一间房子的猴子一死一伤，伤的缺了耳朵伤了腿，奄奄一息。第三间房子的猴子也死了。只有第二间房子的猴子活得好好的。

究其原因，第一间房子的两只猴子一进房间就看到了地上的食物，于是，为了唾手可得的食物而争得你死我活，结果伤的伤、死的死。第三间房子的猴子虽然做了努力，但因食物太高，难度过大，够不着，被活活饿死了。只有第二间房子的两只猴子先是各自凭自己的本能蹦跳取食，最后，随着悬挂食物高度的增加，难度增大，两只猴子只有协作才能取得食物，于是，一只猴子托起另一只猴子跳起取食。这样，每天都能取得够吃的食物，很好地活了下来。

资料来源：佚名. 猴子取食 岗位，适度才好. 中外管理，2008，11：56～57.

做的虽是猴子取食的实验，但在一定程度上也说明了人才与岗位的关系。

岗位难度过低，人人能做，体现不出能力与水平，选拔不出人才，反倒成了内耗式的位子争斗甚至残杀，其结果无异于第一间房子里的两只猴子；岗位的难度太大，虽努力而不能及，甚至埋没、抹杀了人才，犹如第三间房子里两只猴子的命运。所以，岗位的难度要适当，循序渐进，如同第二间房子里的食物。这样，才能真正体现出能力与水平，发挥人的能动性和智慧。同时，相互间的依存关系使人才间相互协作，共渡难关。

(二) 工作分析评价

工作分析的评价主要使用下列标准：
(1) 灵活性与工作成本收益。
(2) 可靠性和有效性标准。

(三) 工作分析结果的应用

工作分析结果的应用主要包括工作说明书的使用培训、使用说明书的反馈与调整、工作说明书在人力资源管理系统中的具体应用，对员工的报酬、考核、晋升、职业发展等具有直接的影响。一般说来，工作分析结果的运用都不是独立进行的，不同的应用之间相互联系、互为支撑。

第三节 工作分析的实施方案

一、工作分析实施方案的一般框架

工作分析是一项系统工程，涉及方方面面的人和事，多且杂，需要花费较长的时间。为了使工作分析的实施有计划、有条理，事先应制订详细、科学、可行的工作分析的总体实施方案。

总体实施方案是工作分析的整个计划，从开始确定工作分析的目的到最后工作分析的结果，是整个过程的一个说明。那么，如何制订实施方案呢？

一项完整的工作分析实施方案，必须包括工作分析的背景、目的、工作分析的内容与结果、需要的资料、工作分析的用途说明、工作分析的方法等内容。下面，我们将对这些项目一一进行介绍。

1. 背景

所谓工作分析的背景，是指我们在进行工作分析之前，必须要对公司目前所处的状态做一个充分的了解，熟悉公司目前在组织结构、人员安排、工作效率、经营效益等各方面的情况，并进行仔细分析，发现存在的问题和原因，使工作分析能够具有针对性。

2. 目的

在实践中，工作分析将会用于以下目的：①人力资源规划；②人员招聘及甄选；③人员任用及配置；④薪资调查；⑤薪资结构；⑥员工培训及发展；⑦职业规划；⑧工作评价；⑨职位分类；⑩绩效评估；⑪目标管理计划；⑫ 工作流程分析；⑬ 组织结构研究；⑭ 人员结构研究。

3. 工作分析的内容与结果

工作分析的内容是指我们进行工作分析时所要具体从事的工作，如了解各个职位的主要职责与任务、界定各个职位的职责和权限等。其最终结果是要形成每个职位的职务说明书。

4. 需要的资料

为了顺利进行职位分析，需要许多资料的帮助，主要包括公司的组织结构图、各部门职能说明书、工作流程图、人员名单等。

5. 工作分析的方法

目前已经形成了比较完善的工作分析方法体系，一般来说，访谈法、工作日志法、关键事件法是比较通用的方法。当然，如果遇到特殊情况，也可以采用其他方法，保证最终结果的可靠性和实用性。

6. 工作分析的组织形式与实施者

一般来说，工作分析的实施者应该由多种人员共同参加，公司人力资源部负责协调与联络，高层领导负责提出建议和验收成果，聘请的外部专家负责项目的总体策划与实施。

7. 工作分析实施的过程或步骤

8. 工作分析实施的时间计划、活动安排及预算

其主要是对工作分析中的日常工作时间、加班时间及各项工作时间分配进行统筹。表 3-11 是一个工作分析实施的时间安排表。

表 3-11 某公司 2009 年度工作分析时间安排表

阶段	主要工作
准备阶段 （4月10日～4月20日）	(1)对现有资料进行分析研究 (2)选择待分析的工作职位 (3)选择工作分析的方法 (4)设计调查用的工具 (5)制订总体的实施方案
实施阶段 （4月21日～5月21日）	(1)召开员工大会，进行宣传动员 (2)向员工发放调查表、工作日志表 (3)实地访谈和现场观察

续表

阶段	主要工作
分析描述阶段 (5月22日~6月1日)	(1)对收集所得信息进行归纳和整理 (2)与有关人员确认信息 (3)编写工作说明书
应用阶段 (6月2日~6月10日)	(1)将工作分析所得结果反馈给员工和其直接主管 (2)获取他们的反馈意见 (3)对工作说明书的内容进行调整和修改

二、工作分析实施方案的实例

W公司工作分析实施方案

(一)背景

W公司是一家大型的电子产品集团公司。最近,D大学经济管理学院专家组为其进行了组织诊断与组织再设计工作。通过该项工作,W公司形成了新的组织结构、职能权限体系和业务工作流程。为使W公司实现有效的组织运行,需进行工作分析。

(二)目的

通过工作分析,W公司组织设计的结果进一步深入和细化,将部门的工作职能分解到各个职位,明确界定各个职位的职责与权限,确定各个职位主要的工作绩效指标和任职者的基本要求,为各项人力资源管理工作奠定基础。

(三)工作分析的内容与结果

本次工作分析中完成下列工作内容:

(1)了解各个职位的主要职责与任务。

(2)根据新的组织机构运行的要求,合理清晰地界定职位的职责、权限以及职位在组织内外的关联关系。

(3)确定各个职位的关键绩效指标。

(4)确定工作任职者的基本要求。

(5)工作分析的最终成果为,形成每个职位的《工作说明书》。

(四)工作分析样本

工作分析样本包括,行政部行政文员、市场部市场专员、企业发展部公关经理。

(五)工作分析的方法

工作分析的方法包括,资料调研、工作日志、访谈、职位调查表、现场观察。

(六)工作分析的实施者

本次工作分析由D大学专家组和W公司有关人员共同组成工作分析小组实施。该小组的成员为:D大学的专家(负责项目的总体策划与实施);W公司人力资源部人员(负责项目的协调与联络);W公司的高层领导(提出总体原则并对工作结果进行验收)。

(七)工作分析的实施程序

本次工作分析主要分为三个阶段进行,即准备阶段、实施阶段和结果整合阶段。

阶段一:准备阶段(5月10日~5月20日)。该阶段的主要任务是:对现有资料进行研究；选定待分析的职位；设计调研用的工具。

阶段二：实施阶段(5月21日～6月30日)。该阶段的主要任务是：召开员工会议，进行宣传动员；制订具体的调研计划；记录工作日志；实施访谈和现场观察；发放调查表。

阶段三：结果整合阶段(7月1日～7月20日)。该阶段的主要任务是：对收集来的信息进行整理；与有关人员确认信息，并作适当的调整；编写工作说明书。

(八)需要的资料

本次工作分析需要的材料有：组织结构图；各部门职能说明书；工作流程图；职权体系表；人员名单。

工作分析是一项系统的工作，在实施工作分析时，若事先制订一个大致的方案，不仅可以为整个工作分析活动提供指导，还便于对整项工作进行控制。

三、在起草工作分析实施方案过程中需注意的事项

工作分析实施方案的制订需要注意以下问题：

(1)岗位工作量的分析必须由部门负责人签字认可。

(2)凡因部门工作计划有冲突而可能出现的耽误必须事先提出。

(3)工作分析结果与部门意见有冲突时，应由部门负责人和人力资源部协商是否有必要重新收集相关资料，如不能解决则需报分管领导处理。

四、工作分析实施总结实例

工作分析结束以后，还必须对整个项目进行一次全面的总结。下面是某食品加工生产企业的工作分析总结报告。

某食品加工企业工作分析实施总结报告

公司简介

某公司是一家从事食品加工生产的公司，创业之初员工只有20多人，经过全体员工的共同努力，公司现已发展成为产、供、销一体化的集团公司。公司目前拥有员工600多人。

目前，企业高层领导感觉公司管理上存在很多问题：有的人人浮于事，办事效率低，也有的人抱怨由于工作太多整天要加班；用人部门反映新招的员工与实际岗位需求相差太大；工作中出了问题各部门相互推卸责任；员工抱怨工资不合理；等等。

公司的人员素质构成如表3-12所示，组织结构图如图3-5所示。

表3-12 人员素质构成一览表

人员	学历	所占比例/%
管理人员	本科及以上	9
生产人员	中专及以下	43

续表

人员	学历	所占比例/%
销售人员	大专及以上	32
技术人员	本科及以上	16

注：技术人员中，获得高级职称人员10人

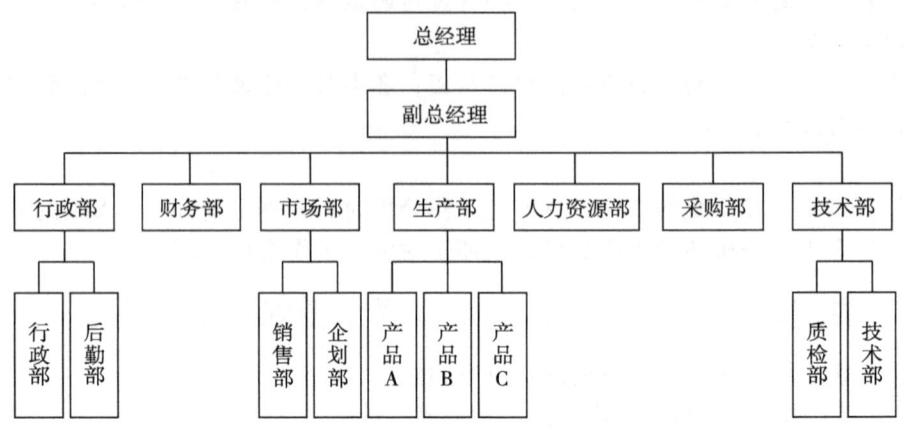

图3-5 公司组织结构图

为了保证公司正常、快速地运行，公司进行了一次全面的工作分析。

（一）工作分析的目的

（1）编制一套涵盖公司各个岗位说明书，作为招聘选拔工作和制定企业薪酬制度的重要参考依据。

（2）理清各部门、各岗位的工作职责及权限。

（3）确定各岗位的绩效考核指标作为员工考核和晋升培训的依据。

（4）为工作设计提供重要的信息。

（二）工作分析的内容

（1）明确各岗位的工作职责（包括主要责任、部分责任、辅助工作）与工作权限。

（2）明确各岗位的任职资格要求。

（3）确定各岗位的关键考核指标。

（4）各岗位说明书的制定、各部门职能说明书的制定。

（三）工作分析的实施主体

（1）人力资源部所有工作人员。其全面负责共组分析的整个流程，具体负责内容包括以下六个方面：①企业前期的宣传与沟通。②与外聘专家共同制订工作分析的方案并负责实施。③与外聘专家共同制作信息调研的工具（如访谈提纲、问卷调查设计等）。④内部资料的调研，即从企业现有的资料中提取对工作分析有效的信息。⑤调查问卷的分发与收集。⑥合理安排外聘专家的食宿。

（2）企业领导高层。其从宏观上把握工作分析的进程并为人力资源部进行工作分析扫清障碍，具体负责内容包括：①动员各部门配合人力资源部的工作。②总体上掌控工作分析的进程。③验收工作分析的结果。

(3)外聘专家。外聘专家主要为工作分析提供技术上的支持,其工作内容主要是:①为工作分析的人员提供建设性的意见。②为工作分析提供技术上的支持。④与人力资源部工作人员共同编制岗位说明书。

(四)工作分析的实施流程

工作分析的实施流程及时间安排见表 3-13。

表3-13　工作分析的实施流程及时间安排

阶段	工作内容
准备阶段 (3月11日～3月18日)	(1)明确工作分析的目的及主要工作任务 (2)前期的宣传、沟通 (3)工作小组人员的确定 (4)确定收集信息的内容及方法 (5)工作分析过程中必要工具的准备 (6)公司现有资料的调研
实施阶段 (3月19日～3月29日)	(1)分发调查问卷、工作日志表 (2)员工拿到问卷两天内填写完毕并交到部门负责人手中 (3)人力资源部与相关人员访谈或者去工作现场观察 (4)收集调查问卷和工作日志表
描述、整合整合阶段 (3月30日～4月25日)	(1)对收集到的信息进行审核、确认 (2)人力资源部工作人员与部门负责人、岗位任职者进行沟通,确认信息的真实性 (3)形成初步的职位说明书 (4)综合各方面的信息,对初步形成的职位说明书进行修正,对最终形成的结果进行存档保管

(五)工作分析前期资料的收集

(1)公司的组织结构图。

(2)公司现有的各部门职能说明书。

表 3-14 是企业已有的技术部门职能说明书,为部门职能说明书的撰写提供了基本模板。

表3-14　技术部门职能说明书

部门名称	技术部		
本部门岗位设置总值	4	本部门总人数/人	7
部门职能	编制与修订工艺技术规范,对公司产品实行技术指导,规范工艺流程,实施技术监督,及时改进技术上存在的问题		
岗位名称	等级	职位人数/人	工作职责
技术部经理	7	1	(1)根据企业战略规划,制定技术部门的发展战略并负责实施 (2)对国内外本行业技术发展状况相关信息进行调查与分析 (3)技术与工艺管理 (4)技术合作与对外交流 (5)为企业提供技术支持

续表

岗位			职责
电气工程师	6	2	(1)项目的实施和验收 (2)审核电气设计图纸 (3)全面负责组织对电器生产操作人员的理论及技能培训
技术管理员	5	3	(1)指导、处理、协调和解决产品出现的技术问题,确保经营工作的正常进行 (2)编制产品的使用、维修和技术安全等有关的技术规定 (3)负责公司新技术的引进和产品开发工作的计划、实施 (4)技术合作与对外交流
产品研发员	5	1	(1)进行产品策划与市场调研 (2)负责产品设计与研发实施

(3)工作流程图。

(4)其他。

(七)工作分析及工具

由于公司人员较多,为了高效率地完成工作分析,可以采用以问卷调查的方式为主,以访谈法、观察法、工作日志法为辅的方法。

下面以对技术管理专员岗位的信息收集为例对这些方法的运用加以说明。

1. 填写调查问卷

工作分析的问卷表如表3-15所示。

表3-15 技术管理专员的工作分析调查问卷(部分)

岗位名称	技术管理员		所属部门	技术部	直接上级	技术部经理
任职者名称			填写日期			
工作职责	职责			主要责任	部分责任	辅助工作
	监控生产部门执行质量安全标准			√		
	对机器设备的操作实行规范化管理			√		
	技术研发			√		
	与企业外部组织进行技术合作与交流			√		
	协助部门经理制定相关技术战略				√	
	编写企业各项技术管理制度				√	
工作的基本特征	1. 工作时间:9:00~17:30					
	2. 每周平均加班(7)小时					
	3. 出差频率:大概平均每年(3)次					
	4. 监督对象:基层员工及车间主任					
	5. 工作环境:办公室、生产车间。车间有一定的噪音污染					

续表

岗位任职资格	1. 学历要求：本科
	2. 工作经验要求：3年及以上
	3. 能力要求：①较低，②一般，③较高，④高
	分析判断能力（4）
	计划组织能力（3）
	创新能力（3）
	沟通协调能力（2）
	领导能力（2）
	激励能力（1）

2. 对技术管理专员的访谈（截取部分）

访谈双方为工作分析访谈人员（以下简称工）、岗位任职者（以下简称任）。开始访谈前，访谈人员应创造一个良好的氛围。下文为部分访谈内容。

工：您所在岗位的名称是什么？您从事本岗位多长时间？

任：技术管理专员，我从大学毕业就加入了我们公司，在本岗位工作已经将近四年了。

工：哦，那您的工作经验已经很丰富了。您能描述一下您的主要工作职责吗？

任：我主要负责协助我们部门经理制定相关技术战略，编写企业各项技术管理制度；为生产部门提供技术上的支持；监控生产部门执行质量安全标准及工作程序的规范化管理；对外参加一些有关技术方面的研讨会。

工：您觉得目前的工作量适度吗？

任：总的来说还可以，但有时会很忙，因为当生产车间出现较多状况时，部门人员不够用，在这种情况下，我个人的工作量大一点倒无所谓，关键是降低了公司的效率。

工：这种情况一般发生在什么时候呢？

任：一般发生在企业生产线比较繁忙的时候，如当车间新进人员增多时，由于他们刚进入企业，对一些设备、操作流程等还不熟悉，生产线一繁忙就容易出现事故。

工：工作中需要和哪些部门的人员联系呢？

任：除了与本部门的工作人员有较密切的联系外，还有生产部门、质检部的人员，我与他们的联系是相当频繁的；对外与有关部门，如技术质量监督局、同行业的企业、科研所的人员也有联系。

工：您能简单地描述一下您的工作环境吗？

任：基本上都是在办公室和车间，办公室的环境从各方面来说都比较好，车间因为其生产的特点，难免会有噪音的干扰。

工：您上班是正常的工作时间吗？

任：一般情况是这样的，早上9：00到17：30，但工作忙时也会加班。

工：您觉得胜任您所在的岗位需要哪些条件？

任：我想应该是工科专业、大学本科及以上学历，三年以上本职工作经验，熟悉本行业的国际及我国颁布的质量管理标准吧。

对生产岗位的分析工作,除了问卷调查的方式外,还可以采用观察法,由于生产部门职位相对较少但人员众多,还可以采用抽样调查法。采用这些方法可以更全面地收集所需的信息。

对于行政部门,除了可以使用问卷调查的方式外,还可以使用工作日志法,但由于某些岗位主要是脑力劳动,所以还应辅之以访谈法。

(八)信息的收集与整理

调查表分发到员工手中后,应让员工在规定的时间内填写完毕(如两天)。人力资源部待员工填写完毕后,要及时收回问卷,并保证问卷调查分数的有效性,否则,可以再次让员工填写。

对收集到的信息,人力资源部工作人员要和相关人员共同审核信息的可靠与否。对有疑虑或者不清楚的地方要找相关人员进行确认,以保证信息的准确性、真实性、可靠性。

现把针对技术管理专员收集到的信息进行归纳整理,其内容如下。

1. 职位基本信息

职位名称必须清晰、明确,让人看到其名称就能对该职位有一个初步的认识。

技术管理专员的直接上级是技术部经理,全面负责处理企业生产过程中发生的技术问题。技术部部门编号为G-4,技术管理专员职位代码为G-403。

2. 工作职责

根据工作分析信息收集的结果,技术管理专员的主要工作职责是协助技术部经理制定技术发展战略规划,指导及监控企业质量技术安全运作;对外进行技术交流与合作,对内提供技术支持;参与技术项目的研发工作。

3. 权限

作为技术管理专员,其工作权限主要有:对车间生产工人、机器设备及技术操作的监督和检查权,以及对企业整体技术规划与实施的建议权。

4. 工作关系

技术部门主要为企业生产提供技术支持,是影响企业生产效率高低的重要因素之一。作为技术管理专员,在日常的工作过程中,需要同企业内部的生产部门、技术部门及质检部门取得工作上的联系,还要与外部的技术质量监督局、一些科研机构等进行交流与合作。

5. 知识

知识包括专业知识和相关的业务知识。一名技术管理专员需要具备生产技术管理、生产工艺管理等相关专业知识,并了解本行业技术发展状况及国内外本行业技术发展的最新信息。

6. 教育水平

据技术管理专员的工作职责与任务分析,其应具备本科及以上学历。

7. 工作经验

企业目前发展迅速,技术管理专员负责整个企业生产的技术问题,因此,要求技术管理专员具备三年左右本职工作经验。

8. 能力

技术管理专员除了要掌握专业技术外，还要具备一定的计划分析能力及创新能力。

(九) 撰写岗位说明书与部门职能说明书

根据核实的信息，人力资源部展开对技术管理专员岗位说明书的编写工作。其岗位说明书见表 3-16。

表 3-16　技术管理专员岗位说明书

岗位名称	技术管理专员	职位代码	403	所属部门	技术部
直接上级	技术部经理	职位等级	五级	编制日期	4月22号
职责概述	制定企业技术管理规章制度、为企业提供技术上的支持、确保企业技术管理工作的有序进行					
工作职责	工作职责具体内容				负责程度	
	1. 指导及监控企业质量技术安全运作				全部	
	2. 对机器设备的操作实行规范化管理				全部	
	3. 项目的研发				全部	
	4. 协助部门经理制定技术发展战略规划				部分	
	5. 编写企业各项技术管理制度				全部	
	6. 为企业提供技术支持				全部	
	7. 进行对外技术交流与合作				全部	
工作权限	1. 对设备、工艺方案的改进权				
	2. 对车间生产人员的监督权				
工作关系	1. 企业内部：技术部门工作人员、生产部、质检部				
	2. 企业外部：技术质量监督局、科研机构、同行业的企业				
岗位任职资格	1. 教育背景：理工科专业、本科及以上学历				
	2. 工作经验：三年以上相关工作经验				
	3. 技能要求：较强的分析判断能力、计划组织能力和创新能力；熟悉国家颁布的相关技术标准；精通专业知识				
工作环境	办公室及生产车间				

(十) 岗位说明书的修正与存档 (略)

▶ 案例讨论

工作分析——三个和尚抬水吃

在职位级别差不多的情况下，没有人会愿意主动挑水，安排挑水任务后仍然会出现上有政策、下有对策，人浮于事、效率低下等问题。这大都是职责不清、任务分配不当、考核粗放造成的。那么，如何使大家主动把水挑好？

(一) 以工作分析明确职责

胖和尚洒扫，瘦和尚知客，小和尚诵经，唯独没人挑水。

在 Z 经理领导的销售部门中，员工 A 负责终端卖场的零售促销，B 负责批发业务，C 负责货款回收，D 负责统计，E 负责客户服务，各位配合顺畅，忙得不亦乐乎。虽然年末业绩略有下滑，但全年销售可观,年末兑现报酬,大家过了一个舒心年。满怀热忱准备迎接新一年的工作时却突然发现,竞争对手的广告铺天盖地,产品充斥各大卖场,包装新颖,优势明显。从吃惊到冷静,Z在分析了现状后,请员工献计献策。D发言:其实我早注意到对手公司的情况,他们在去年10月份就着手招聘,发展销售网络;B谈到:去年年末出现苗头,一些老客户都要求降低价格,并与其他公司销售政策攀比;A也表示:我们的产品优势不大,市场必然萎缩。"你们为什么不早说?"Z只能暗自无奈。

从不同渠道,大家都注意到了相同的问题,但在没有专人负责,职责没有落实的情况下,工作必定被动。因为市场复杂多变,每一个环节,各环节中的每一个要点都可能发展成为影响成败的关键。因此,必须通过工作分析将工作内容流程化,深入剖析每一个环节,事事有人做。

(二)以工作评估确定职位等级

经过分析,安排专人挑水必要而且重要,职责落实到了用水最多的胖和尚身上。但胖和尚提出,原来大家工作量差不多,香火钱均分。现在我工作量加大了,应该多分一点儿。

原来公司办公室打字员F的工作比较单纯,只负责打字、复印。随着企业组织机构改革,裁减不必要的岗位,除了原来的工作,F还要负责管理行政档案,收发传真等,工作内容一下子变得丰富而又琐碎杂乱,忙时还要加班。然而,工作忙了,岗位级别并没有提高,工资也没有多拿。环顾四周,同部门的总机话务员G还是那样轻松,工资也没减少。"不公平啊!"F轻叹。

通过定员瘦身提高工作效率,如果没有配套的措施,可能会出现工作积极性下降的现象。因此,工作内容、工作性质发生变化,就需要重新进行岗位评估,使岗位等级达到内部公平,并去除忙闲不均的情况。

资料来源:胡玉杰.三个和尚抬水吃——四种常见的团队难题.中外管理,2004,6.

➤ 讨论

你同意上面的观点吗?为什么?

模拟设计:

以小组为单位,以学生或熟悉、或了解、或感兴趣的某企业或某单位为例,调查了解该企业(单位)工作分析的情况、成功经验和存在的问题,并模拟起草一份工作分析的工作方案。

➤ 思考题

1. 工作分析的内容有哪些?
2. 一项完整的工作分析流程包括哪几个阶段?最重要的是哪一个阶段?你印象最深刻的是哪一个阶段?
3. 工作分析实施方案的基本构成元素有哪些?

第四章

通用性工作分析方法的运用

学习目标

1. 阐述观察法运用条件与操作流程。
2. 陈述访谈法的步骤与注意事项。
3. 描述问卷调查法的实施程序。
4. 陈述日志法运用条件与程序。

导读案例 4-1

在第三章的导读案例中,我们看到 A 公司在全公司范围内推行了工作分析,但工作开展得很不顺利,效果也很不理想,这与张三他们采用的工作分析方法是否有关联? A 公司采用了哪些工作分析方法?这些方法的运用存在什么问题?

工作分析的方法直接影响工作分析的结果,进行工作分析必须要选用合适的方法才能确保所收集信息的有效性。工作分析方法有很多,根据不同的标准划分,有不同形式。按照功能划分,有通用性工作方法与非通用性工作方法;按照分析对象划分,有任务分析、环境分析、方法分析、人员分析等。不同的工作分析方法都存在利弊,所以在选用时需要根据工作分析的目的,对不同职位的人员选用合适的方法。

工作分析方法在工作分析发展的几十年里也得到了完善,有些分析方法已经很成熟,成为通用性的工作分析方法,如观察法、访谈法、问卷调查法、日志法、工作日写实、资料分析法、主管人员分析法等。通用性的工作分析方法并不是在任何条件下都能发挥作用,不同的方法有不同的特征,适用范围也有所不同。考虑到篇幅的限制,本章侧重介绍如何运用观察法、访谈法、问卷调查法、日志法四种通用性工作分析方法。

第一节 如何运用观察法

导读案例 4-2

我在现场——学习观察

这家企业是做汽车空调管路的,有一台弯管机在折弯的时候,最后一个弯怎么做都不符合检具,老总是做技术出身的,召集了相关人员解决了一天一夜都未能解决。当时我们正在指导生产线的工程整备,老总定调说:目前的当务之急是吃饭问题,赶快解决弯管机问题。于是大家都去了现场,很多人围着机器看,不断地出主意,但动手的人没有。

时间一分钟一分钟过去了,问题没能解决。我和另一位指导老师因为不是做这一行的,也不怎么了解加工技术。但我们受过良好的训练,知道学习观察的重要性。

我静心的观察着,发现机床主轴在抖动、同时加工部位的附件也在抖动,而员工在不停地调整程序,我说:"不行,你只有保证紧固件不松动的情况下,你才能调整程序。拿工具来,将加工部件紧固一下。"员工将工具拿来,但一脸茫然"紧固哪里?",我看看他,只好自己动手将松动的地方紧固一下。

试加工,产出了一件合格品,老总一看出成品了,心放下了,走了!老总走后,相关的人员也走了。

我和另一位老师没有走,还在观察着。因为一件合格品代表不了产品加工的稳定性和一致性。我对员工讲:"连续加工10件,验证一下设备的可靠性。"

我们静心地看着,12件合格品产出了,我们才放心。于是,我告诉员工:"在开工之前,首先要做好设备的点检,精度、气压、油压、润滑和紧固;第二要做好工装的点检,确保工装无磨损合格,而且安装到位;第三要做好首件的点检,工件符合品质检测要求。做好这三点,才能够量产。同时,出现异常时要首先保证一个基准是正确的,才能去调整修改其他的参数,不能盲目地乱动。"

员工倒是挺听话,我们离开了现场。那一天晚上生产正常,但第二天又打来电话:"那台机器又不行了,老师能不能再帮解决一下?"

到底怎么了?我心里十分纳闷……

第二天,又在现场仔细的观察……

设备?已经没问题了……

工装。工装?不该出问题呀?但确实有问题,出在哪里呢?

试验、观察……

程序单段执行、对照检具检测,就最后一道角度不能符合检具,十分困惑。

我靠近了反复观察,发现因为一套模具在另一套模具尚未紧固的情况下已经松开,零件松动了,角度发生了变化。

好,找到原因!

我马上让操作工停止试验，修改程序。接着进行试加工，多次试加工出来的零件都达到要求。

我们在现场观察的时候，其他相关人员没有一个在场，问题解决的方法都不知道。最后无奈召集人再培训一遍，但对于这一过程他们不会有深刻的印象，如果再发生类似情况，他们仍然不会解决。

学习观察的能力不是每个人都具备的，需要长期严格的锤炼。主动地学习观察是个态度问题，必须执着地到现场了解一切产生问题的缘由，不断地问为什么，直到查到问题出现的原因。

资料来源：我在现场——学习观察小案例．六西格玛品质网，http://www.6sq.net，2011-08-24.

讨论：
1. 材料中观察法为何能奏效？
2. 如何运用观察来提升自我能力？

一、观察法概述

观察法（observation method）就是工作分析人员依据一定的研究目的、研究提纲或者观察表，在不影响被观察人员正常工作的条件下，通过对任职者现场的工作方式和工作内容进行直接或者间接的观察，将有关工作的内容、方法、程序、设备、工作环境等信息记录下来，最后对获得的信息进行分析和归纳总结的一种活动。

根据不同的划分标准可以将观察法划分为不同的类别：根据观察者是否参与被观察对象的活动分为参与观察和非参与观察；根据对观察对象控制性强弱或观察提纲的详细度分为结构性观察和非结构性观察；根据观察时间是否具有连贯性分为连续性观察和非连续性观察（包括定期或阶段性观察）；根据观察的场所分为自然观察（即现场观察，也叫直接观察）和实验观察。

观察法的优点：①对工作有一个感性的认识，能全面了解工作过程与信息；②在观察过程中，工作分析人员能够与员工讨论工作中的问题及内在规律；③取得的信息比较客观和正确。

观察法的缺点：①观察法会干扰到员工的正常行为；②工作周期长短不一，对工作分析人员的时间和精力要求比较高；③要求观察者要有足够的实际操作经验；④无法感受或观察到特殊情况，当工作本质上偏重心理活动时，成效大打折扣。

二、观察法的运用

（一）观察法的历史

观察法是历史上最先使用的方法。20世纪初，科学管理之父泰勒，采用观察法通过改进工作方法和工作用具，使一名搬运生铁的工人的工作效率由每天12.5吨提高到每天47吨，工作效率提高400%，形成了科学的工作标准。随后，吉尔布雷斯夫妇将它进一步推广运用，并有许多技术和工具发明，如脚手架，帮助工人减少垒外墙砖的动作，效率提高了2倍。吉尔布雷斯夫妇也是第一批利用录像来分析和改进动作顺序的研究者，他们总结的 16 组基本动作单位被命名为赛布利格(Therbiligs)。

观察法具有实证或否定假说的作用，是一些科学发现的重要手段。科学的观察具有目的性、计划性、系统性和可重复性，具有扩大人们的感性认识、启发思维、引导新发现的作用。

(二)观察法适用范围

在对主要由身体活动构成的工作进行工作分析时，观察法比较有效；而在对脑力劳动占很大比重的工作进行工作分析时，观察法则变得相对无效。一般来说，观察法比较适用于短时期的外显行为特征的分析，适合于比较简单、不断重复、又容易观察的工作分析。例如，对搬运工、操作员、保安等需要抽象思维和推理能力较少的工作，通过观察总结可以减少不必要的工作环节，明显提高他们的工作效率。观察法不适合隐蔽的心理素质分析，不适合分析复杂、工作周期较长、不确定性高(突发性、应急性)、没有时间规律和表现规律的工作，如设计师、律师、管理者、急救站护士等。

(三)观察法运用原则

(1)稳定原则。保持被观察者所处的工作环境相对稳定，即保持工作周期、工作内容、程序和要求不会有太明显的变化。

(2)信任原则。获得被观察者的信任是确保观察顺利和有效的前提。

(3)隐蔽原则。观察行为尽量不引起被观察者的注意，特定目的的除外。

(4)详尽原则。根据事先设定的目的和内容，详细地记录观察到的要素。

(5)代表性原则。选择观察对象时，要尽量保持被观察者的样本代表性。

(6)沟通原则。观察结束，要与被观察者的直接主管沟通观察结果。

(7)适用原则。需要根据观察法适用范围有选择性地运用。

(8)相关性原则。记录观察信息既要详细又要和观察目的相关，避免机械记录。

(9)综合原则。观察法要尽量和其他的方法结合使用，以达到更好的效果。

三、观察法的操作流程

采用观察法来进行工作分析具体包括 5 个阶段，即观察准备阶段、观察选择阶段、观察记录阶段、汇总信息阶段、信息修正阶段。

(一)观察准备阶段

(1)检查现有文件，形成职位总体的概念，包括职位使命、主要职责和任务、工作流程等。

(2)明确观察任务，设计观察提纲。表 4-1 为工作分析观察提纲样例。

表 4-1 工作分析观察提纲(部分)

被观察者姓名：＿＿＿＿＿＿	日期：＿＿＿＿＿＿
观察者姓名：＿＿＿＿＿＿	观察时间：＿＿＿＿＿＿
岗位名称：＿＿＿＿＿＿	工作部门：＿＿＿＿＿＿

续表

观察内容：

1. 工作地点：＿＿＿＿＿＿＿＿＿＿＿＿＿＿＿＿

2. 工作开始时间：＿＿＿＿＿＿＿＿＿＿＿＿＿＿＿＿

3. 上午工作时间：＿＿＿＿＿＿＿＿＿＿＿＿＿＿＿＿

4. 上午休息次数：＿＿＿＿＿＿＿＿＿＿＿＿＿＿＿＿

5. 第一次休息时间段：＿＿＿＿＿＿＿＿＿＿＿＿＿＿＿＿

6. 第二次休息时间段：＿＿＿＿＿＿＿＿＿＿＿＿＿＿＿＿

7. 上午完成产品件数：＿＿＿＿＿＿＿＿＿＿＿＿＿＿＿＿

8. 平均完成每件产品时间：＿＿＿＿＿＿＿＿＿＿＿＿＿＿＿＿

9. 与同事交谈次数：＿＿＿＿＿＿＿＿＿＿＿＿＿＿＿＿

10. 每次交谈的时间：＿＿＿＿＿＿＿＿＿＿＿＿＿＿＿＿

11. 室内温度：＿＿＿＿＿＿＿＿＿＿＿＿＿＿＿＿

12. 抽烟次数：＿＿＿＿＿＿＿＿＿＿＿＿＿＿＿＿

13. 喝水次数：＿＿＿＿＿＿＿＿＿＿＿＿＿＿＿＿

14. 午休开始时间：＿＿＿＿＿＿＿＿＿＿＿＿＿＿＿＿

15. 生产次品数：＿＿＿＿＿＿＿＿＿＿＿＿＿＿＿＿

16. 原材料搬运数量：＿＿＿＿＿＿＿＿＿＿＿＿＿＿＿＿

17. 噪音分贝数：＿＿＿＿＿＿＿＿＿＿＿＿＿＿＿＿

18. 工作环境的安全程度：＿＿＿＿＿＿＿＿＿＿＿＿＿＿＿＿

（3）对于在职位信息收集过程中涉及的不太清楚的主要项目做出注释或标记。

（二）观察选择阶段

选择合适的观察对象，并获得相关部门主管的协助和支持。确定观察的时刻，对于同一个观察对象应该选择差异化的工作时间进行，以确保信息收集的准确性与全面性。

阅读材料 4-1

典型观察法与动态观察法

典型观察法：

孟德尔研究遗传学和杂交技术的过程中，就十分重视观察的典型性。他是奥地利修道士，也是一个业余植物学家，十分爱好园艺。在修道院的后花园里，孟德尔种植了豌豆、菜豆、玉米、草枣等多种作物，并不断地进行杂交实验。不过，在他的实验研究中，他主要选择豌豆作为研究的观察对象。为什么要选择豌豆呢？首先，与其他农作物相比，豌豆具有明显的、易观察的、稳定的相对特征，如种子的形状（圆、皱），子叶的颜色（黄、绿），茎的高度（高矮）等；其次，豌豆花的雄蕊和雌蕊由花瓣包裹起来，在自然条件下进行自花授粉，易得到纯种，一般不会受到外来花粉的影响；最后，豌豆具有容易栽培、生长期短的特点，可缩短观察周期。

孟德尔在观察时选取豌豆豆粒表皮的圆滑和皱褶，植株的高和低、豆粒颜色的黄和绿等相对性状作为观察指标项。他经过8年的精心实验和观察，发现了豌豆杂交后代特征的变化，并在此基础上总结出两条重要的遗传定律，即遗传因子分离定律和遗传因子自由组合定律。这一科学研究成果对植物品种的改良具有重要的指导意义。

我国农学家和发明家袁隆平在攻克杂交水稻种植的技术难题中，也运用了典型观察的办法。首先，他在波浪起伏的稻海中，找到了一株叶茂根粗、性状特异的雄性不育水稻，并且小心翼翼地把它拔起，带回家中，移植到试验盆里；其次用小小的镊子，把别的稻花里的花粉，授入它上面那一朵朵小花器里，进行人工杂交试验。经过精心培养，这个"典型"表现不错，结出了数百颗种子，成功地繁殖了第一代雄性不育的稻种。在此基础上，袁隆平撰写了"水稻雄性不育性"的论文，寄给《科学通报》，并刊登在1966年第4期上。这篇为国内外第一次论述水稻雄性不育的文章，不仅用科学实践数据详细论述了杂交水稻具有雄性不育性，同时，还进一步预言：利用杂交水稻第一代优势，将会给农业生产带来大幅度、大面积的增长。经过多年的不断探索，杂交水稻种植技术日趋成熟。1981年，袁隆平获得国家特等发明奖。到1988年，杂交水稻已成为我国作物良种中推广速度最快、增产效果最好的佼佼者。当年种植面积推广到1.8亿亩（1亩≈666.667平方米），占全国水稻总面积三分之一，七年中累计为国家增产粮食达1 000亿斤（1斤=0.5千克）以上，创增产效益100多亿元。

从工作分析资料收集的角度看，如何运用典型观察法来提升对职位信息收集的质量与效率呢？

动态观察法：

唐代文学家柳宗元曾写过三篇著名的寓言，合称"三戒"。其中一篇题为《黔之驴》，其故事大意是：从前贵州无驴，有人用车运进一匹，却发现没有什么用处，便失之山上。一只老虎初见驴子，见其个头高大有点害怕。后来，老虎接近它，故意骚扰激怒，驴子不知是计，举蹄就踢，老虎这才发现驴的本领不过如此于是猛扑过去，把驴子吃掉。

宋代诗人陆游读罢这则寓言后，随口吟道："技能已尽似黔驴"。从此，人们以"黔驴之技"来形容有限的拙劣技能。

从工作分析资料收集的角度来看，化静为动的观察法对岗位信息收集的作用在哪里？

资料来源：典型观察法．湖南教育在线，http://www.hnenw.cn/kaoyan/ShowInfo.asp? id=22492，2008-03-04；动态观察发明法．中国发明网，http://www.cainet.org.cn/TRIZShow.asp? NewsID=32，2008-10-16.

（三）观察记录阶段

根据事先制定的观察目的和提纲，对观察对象进行观察，并适时做好记录，必要时还可以借助相关仪器，如摄像机进行记录。

（四）汇总信息阶段

按照职位要求，对主管、职位承担者、主要工作职责、工作条件、工作要求、工作流程等信息进行汇总，并根据提纲，随时对职位分析工作所需要的材料进行补充，并最终得出有用的结论。

（五）信息修正阶段

将汇总的信息反馈给主管和职位承担者，请他们根据实际工作情况核对信息，并填写反馈意见表。职务分析专家再根据反馈意见结合其他工作分析方法，对观察结论进行检验修正，以期达到更好、更合理的结果。

第二节　如何运用访谈法

导读案例 4-3

失败的访谈

某公司在一次为江苏某集团做工作分析的时候，两位助理咨询师想走捷径，因此仅仅采用了小组座谈方式进行调查。然而他们没有考虑到，该企业是个典型的武断家长式组织，小组座谈时，干部和员工要么什么都不谈，要么就谈得不着边际。虽然安排了多次座谈，但都收获甚微。后来只能调整策略，设计了针对性较强的调查问卷，再辅以现场观摩等手段，终于掌握了大量的第一手材料，才使得后续的咨询工作得以有效、有序开展。

资料来源：董临萍．工作分析与设计．上海：华东理工大学出版社，2008．

讨论：

1. 为什么采用小组座谈方式会失败？
2. 如何根据不同组织文化选择工作分析方法？

一、访谈法概述

(一)访谈法内涵

访谈法(interview)，即面谈法，是指访谈人员依据事先拟好的访谈提纲与访谈对象直接面对面进行交流讨论，以收集所需信息的一种工作分析方法。访谈的对象可以是该职位的任职者，也可以是和该职位工作联系比较紧密的人员，如上级主管人员、同级、下属等。

访谈法可能是用来确定各种工作所需要的任务、责任、行为的最普遍的技术。它既适用于短时间即可把握的生理特征分析，又适用于长时间才能把握的心理特征分析。通常用于脑力工作者的职务分析，如研发、设计、管理工作者等。

(二)访谈法分类

访谈法种类众多，从不同的角度划分，访谈有不同的类型：

(1)根据访谈的对象数量其可分为集体访谈和个别访谈。

(2)根据访谈的程度其可分为常规访谈和深度访谈。其中，深度访谈的主题更集中，交流更具体、更深入，需要了解实际情况，运用追问技巧。

(3)根据访谈内容结构其可分为结构式访谈和非结构式访谈。其中，结构式访谈是访谈者事先准备好访谈问题清单，访谈时按照问题排列顺序逐个与访谈者进行交流；非结构式访谈事先无需做太多准备，没有固定的格式和统一的评价标准，所谈论的问题也会因人而异，大多就一些开放式的问题展开讨论。结构式访谈因为对所有访谈者都是实行同样内容的面谈,所以便于分析比较,但不能因人而异,灵活性不足。非结构式访谈虽然灵活性强,可以根据访谈过程和内容的实际情况进行交谈和挖掘,但是由于缺乏统一的标准,主观性强,容易产生偏差。所以实际工作中,常常将两种方式结合使用,结构式访谈为主,辅之以非结构式访谈,以达到更好的访谈效果。

(三)访谈法优缺点

访谈法的优点:①可控性强。职位分析者可以系统地了解所关心的内容,对问题不清楚时可以跟踪提问,对任职者的回答不明白时可以提问求证,任职者不合作时还可以劝导或换人。访谈人员可以根据时间及信息量收集情况决定何时结束访谈或何时转移话题。②信息量大。访谈法可以提供观察法无法获得的信息,还能挖掘问卷法无法得到的深层次信息。③灵活性高。访谈可以获得很多很具体的信息,有助于与员工的沟通,缓解工作情绪;还可以获得工作经验、任职资格、工作态度、人际关系、组织结构、企业文化等一些通过观察法无法获得的信息。④适用范围广。所有工种、所有知识层次的人员都可以作为被访谈对象,尤其是对于在文字理解上有障碍的人,访谈法特别适用。⑤互动过程多。访谈法为职务分析专家和员工提供了一个很好的交流机会,可以向员工解释工作的必要性和功能并了解员工实际想法,以便及时发现被忽视的问题,从而进行控制和引导。

访谈法的缺点:①访谈法一般不能单独作为一种信息收集方法,而只能和其他方法一起使用。②工作时间成本较高,访谈过程需要时间,整理访谈记录也需要时间。而且访谈会打断工作执行人员的正常工作,可能还会造成生产损失。③其对于人员的访谈技巧有较高的要求,职务分析人员对某项工作固有的观念可能会影响正确的判断,访谈法易被员工认为是对其工作业绩的考核或认为是薪酬调整的依据,而可能会不合作,或会有意无意夸大自己工作的重要性、复杂性,这就需要访谈人员进行积极的引导。

二、访谈法运用的技巧

访谈过程中,访谈人员需要掌握一定提问技巧与访谈规则,才能使访谈过程顺利,获取充足、准确的信息。

(一)提问技巧

由于访谈法是在一问一答的形式中进行的,访谈者如何进行提问将对访谈结果有很大的影响。因此,访谈者需要根据所需收集的信息性质确定所提问问题合理的先后顺序,选择不同的提问方法。

1. 问题设计

(1)设计问题时需要考虑全面:我想知道的是什么?为什么?哪些是适合于访谈的问题?
(2)把问题按照先易后难的顺序进行排列,以免在一开始就让访谈对象产生抵触心理。
(3)修改不清楚的问题;删除重复的、访谈对象能力范围之外的问题;对有双重含义的问题进行拆分;排列在一起的、容易使访谈对象有偏向的问题要分开排列。

2. 提问方法的选择

(1)根据要求方式的不同可以分为:①提问式,提出问题要求回答,如在什么样的情况下你需要去获得上级的批准？②陈述式，直接要求访谈对象就某一方面问题进行陈，如请告诉我你工作中主要打交道的部门。

(2)根据提问问题的性质可以分为：①开放式，对回答内容完全不限制，让访谈对象自由发挥，如你的日常工作主要包括哪些内容？②封闭式，回答通常是"是"或"否"，或者其他给定的选项，如你是否有人员管理的职责？

(3)根据提问内容和时机可以分为：①探究式，对同一个问题进行追问，以获得全面、透彻的了解，如项目管理工作具体包括哪些环节？②连接式，对一个问题上下游的、或有关联的其他问题进行追问，如在进行客户信息收集后，还需要做什么后续工作吗？③澄清式，对有疑问的问题进行复述以确认自己准确地理解了访谈对象想表达的意思。例如，你的意思是你只有权审批1 000元以下的费用报销单，是吗？④总结式，在访谈对象基本完成陈述后，总结其陈述内容，予以确认并追问是否有遗漏。例如，你刚才介绍了这个岗位的主要工作包括……还有其他需要补充的吗？

3. 避免采用的提问方式

(1)诱导性问题。例如，我觉得你不喜欢督导你的员工，是吧？

(2)连珠炮式问题。例如，你的日常工作是哪些，你每周要接触多少客户，下多少个订单，有没有权限审批费用？

(3)偏见式陈述。例如，工地的库管员经常很闲吧。

(4)多选式问题。例如，你是每周、每月还是每季度与客户见面？

(二)访谈规则

在访谈实践过程中，需要遵循一定的规则。

1. 制订访谈计划

在访谈之前需要明确访谈的目的、内容与方法，制订一个可行的计划。访谈前需要列出提纲，提纲要对问题进行分类，每个问题再分小项目。提纲用于访谈时可以比较简单，用于内部培训及访谈说明时则要细致。访谈人员在访谈前需要熟悉提纲内容，了解所有概念。访谈前还需要制定日程安排表，并尽量按日程进行。日程安排表包括具体的访谈人、访谈对象、访谈时间、访谈内容。

2. 确认访谈方法适用性

访谈前还要确认访谈法在职位分析中是否合适。访谈之前要对列出的访谈问题逐个分析，避免出现导向性的问题和让访谈对象难堪、不舒服、敏感或者感到威胁的问题。

3. 访谈人员安排

访谈人员一般由两人组成，访谈过程中一人负责提问，另一人负责记录，提问者要注意控制时间、节奏、内容；记录者记录要细致、准确，涉及名称、数据、过程更要精确记录，并需要得到确认和核实。访谈者在访谈过程中以访谈提纲为参照，也可以根据实际情况调整问题顺序，确保所有问题都能得到回答。对于提纲中没有包含但很重要的内容，可以追问，事后加入到提纲中。

4. 访谈对象的选择与指导

访谈时，要选择适当的访谈对象以满足所寻求信息的性质、资料收集的方式和其他要求；需要确定选择多少数量的访谈对象，选择什么条件的访谈对象。为了获得访谈对象的支持,还需要向访谈对象和工作群体解释访谈的目的和相关的好处。在访谈过程中,可采取按照访谈对象的逻辑顺序去思考交谈,给访谈对象留足回答问题的时间、提供已经完成的阶段性总结等方式控制访谈节奏,确保访谈不偏离目标。也要注意控制对方话题,防止访谈对象漫无边际地泛谈,可适时用总结对方观点的方法打断访谈对象,重新引回主题。

5. 营造良好的访谈氛围

访谈正式开始前要有一个开场白,介绍自己和访谈目的,拉近与访谈对象之间的距离,形成融洽、亲切的谈话氛围。要向对方申明保密原则,解除访谈对象疑虑,谈话中不得泄露其他访谈对象的观点,不得向公司任何人泄露访谈对象私密性的观点。注意控制访谈时间,一般不超过访谈时间也不能少于原定访谈时间的四分之一。对某些典型事例要深入了解,弄清人名、地名、时间、具体内容,获得准确的相关数据。对重要性问题可在阶段性间隔后重复提问,以验证访谈对象的观点。

6. 客观记录访谈内容

访谈过程中对于问题和回答内容的记录要客观,某些有代表性的话要如实记录下来,还要注意分析访谈对象的真实想法,注意访谈对象发表观点的背景。记录中将重点标注出来,同时也要尽可能记录所有谈话内容,尤其是对于问题的主要观点。除此之外,还可以记录其他的正式访谈计划中没有想到的重要信息。

7. 尊重访谈对象

访谈人员需要控制个人举止、行为。用清楚易懂的语言进行访谈;不与访谈对象发生争辩;整个访谈过程要有礼貌;尊重访谈对象,不因访谈对象职位高低表现出不同的态度;在讨论问题上不显示出任何偏好,也不能让自己受个人爱好和观点的影响。

8. 做好访谈总结工作

访谈结束后要及时总结。每一次访谈结束后,记录人与提问人可沟通彼此感觉。每一段时间访谈结束后(半天或一天)要进行项目组访谈总结会。每一个人都针对当天访谈所获得的信息来谈自己的感受。总结会上不要复述访谈记录,要阐述自己的观点,简明扼要,并由专人记录每天的访谈总结会发言。每一个人要注意与自己负责内容相关的发言,对他人发言有疑问要及时提出,对有疑问的问题要在接下来的访谈中加以证实和补充。最后,根据访谈总结,适当地调整访谈提纲。

三、访谈法的程序

职位分析需要从访谈中得到尽可能全面和清晰的职务信息。访谈要想达到预期目标,就需要建立一套工作程序,具体包括五个阶段。

(一)访谈前准备阶段

做好访谈前的准备工作是保证访谈成功的重要一环。访谈者要根据访谈的目的要求和访谈对象的特点,事先确定并充分熟悉访谈的内容和范围,确定调查方案或者拟定访谈提纲。此外,还要通过查阅资料和拜访有关的管理者和从事相应培训工作的人员获得该职位的基本资料,需要尽可能安排好对双方都便利的访谈时间和地点。

(二)确定访谈方法和访谈提纲阶段

1. 确定访谈方式

根据访谈对象特点确定访谈方式，是单个访谈还是集体访谈，是常规访谈还是深度访谈，是采用结构式访谈还是非结构式访谈。

无论采用何种访谈方式，都必须让访谈对象明确访谈目的，得到访谈对象的配合。避免出现访谈对象误认为企业有目的地评估他们的工作效率，不愿意真实描述他们自己或者下属的工作情况而影响收集信息的真实性的情况出现。所以，在访谈正式开始前对访谈对象的事前沟通必不可少。

2. 确定访谈提纲

为确保访谈所收集的职务信息客观准确，通常需要拟定一份比较详细的访谈提纲。访谈提纲可以采用问题形式，也可以采用列表形式，无论采用什么形式，其内容都是围绕6W1H展开。6W1H包括：Who——谁在访谈；Whom——访谈的对象是谁；Why——为什么要进行访谈；What——访谈什么内容；Where——访谈的地点在哪里；When——访谈的时间期限；How——访谈的方法和程序。其中，问题式的访谈提纲比较灵活，可以适当深入，而列表式的提纲则更便于记录归纳和比较，并能更好地将访谈内容限制在与工作相关的范围之内。

阅读材料 4-2

问题形式访谈提纲示例

(1)请问你的姓名、职务、职务编号是什么？
(2)你所在的部门？直接上级主管是谁？部门经理是谁？
(3)你所在的岗位的目标是什么？
(4)你工作的主要职责是什么？请列举实例。
(5)你的工作任务是哪些？
(6)你工作中遇到的最大挑战是什么？有其他人协助吗？
(7)你工作中容易出错的地方有哪些？产生错误的原因是什么？对其他工作有什么影响？
(8)岗位任职资格的要求大致有哪些？例如，教育背景、工作经验、身体要求等。
(9)你和公司或公司以外的哪些人有定期性的接触？这些接触的原因是什么？
(10)企业经常从哪些方面对你的工作业绩进行考核？你认为这样考核是否合理？有无改进建议？
(11)你工作的环境是什么样的？有无需要改进的地方？
(12)工作之前必须完成一些什么准备工作？
(13)你工作中需要使用哪些设备？使用频率高吗？
(14)你工作中有什么不安全因素吗？
(15)你怎么样提高产品或者服务质量？
(16)你觉得哪些工作是重要的或者不重要的？
(17)工作过程或效率可以怎样加以改善？
(18)可以用什么不同的方式来工作，以降低费用或成本？
(19)你必须遵循什么原则、规定、政策等以完成你的职责？

(20)在采取行动之前,有哪些决策必须请示上级主管或通知部属?
(21)这个工作对你的创意和解决问题的能力有什么挑战性?
(22)你的接班人在知识经验上必须具备哪些资格才能完全完成你现在的工作?
(23)一个新员工担此岗位,你觉得他(她)需要多久才能适应?
(24)如果企业进行培训,你觉得自己需要补充哪方面的知识或者提升哪方面的能力?

表 4-2 为列表形式访谈提纲。

4-2 列表形式访谈提纲示例

一、职位设置的目的

二、工作职责
按顺序列举说明本职位的工作职责及其花费时间与重要性(职责分为日常工作与偶尔担负的两种类型)。

日常工作	花费时间及重要性
1	
2	
3	
4	
5	
……	
偶尔担负工作	花费时间及重要性
1	
2	
3	
4	
5	
……	

三、工作权限

工作内容	权限(承办、审核、核准、复核等)

四、工作关系

工作内容	相互关系(协作、通知、上报等)

五、教育要求
对于本职位的工作来说,哪些教育或知识是必需的?这些教育与知识可以从学校获得,也可以通过自学、在职培训或工作实践获得。请确定下列教育或知识哪些是必要的。

续表

	任职者能够读写并理解基本的口头或书面指令
	任职者能够理解并执行工作程序，以及理解上下级的隶属关系，能够进行简单的数学运算和办公室设备的操作
	任职者能够理解并完成交给的任务，具备每分钟打50个文字的能力
	具备本职位工作需要的专业知识
	具备相近专业领域的一般知识
	具备商业管理方面的基础知识与技能
	具备商业管理方面的高级知识与技能
	其他方面要求

六、经验要求

本职位要求任职者具备哪些经验？请确定下列哪些经验是必需的。

	只需短期的简单培训或实习即可
	只需要1个月的相关实习期或在职培训期
	只需要1~3个月的相关实习期或在职培训期
	只需要4~6个月的相关实习期或在职培训期
	只需要7~12个月的相关实习期或在职培训期
	只需要1~3年的相关实习期或在职培训期
	只需要3~5年的相关实习期或在职培训期
	只需要5~8年的相关实习期或在职培训期
	需要8年以上的相关实习期或在职培训期

七、能力与技能要求

能力或技能	掌握程度

八、工作保密性

	不保密。工作中没有任何数据需要保密
	有一点保密。偶尔有些数据需要保密
	一般保密。一般情况下，需要保密，泄密将对公司起负面影响
	绝大部分工作都需要保密，泄密将对公司有重大影响
	完全保密。稍加泄露，便会有损公司的名声和地位

九、工作条件

十、心理要求

续表

十一、工具或设备

工具设备名称	一直使用	经常使用	偶尔使用

十二、补充说明

(三)访谈者培训阶段

访谈是一项需要技巧的工作,需要访谈者具有良好的倾听与沟通技巧,能够引导话题并使得访谈对象处于放松的状态,从而获得真实的信息,并随时对访谈内容进行准确的记录。所以访谈之前,在条件允许的情况下,要对访谈者进行必要的访谈技巧培训,以期获得更好的访谈效果。对访谈者的培训应集中进行,省时省力,相互之间也能得到启发。

对访谈者的培训内容包括:①此次工作分析之访谈的目的、时间安排;②讲解访谈提纲,鼓励访谈者提出疑问,确保他们理解所有的问题;③有效沟通、记录的访谈技巧;④情景模拟等。

(四)实施访谈阶段

访谈的实施阶段通常又可以分为访谈开始、正式访谈、访谈结束三个步骤。

1. 访谈开始

访谈开始时,双方就要建立融洽的关系。访谈者要积极营造宽松活跃的气氛,引导访谈对象在一种轻松愉快的氛围中进入主题,还要向访谈对象介绍此次访谈的意义和目的、访谈的主要内容、访谈内容的保密性、所获得信息的用途、记录内容的影响,以获得对方更好的理解与支持,同时还必须注意谈话的语气和提问的方式。

2. 正式访谈

访谈者按照事先准备好的访谈提纲进行提问,运用清晰的表达、准确的用语、简明易懂的问题、诚恳的态度对访谈对象逐步引导,获得所需要的信息。访谈者要防止跑题和不利于访谈继续的状况出现,要注意访谈的进程,还必须注意提问的语气、语速、表情等非言语信息的交流等。对访谈采取笔记或者录音方式进行记录,运用录音方式还需要征求访谈对象同意,并尽量在预定的时间内结束访谈,因故需要延时的还需征得访谈对象同意并表示歉意。

3. 访谈结束

访谈者完成了问题的提问,还应该征求访谈对象的意见,有没有需要补充的问题。有的话,对提出的问题进行讨论。没有的话就对访谈对象的支持表示感谢,并欢迎进一步交流。

(五)访谈信息整理阶段

在访谈者与访谈对象面谈结束后,访谈者需要对访谈资料进行归纳整理、检查核对。

接下来还要与访谈对象或其上级主管一起对记录、收集的信息进行最终检查和确认。

阅读材料 4-3

企业人力资源管理诊断访谈提纲

——高层管理人员访谈提纲

一、请您谈谈公司内部各个职能部门在公司总体运作和发展中是否充分发挥了其作用？阻碍其职能发挥的因素（人员素质、制度建设、企业发展阶段、组织结构、管理风格等）有哪些？现行组织结构的设置是否有利于充分发挥员工的主动性，便于各部门之间的工作协作？

二、请您谈谈您分管的部门人力资源管理情况。

三、请您谈谈公司人力资源管理方面的情况。

（一）人员规划与配置

1. 您认为公司人力资源管理在管理水平和管理效果上的现状如何？
2. 公司有无人力资源规划，是如何制定的？
3. 现有人力资源的配置是否和公司的长期发展目标相匹配？
4. 人力资源部门的职能是否得到了充分的发挥，人力资源部门和其他部门沟通是否顺畅？直线部门和人力资源部门的职责划分和权限如何？
5. 近两年人员流动率是多少？人员流动的原因是什么？其中您分管部门的人员流动有多少？哪些人流失，您对他们流失的态度如何？流失人员都去哪些地方？
6. 公司的人员编制如何制定？谁有决定权？依据是什么？
7. 招聘程序是什么？谁有决定权？招聘来源及方法有哪些？
8. 是否有完善的招聘标准，标准由谁来制定，是否根据岗位需求及人员素质要求来招聘人员？是否有对招聘工作的考核及反馈？
9. 是否有内部调动、岗位轮换？工作安排和调动的依据是什么？是考虑个人的特点、意愿及专业特长，还是工作需要？

（二）培训与发展

1. 公司有无培训计划？公司培训项目有哪些？是否经常为员工提供培训？还有必要增加哪些项目？
2. 公司有无完整的培训制度？
3. 你认为各级员工的培训有必要增加吗？对公司的发展有多大的影响？
4. 公司现在有无管理人员的聘用制度？
5. 管理人员聘用的标准是什么？
6. 晋升体系是否使员工有充足的发展空间？
7. 有无员工在职务晋升方面认为不公平？
8. 有无职业生涯规划方面的辅导？
9. 不合格员工如何淘汰？淘汰率是多少？有无强烈的抵触情绪？淘汰机制对员工的影响如何？

（三）绩效考核

1. 考核体系如何？是否能正确评价员工的绩效？
2. 对各个职能部门的考核办法效果如何？其中对中高管理层的考核效果如何？
3. 考核由哪个部门负责推行实施，参与者是哪些，考核期限、考核标准如何制定？考核标准是否合理？考核的内容是否充分？能否起到考核所应有的作用？

4. 考核结果如何反馈？考核结果如何使用？
5. 员工对考核的反映如何？

（四）薪酬激励

1. 各级、各类员工目前待遇水平如何？您认为自己的收入水平如何？您的直接下属的收入水平如何？
2. 对关键人才有无特殊措施，如津贴等？是否合理，是否有效？
3. 社会保障办理情况，五险一金是否都参加？新员工是否同样办理？
4. 公司福利有哪些？对员工是否有吸引力？是否应该增加，或减少？

（五）其他

1. 现有管理制度有哪些不健全的地方？
2. 劳动合同如何管理？有何问题？是否发生过劳动争议和纠纷，如何处理？

——中层管理人员访谈提纲

一、请您谈谈所辖部门的情况。

1. 管辖部门的具体职能是什么，部门人员数量、质量上存在什么问题？
2. 部门内部人员之间协作关系如何？是否需要大量的协调工作？存在什么问题？
3. 本部门由谁直接领导？哪类工作可以由部门内部人员决定，哪类工作必须由您决定，哪类工作必须由分管领导决定，哪类工作必须由一把手决定，哪类工作必须由领导班子共同决定？您认为这样有什么不便之处或不合理之处？
4. 本部门与其他部门之间有无协作关系，若有，是哪些部门？在日常工作中如何协调与这些部门的关系？存在哪些问题？你们之间的协调工作是由各自独立完成还是必须经过各自的分管领导？

二、请您谈谈对公司及本人分管部门人力资源管理方面的设想。

（一）人员规划与配置

1. 您认为公司人力资源管理的现状如何？
2. 公司的人力资源管理是否需要改革？为什么？
3. 公司有没有根据长远发展战略及经营策略来制定人力资源规划，谁来制定？
5. 现有人力资源的配置是否和公司的长期发展相匹配？
6. 人力资源部门的职能是否得到了充分的发挥，人力资源部门和其他部门是否有充分沟通，如何沟通？直线部门和人力资源部门的职责划分和权限如何？
7. 人员流动率是多少？人员流动的原因是什么？
8. 是否有专人负责招聘计划制订和招聘工作？
9. 招聘小组与各用人部门的关系：招聘工作是否服务于需求，是因岗设人还是因人设岗？用人部门根据什么来确定需求？招聘部门如何开展工作？最终决定权在谁？
10. 招聘程序是否合理？招聘方法有哪些？
11. 员工是否认为在招聘和工作安排中有不公平现象？
12. 招聘标准是否完善？标准由谁来制定，是否根据岗位需求及人员素质要求来招聘人员？
13. 有无对招聘工作的考核及反馈？
14. 工作安排和调动是否考虑个人的特点、意愿及专业特长？
15. 员工个人在公司内部不同部门、岗位之间调动的机会有多大？公司现阶段为员工提供发展多方面能力的机会吗？

（二）培训与发展

1. 公司有无培训计划？
2. 有哪些培训？

3. 有无培训制度、培训经费、培训师资来源？
4. 有无培训工作的评价、反馈制度？
5. 您认为各级员工的培训有必要吗？对公司的发展有多大的影响？
6. 公司现在有无管理人员的任用制度？
7. 管理人员任用的标准是什么？
8. 有无完善的晋升体系？
9. 有无员工在职位晋升方面认为不公平？
10. 有无员工职业生涯规划方面的辅导？
11. 是否有不合格员工被淘汰？

(三) 考核与评价
1. 有无完整的考核体系及制度？
2. 不同部门、人员的考核方法是否有差别？
3. 考核由哪个部门负责推行实施，参与者有哪些，考核期限、考核标准如何制定？
4. 考核结果是否反馈给个人，是否与薪酬及晋升挂钩？
5. 员工对考核的反映如何？

(四) 薪酬与激励
1. 各级员工对公司目前待遇是否满意？
2. 公司薪酬与同行业、同地区企业比较，水平如何？
3. 不同岗位、不同职位薪酬标准如何？
4. 对关键人才是否有特殊激励？
5. 社会保险办理情况如何？
6. 公司提供哪些福利，对员工有否吸引力？

(五) 其他
1. 现有管理制度有哪些？
2. 是否有专人负责劳动关系管理？
3. 是否发生过劳动争议和纠纷，如何处理？

——普通员工访谈提纲

一、请您谈谈所在部门及您本人的具体情况。
1. 您所在部门的具体职能是什么？部门人员构成是否存在问题？
2. 您的具体工作是什么？在工作安排上是否有不合理的地方？
3. 本部门人员之间的协作关系如何？是否需要大量的协调工作？存在什么问题？
4. 您工作上是否与其他部门的人员之间有协作关系？协调过程中存在哪些问题？
5. 在您所在的部门中，哪类工作可以由您自主决定，哪类工作由部门主管或分管副总决定，哪类工作必须由一把手决定，哪类工作必须由领导班子共同决定？您认为这样有什么不便之处或不合理之处？
6. 您对本部门及公司内部其他部门的职务晋升、薪酬福利、办公环境等问题，是否认为有不公平之处？

二、请您谈谈对公司及本人所在部门人力资源管理方面的设想。
内容同中层管理者访谈提纲部分，可以根据访谈目的有针对性地进行选择。

第三节　如何运用问卷调查法

阅读材料 4-4

员工调查为什么会失败

著名管理顾问公司美世咨询对员工调查进行了深入研究，揭示出员工调查失败的 10 类原因，并提出了相应的对策。

无论在世界范围内的成熟市场或新兴市场，各大组织都花费了大量的时间、精力和财力去进行员工调查。一般讲来，设计员工调查是为了在很多与工作有关的方面促进组织交流和沟通，了解员工想法，同时衡量并提高员工敬业度。

但不幸的是，如果员工调查设计不当或者执行不力，并且没有后续行动跟上的话，员工调查可能会取得与预期恰恰相反的效果，这种情况在当今是很常见的。无论是由于计划不当、沟通低效、缺少后续行动，还是其他原因造成的调查的失败，其结果不仅会浪费组织资源，而且会对员工敬业度产生有害的影响。

若组织进行了员工调查并采取了后续行动的话，84%的员工会回报以高敬业度。但是，如果组织只进行了员工调查，却没有采取后续行动的话，结果只有 39%的员工回报以高敬业度。

调查为什么会失败？根据美世咨询所作的 1 000 多个项目的结果，我们找出了调查中 10 个突出的方面，这 10 个方面很有可能使调查失败。如果组织可以清楚地认识到这些潜在的障碍，并采用最佳策略去避免这些问题的发生，那么公司就可以大大提高调查成功的概率，从而产生有意义、切实可行的调查结果，增强员工敬业度，促进组织业绩的发展。

这 10 个关键方面是：

(1) 项目策划。
(2) 沟通和交流。
(3) 问卷设计。
(4) 时间安排。
(5) 事务的优先排列。
(6) 高级管理层的参与。
(7) 数据传送。
(8) 后续支持。
(9) 监控和问责制。
(10) 将调查结果和业务绩效相联系。

资料来源：员工调查为什么失败．世界经理人网站，http://www.ceconline.com，2005-12-23.

组织经常采用问卷法对员工进行调查以获取相关信息，效果却不太理想。问题不在于这个方法的优劣，而在于使用这个方法时关键的工具——问卷没有设计好，或者在关键流程上缺乏执行力及后续推进活动的疏忽，以至于没有达到预期效果，问卷调查只是走了个过场。本节内容将重点介绍问卷调查法的相关知识，以期在工作分析中用好这个方法。

一、问卷调查法概述

(一)问卷调查法内涵

问卷调查法(questionnaire)是指根据工作分析的目的、内容来设计问卷,并向任职者或相关人员发放问卷,由他们根据工作情况进行填写,再由调查者收回问卷,获得所需信息的方法。

运用问卷调查法收集到的信息质量,取决于问卷的设计以及被调查者的理解程度、填写时的态度等因素。问卷调查法适用于用于规模大、职位设置繁杂的组织。脑力工作者、管理工作者或工作不确定因素很大的员工比较适合使用问卷调查法。

(二)问卷分类

按照问卷设计方式可以分为开放型问卷、封闭型问卷和综合型问卷。

(1)开放型问卷,也称非结构化问卷(质性问卷),问卷中的各问题没有备选答案,由被调查人自由回答。这种方式可以获得较为全面的信息,但是也会出现一些无效的信息,在统计时难度偏大。

(2)封闭型问卷,也称结构化问卷(量性问卷),问卷中各个问题都有备选答案,被调查人只需要选择合适的答案。这种方式统计起来比较便捷,但是对问卷设计要求高,也不利于获得全面信息。

(3)综合型问卷,结合开放型问卷与封闭型问卷,既有开放型问题也有封闭型问题。这种方式使用比较多,以封闭型为主,开放型为辅。

按照收集信息的侧重不同,调查问卷可以划分为人员导向问卷(了解人员在职位上的行为)和职位导向问卷(了解职位本身的条件与结果)。人员导向型的专业性问卷代表是"职位分析问卷"(position analysis questionnaire,PAQ),职位导向型的专业性问卷代表是"管理职位描述问卷"(management position description questionnaire,MPDQ)。

(三)问卷调查法的优缺点

问卷调查法优点:①快速高效地收集到大量关于职位的信息,节约人力和时间;②员工可以在工作之余填写,不影响正常工作时间;③问卷信息可以量化,通过计算机进行数据分析处理,提高科学性与准确性;④问卷调查结果还可以进行多方式、多用途的统计分析;⑤在对多数员工进行调查时尤为适用。

问卷调查法缺点:①问卷编制成本高、要求高;②对于员工深层次的信息,如态度、动机等难以了解;③员工可能不愿意填写或者不表达真实情况;④对被调查者的知识水平、表达能力有要求,可能会产生理解上的不一致,而导致填写内容有失准确性。

二、问卷调查法实施程序

问卷调查法实施的程序包含四个层面:问卷设计;确定调查对象;问卷的发放与收集;问卷分析与结果处理。

(一)问卷设计

采用问卷调查法分析问题,问卷的设计是关键,问卷设计的质量直接关系到调查结果的准确性，所以，若采用问卷调查法，前期问卷的编制难度较大。有效的调查问卷有利于整理、归纳和分析收集的信息。在编制问卷时，需要注意以下几个方面的问题：

(1)重视前言和指导语，对问卷调查的目的、意义和内容的简要说明可以引起被调查者的兴趣，取得合作。

(2)明确需要收集哪些信息，将这些信息设计成问题或者项目。

(3)每个问题要目的明确、提问准确、语言简洁、通俗易懂，提问的内容尽可能短，用词要确切，一项提问只包含一项内容。

(4)结构化问卷问题备选答案要准确，避免在问卷中出现生疏难懂的文字和语言。必要时可以附带说明。

(5)问卷问题的编写应根据工作调查的目的加以调整，可按 5W2H 分析法进行设计。5W2H 即 Who(谁)，When(何时)，Where(何处)，What(什么事)，Why(为什么)，How(如何)，How much(多少)。

(6)问题不能模棱两可，文字表达要清楚，让被调查者很快明白所要回答的问题。

(7)避免诱导性的问题。问卷设计时，应避免出现有倾向性和诱导性的问题，问题要保持中性客观，避免否定形式的提问，避免敏感性问题。

(8)问题的排列次序。问题的安排应具有逻辑性，问卷涉及的问题要由简单易于回答到复杂难于回答逐步深入，从被调查者感兴趣的问题开始，由封闭式到开放式，还需要注意活动进行时间的先后顺序。

(9)问卷调查以能恰好获得所需要的资料为准，时间尽量安排在 30 分钟内，切忌设计问题过多，导致回答者因为时间关系应付了事。

(10)问卷版面格式的设计结构安排要合理，主体部分要突出、醒目，不要编排过密，各问题之间要留出一定的空间，外观及内容的印刷要整洁、美观。

(二)确定调查对象

对于要调查的职位需要选择一定数量的员工进行调查。选择调查对象的参考标准有工作热情、理解能力强、较强责任感等。同时还需要与调查对象建立良好的合作关系。

(三)问卷的发放与收集

问卷的发放与收集具体可以分为两种方式：①现场发放、集中作答、现场回收；②先发放，另找时间作答后回收。前一种方法回收效果好，但是操作受到场地和时间等因素的限制，比较难实现。后一种方法最为常用，实际操作中，在问卷发放阶段就要对各个部门的各级主管及员工进行动员和培训，讲明调查目的、消除员工顾虑，熟悉常见问题及其解答实际操作等，以尽量提高问卷回收效率。

收集的问卷尽可能让公司的人力资源专家和直接主管认真审核，及时纠正偏差。

(四)问卷分析与结果处理

调查人员对收回的问卷进行信息整理，需要对问卷统计结果进行审核、评估，尤其对同一职位但回答差异很大的项目需要进行讨论，以取得一致意见。

问卷分析的结果要及时与公司相关部门负责人进行沟通，并针对分析结果中折射出的问题提出可行性建议。

三、问卷设计样表

表 4-3～表 4-5 分别是开放型问卷、封闭型问卷、混合型问卷的样表。

表 4-3 开放型工作分析问卷样表

一、基本资料				
职位名称		所在部门		
职位定员及人员来源				
直接上级		从事本岗位工作时间		
直接下级				
职位填写日期	年　　月　　日	填写人姓名		
二、工作描述				
本岗位工作目标				
主要目标： 1） 2） 3）		其他目标： 1） 2） 3）		
工作任务(请认真、详尽地一一对应描述您所从事的工作、占年度工作时间的百分比和相应的发生频次)		占年度工作时间的百分比(约数)/%		发生频次(年、季、月、周、日)
一、主要工作任务(任务中较为重要的职责) 1） 2） 3） 4） 5）				
二、日常工作任务(每日工作中都需从事的工作) 1） 2） 3） 4） 5）				

续表

三、临时工作任务（领导交办的或公司组织大型活动时所涉及的工作） 1) 2) 3)			
权限			
目前拥有权限（请描述目前在完成本岗位职责时，您所拥有的权力）	权限一：		
	权限二：		
	权限三：		
	权限四：		
	权限五：		
	权限六：		
所缺权限（请描述为更好地完成本岗位职责，目前尚缺乏哪些权力）	权限一：		
	权限二：		
	权限三：		
	权限四：		
	权限五：		
工作协作关系（请详细地描述您在工作中需要接触的岗位、部门及外部单位）			
内部协调关系	部门内岗位协调关系：		
	部门间较为密切的协调关系：		
	其他相关部门：		
外部协调关系	经常性的协调关系：		
	临时性的协调关系：		
三、任职资格			
教育水平	您认为基本胜任本岗位所需的最低学历应该是什么？		
专业	您认为可基本胜任本岗位的学历专业有哪些？		
经验	1)您认为一位刚刚走向工作岗位的毕业生，基本胜任该岗位工作需要多长的时间？ 2)您认为一位已有工作经历的人员，若能基本承担本岗位工作职责，需具备哪些方面的工作经验，约多少年？		
	工作经历要求	最低时间要求（年、月）	
培训	您认为较好地完成岗位工作应该接受哪些培训课程？		
	培训科目	培训内容	培训方式	最低培训时间
知识	为完成岗位的工作要求，您认为应该具备基本层面的知识涉及哪些？对应的水平？		

续表

熟练程度	1. 您认为对于初次承担该岗位工作的人员，多长时间才能较熟练地开展工作？ 2. 您认为对于有类似岗位工作经验的人员，尚需多长时间才能较熟练开展该岗位工作？
技能技巧	为更好地完成岗位职责，您认为需具备的技能应该有哪些？
四、其他	
使用工具/设备	1. 请列举您目前岗位工作中用到的主要办公设备和用品 2. 请列举您目前岗位工作中需用到，但至今尚未配备的办公设备和用品
工作环境	1. 请描述您目前开展工作的环境 2. 请描述您认为较为有效开展工作所需的环境
工作时间特征	请您在以下各类问题中填写您目前岗位工作时间的特征 1) 每日午休时间为（　）小时，（　　%)情况下可以保证 2) 每周平均加班时间为（　）小时 3) 实际上下班时间是否随业务情况经常变化（　　） 4) 每周外出时间占正常工作时间的（　　%） 5) 外地出差时间每月平均（　）次，每次平均（　）天 6) 本地出差时间平均每周（　）次，每次平均（　）小时 7) 其他需要补充说明的问题：_____
文档	所需记录文档： 1) 2) 3) 4) 5)	所需传送的部门、岗位： 1) 2) 3) 4) 5)

考核指标

1. 对于您承担的岗位职责，目前公司是从哪些指标项开展考核，考核的标准(指标值)是多少？

考核指标： 1) 2) 3) 4) 5)	对应的考核标准： 1) 2) 3) 4) 5)

2. 对于您目前承担的岗位职责，您认为公司应该考核哪些指标项，标准是什么？

考核指标： 1) 2) 3)	对应的考核标准： 1) 2) 3)

您认为公司以及您所从事的工作中存有哪些不合理的地方，应该如何改善？

不合理处： 1) 2) 3)	对应的改进建议： 1) 2) 3)

表 4-4　封闭型工作分析问卷样表

一、基本资料			
公司名称			
部门		姓名	

续表

职位		学历	
主管姓名		主管职位	

二、职位功能

(一)工作计划

1. 做出工作安排和计划，给他人分配工作，以及确定目标和完成时间等共占该职位全部活动的比例有多大。
   A. 没有　　B. 10%左右　　C. 30%左右　　D. 50%左右　　E. 70%左右　　F. 90%左右

2. 工作安排的复杂程度如何。
   A. 没有　　B. 极简单　　C. 较简单　　D. 中等　　E. 较复杂　　F. 极复杂

3. 为某些项目的连续运作所做的实施方案占该职位全部活动的比例有多大。
   A. 没有　　B. 10%左右　　C. 30%左右　　D. 50%左右　　E. 70%左右　　F. 90%左右

4. 制订实施方案的复杂程度如何。
   A. 没有　　B. 极简单　　C. 较简单　　D. 中等　　E. 较复杂　　F. 极复杂

5. 对日程、活动、单位和机构的未来发展做出计划占该职位全部活动的比例有多大。
   A. 没有　　B. 10%左右　　C. 30%左右　　D. 50%左右　　E. 70%左右　　F. 90%左右

(二)信息分析与整合

6. 抄写、编辑、准备和(或)编码信息活动的时间占该职位全部活动的比例是多少。
   A. 没有　　B. 10%左右　　C. 30%左右　　D. 50%左右　　E. 70%左右　　F. 90%左右

7. 抄写、编码、准备和(或)编码活动的复杂程度如何。
   A. 没有　　B. 极简单　　C. 较简单　　D. 中等　　E. 较复杂　　F. 极复杂

8. 该职位上用某些定量方法(如加、减、乘、除)来加工数据或信息的活动占该职位全部活动的比例有多大？
   A. 没有　　B. 10%左右　　C. 30%左右　　D. 50%左右　　E. 70%左右　　F. 90%左右

9. 定量加工活动的复杂程度如何。
   A. 没有　　B. 极简单　　C. 较简单　　D. 中等　　E. 较复杂　　F. 极复杂

10. 确定基本原则或事实，解释结果，综合或整合信息以得到新的结论或建立新理论等占该职位全部活动的比例有多大。
    A. 没有　　B. 10%左右　　C. 30%左右　　D. 50%左右　　E. 70%左右　　F. 90%左右

11. 分析和整合活动的复杂程度如何。
    A. 没有　　B. 极简单　　C. 较简单　　D. 中等　　E. 较复杂　　F. 极复杂

(三)做决定

12. 指出对人的判断占该职位全部活动的比例有多大。
    A. 没有　　B. 10%左右　　C. 30%左右　　D. 50%左右　　E. 70%左右　　F. 90%左右

13. 对某一项目、商务、组织、设施和装备的决策和评估，不包括对人的决策判断，占该职位全部活动的比例有多大。
    A. 没有　　B. 10%左右　　C. 30%左右　　D. 50%左右　　E. 70%左右　　F. 90%左右

14. 对工作活动和对象的判断的复杂程度如何。
    A. 没有　　B. 极简单　　C. 较简单　　D. 中等　　E. 较复杂　　F. 极复杂

(四)沟通

15. 与他人以口头的形式沟通与工作有关的信息占该职位全部活动的比例有多大。
    A. 没有　　B. 10%左右　　C. 30%左右　　D. 50%左右　　E. 70%左右　　F. 90%左右

16. 与他人口头沟通的语言的复杂程度如何。
    A. 没有　　B. 极简单　　C. 较简单　　D. 中等　　E. 较复杂　　F. 极复杂

17. 通过书面材料来沟通与工作相关的信息占该职位全部活动的比例有多大。
    A. 没有　　B. 10%左右　　C. 30%左右　　D. 50%左右　　E. 70%左右　　F. 90%左右

18. 书面沟通的语言的复杂程度如何。
    A. 没有　　B. 极简单　　C. 较简单　　D. 中等　　E. 较复杂　　F. 极复杂

续表

(五)人际关系
19. 监督和指导他人的工作，包括划分下属责任范围和检查工作等，占该职位全部活动的比例有多大。 　　A. 没有　　　B. 10%左右　　C. 30%左右　　D. 50%左右　　E. 70%左右　　F. 90%左右 20. 监督和指导的复杂程度如何。 　　A. 没有　　　B. 极简单　　　C. 较简单　　　D. 中等　　　　E. 较复杂　　　F. 极复杂 21. 指导他人，包括教学、做报告、演说等，占该职位全部活动的比例有多大。 　　A. 没有　　　B. 10%左右　　C. 30%左右　　D. 50%左右　　E. 70%左右　　F. 90%左右 22. 指导的复杂程度如何。 　　A. 没有　　　B. 极简单　　　C. 较简单　　　D. 中等　　　　E. 较复杂　　　F. 极复杂 23. 协调他人工作，包括建立和维持关系以及传递信息以促使工作目标的完成，占该职位全部活动的比例有多大。 　　A. 没有　　　B. 10%左右　　C. 30%左右　　D. 50%左右　　E. 70%左右　　F. 90%左右 24. 协调的复杂程度如何。 　　A. 没有　　　B. 极简单　　　C. 较简单　　　D. 中等　　　　E. 较复杂　　　F. 极复杂 25. 为了某一特定目的和他人沟通以交换或收集信息占该职位全部活动的比例有多大。 　　A. 没有　　　B. 10%左右　　C. 30%左右　　D. 50%左右　　E. 70%左右　　F. 90%左右 26. 沟通的复杂程度如何。 　　A. 没有　　　B. 极简单　　　C. 较简单　　　D. 中等　　　　E. 较复杂　　　F. 极复杂 27. 提出以专业知识或经验为基础的建议及法律上的建议占该职位全部活动的比例有多大。 　　A. 没有　　　B. 10%左右　　C. 30%左右　　D. 50%左右　　E. 70%左右　　F. 90%左右 28. 建议的复杂程度如何。 　　A. 没有　　　B. 极简单　　　C. 较简单　　　D. 中等　　　　E. 较复杂　　　F. 极复杂
(六)技术活动
29. 使用某些类型的装备和设置，包括机械或电子装备或其他任何物理设备，占该职位全部活动的比例有多大。 　　A. 没有　　　B. 10%左右　　C. 30%左右　　D. 50%左右　　E. 70%左右　　F. 90%左右 30. 使用装备和设置的复杂程度如何。 　　A. 没有　　　B. 极简单　　　C. 较简单　　　D. 中等　　　　E. 较复杂　　　F. 极复杂 31. 运用程序、技术和方法占该职位全部活动的比例有多大。 　　A. 没有　　　B. 10%左右　　C. 30%左右　　D. 50%左右　　E. 70%左右　　F. 90%左右 32. 使用程序、技术和方法的复杂程度如何。 　　A. 没有　　　B. 极简单　　　C. 较简单　　　D. 中等　　　　E. 较复杂　　　F. 极复杂
三、任职条件
(一)个人发展 1. 需要的正规教育。请指出要顺利完成或胜任这一职位一般情况下需要什么教育水平。 　　A. 不需要　　　　　　　　　　　　　　　　　　B. 低于高中毕业的正规教育 　　C. 高中毕业或同等学历(技校、职高毕业)、中专毕业　D. 大专毕业、本科毕业 　　E. 硕士毕业　　　　　　　　　　　　　　　　　F. 博士毕业 2. 从事该职位活动，受教育的作用程度有多大。 　　A. 没有　　　B. 极少　　　　C. 较少　　　D. 中等　　　　E. 较大　　　　F. 极大 3. 该职位所需的特定教育背景的复杂程度。 　　A. 没有　　　B. 极简单　　　C. 较简单　　　D. 中等　　　　E. 较复杂　　　F. 极复杂 4. 如果不具备所需要教育的人试图从事该职位的活动，可能会出现一些什么样的消极影响？ 　　A. 没有　　　B. 极少　　　　C. 较少　　　D. 中等　　　　E. 较大　　　　F. 极大 5. 出色地完成该职位上的工作所需要的培训，不包括正规教育，但包括课堂形式的培训、在职培训、短期脱产培训、正规的管理职位培训和各种形式的研讨班。 　　A. 极少(没有或不多于一天的培训)　　B. 1～30天的培训 　　C. 1～6个月的培训　　　　　　　　　D. 6～12个月的培训 　　E. 1～3年的培训　　　　　　　　　　F. 3年以上的培训 6. 所需培训占该职位全部活动的比例，即在完成各项工作时，培训的作用程度有多大。 　　A. 没有　　　B. 极少　　　　C. 较少　　　D. 中等　　　　E. 较大　　　　F. 极大 7. 工作人员出色地完成该职位的工作所需的特定培训的难度和复杂程度。 　　A. 没有　　　B. 极简单　　　C. 较简单　　　D. 中等　　　　E. 较复杂　　　F. 极复杂

续表

8. 如果不具备所需培训的人试图从事该职位的工作，可能会对他人、对工作、对单位造成一些什么样的消极影响？
  A. 没有 B. 极少 C. 较少 D. 中等 E. 较多 F. 极多
9. 需要相关的工作经验程度。
  A. 不需要   B. 少于一个月的经验   C. 1~6个月的经验
  D. 6~12个月的经验 E. 2~10年的经验   F. 10年以上的经验
10. 所需要的经验占该职位全部活动的多少，即完成该职位的工作，在多大程度上会用到工作经验？
  A. 没有 B. 极少 C. 较少 D. 中等 E. 较大 F. 极大
11. 工作人员出色地做好这份工作所需要的工作经验的复杂程度。
  A. 没有 B. 极简单 C. 较简单 D. 中等 E. 较复杂 F. 极复杂
12. 如果工作者不具备该职位所需要的经验，可能会出现一些什么样的消极影响，包括对工作、对他人、对单位的消极影响。
  A. 没有 B. 极少 C. 较少 D. 中等 E. 较多 F. 极多

（二）个人特征

13. 工作人员出色地完成与其职位相关的工作需要特定的个人特质或特征的程度。
  A. 不需要 B. 极少 C. 较少 D. 中等 E. 较多 F. 极多
14. 任何个人特征或特质对完成该职位的工作影响程度有多大。
  A. 没有 B. 极少 C. 较少 D. 中等 E. 较大 F. 极大
15. 工作人员出色地完成该项职位的工作所需要的特定特质或特征的复杂程度。
  A. 没有 B. 极简单 C. 较简单 D. 中等 E. 较复杂 F. 极复杂
16. 如果工作人员不具备所担任的职位所应具备的个人特征，可能会出现一些什么样的消极影响？
  A. 没有 B. 极少 C. 较少 D. 中等 E. 较多 F. 极多
17. 出色地完成该项工作所应具备的应变能力和适应性的程度。
  A. 不需要 B. 极少 C. 较少 D. 中等 E. 较多 F. 极多
18. 适应能力对完成该项工作有多大程度的促进作用。
  A. 没有 B. 10%左右 C. 30%左右 D. 50%左右 E. 70%左右 F. 90%左右
19. 该职位所需要的适应性的复杂程度。
  A. 没有 B. 极简单 C. 较简单 D. 中等 E. 较复杂 F. 极复杂
20. 如果工作人员不具备出色完成该职位工作所应具备的适应性，可能会有什么消极影响？
  A. 没有 B. 极少 C. 较少 D. 中等 E. 较多 F. 极多

四、管理能力

1. 向该职位上的工作人员汇报工作的非管理人员和非专业技术人员数目。
  A. 没有 B. 1~3人 C. 4~9人 D. 10~20人 E. 21~45人 F. 45人以上
2. 向该职位上的工作人员直接汇报工作的管理人员和专业技术人员数目。
  A. 没有 B. 1~2人 C. 3~8人 D. 9~15人 E. 16~30人 F. 30人以上
3. 该职位的工作人员每周花费在工作以及与工作有关的活动上的时间。
  A. 没有   B. 每周少于20小时   C. 每周20~39小时
  D. 每周40~50小时 E. 每周50~70小时   F. 每周70小时以上
4. 您所担任的职位所需的独创性及创造性占该职位全部活动的比例。
  A. 没有 B. 10%左右 C. 30%左右 D. 50%左右 E. 70%左右 F. 90%左右
5. 做该项工作的人在多大程度上（占该职位全部活动的多大比例）向受雇者、客户或其他人在职业计划、人际关系或其他方面进行开导、说服、劝解。
  A. 没有 B. 10%左右 C. 30%左右 D. 50%左右 E. 70%左右 F. 90%左右
6. 监控、检查他人或组织的活动占该职务全部活动的比例有多大。
  A. 没有 B. 10%左右 C. 30%左右 D. 50%左右 E. 70%左右 F. 90%左右
7. 宣传教育工作占该职位全部工作的比例有多大。
  A. 没有 B. 10%左右 C. 30%左右 D. 50%左右 E. 70%左右 F. 90%左右
8. 是否需要政府有关部门签发的执照或证书。
  A. 不需要 B. 随意 C. 需要

表 4-5 综合型工作分析问卷示例

尊敬的员工：

　　您好，非常感谢您在紧张而繁忙的工作中填写本调查问卷，这份问卷是为了更加明确您目前职位的有关信息而设计的，目的不是衡量你的业绩和任务完成情况，它只是分析和描述您工作的一个工具。您填写的完整性和真实性对帮助您明确自身工作的发展方向、完善公司人力资源制度非常重要。

　　谢谢合作！

　　　　　　　　　　　　　　　　　　　　　　　　　　　　　　　　×××公司人力资源部

1. 本职位所需教育程度：
　　A. 初中(含)以下　　B. 高中职技　　C. 大专　　D. 本科　　E. 研究生以上
2. 本职位所需外语程度要求：
　　A. 不需要　　B. 书面通　　C. 书面及口语略通　　D. 精通
3. 本职位所需汉语表达能力：
　　A. 不限　　B. 普通话口头能力强　　C. 书面及口头能力强　　D. 极强的文字功底
4. 本职位所需户籍所在地：
　　A. 本地户口　　B. 不限
5. 本职位所需其专业的工作经验：
　　A. 6个月以下　　B. 6个月至2年　　C. 2～5年　　D. 5年以上
6. 本职位对设备、工具、仪器需要的应用能力：
　　A. 搬运　　B. 操作　　C. 操作及维修　　D. 软硬件设计
7. 本职位对设备、工具、仪器的责任：
　　A. 不易损失　　　　　　　　　　　　　　B. 有时损失需一般防范
　　C. 容易损失需密切防范　　　　　　　　　D. 难免损失需严加防范
8. 本职位对材料、在制品、成本的责任：
　　A. 不易损失　　　　　　　　　　　　　　B. 有时损失需一般防范
　　C. 容易损失需密切防范　　　　　　　　　D. 难免损失需严加防范
9. 本职位直接督导范围(人数)：
　　A. 0　　B. 1～4人　　C. 5～10人　　D. 11～20人　　E. 21人及以上
10. 职位间接督导范围(人数)：
　　A. 0　　B. 1～20人　　C. 21～100人　　D. 101～300人　　E. 301人及以上
11. 本职位管理工作中的责任及能达到的程度(一般员工可不答此题)：
　　A. 要负责分派工作，按规定检查工作成果，达成目标
　　B. 要能很快熟悉新分派的工作，制订计划
　　C. 要能解决工作中的矛盾，协调不同部门的活动，达成目标
　　D. 要能有效分配组织资源，做出最佳激励政策，确保员工与公司的最大利益
12. 本工作所需的行政专业能力：
　　A. 例行性、重复性工作　　　　　　　　　B. 例行性工作，偶尔需要个案处理
　　C. 需要依经验改进新技巧，解决复杂问题　　D. 需要调查分析研究解决问题
13. 本工作的责任：
　　A. 按上级指示工作，上级对结果负责
　　B. 根据计划进度，安排自己工作，根据内部原则工作
　　C. 安排计划，分析结果决策可能与上级协商
　　D. 有下属单位，需要制定公司目标和政策
14. 本工作职能对公司的影响范围：
　　A. 例行性工作，如果出错容易发现，错误对公司基本无影响
　　B. 有限范围内协调工作，错误不易发现，错误对公司有些损害
　　C. 职责对公司单位功能及本部门任务完成有一定的影响力
　　D. 负责一个部门以上功能，本部门最高主管不在时，负责本单位
15. 本工作所需的人际关系能力：
　　A. 普通技巧　　B. 良好技巧　　C. 高度技巧
16. 所需体力及感官能力：
　　A. 不限　　B. 体力强　　C. 敏捷而有力　　D. 身体素质强且五官感知力强

续表

17. 所需资料处理能力：
    A. 传递　　　　　　　　　　　　　　B. 记录整理及传递
    C. 依据常规做相关的技术性改进　　　　D. 需调研分析、评估与创新
18. 所需领导力：
    A. 无需　　　　　B. 一般　　　　　C. 较强　　　　　D. 极强
19. 所需计划力：
    A. 无需　　　　　B. 一般　　　　　C. 较强　　　　　D. 极强
20. 所需创新力：
    A. 无需　　　　　B. 一般　　　　　C. 较强　　　　　D. 极强
21. 所需掌握事物能力：
    A. 不需　　　　　B. 经过长时间可掌握　　C. 很快能掌握　　D. 一接触就掌握
22. 列出您的主要工作职责至少8条（请按照主次顺序说明，用词要精确，描述清晰），以及每项职责的重要程度和所用时间。

编号	主要职责	发生频率/(次/日、月、季、半年、年)	重要程度/%	所用时间/%

23. 请举例说明您的工作中常发生的关键事件、发生频率及每次的持续时间。

关键事件	发生频率	持续时间/次

24. 请说明您的服务对象或客户是谁？工作中需要和哪些部门、哪些人合作？频率怎样？

服务对象/客户	需合作部门/人	频率

25. 您的工作还需要哪些特长？需要什么证照？

续表

```
26. 请描述您的工作地点及工作环境。
    工作地点：□办公室  □80%室内  □60%室外  □60%出差  □常年出差
    工作环境
    温度：□40度以上  □30～40度  □20～30度  □10～20度  □10度以下
    光线：□明亮  □一般  □较暗  □漆黑
    卫生：□清洁  □基本清洁  □一般  □较脏  □很脏
    危险：□无  □基本无危险  □比较危险  □非常危险
    空气：□清新  □普通  □较差  □极差
    其他：
27. 您的工作有哪些决策责任(说明您要做哪些决定，以及决定会产生哪些影响)？
    决策责任：


    决策影响：


28. 您还有其他需要表达的吗？




    感谢您认真阅读本问卷！祝您工作顺利！
```

四、两种专业性问卷

国外的组织行为学专家和人力资源管理专家研究出了很多科学的、专业性的问卷调查方法。这些问卷调查方法经历了几十年的实践检验，已经很成熟。这里主要介绍两种，即职位分析问卷法和管理职位描述问卷法。

(一)职位分析问卷法

1. 职位分析问卷法概述

职位分析问卷法是一种结构严谨的工作分析问卷，是以人员为导向进行的职务分析系统。1972年，美国普渡大学教授麦考密克(E. J. McCormick)、詹纳雷特(P. R. Jeanneret)和米查姆(R. C. Mecham)提出了职位分析问卷法。他们提出职位分析问卷法的目的是开发一种通用的、以统计分析为基础的方法来建立某职位的能力模型，同时运用统计推理进行职位间的比较，以确定相对报酬。职位分析问卷法适用于不同的职位类型，应用范围包括工作分析、工作分类、工作评价、工作设计、招聘甄选、绩效考核、员工培训、薪酬管理等。

职位分析问卷法包括194项要素，其中187项属于工作要素，7项属于薪酬要素。这194项要素又分为6个类别，即信息输入、思考过程、工作产出、人际关系、工作环境、其他特征。具体表现为：①信息输入，即员工在完成任务过程中获取信息的来源及方法；②思考过程，即员工工作中所需的用头脑处理信息的过程；③工作产出，即员工工作中要完成的体能活动及使用的工具；④人际关系，即员工工作与其他人的关系；⑤工作环境，即员工工作条件、物理、社会环境；⑥其他特征，即其他与工作有关的内容，如表4-6所示。

表4-6 职位分析问卷法工作要素的分类

类别	内容	例子	要素数目/项
信息输入	员工在工作中从何处得到信息，如何得到	如何获得文字和视觉信息	35
思考过程	在工作中如何推理、决策、规划，信息如何处理	解决问题的推理难度	14
工作产出	工作需要哪些体力活动，需要哪些工具与仪器设备	使用键盘式仪器、装配线	49
人际关系	工作中与哪些有关人员有关系	指导他人或与公众、顾客接触	36
工作环境	工作中自然环境与社会环境是什么	在高温环境或与内部其他人员冲突的环境下工作	19
其他特征	与工作相关的其他的活动、条件或特征是什么	工作时间安排、报酬方法、职务要求	41

2. 职位分析问卷法使用程序

(1)分析人员要确定每一个问卷项目是否适用于被分析的工作。

(2)分析人员要依据6个评价尺度对有效的问卷项目进行衡量，给出评分。这6个计分标准是：信息使用程度、耗费时间、适用性、对工作的重要程度、发生的可能性，以及特殊计分，每个计分标准都有不同的计分指导。

(3)将评价结果输入计算机，产生一份关于每项工作在各个维度上的得分情况报告。进而决定某一职位在决策、沟通与社交能力，执行技术性工作的能力，身体灵活度，操作设备与器具的能力，处理资料的能力五方面的性质。

(4)根据这些性质，对职位进行比较，划分工作族。

3. 使用职位分析问卷法注意事项

(1)工作分析人员需要从"行为"角度出发收集信息，是对工作中抽象的任职人员进行分析，而不是对现有职位上员工的工作表现或能力的评价。

(2)在进行职位分析问卷法之前，需要根据组织和职位的特点，制定一份内容结构与职位分析问卷法问卷对应的访谈提纲。

(3)需要根据情况，结合使用其他信息收集方法，如观察法、访谈法等。

4. 职位分析问卷法优缺点

职位分析问卷法优点：①职位分析问卷法按照计分标准可以得到一个量化的分数顺序，可以建立职位等级；②职位分析问卷法用于比较组织中的各职位会更容易、更准确；③运用职位分析问卷法可以对职位进行分类；④操作性强。

职位分析问卷法缺点：①对填写者要求高，需要经过专业化训练；②难以直接用于描述实际工作中的具体内容；③程序较复杂，必须借助计算机进行处理；④项目多，面向一般职位，不能精确区分不同工作，也不适用于分析高层管理职位。

(二) 管理职位描述问卷法

1. 管理职位描述问卷法概述

管理职位描述问卷法是一种以工作为导向的针对管理性工作的职位分析方法，由托尔诺(W. W. Tornow)和平托(P. R. Pinto)于1974年设计，1984年定型，与职位分析问卷法方法类似。管理职位描述问卷法产生的背景是对数据控制公司的管理职位进行描述、比较和评价。经过广泛的测试和深入的修改，管理职位描述问卷法作为工作评价的项目在该公司全面展开实施，也在其他企业中得到发展和应用，日趋成熟，形成了最终的模式。

管理职位描述问卷法中题目的特点：①题目有区分度，能体现各个管理职位的等级差异；②容易对工作评价要素、绩效评价要素、工作描述要素、KSAs描述要素进行区分；③能从各方面对管理工作进行全面系统的分析；④能形成一种易于被任职者理解和完成的问卷模式；⑤获得全面的工作信息，有助于准确评价管理人员的工作内容。

通过各种回答形式，管理职位描述问卷法能够提供的关于管理职位的信息包括，工作行为、工作范围、决策过程、素质要求、工作联系及上下级之间的汇报关系等。管理职位描述问卷法的分析结果将形成多种报告形式，可以应用到工作分析、工作评价、管理人员培训与开发、绩效管理、薪酬设计、甄选、晋升以及工作设计等人力资源管理活动中。

2. 管理职位描述问卷法的内容

管理职位描述问卷的因素构成如表4-7所示。

表4-7 管理职位描述问卷法因素构成（单位：道）

因素	项目释义	工作行为题数	其他内容题数
一般信息(general information)	任职者的姓名、头衔和该工作的职能范围	0	16
决策(decision making)	决策背景与决策活动	22	5
计划与组织(planning and organizing)	制订战略计划和执行计划的活动	27	0
行政(administering)	评估管理者的文件处理、写作、记录、公文管理等活动	21	0
控制(controlling)	跟踪、控制和分析项目运作、财务预算、产品生产和其他商业活动	17	0
监督(supervising)	监督、指导下属相关的活动和行为	24	0
咨询与创新(consulting and innovating)	技术性专家的行为	20	0
联系(contacting)	内部联系矩阵和外部联系矩阵	16	0
协作(coordinating)	在内部联系中从事的协调性活动	18	0
表现力(representing)	在推销产品、谈判、内部激励等工作中的表达行为	21	0

续表

因素	项目释义	工作行为题数	其他内容题数
监控业务指标（monitoring business indicators）	监控财务指标、经济指标、市场指标的行为	19	0
综合评价（overall rating）	上述十项管理功能的时间和相对重要性评价	10	0
知识技能与能力（knowledge skills and abilities）	工作对任职者知识、技术和能力的要求以及所需要的培训活动	0	31
组织结构图（organization chart）	职位在组织结构中的位置	0	0
评论与反应（comments and reactions）	反馈对问卷的看法及补充说明	0	7
合计		215	59

3. 管理职位描述问卷使用程序

（1）评定。所有项目共有三种评价尺度，即重要性、决策权限和综合评定。"重要性"评价的依据是该项活动和其他职位活动相比的重要程度和发生次数的多少，以0～4记分，"0"表示该活动与本工作完全无关，"4"表示该活动是本工作的关键部分或者说至关重要的部分。"决策权限"的评价尺度也是以0～4记分，"0"表示不适用：我不参与这项活动的决策；"1"表示为决策提供一般性服务：我记录和分析各种候选方案和它们带来的可能后果；"2"表示有建议权：我要向我的主管提出建议或提供制定决策需要的各种基本信息；"3"表示有共同决策权：我和其他人共同决策，并且不需要经过直接主管的审核；"4"表示有独立决策权：我有权独立做出决策，并且不需要经过直接主管的审核。"综合评定"部分将管理工作分为10个职能范围，并要求问卷填写者：①明确每种职能所占用的时间比重（总和为100%）；②评定每种职能的重要程度，以0～5记分，"0"表示不是本工作的职能，"1"表示不太重要，"2"表示一般重要，"3"表示重要，"4"表示很重要，"5"表示至关重要。

（2）评论。在空白处写下你认为在被分析和评价的维度中还应该包括哪些其他工作。

4. 管理职位描述问卷法的应用

管理职位描述问卷法开发的目的是要把收集而来的工作描述性信息进行转化，辅助实现人力资源管理的多种职能。经过大量的调查研究，管理职位描述问卷法实现了从三种有关管理职位的因子出发对工作进行分析的目标。三种因子分别是管理工作因子、管理绩效因子和工作评价因子。

管理工作因子是一组描述管理工作内容的因素，用来反映不同职位工作内容的相同点和不同点，包括8个要素，即决策、计划与组织、行政、控制、咨询和创新、协作、表现力和监控商业指标。这些因素通常可用于薪酬管理和招聘，使相关人员能很快地从总体上把握工作的内容，管理者也能从整体上理解自己职位与其他职位的区别。

管理绩效因子是指为了对管理工作的绩效进行评价而选取的工作要素，包括9个要素，即工作管理、商业计划、解决问题/制定决策、沟通、客户/公众关系、人力资源开发、监督、组织支持和专业知识。这些要素能够区分绩效优秀者与绩效一般者，上级主管可以用来评价和指导管理者的绩效以及明确对管理者的培训需求。

工作评价因子是用来评价管理类工作相对价值的维度，即用来衡量某一管理工作（职位）相对其他工作（职位）而言对组织的贡献度的大小，包括6个要素：制定决策，解决问题能力，组织影响力，人力资源管理职能，知识、经验和技能，联系。这些要素可以用来确定职位的岗位等级、薪酬等级。

利用管理职位描述问卷法的问卷对工作进行分析，最终可以形成8类分析报告，包括管理职位描述、管理工作描述、个体职位价值报告、团队工作价值报告、个体职位任职资格报告、团体工作任职资格报告、团体比较报告、与职位对应的绩效评价表。

5. 管理职位描述问卷法的优缺点

管理职位描述问卷的优点：①针对性强，适用于不同组织内管理层级以上的职位的分析；②可以用于职位评价、职位分类、培训、绩效评价、薪酬设计、人员甄选/晋升等多种人力资源管理活动。

管理职位描述问卷的缺点：①结构化问卷在面临管理工作内容变化大时灵活性差；②耗时长，成本较高。

第四节　如何运用日志法

导读案例 4-4

一定要写工作日志

如果现在你妈妈让你记日记，你可以说她 out 了。可是如果有一位职场老手让你一定要记工作日志，你千万不要说他 out 了。因为职场无小事。一件小事可能让你得到意外之喜，同样也可能让你阴沟翻船。

海盗初入职场时，上司给海盗安排了一个老手当师父，就是 M 师父。这人三十多岁，长得一副不出奇的样子，海盗当年可是大帅哥，所以有点不大愿意与之为伍。

M 师父先是娓娓动听地跟海盗讲了一些职场人应该遵循的守则，其中就有"一定要写工作日志"一项。

老实说，其他几条，海盗倒是心服口服，可是这"一定要写工作日志"，他觉得 M 师父实在是有点小题大做，也就没把这条放在心上。

职场新人提升自己的业务水平有两种途径，一条是听师父的话，按师父的要求办事；第二条是自己摔个跟头，然后爬起来自己想。当然跟头分大、中、小三类。当年海盗摔的这跟头从型号上说应该属于中号。

海盗进入公司三个月后，因为聪慧练达，加上口甜心热，非常招大家喜欢，其中也包括公司的老板。

老板见海盗是个可造之材，慢慢地让海盗接触一些比较重要的业务，海盗也处处在老板面前表现出一个优秀员工应有的素质。

某日，老板让上司代替他去陪一个新加坡客户吃饭，老板有意让 M 师父和海盗作陪。由于当时新加坡方有一美女在座，海盗一时失了心神，心旌摇荡，大家说了什么话都不大记得了。

第二天，老板让我们三个人去他办公室汇报跟客户的洽谈情况。为了考察一下海盗的水平，老板让海盗先介绍一下基本的情况。这个工作一般是由上司来完成的，老板弄了个突然袭击，一下子把海盗给弄懵了，脑子里除了那小美女的漂亮脸蛋和甜美笑容什么也记不起来了。

见海盗一副抓耳挠腮、支支吾吾的样子，老板立即黑了脸。正在这时，坐在旁边的M师父把一个破本子交到海盗手里，并说："跟老板汇报工作不能说大概，得说准确数据，按你的工作日志上写的跟老板汇报！"

那本子准确无误、清晰无比地把昨天跟新加坡方谈话的关键点及细节一一记录在案，就算只有初中文凭的人都能很容易地说清楚，加上此时海盗的脑子里也恢复了一些记忆，所以海盗那次的汇报令老板基本满意，没过一个月就给海盗升了职。

当天下午，海盗就买了个精致的笔记本，乖乖地坐在M师父面前请教如何记工作日志。

师父教导：记工作日志就像练功夫必须要先练马步。

工作日志简单地说主要分四部分内容：①本周的工作计划；②昨天工作的完成情况及重要工作记录和总结；③今天的工作计划（一定要细到上卫生间遇到谁，跟谁说了什么话为止，记住：要记时间和人物）；④今天的工作总结。

第四项"今天的工作总结"最重要，具体地说要记录以下内容：①总结自己一天任务的完成情况。②考虑自己明天应该做的主要工作。把明天要做的事情列出来，并按照优先级排列，第二天应该把自己效率最高的时间分配给最重要的工作。③总结一天工作中出现的失误，并想出避免下一次再犯的方法。出错不要紧，最重要的是不要重复犯相同的错误，那是愚蠢。④总结一天工作完成的质量和效率，并考虑有无提高的办法。⑤记录一天所了解到的业内动态，知道业内有哪些新信息和新变化。第一项"本周的工作计划"次重要，记录本周的工作计划能让你在工作中有大局观，分清本周的工作主次，知道工作重点在哪里，要先做什么后做什么。

资料来源：远东海盗. 工作头三年. 北京：世界出版社，2011.

从这个案例我们不难理解工作日志对身在职场中的人的重要性。其实，工作日志不仅有利于员工自身的成长与发展，而且其内容能够为组织进行工作分析提供很多有价值的信息。本节将对工作分析中常用的日志法特征、在工作分析中的应用进行介绍。

一、日志法概述

日志法（diary/log）也称工作日志法、工作日记法、现场日志法，就是由任职人员每天按照时间顺序详细记录一段时间内（一天/一周/一月/一个工作周期）所从事的各项工作或活动，然后经归纳提炼，获得所需职位信息的一种方法。

工作日志的形式可以由员工自行决定，有时为了保持统一水准或为了节约填写者时间，会提供统一的格式，如维修记录、销售记录、保安人员的值班记录等。工作日志种类很多，具体包括个人工作日志、班组工作日志、特殊工作日志等。

工作日志法能够为职位分析人员及相关管理者提供员工岗位情况、员工工作任务完成情况、各岗位的工作状态等，为对员工进行合理的奖惩提供依据，提高员工工作积极性。对于脑力劳动为主或职责比较复杂的工作，这种方法比较经济有效。

工作日志法具有三种功能：①提醒功能。员工在实际工作中，特别是复杂工作中很可能因为事情太多或者注意小的事情而忽视了重要事情，通过及时查看工作日志并进行标注会提醒并督促员工有序工作。②控制功能。主管人员通过查看工作日志可以实时了解工作进度，并进行跟踪控制与支持，以降低风险。③表征绩效功能。工作日志为员工合作与竞争提供了一个平台，员工绩效可以通过这个平台展现出来，促进员工提升工作质量与效率。

二、日志法的应用

工作日志法应用的前提是职位承担者对所从事的工作要非常了解，以确保获取更详细、更具体的工作信息。

工作日志法的基本流程：

(1) 职位分析人员事先根据职位分析的目的和要求，设计相应的工具表格。表 4-8 是日志表格样例。

表 4-8　工作日志表格样例

姓名：		部门：		职务：	
直接主管：		本岗位工作年限：			
填写日期：　　年　　月　　日					

序号	花费时间		工作活动名称	工作活动内容	工作性质（例行/偶然）	工作重要性	备注
	开始	延续					
1							
2							
3							
...							

附：工作日志填写说明

1) 请您在每天工作开始之前将工作日志放在手边，按工作活动发生的顺序及时填写，切勿在一天工作结束之后一并填写。

2) 请您按照表格要求进行填写，不要遗漏那些细小的工作活动，以保证信息的完整性。

3) 请您提供真实的信息，以免损害您的利益。

4) 请您注意保管，以防遗失。

感谢您的真诚合作！

(2) 做好充分的准备工作，并设定信息记录的一定规范和要求，对表格填写也要做出说明，对记录日志的工作人员进行培训。对日志的填写还必须坚持及时、具体、真实、完整的原则。告知员工：工作日志填写最好坚持边做边记，切忌事后补充；记录越具体越好，具体到一个对工作完全不了解的人，仅凭记录就可以明白任职者在做什么；尽量记录工作事实，忌讳弄虚作假；工作过程中外出时，必须记下离开时间，回来后还要在第一时间予以补记。

（3）要求职位工作人员连续一段时间记录自己所完成的工作任务、工作程序、工作方法、工作职责、工作权限以及各项工作所花费的时间等。

（4）分析人员对这些记录的内容进行归类和分析。

（5）对分析结果进行必要的检查与检验。

三、日志法的优缺点

日志法的优点包括：①收集的信息比较全面、详尽，不容易遗漏。②对于确定工作职责、工作内容、工作关系、劳动强度等方面的信息比较有效。③工作分析者了解任职者日常具体工作以及工作时间分配等资料，有助于在其他工作分析方法中加以使用。④获得的信息可靠性强。⑤成本费用低。

日志法的缺点是：①每天记录比较费时，对员工来说是一个负担，员工未必愿意，有时也会干扰到员工的正常工作。②员工可能夸大或者隐藏某些活动或行为。③信息整理量很大，归纳工作很烦琐，对工作分析者的分析整理归纳能力要求高。④对长期性、周期较长的工作活动效果有限。

➤ 案例讨论

夏普公司的工作分析

李明是夏普公司的新任人力资源部经理，他希望能够立即在公司中开展工作分析，在其接任后的第六个星期，他就将工作分析问卷发给员工，但是，填写的结果令人迷惑不解。从操作员工（机器操作工、技术员、抄写员等）那里得到的关于其工作的反馈，与从他们的直接上级那里得到的大不相同。管理者所列出的都是比较简单的和例行的工作职责，而一般员工却认为自己的工作非常复杂，而且经常会有偶然事件发生，自己必须具备各种技能才能处理好工作。

管理者与员工对工作的不同理解更加坚定了李明进行工作分析的信心，他想通过这次工作分析活动使管理者和一般员工对工作的认识达成一致，出现的争论和错误达到最少。

➤ 讨论

1. 你认为夏普公司是否应该进行工作分析？为什么？
2. 针对夏普公司的具体情况，你认为应采取何种工作分析方法，才能使工作分析的结果更加有效？

➤ 思考题

1. 在工作分析中如何运用观察法？
2. 在工作分析中如何运用访谈法？
3. 在工作分析中如何运用问卷调查法？
4. 在工作分析中如何运用日志法？

第五章

其他工作分析方法的运用

学习目标

1. 描述基于胜任力工作分析法的特征与操作程序。
2. 阐述关键事件法的运用程序。
3. 陈述功能性工作分析法的架构与运用范围。

导读案例 5-1

个体员工工作分析案例

总结前一次工作分析失败的教训，A 公司经过慎重研究，重新调整了工作分析方案。下面是新方案中的一个片段。公司人力资源部在多方研究的基础上，拟采取解剖麻雀的办法，对公司下属某业务部门业务员岗位采取个体员工工作分析。他们事先了解到该部门有十几个业务人员，业务人员的素质相差不大，但业绩差异十分巨大。其中最明显的两个人，员工小王与员工小李，他们一个月的绩效有 5 倍之差。但在对全部员工的调查问卷中，大家一致认为小李比小王更吃苦、更认真。于是人力资源部经理对两个人作了一周 5 个工作日的跟踪。当时公司规定的作息时间是上午 8：30 上班，下午 17：30 下班，中午休息 1 小时。一周跟踪下来的情况如下：小王平均是 8：21 到公司，小李是 8：05 到公司。

◆小王一天的工作情况

到公司后花 5 分钟时间做卫生工作，然后开始电话联系新客户。平均到 9：40 分电话联系结束，这期间平均打电话为 21 个，找到对方负责人的电话为 15 个。

9：40～11：00，处理前一天老客户的成交单据，同时预约下午的老客户拜访。

11：00～11：40 以及 13：30～14：30，平均又有大约 18 个开拓新客户的电话，找到单位负责人的电话为 12 个。

14：30～17：00，外出进行客户的约定拜访，平均走访 4 家客户，成功拜访（指能见到分管业务的负责人）平均为 3.6 家。

17：00～17：30，回公司处理一些杂务，下班离开公司的平均时间是 17：43。

◆ 小李一天的工作情况

到公司后平均花15分钟时间做卫生工作（其中还会帮其他同事做一些事）。

8：20开始处理前一天老客户的业务事务，平均处理1小时，到9：20结束。

9：20～11：50，电话联系开拓新客户的工作。其间，平均打34个电话，成功找到单位负责人的电话为9个。

13：20～17：10，走访老客户，平均走访5家，平均成功访问为1.2家。

17：10～18：30，回公司处理一些杂务，平均下班时间为18：35。

对小王、小李的专业业务掌握进行了综合测试，小李得91分，小王得84分。对小王、小李的沟通技巧进行了面试，有5个评委，小李得81分，小王得89分。

人力资源部对小李电话访问成功率低的原因进行了分析，发现小李电话开拓新客户的时间，正好是多数客户的负责人外出办事的时间，而小王打电话时间多数客户的负责人还在公司。小李走访客户没有事先预约，所以成功率低，多数客户的负责人不在，仅有的一点成功率也多是在17：00左右的最后一两个拜访中出现的，而小王的走访多是事先预约的。以上两点正是小王、小李业绩差异的主要问题。

根据这一结论，人力资源部让小李先调整工作时间的分配，采用小王的工作时间分配形式。调整后，经过一周的磨合，到第二周，发现小李的成功率有了大幅度的上升，工作量反而有了一些下降。电话开拓新客户的数量为每天36个，成功数上升到22个，客户走访量仍为5家，成功率上升到4家。两个月后，小李的业绩已经达到小王的90%。

资料来源：个体员工的分析　认真投入是否就是高效率？中国国字人才网，2012-05-29.

讨论：

1. 小王与小李产生业绩差异的原因是什么？
2. 对员工个体进行工作分析时需要注意哪些问题？

第一节　基于胜任力工作分析法的运用

导读案例 5-2

DHL选拔人员方法：人—职匹配

中外运敦豪国际航空快递有限公司（简称为DHL）是中国对外贸易运输集团总公司和敦豪国际航空快递公司联合成立的航空快递公司。在调整过程中，为了选拔优秀而且适合公司文化背景的人才，DHL采用了一些先进的管理理念和人员甄选技术，基于胜任力（competency）的人员选拔方案是其中的一种主要的选拔方式，力图做到人—职匹配。

首先，DHL根据自身的企业文化和业务发展，建立起了符合公司自身特点的岗位胜任力模型。胜任力是从品质和能力层面论证个体与岗位工作绩效的关系，是个体的态度、价值观和自我形象，动机和特质等潜在的深层次特征，是将某一工作（或组织、文化）中表现优秀者和表现一般者区分开来的基础。在建立岗位胜任力模型时，DHL分成两步进行：第一步，以岗位说明书和著名咨询公司 HAY（合益咨询公司）为其量身定做的职位评估系统（KH/PS/AC-8 要素）为主要依据，参考原有胜任素质，归纳总结岗位关键胜任要素，形成岗位胜任力模型框架。第二步，通过管理访谈、管理层研讨，对模型框架做有针对性的调整和修正，并细化胜任特质的典型行为；在初步的胜任力模型基础上，形成评估要素列表，制定评估框架并选择、组合评估方法，从而建立起完整的胜任力模型。

其次，根据胜任力模型评估各个岗位应该具备的能力。通过外部专家、内部管理人员以及需评价岗位的直接上司、在岗人员及其下属共同对该岗位所需要的胜任力水平做出评估，同时，参考同类组织对相应岗位的要求，建立 DHL 所有岗位的胜任力标准。

再次，通过对公司的管理诊断和评估，建立发展评价中心（development assessment center，DAC），并运用于选拔和招聘公司所需要的员工。DHL 聘请专业咨询机构——北京博思智联管理顾问有限公司建立起了独立的发展评价中心，并广泛地运用于内部人力资源评估、人事决策等管理事务中，取得了良好的效果。DHL 的发展评价中心包括心理测验（包括能力倾向测验、职业兴趣测验、动机测验、管理风格测验）、情境模拟（包括文件筐、无领导小组讨论、角色扮演、管理游戏、案例分析等）和专家面谈（包括结构化面谈、半结构化面谈和非结构化面谈）。

最后，根据所建立的胜任力模型和发展评价中心对现有人员进行评估，力求达到人—职匹配。DHL 应用已经建立的发展评价中心，对现有关键岗位进行人员素质评估，根据胜任力模型和参照标准，在胜任力的各个维度上进行比较，对不能达到任职要求的人员进行了调整和有针对性的培训。从而保证了组织调整的顺利完成，并建立起了自身独立的人才选拔系统，将岗位胜任力变成企业的核心竞争力之一。

资料来源：中外运敦豪国际航空快递有限公司．人大经济论坛，www.southcn.com，2009-08-31．

上述案例中，DHL 通过建立岗位胜任力模型，对各个岗位应具备的能力进行评估，为人员选拔、评价、培训等提供了科学、可靠的依据，并使岗位胜任力成为企业的核心竞争力之一。胜任力的研究成果现已广泛运用于人力资源管理各职能模块之中，有利于实现人员-职位-组织的动态匹配。工作分析是人力资源管理工作的基础，基于胜任力进行工作分析对创新与优化人力资源管理职能有着重要的作用。

一、胜任力概述

（一）胜任力产生的背景

早在 20 世纪 60 年代后期，美国国务院认识到以智力因素为基础选拔外交官（foreign service information officer，FSIO）的效果不理想，很多选拔出的智力高超的人才在实际工作中的表现却不尽如人意。在这种情况下，美国哈佛大学的戴维·麦克莱兰（David McClelland）博士应邀帮助美国国务院设计一种能够有效地预测实际工作业绩的人员选拔方法。在项目实施的过程中，麦克莱兰博士开发与应用了一些有关胜任力研究的关键性理论和技术，这也奠定了胜任力的基础。

1973 年，麦克莱兰博士在《美国心理学家》杂志上发表一篇文章，题为"测量胜任力而非智力"(Testing for Competency Rather Than Intelligence)。文章中,他引用大量的研究来说明传统的智力和能力倾向于测验不能预测职业成功或生活中的其他重要成就,并且人们主观上认为能够决定工作成绩的一些个性、智力、价值观等方面的因素,在现实中并没有表现出预期的效果。因此,他强调摒弃被实践证明无法成立的理论假设及主观判断,回归现实,从第一手材料入手,直接发掘那些能真正影响工作绩效的个人条件和行为特征,为提高组织效率和促进个人事业成功做出实质性的贡献。他把这种发掘的、直接影响工作绩效的个人条件和行为特征称为胜任力。确定胜任力的过程需要遵循两条基本原则:①能够显著地区分工作绩效,是判断一项胜任力的唯一标准。②判断一项胜任力能否区分工作绩效必须以客观数据为依据。

(二)胜任力的含义

麦克莱兰于1973年正式提出"胜任力"这个概念。胜任力是指能将某一工作中绩优者与普通者区分开来的个人的深层次特征,它可以是动机、社会角色、价值观与态度、特质、认知、知识、技能等任何可以被衡量的,并且能显著区分优秀与一般绩效的个体特征。

动机——内驱力,是指在一个特定领域的自然持续而强烈的想法或偏好(如影响力、亲和力等),它将驱动、引导和决定一个人的外在行动。

社会角色——个体对具有特定身份的人的行为期望。

价值观与态度——个体对某一事物所持有的判断与行为倾向。

特质——个性、品质,是指个体所具有的特征或典型的行为方式,是持续而稳定的心理与行为特征。

认知——个体对自己的看法,内在的自我认同。

知识——个体在某一特定领域拥有的信息。

技能——个体掌握和运用某一特定领域的知识与技术的能力。

(三)胜任力的特征

一般来说,胜任力具有三个重要特征:①与工作绩效有密切的关联,可以预测员工未来的工作绩效;②与任务情境相联系,具有动态性;③具有区分性,能够将绩效优异者与绩效一般者区分开。只有满足这三个重要特征才被认为是胜任力。胜任力体现于一定的工作情境中。在组织中不同的职位、不同的组织、不同的行业、不同的文化环境中的胜任特征模型都有差异,所以,人力资源管理者要在人员-职位-组织三者动态匹配的框架基础上,考虑组织的特征,界定各职位的胜任力要求。

组织需要根据其内外部环境,明确岗位的要求,以保证员工具有胜任特征以胜任该岗位的工作,通常从三个方面来确定:个人胜任力(个人能做什么、为什么这么做),岗位要求(个人在该岗位上被期望做什么),组织环境(个人在组织管理中可以做什么),这三个方面也是以胜任力为导向进行工作分析的依据。

(四)胜任力模型

1. 冰山模型

麦克莱兰教授将胜任力模型描绘成一座冰山,如图5-1所示。冰山水下的部分是潜在的特征,从上到下的深度不同表示被挖掘与感知的难易程度不同,越深则越不容易被挖掘与感知。冰山水上的部分是表象部分，即人的知识与技能，容易被感知。而冰山水下的这些素质中，大部分都是潜在的，不易了解，需要去激发，如价值观与态度、自我形象、个性与品质、内驱力与社会动机等。只有知识、技能这部分素质是容易改变的。

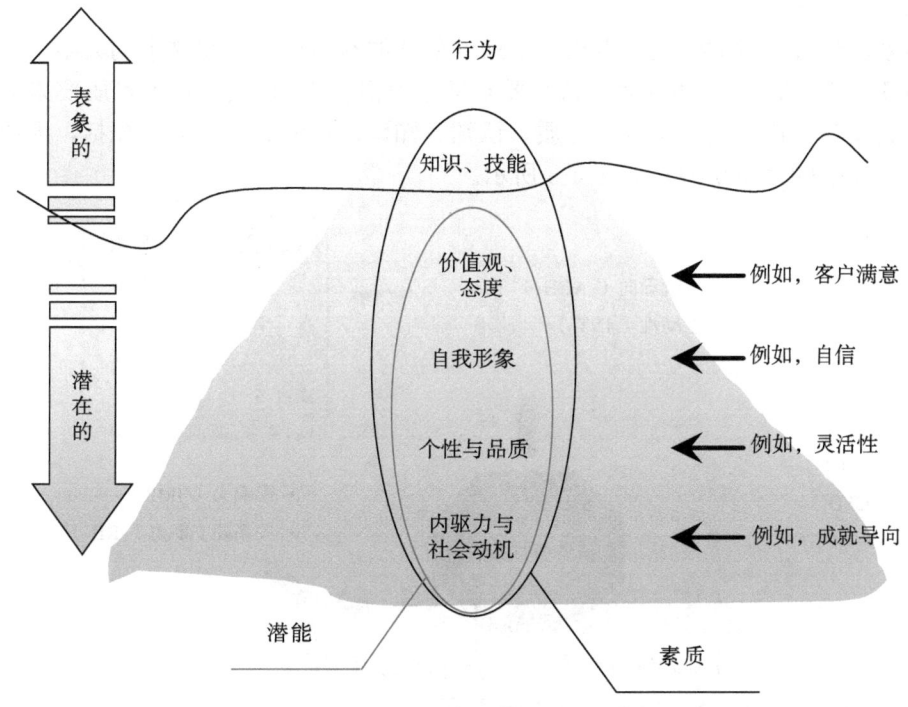

图 5-1　胜任力冰山模型

麦克莱兰认为，冰山水上的部分是基准性特征，是对胜任者基础素质的要求，但它不能把绩优者与普通者准确区别开来；冰山水下的部分可以统称为鉴别性特征，是区分绩优者与普通者的关键因素。表象层与潜在层的个人素质特征之间存在相互作用的关系。

2. 洋葱模型

美国学者博亚特兹（Richard Boyatzis）对麦克莱兰的胜任力理论进行了深入和广泛的研究，提出了"素质洋葱模型"。该模型展示了素质构成的核心要素，并说明了各构成要素可被观察和衡量的特点。该模型如图5-2所示。

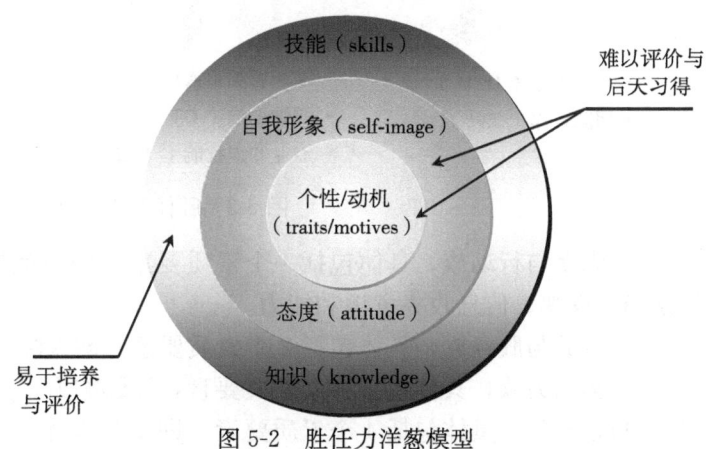

图 5-2　胜任力洋葱模型

洋葱模型中各核心要素由内至外分别是个性/动机、自我形象、态度、知识、技能。其中，知识、技能等外层要素易于培养和评价，而个性和动机等内层要素则难以评价且难以后天习得。洋葱模型的本质内容与冰山模型是一样的,但是此模型对胜任力的表述更突出其层次性。由表层到里层,越来越深入,最里层、最核心的是个性/动机,它是个体最深层次的胜任特征。

3. 胜任素质词典

心理学家们经过大量的研究,得出了权威的公认的素质词典。在这个词典中,人的素质被分为6大类,20个具体要素,每个要素又分为很多级别。这20个素质要素对人的动机、社会角色、价值观与态度、特质、认知、知识、技能做了全面的概括,形成了企业任职者的完整的素质模型,如图5-3所示。

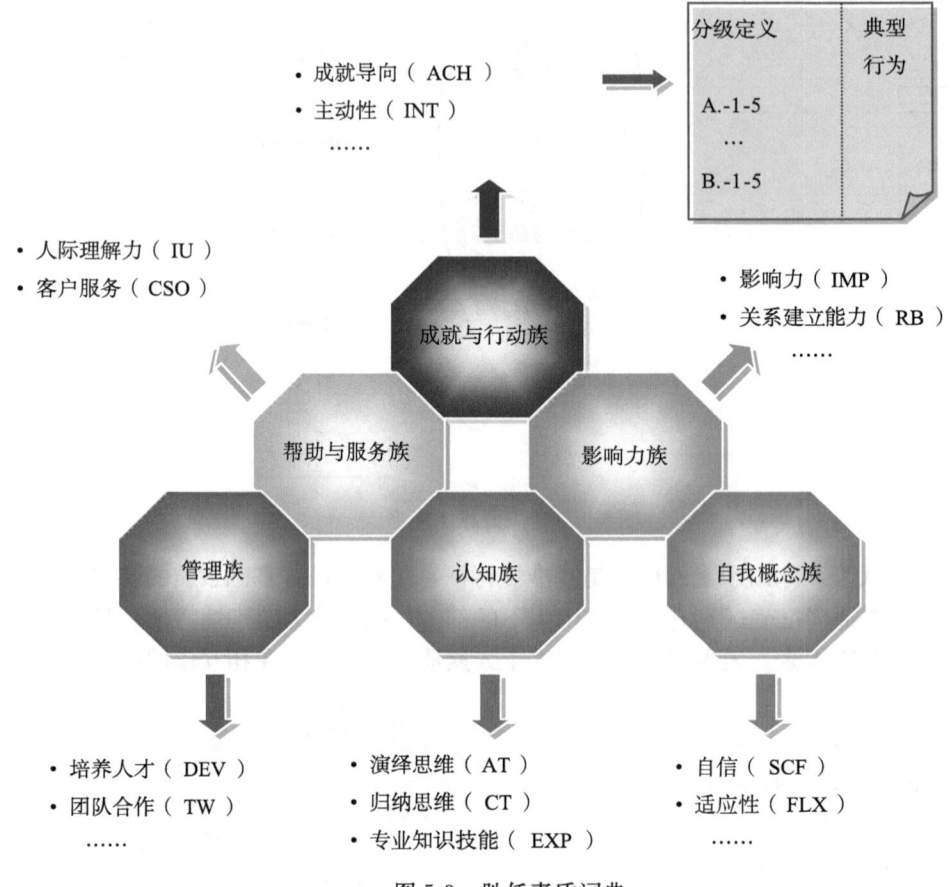

图5-3 胜任素质词典

(1)成就与行动族,具体包括4个素质要素,即成就导向、主动性、对品质和次序与精确的重视、信息收集意识和能力。

(2)帮助与服务族,具体包括2个素质要素,即人际理解力、客户服务。

(3)影响力族,具体包括3个素质要素,即影响力、关系建立能力、组织认知能力。

(4)管理族,具体包括4个素质要素,即培养人才、团队合作、团队领导能力和命令/果断性。

(5)认知族,具体包括3个素质要素,即演绎思维、归纳思维、专业知识技能。

(6)自我概念族,具体包括 4 个素质要素,即自我控制、自信、适应性、组织承诺。

组织中的职位很多,但有一些共同的素质元素,就像元素周期表中的元素可以构成复杂的世界万物一样,这些素质元素组合可以构成不同的职位素质模型。

二、基于胜任力工作分析的特征

基于胜任力对工作行为及结果的影响,可以将胜任力理论应用于工作分析。图 5-4 中,胜任力中的潜在素质(个性、价值观、内驱力)影响表象素质(知识、技能)产生行动,并得到工作结果(产品的数量与质量、客户满意度、新技能的掌握速度)。基于胜任力的工作分析可以实现人力资源的优化配置,一方面,可以从职位的工作内容和职责方面界定该职位需要哪些知识技能及其他能力;另一方面,可以通过岗位要求来充分挖掘员工潜在的胜任力。

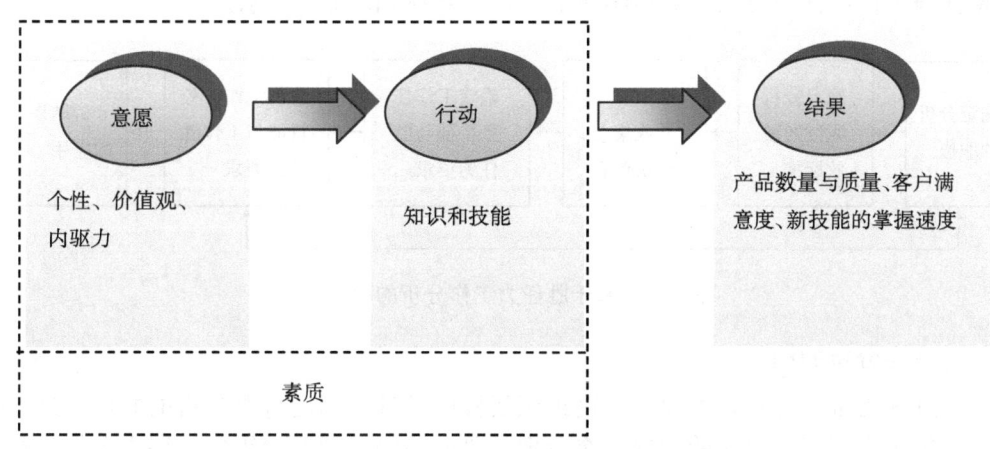

图 5-4 胜任力的影响模式

基于胜任力的工作分析是以胜任力为基本框架,通过对绩优员工的关键特征与组织特征两方面分析来确定岗位胜任要求。这种工作分析方法既能够满足组织战略目标与经营目标对岗位的要求,同时也能促进组织与员工的发展。

基于胜任力的工作分析具有以下特征。

(一)强调绩优者的关键特征

传统的工作分析法比较注重职位需要完成什么任务,基于胜任力的工作分析则强调绩优者的关键特征,它更关注完成工作所需要的能力而不是具体完成了什么任务。该方法结合绩优者的特征来定义职位的职责内容,具有更强的工作绩效预测性。

(二)与企业经营目标、战略目标相联系

传统工作分析方法注重对当前岗位要求的确定,缺乏与战略目标相适应的岗位要求的分析。而基于胜任力的工作分析则更关注与企业经营目标、战略目标的结合,强调长期、动态的员工-职位-组织匹配。该方法按照组织未来发展的要求构建岗位职责和工作任务,确定职位要求。

(三)较高的接受性

基于胜任力的工作分析从绩优员工的关键行为出发来确认职位的胜任要求，并且用关键行为来描述职位胜任要求，把员工的行为、素质体现在胜任要求的描述上。该方法除了寻找不同岗位在胜任要求上的差异，更注重寻找岗位、职位系列之间在胜任要求上的相似点。员工也能从工作要求中明确组织对自己的期望、确定工作目标，满足更高层次的需要，所以这种工作分析方法及分析结果更易被任职者接受。

三、基于胜任力的工作分析的程序

结合基于胜任力工作分析的特征、胜任力的评价过程及通用性工作分析方法的程序，基于胜任力的工作分析的程序包括六个步骤：确定分析的职位；确定分析职位的绩效标准；选取样本并收集与分析信息；确定工作任务特征和工作胜任力要求；验证工作任务特征与工作胜任力要求；分析结果的应用。具体如图5-5所示。

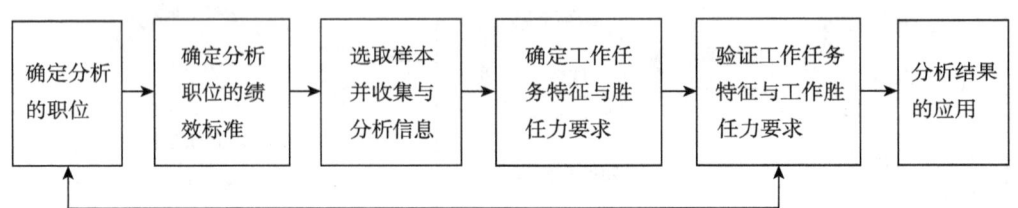

图 5-5 基于胜任力工作分析的程序

(一)确定分析的职位

基于胜任力工作分析首先要在明确组织目标的基础上确定将要分析的职位。这一环节需要对组织高管层所关注的内容、企业现阶段面临的问题及组织的发展方向等进行梳理，深入分析企业所处行业的特点及企业目前的业务流程，从而了解企业的发展战略、业务策略、文化理念及员工对此的理解与认可状况，使得工作的重心能够聚焦在核心能力与关键行为上，建立适合企业的胜任力模型。由于在一个企业中不同类别职位的胜任力模型会有差异，比方说，管理类与技术类的职位胜任力模型有较大差别，同样是管理类的职位，财务管理类与人力资源管理类的职位胜任力模型也有差别。所以，确定分析的职位需要明确该职位属于组织中的哪一类别，类别越细化，越能体现出该职位独特的胜任力模型。

(二)确定分析职位的绩效标准

在明确职位具体要求的基础上，采用指标分析和专家小组(高层管理人员、人力资源管理者、岗位优秀员工、研究人员)讨论的方法，确定鉴别优秀员工与一般员工的标准，这些指标中要有硬指标，如利润率、销售额、成本费用；也要有软指标，如员工态度、顾客满意度等。

(三)选取样本并收集与分析信息

确定了绩效标准后，要根据确定的绩效标准，选择适量的绩优者样本与绩效一般者的样本，进行对比分析。样本的数量取决于组织规模、岗位性质及岗位人数等要素，可以采用行为事件访谈法(behavioral event interview,BEI)、小组讨论法、问卷调查法等方法来获取样本的有关胜任力信息,通常以行为事件访谈法为主。

阅读材料 5-1

行为事件访谈法

行为事件访谈法是一种开放式的行为回顾式探索技术。这是麦克莱兰教授结合 John C. Flanagan 的关键事件法(critical incident technique,CIT)与主题统觉测验(thematic apperception test,TAT)的访谈方式,在对胜任模型的研究过程中提出来的。主要的程序是请受访者回忆过去半年(或一年)里其在工作上感到最具有成就感(或挫折感)的关键事例,内容包括:①情境的描述;②有哪些人参与;③实际采取了哪些行为;④个人有何感觉;⑤结果如何。在具体访谈过程中,需要访谈对象列出他们在工作中记忆深刻的关键情境,包括正面结果和负面结果各 3 项。访谈约需 1~3 个小时,需收集 3~6 个行为事件的完整、详细的信息。

这种方法在构建素质模型过程中使用得最为普遍。它主要以目标岗位的任职者为访谈对象,通过对他们进行深入访谈,收集他们在任职期间所做的成功和不成功的事件描述,挖掘出影响目标岗位绩效的非常细致的行为。再对收集到的具体事件和行为进行汇总、编码和分析,并在不同的被访谈群体(绩效优秀群体和绩效普通群体)之间进行对比,就可以找出目标岗位的关键素质。

采用行为事件访谈法进行工作分析时,也可以采用上述材料中的步骤,让选定的访谈对象对其工作中关键事例(成功和不成功)进行回忆、描述,并详细记录各个事例的起因、时间、过程、相关人物、结果、个人感受等内容。再由工作分析者对各个访谈记录进行整理归类,并进行比较、讨论,最后整合形成绩优者与一般者的关键行为。

(四)确定工作任务特征与工作胜任力要求

根据上一步骤获得的信息,找出绩优样本与绩效一般样本在哪些胜任特征上存在差别,并根据存在差别的胜任特征来确定所要分析岗位的任务特征和胜任力要求。具体操作过程:对信息进行筛选、编码、分类分级、统计分析;找出优秀绩效样本组和一般绩效样本组的共性特征和差异特征,并分析各个特征所占权重;在清晰定义胜任力、胜任力级别及各级具体行为描述的基础上,进一步构建胜任力模型。

(五)验证工作任务特征与工作胜任力要求

对确定的工作任务特征与工作胜任力要求进行验证,可以选择另外两个样本组(绩优组和一般组),采用上述的第三步的方法来考察这些假设的工作任务特征和胜任力要求能否区别绩优者与一般者,以进行效度检验;也可以分析现有的模型是否适合组织战略、目标及文化,并根据组织发展规划推测未来工作的胜任力要求。

(六)分析结果的应用

通过基于胜任力的工作分析获得的工作任务特征信息,用来确定和描述职位的任务和职责;获得的工作胜任力所要求的信息,用来确定和描述职位的任职资格。同时,分析结果还要与人力资源管理的各项职能工作相衔接,通过与员工进行沟通或培训来获得各个部门、各个职位员工的认可与支持,以保证实施的效果。及时获得员工的反馈,对发现的问题及时做出反应及必要的改进。

阅读材料 5-2

人力资源经理胜任力模型 HR/314

图 5-6 为 HR/314 模型。

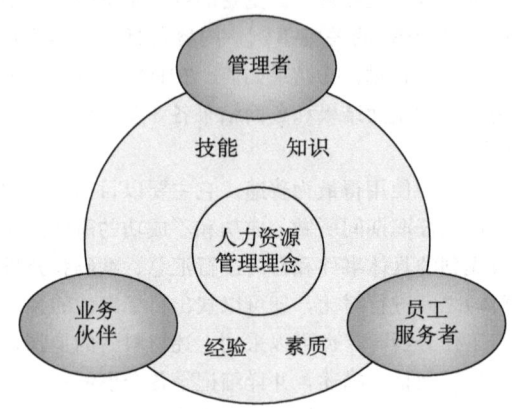

图 5-6 HR/314 模型

HR/314 模型的内在设计逻辑是:

我们期望人力资源经理做什么——角色。

人力资源经理应当如何响应多方需求,做好工作——理念。

人力资源经理要做好工作,必须具备哪些能力素质条件——表征维度(知识、经验、技能、素质)。

其中,"3"是指人力资源经理的三种角色,即管理者、业务伙伴、员工服务者;"1"是指一个理念,即人力资源管理理念;"4"是指胜任力的四个表征维度,即知识、技能、经验、素质。具体见表 5-1。

表 5-1 人力资源经理的能力素质条件

角色	知识	技能	经验	素质
管理者	战略分析 组织诊断 人力资源规划 企业文化 领导力 变革管理	愿景建设能力 战略思维能力 资源平衡能力 促进员工成长 沟通与影响力 创新能力	领导工作经验	正直与商业道德 冲击与影响 组织认知 成就导向 主动性 自信 培养他人 职位权力使用 团队领导 概念式思考

续表

角色	知识	技能	经验	素质
业务伙伴	组织设计 团队建设 业务流程重组及优化 人力资源管理	咨询与专业服务 有效沟通 目标设计及督促支持能力	业务部门相关工作经验	关系建立 重视品质 组织承诺 弹性 自我控制 团队合作 分析式思考
员工服务者	组织行为学 企业文化 劳资关系 沟通管理 冲突与压力管理 员工心理咨询 人力资源管理	有效沟通 影响力 建立信任 组织协调能力	基层工作经验	人际理解力 客户服务导向

资料来源：段磊．重铸 HR 经理胜任力模型．人力资源，2006，17：20～21

第二节 关键事件法的运用

导读案例 5-3

销售人员关键事件分析

我曾经连续丢了几个大订单，都输给同一个系统集成商。我很奇怪，这家系统集成商既没有解决方案，又没有在电信行业的成功实例，就像在空气中冒出来的一样。我们在电信行业有很强的客户群，和这家系统集成商交锋了几次，互相有输有赢。不打不相识，最后双方决定坐下来谈一谈，看看有没有合作的可能性。我听说这家系统集成商赢得这些订单的是一个女销售代表，姓刘。

我去这家系统集成公司的时候见到了她，很普通的样子，看不出来有什么特别。因为已经开始合作，她也不讳言她是怎么赢的。我首先问起了华北某省移动局的订单，因为我们的代理商的销售代表在当地趴了几个月，上上下下做了很多工作，本来以为十拿九稳，最后居然输给了她。当问到她是怎么赢得这个项目的时候，这个刘姓的销售代表反问我："你猜猜我在签这个合同以前去见了客户几次？"然后，她晃着指头骄傲地告诉我："两次，第一次两天，第二次三天。"

"这不可能，在5天内你可能连客户都认不全。"我说。

"没错，这个项目牵扯到省局和移动局的很多部门，有局长、主管的副局长、计费中心的主任、科技处和计划处。5天之内全见到都不可能，别说去做工作了。而且我们的竞争对手，也就是你们的代理商已经在那里泡了一个多月了，从工程师到处长都有很好的关系。但确实我就去了两次，总共去了5天。"

"你以前就认识这些客户？"

"所有的客户都是我在这个项目中认识的。"

"你在跟我开玩笑,如果这样,我们的代理商绝不会输给你。"

"没有啊。我第一次去的时候一个人都不认识,我就一个部门一个部门地拜访,所有相关部门的人我都见过了,这时我就要去见局长。"

"局长一定不见你,即使见你,也会马上就把你打发走了。"

"比这还糟糕,局长根本不在,出差了。所以我那次出差就没有见到局长。""怎么可能?"我听我的代理商告诉我,就是这个局长坚持要用她的产品。

"听说局长不在,我就去了办公室,问局长去哪里出差了。办公室的人告诉我他今天去了北京。我要到了局长住的宾馆的名字。"

"然后呢?"当听到她要到宾馆名字的时候,我开始有些感觉了。

"我立即打电话告诉我们公司的老总,说局长在北京,请老总一定要想办法接待一下。然后我打电话到这个酒店,请酒店送一束鲜花和一个果篮到客户的房间,写上我的名字,我付账。第二天,我就乘最早的飞机回了北京。"

"到了北京之后,我立即就给老总打了一个电话。老总让我赶快来宾馆。我让出租车直接从机场开到了宾馆。我进入大堂,正要打电话,发现我们老总正和一个中年人在一起喝咖啡。原来,我打电话的当天,老总就去宾馆拜访了局长,并约局长在开会的空闲去公司参观。我到了之后,老总正来接局长。"

"然后呢?"

"局长对我们公司印象非常好,当天晚上,我们请局长去看了话剧,当时北京正在上演老舍的话剧《茶馆》,局长非常喜欢。"

"你为什么去请局长看话剧?"

"我在当地与客户谈的时候,就留意局长的兴趣,他们告诉我局长是个戏剧迷。而且一起看话剧又算不上腐败,局长就接受了。"

"话剧结束时,老总建议在当地做一个计费系统的技术交流。到时请局长露个面。局长很痛快地答应了。"

"一周以内,老总亲自带队到了当地,局长也很给面子,亲自将所有相关部门的有关人员请来一起参加了技术交流。老总后来告诉我,当他看到这么多人来参加,他就预感到这个项目有戏。"

"你没去?"

"当时我正在做另外一个项目,客户的技术小组在北京。况且,我们老总去了,什么都能搞定,要我干什么。后来我又去了一次,第三次去就签合同了。"

"你很幸运,刚好局长来北京。"

"这有什么幸运,我的每个重要客户主要领导的行程都在这里了。"她扬起手中的记事本给我看。"我对客户的行程清清楚楚。只要和办公室的人熟悉就行了,一点儿都不难。"

我接过来一看,果然,密密麻麻地记了很多名字、时间和航班。

资料来源:案例:"如何赢得两千万元订单". 天涯社区, http://marketing.manaren.com, 2011-09-30.

思考:

1. 该案例中有哪些关键事件?

2. 通过这些关键事件体现了销售人员哪些关键能力和素质?

一、关键事件法概述

(一)内涵

关键事件法,又称关键事件技术,是指在收集职位信息过程中通过了解、记录工作者相关工作行为以获得其解决关键事件所需具备的能力和素质。美国学者弗拉赖根(J. Flanagan)和贝勒斯(R. Baras)在1954年提出了这种方法,通用汽车公司在1955年运用这种方法获得了成功。

关键事件法要求职位分析人员、管理人员以及本岗位任职人员要能对工作过程中的"关键事件"详细地加以记录,并在收集大量的信息后,对岗位的特征和要求进行分析研究。

关键事件法适用于员工很多、职位工作内容很繁杂、工作周期长、员工工作行为对组织任务的完成有重要影响的工作。

(二)关键事件的特征与分类

关键事件是指使工作成功或失败、有效或无效的行为特征或事件,对工作成果有决定性的影响。关键事件是与关键绩效相联系的关键行为及结果,员工在履行职责中产生的正常行为、非工作行为及结果均不属于关键事件。

1. 特征

关键事件有三个典型的特征:①因关键事件所导致的个人绩效与组织绩效有内在的必然联系;②关键事件关注的是达成个人绩效及组织目标过程中的行为和结果;③关键事件与公司倡导的文化、胜任力模型、任职资格等具有相关性。

阅读材料 5-3

销售工作可以选取的关键行为特征

(1)品行端正。
(2)迅速调查并掌握所销售的产品的最佳性能和其他同类产品的状况。
(3)根据对方的需要灵活地对销售策略进行调整。
(4)对他人(客户、同事、领导)信守承诺。
(5)积极收集产品的反馈信息。
(6)善于倾听,并在客户的立场上思考问题。
(7)工作态度热情主动。
(8)努力扩大企业产品的市场占有率。
(9)维护企业形象。

资料来源:孙宗虎. 郭蓉. 工作分析与职位说明书编写实务手册. 北京:人民邮电出版社,2007:34.

2. 分类

按照性质划分,关键事件可以分为正向关键事件和负向关键事件。

(1)正向关键事件,是指对个人绩效及组织绩效产生积极影响的事件。例如,超出个人绩效目标或工作绩效要求,大大提升组织绩效;提出合理化建议并取得重大成果;对其他职位、部门有较多支持性工作与成果等。

(2)负向关键事件,是指对个人绩效及组织绩效产生消极影响的事件。例如,重大工作失误;个人绩效完成情况太差并影响到组织绩效;重大违规、违纪行为等。

(三)优缺点

关键事件法的优点:①针对性比较强,对评估优秀和劣等表现十分有效;②动态性,可以收集到任职者在工作过程中变化的、具体的活动;③应用性强,收集的信息用于描述职位行为、建立行为标准更实用,并可应用于人力资源管理的很多方面;④高效性,研究的焦点集中在典型职务行为上,通过分析可以确定行为的任何可能的利益和作用,从而防范风险与提高效率。

关键事件法的缺点:①费时,需要花大量时间才能收集到关键事件,收集之后还需要加以概括和分类;②受记忆制约,任职者在回忆关键事件时可能会有遗忘或忽略;③主观性较强,对关键事件的把握和分析可能存在偏差;④缺乏完整性,仅针对工作绩效有效或无效的事件,可能遗漏了一些不明显的工作行为和平均绩效水平,难以完整地把握整个工作情况。

二、关键事件法的运用程序

关键事件法的运用程序包括四步:明确关键事件编写的标准;选择关键事件调查的方法;记录关键事件;信息整理。

(一)明确关键事件编写的标准

关键事件编写应该参照的标准是:特定、明确的目标;描述工作展现出的、可观察到的行为;简单描述行为发生的背景;能够说明行为的结果。

(二)选择关键事件调查的方法

确定关键事件的方法有三种,即工作会议、访谈、问卷。

工作会议是由工作分析专家召集对所分析职位非常熟悉的人员,以会议讨论的方式收集关键事件信息的方法。

访谈可以是个体访谈或群体访谈,需要访谈对象描述他们在工作中遇到的关键事件。以开放性问题为主,如"请问您在过去的一年的工作中遇到比较重要的事件是怎样的?""您认为解决这些事件的最正确的行为是什么?最不恰当的行为是什么?""您认为要解决这些事件应该具备哪些能力或素质?"等。

问卷是需要调查对象在开放性问卷上描述关键事件。这种方法可以节约工作分析人员的时间和精力,但是对调查对象的书面表达能力、语言水平有较高的要求。

(三)记录关键事件

在采用不同方法调查关键事件的过程中,调查人员应仔细记录以下信息和资料:

①关键事件发生的前提条件是什么？②导致该关键事件发生的直接和间接原因是什么？③关键事件发生的背景和过程是什么？④员工在关键事件中的行为表现如何？⑤关键事件发生后的结果如何？⑥员工控制和把握关键事件的能力如何？通常也可以采用 STAR 法来记录。

阅读材料 5-4

记录关键事件的 STAR 法

STAR 法，是由四个英文单词的第一个字母表示的一种方法，由于 STAR 这个英文单词的意思是星星，所以又叫"星星法"。星星就像一个十字形，分成四个角，记录的关键事件也要从四个方面来写：

(1) S(situation)——情境。这件事情发生时的情境是怎样的。
(2) T(target)——目标。他为什么要做这件事。
(3) A(action)——行动。他当时采取什么行动。
(4) R(result)——结果。他采取这个行动获得了什么结果。

STAR 法训练材料

安妮是公司的物流主管。物流主管负责将客户从海外运过来的货清关、报关，并把货提出来，然后按照客户的需求运到客户那里，负责整个物流的顺利进行。

这家公司很小，共有 20 位员工，只有安妮一人负责这项工作。物流工作除了她再没人懂了。在刚进行完一月份考评后，二月份就发生一件事情：安妮 80 多岁的祖母在半夜里病逝了。她由祖母从小养大，祖母的病逝使她很悲伤。她为料理后事，人很憔悴，也病了。碰巧第二天，客户有一批货从美国进来，并要求清关后，要当天六点钟之前准时运到，而且这是一个很大的客户。安妮怎么做呢？她把家里的丧事放在一边，第二天早上九点钟准时出现在办公室，她的经理和同事都发现，她的脸色铁青，精神也不好，一问才知道家里出了事。但是，这个小女孩什么话也没说，一直做着进出口报关、清关的手续，把货从海关提出来，并且在下午五点钟就把这批货发出去了，及时运到了客户那里。然后，五点钟时，她就下班走了，可公司是六点钟下班，她提前走了，回去处理祖母的丧事去了。

这是一个关键性事件。如果这件事情她的部门经理没有发现，不记下来，或者人力资源部也没有发现，那在其他员工的眼里，六点钟下班，她五点钟就走了，会认为是早退。但是，如果部门经理善于观察，发现了这件事情，问清楚是怎么回事儿，会发现这是很光彩的事情。如果她的祖母没有去世，那帮助客户快速办理货物，这是一个物流主管正常的工作，是不会记下来的。但这一天，她置个人的事情于不顾，首先考虑公司的利益，为了不让客户受损失，克服了种种困难出现在办公室里，提前完成了任务。这是要加分的一件事情，就应当把这件事情记录下来。

请试着用 STAR 法记录这个关键事件。

(四) 信息整理

收集好的关键事件需要进行编辑加工：首先，检查每个事件内容是否完整，前后格式是否统一；其次，要考虑事件描述的长度，描述的太短则信息量不足；再次，将确定的信息资料进行分类；最后，结合行业术语归纳描述出该职位的主要特征、具体控制要求和员工的工作表现情况。

三、关键事件法的应用及扩展

(一)应用准则

关键事件法应用比较广泛，除了在职位分析中应用外，还用于绩效评价、人员培训和工作设计等方面，以发挥改进工作环境、提高操作效率的作用。

应用关键事件法需要遵循的准则如下：

(1)调查的期限不宜过短，需通过较长时间的调查以获得更多的信息。

(2)关键事件的数量应足以说明问题，事件数目不能太少，一般不少于4件；但是，数量不能强求，识别清楚后是多少就记录多少。

(3)正反两方面的事件要兼顾。要向访谈对象强调访谈的保密性与调查目的，引导访谈对象不仅谈论积极的关键事件，同时也要谈论消极的关键事件。

(4)对关键事件的表述应言简意赅、清晰、准确。

(二)扩展的关键事件法

为了克服关键事件法在鉴别平均绩效时的困难，近年来有学者提出了"扩展的关键事件法"。扩展的关键事件法与传统的关键事件法有较大的不同。它的应用步骤如下：

(1)让任职者鉴别"工作范围"。工作范围的确定就如同一根"树枝"，树枝上又包含很多特定的任务组成部分。例如，销售人员的工作范围是"销售"，具体包含的任务有掌握产品性能、了解市场需求、做好销售策略等。

(2)工作分析人员要求任职者描述出能反映三种不同绩效水平(优秀、一般、不合格)的典型事例或情况概要。

(3)工作分析人员分析这些事件中的人的行为表现以及行为导致的后果，从而考察这些行为是否完成了工作任务等。

(4)工作分析人员根据有效的关键事件编写工作说明。

扩展的关键事件法与传统的关键事件法的共同之处在于二者都是以工作行为的鉴别为基础，而且都可以应用于绩效评估和培训中。但是扩展的关键事件法在所用时间上远远多于传统的关键事件法，并且能从任职者那里获得更多的信息，如工作所需的能力、工作范围、绩效水平等。

第三节 功能性工作分析法的运用

一、功能性工作分析法起源

功能性工作分析法(functional job analysis，FJA)的提出源于美国就业机构的对职业分类系统的研究。1934年2月，罗斯福总统授权美国劳工部就业局成立一个专门的委员会来解决严重的失业问题。心理学家宾汉以此为契机，迅速整合社会科学研究会、国家研究会等多个研究机构，成立了国家就业局职业研究委员会。借助这个平台，他们开始着手进行调查研究，编制了《就业指导词典》和《职业编码表》。

《就业指导词典》主要采用"员工行为特点表"作为分析工具，分析当时各种工作所需的共同技能。这期间的职务分析研究由于各种原因，并没有建立起基于各种职业的共同工作特征的职位分类体系。随着研究的不断推进，职业研究委员会开始编制《职业编码表》。《职业编码表》首先对工作特征进行研究，按照工作特征要求进行编号，同时又以人员的就业资格为基础排列另一组顺序，两组顺序是自然关联的。由于研究者的工作重点在于职务分析的工具及技术，忽略了对人员任职资格的研究，所以此项研究的最终结果——《职业编码表》存在着一定的缺陷。但是，这个编码表就是《职业名称词典》的前身。

1936年，职业研究委员会的研究小组以《职业编码表》为基础，通过系统的职务分析收集到了大量的样本资料，完成了《职业名称词典》的编辑工作。《职业名称词典》是由美国劳工部汇编而成，以对工人的知识、技能等基本要求为标准进行职业等级的划分，大概包括了 20 000 多种工作标准和综合性描述。《职业名称词典》的作用是使美国不同行业的企业在工作名称和描述上趋于统一化，当员工在某个行业不景气的时候可以转向其他就业机会更好的行业。《职业名称词典》所使用的代码也方便了有关工作统计信息的交流。它的目的是"按照工作任务和要求之间的关系，对职业进行系统的分类"。职业分类组合是采用代码系统来完成的。这些代码在人力资源领域的报告研究、职业咨询和通过工作轮换或晋升来指导职业发展等方面也发挥了很大的作用。因此，《职业名称词典》是第一个受到各国普遍好评的职业分类词典。

之后，职业研究委员会的研究小组认为，职务分析应该有进一步的发展，一方面可以加强对制造业的职务分析，另一方面可以在工作要求的基础上完善培训计划。1941年，该研究小组完成了《人员配置表》的设计工作。《人员配置表》主要为解决当时退伍人员的再就业问题服务。在 20 世纪 30 年代，美国劳工部的工作人员在编制《职业名称词典》的过程中，设计出一种独特的职务分析程序，即功能性的工作分析。美国劳工部开发这种职务分析方法的目的在于：找到一种能够对不同工作进行量化的等级划分及分类比较的标准化方法。

西德尼·凡在美国劳工部的基础上做了一些修改和进一步的说明，包括对任务描述写法的特殊规定，使得在工作活动中的工作者功能更加具体。1950年，西德尼·凡提出"职能职业分类计划理论"，其基本观点是：

(1) 做好了什么"事"与工作人员做了什么来完成该事不尽相同。例如，洒水车司机的工作，前者是指用洒水车给路面洒水，而后者是指司机遵照一定的规程驾车和洒水。

(2) 任何工作，如观察"工作人员做了什么"以完成某一项目，则可发现他们的活动不外乎与以下三类对象有关，即处理数据、人、事，只是有关的程度有所不同。

(3) 对三类对象所进行的活动，可以区分若干不同的功能。每一特定对象的活动功能可以有层次区分，高层功能可以包括低层功能，但低层功能不包含高层功能。任何工作或活动均可以依此三个范畴界定或评定其功能层次是属于哪一级。

(4) 数据、人、事的三个维度分析提供了两种衡量工作的方法：一种是与数据、人、事有关的相对复杂的衡量方法，分析三种职能间相互关系的总和；另一种是衡量职务承担者在每种职能上的时间分配比例。

在职能职业分类计划理论提出后，西德尼·凡提出了他的功能性工作分析方法。

二、功能性工作分析法理论形成

功能性工作分析法主要关注工作本身，对工作的每项任务要求进行详细分析，对工作内容的描述也较全面，一般能覆盖工作所能包括全部内容的95%以上。任何工作的完成都有衡量标准，职务承担者要完成某项工作，就要求具备一些通用技能和特定技能，并且要具备适应其工作环境的能力以满足工作中的需求。这三种必须具备的技能即通用技能、特定工作技能和适应环境技能。职务承担者必须达到三种技能的某种程度的统一，才能以合适的标准完成工作任务。只有具备这三种技能的职务承担者才能称为完整意义上的职务承担者。功能性工作分析方法主要是针对工作的每项任务要求，分析完整意义上的职务承担者在完成这一任务的过程中应当承担的职能（职务承担者实际所做的工作），以获取与这三种技能相关的信息。功能性工作分析法清楚地阐述了企业内部工作与人员之间的一些关系，如必须对职务承担者"做了什么"和"需要做什么"作出基本的区分；职务承担者在工作范围内所做的主要工作是处理与数据、与人和与事之间的关系；处理各种关系相适应的职能都应该遵从由易到难的等级和顺序排列；三个等级顺序提供了两个衡量指标——复杂性水平和参与比例等。

功能性工作分析法在理论上存在三个基本假设：①对任务中的人的假设。功能性工作分析法认为每项任务都应包括职务承担者在处理事物、数据、人际关系时所应该具备的生理、心理和个性行为特征。②技能划分假设。功能性工作分析法认为任务绩效中可以分为通用技能、特定工作技能、适应性技能三个等级水平。③任务的系统性假设。功能性工作分析法认为每项职务都应该是工作、职务承担者和工作结果相结合的标准化系统。

三、功能性工作分析法基本内容

根据功能性工作分析方法，工作分析不仅要对工作特点进行分析，还要对工作者的特点进行分析。工作特点主要包括：工作者的职能，工作的种类，以及材料、产品、知识范畴三大类。工作者的职能是指工作者在工作过程中，与人、事、数据打交道的过程。任何工作都离不开人、事、数据这三个基本要素，而每一要素所包含的各种基本活动按其复杂程度可分为不同的等级，每要素中分值越低（高），其复杂性越高（低）。

(1)数据，即与人、事相关的信息、知识、概念，可以通过观察、调查、想象、思考分析等方式获得。具体包括数字、符号、思想、概念、口语等。

(2)人，指人或者有独立意义的动作，这些动作在工作中的作用相当于人。

(3)事，指人控制无生命物质的活动特征，这些活动的性质可以以物本身的特征反映出来。

这里主要介绍两种方法，一种是美国劳工部的功能性工作分析方法系统，另一种是西德尼·凡的功能性工作分析方法系统。

(一)美国劳工部的功能性工作分析方法系统

根据美国劳工部的功能性工作分析方法系统,工作者在处理数据时,包括7种基本活动,最简单的"比较"活动为6级,而最复杂的"综合"活动为0级;与人交往的基本活动为9类,最简单的"接受指导帮助"为8级,最复杂的"指导"为0级;在处理事的活动中,最简单的"掌握、处理"为7级,最复杂的"创造"为0级。具体如表5-2所示。工作分析者在分析收集的信息时,可以按这些标准给每项工作评分,并以此作为依据,对工作加以详细的描述。

表 5-2 美国劳工部功能性工作分析方法系统工作承担者基本活动

数据		人		事	
号码	描述	号码	描述	号码	描述
0	综合	0	指导	0	创造
1	协调	1	谈判	1	精密加工
2	分析	2	教育	2	操作、控制
3	编辑	3	监督	3	驾驶、操作
4	计算	4	转换	4	处理
5	复制	5	劝解	5	照料
6	比较	6	交谈-示意	6	反馈-回馈
		7	服务	7	掌握、处理
		8	接受指导帮助		

资料来源:德斯勒 G. 人力资源管理. 吴雯芳,刘昕译. 北京:中国人民大学出版社,1999

如果分析接待员的工作,可能会把这项工作的等级根据以上3个方面的因素(即与数据、人和事有关的方面)分别标注上5、6、7,这代表复制信息、同别人交谈信息、处理事情。如果分析一名医疗系统的精神分析助理员的工作,则可能会根据工作承担者在数据、人、事三个方面的情况分别标为1、7、5。采用这个系统进行分析时,员工所承担的每一项任务,都将根据与数据、人、事的关系来进行分析。这种方法的结果主要用于职位描述。根据三项得分(如 5、6、7)的总和也可以作为此项工作等级划分的基础。

(二)西德尼·凡的功能性工作分析方法系统

西德尼·凡在美国劳工部的功能性工作分析方法系统基础上,提出了自己的版本,提供的信息更多,这些信息涉及工作任务、目的及工作对任职者的培训要求等方面。

这个版本的数据-人-事系统中增加了几个工作行为,并对一些层次标识做了修改。具体如表5-3所示。

表 5-3 西德尼·凡功能性工作分析方法系统工作承担者基本活动

数据		人		事	
号码	描述	号码	描述	号码	描述
6	综合	7	顾问	3A	安装
5A	创新	6	谈判	3B	精确工作

续表

数据		人		事	
5B	协调	5	监督	2A	熟练操作
4	分析	4A	咨询	2B	操作/控制
3A	计算	4B	指导	2C	开动、操作
3B	编辑	4C	纠正	1A	处理/经手
2	复制	3A	教练	1B	装卸
1	比较	3B	劝说	1C	照管
		3C	牵制/转变		
		2	交流信息		
		1A	接受指导、帮助		
		1B	服务		

资料来源：顾琴轩，张静抒. 职务分析：技术与范例. 北京：中国人民大学出版社，2006

四、功能性工作分析方法构架

工作分析者在了解功能性工作分析法的基本内容的基础上，还需要进一步了解功能性工作分析的构架以获取足够的职务信息。一般而言，功能性工作分析构架包括以下几个部分。

（一）工作目的与工作行为

工作分析者在进行功能性工作分析之前必须明确所要分析职务的工作目的与工作行为，即职务要完成什么与做什么，以免造成工作行为和工作结果的混淆，并直接导致职务承担者实际的工作行为和需要他们来完成的工作行为被混淆。在功能性工作分析中，每项任务描述必须以能描述职务承担者行为的特定动词开始，如打印、撰写、阅读等，并以"目的是"或"为了"等对工作结果描述的名词作为任务描述的结尾。完整的任务描述要同时具有：工作行为、工作目的和工作结果。

（二）职务承担者的职能——数据、人、事

功能性工作分析认为，所有的工作都涉及职务承担者与数据、人和事三者的关系。职务承担者与数据、人和事发生关系时所表现的工作行为，可以反映出工作的特征、工作的目的和人员的职能。

每一项任务描述都必须反映出职务承担者与数据、人和事的重要联系。如果职务承担者与数据、人和事的联系并不显著时，在任务描述中就可以忽略。从实际的工作过程中选取用于描述职务承担者与数据、人和事的关系的动词，并要进行精确的描述和定义。以这种方式使用动词，而且任务描述能独立地进行分级时，就可能获得很高的效率。职务承担者在行使不同层级的职能时，需要具有不同程度的三种技能，即通用技能、特定技能和适应性技能。通用技能指使人能够将数据、人和事有机联系在一起，是培训的通用部分；特定技能是指针对特定工作所应具备的技能，是培训的特定部分；适应性技能是指受环境影响趋同或求变的能力。

(三)功能性工作分析中的职能等级

功能性工作分析的核心是分析职务承担者的职能，通过分析职务承担者在执行工作任务时与数据、人和事的关系来进行。职能等级也是根据各项工作在处理数据、人和事时的行为来确定的。工作行为的难度越大，所需的能力越高，相应工作职能等级越高。

五、功能性工作分析方法运用程序

运用功能性工作分析方法进行工作分析，可以按照以下步骤进行。

(一)了解现有的工作信息

工作分析人员需要熟悉职位任职者的语言及现有的工作信息。通过对工作描述、组织目标陈述等工作信息的了解，明确各职位的工作语言、工作层次、固定的操作程序及组织的产出。以功能性工作分析方法为框架来获取相关信息。

(二)安排与相关任职者的小组会谈

工作分析人员可以向确定的相关任职者预先发放一封欢迎信，信中解释小组会谈的目的，并说明任职者的主体地位。通常需要1~2天的小组会谈时间，选择的相关任职者要能充分代表工作职位承担者。会谈的场所要安静，最好配备投影仪、活动挂图等设备。

(三)确定任务陈述的格式与标准

工作分析者需要向相关任职者展示任务分析的框架、简单的任务例子、稍复杂的任务例子等演示图表。相关任职者在这个环节将明确进行任务陈述时所需采用的格式与标准。

(四)列出工作的结果

功能性工作分析方法要求相关任职者列出工作的产出或结果。也可以由工作分析人员提问，在任职者回答之后，工作分析人员再以任职者的语言将工作成果列出。工作成果可能是物、数据、服务等。通常工作的结果不超过10条，5~6条比较合适。最后需将这些工作结果整理之后列示。

(五)列出获得工作成果的任务

请相关任职者从任何一个工作结果入手，开始描述通过完成哪些任务才能获得这一工作成果。这个环节需要工作分析人员做示范，并不断鼓励大家。在这一阶段，小组要达成一致意见，列出的任务要能覆盖工作所包含的95%以上的工作任务，并确定没有遗漏重要的任务项。

(六)修改和编辑任务

工作成果对应的任务都被列出之后，会发现一些任务在几个工作产出中反复出现。某些情形下，同样的任务会在结果上有差别。工作分析人员需要说明有多少任务可能以相同的行为开始。让小组成员对工作及任务有全面的认识。再按照确定的任务陈述的格式与标准对任务进行修改和编辑，特别要注意动词的使用。

(七)确定胜任标准

小组人员完成了任务库的编辑之后，就需要让他们列出为了有效完成这些任务，职位承担者必须具备的素质。工作分析人员尽量引导任职者说明一些关键的、重要的能力特征，避免都用通用性素质来界定各个职位的胜任能力。

六、功能性工作分析方法的运用范围

功能性工作分析法关注的焦点是：员工个人具有的技能与组织需要的适应程度。它是用以分析非管理类工作最常使用的一种方法，既适用于对简单工作的分析，也适用于对复杂性工作的分析。功能性工作分析方法的结果主要运用于职务描述，还可用于建立职务操作标准及职务设计等方面。它适用于所需技能与产出有直接联系的组织，如科技人员和专业人士相关的岗位；也适用于纵向层次较少、强调灵活性、多种技能和团队合作的现代组织结构；但不太适用于具有严密官僚化结构的组织。

功能性工作分析方法的优点：对工作内容提供一种结构化的、详细而具体的分析和说明；对培训和绩效评估有很大作用。

功能性工作分析方法的缺点：对每项任务都要求做详细分析，描述比较费时费力；由于未记录有关工作背景的信息，三项能力并不代表所有相关任职者必备的条件。

➤ 案例讨论

用能力管理提高销售绩效

最近几年，我一直在国内大型的民营企业集团人力资源部里面工作，转眼已是七个年头。2009年4月份我进入了目前就职的企业。记得面试时，我曾在面试官面前夸下海口：如果要论人力资源管理的专业水平，同龄人之中很难有人望我项背。也许正是这种无知无畏精神感染了在场的面试官，公司立马就录用了我，并且让我连夜去属下的一家四星级酒店操作人力资源咨询项目。

◆ 领导泼的冷水

我到酒店时的身份只是项目顾问，所以这次人力资源咨询项目并未检测出我的专业水平用于实践的能力。等酒店项目完成后，我回到集团操作另外一个人力资源咨询项目时，才感觉到了咨询成果落地的困难。好在公司又请来了一个人力资源副总监，将我从中解脱出来。

2009年10月，集团领导有意派我到下面的销售公司担任人力资源负责人。集团下面有三个事业部，每个事业部都设有人力资源部，他们又管理着若干销售公司的人力资源部。如此算来，也算是一个初具雏形的三级人力资源管理体系了。我当时急于找到一个发挥我专业水平的平台，所以急不可待地要在销售公司担任人力资源部经理。可领导的四句话却泼了我的一盆凉水：①你以为销售公司的人力资源管理工作好做吗？②你去销售公司后，我要求你只带眼睛、耳朵，腿勤手勤，参加所有会议、活动，多跟业务员、业务干部接触，但少说话。你能以个人身份提些合理建议，但宜少宜精，不要大嘴巴。③人力资源工作越往下，越不好做！④我不求你有所作为，但求你让他们感觉到人力资源部是存在的。

领导是公司资深销售管理出身，我知道他说这些话很有道理，但是他说的这话我还是不能接受，理由很简单：我有专业的人力资源水平，只要给我一个人力管理团队，我就能够让自己的专业水平服务于销售公司，从而为销售公司创造价值。我在大型的民营企业集团人力资源部都能有所作为，怎么可能做不好销售公司的人力资源管理呢？

◆怎么为销售公司服务？

我的这种想当然的想法表面看来好像没错，心态也比较积极阳光。但到了销售公司以后，我发现：这次人事异动又错了，我仍然抱着专业的砖头不能换位思考。第一天，销售公司的老总就给我一个下马威，他表示：销售公司没有人力资源部，照样有业绩。这个打击对我来说是致命的。为表诚意，我一直在点头说是，同时表态：一定努力学习业务，我和我的人力团队，将为销售公司全体干部和员工的业绩发展提供人力资源服务。即便如此，这个固执的销售公司老总，可以把大笔的钱奖给销售代表去吃喝玩乐，却不肯给我一点经费去购买服务工具；我主动投诚，事事站在他的角度考虑问题，可他还是对我严加防备，而且经常指责我工作没做好。

不得不承认，这位销售老总很能干，在他的领导下，北京销售公司的业绩从区区的几千万升到了 3.5 个亿，可遗憾的是，他现在还不太认同人力资源管理的专业价值。事业的成功让他也难以听取别人的意见，工作方式十分强势，所有的人力资源管理工作都需要向他汇报。另外，集团人力资源管理部门成立时间短，影响力和价值表现也比较小。这些都让这位老总先入为主地认为，人力资源部基本上是可有可无。

接下来的工作要求可想而知了，主要是帮他组织一些培训、打打杂之类的。工作七年来，这是我第一次开始怀疑所谓的专业人力资源管理的价值。一旦碰到上面这个销售老总，专业这两个字还没说就 Game Over 了。

看来，专业不一定有价值，也不一定就能够直接服务于销售。真正的专业价值，还得通过适当的载体表现使上级能够接受，我觉得要想有突破，还是得从业绩管理着手。

◆植入缓冲分析

带着这样的想法，我意识到，作为人力资源经理，我必须了解每一个销售区域、销售代表的销售业绩，一旦通过人事及销售数据分析，发现有业绩下滑者，立马提供绩效分析诊断、能力评价、能力辅导和提升，最后达成业绩恢复或者增长。如此一来，人力资源部的价值就体现了，而不再是一个可有可无的部门了。

销售业绩诊断很好做，主要是读懂销售政策，及时做人均销售、人均利润的对比分析，及时看各个销售代表的月度销售数据走势图。当然，销售业绩的下滑有多方面的因素，如外部市场因素、竞争对手降价等，而从内部来讲，企业的核心竞争力、组织的能力、销售人员个体的能力，都是影响的关键因素。而其中，销售人员个体能力的提升，从短期来看，应该说是改变这种情况的一个根本。因为组织的核心竞争力，是竞争对手短期内难以模仿和超越的，相对而言比较稳定，包括组织的潜能，也不是短时间就可以爆发的。

能力不能凭空断定，要想在较短的时间内提升销售人员的能力，只能通过工作行为去描述、评价，在训练中提升。

现在的问题是，业绩诊断后发现销售代表业绩下滑，不能直接和他的某项工作行为联系起来，也更无从得知是人力资源部的哪项工作没有做好。要想直接和销售人员的某方面工作联系、了解人力资源部需要在哪方面予以帮助，需要这个销售代表非常清楚自己以及客户、竞争对手的销售状况，从而准确地告知人力资源部自己哪方面做得不够。

可事实上，如果销售代表真的能做到这点，他的业绩不可能下滑，因为他对客户、竞争对手的行为了如指掌。这意味着，面对销售代表的工作行为和业绩诊断，我们需要加入一个缓冲分析，就是将其工作分析增加一个步骤。我计划选择的这个缓冲分析步骤，是用中人网的智慧眼测评系统，直接测出销售人员的销售能力等级，并找到得分较低的。针对得分低的行为表现去访谈，寻找销售人员实际工作行为不对的地方。

表面上看，这好像违背了市面上能力测评工具或者量表的信度，信度的意思大概是指采用同一方法对同一对象进行不同调查时，调查结果呈稳定性和一致性。但仔细分析却不一致，因为能力是可以通过行为强化的，如果初始测评此人某项能力指标较弱，然后将这项能力指标涉及的行为方式对此人进行反复强化，那么再次通过测评时，他就应该在这项能力指标上有所提升。能力测评和管理绝对不能用静止的眼光去看待员工，因为员工都具有学习能力，如果用静止的眼光去看待他人，那么就是刻舟求剑。

假如这种方法可行，则依次可以演绎出一种基于能力的人力资源管理新流程：绩效诊断—能力测评—行为强化—能力提升—绩效提升。

如此一来，人力资源管理者将会被定为绩效诊断专家、能力管理专家，人力资源日常的管理工作也将变为绩效分析、能力评价、行为培训和辅导。传统的招聘、培训、员工关系、薪酬福利将逐渐淡出基于能力的人力资源管理的舞台。

针对这种新流程，如果能够探索出一种全新的有效实践模式，那么将会大大提高人力资源管理者的价值和地位。我认为，这一领域的研究和实践是将人力资源管理专业价值最大化的"杀手锏"。

资料来源：石才员．用能力管理提高销售绩效．管理@人，2010-01.

➤ 讨论

1. 人力资源管理者在组织管理中的专业作用如何体现？
2. 案例中作者采用了怎样的工作分析方法？能产生什么作用？

➤ 思考题

1. 如何运用基于胜任力工作分析法？
2. 在工作分析中如何运用关键事件法？
3. 如何运用功能性工作分析法？

第六章

职位说明书的编制与运用

学习目标

1. 解释工作描述的内容。
2. 阐述工作规范的内容。
3. 熟悉职位说明书的编制技巧。
4. 了解不同类别职位说明书的编写。

导读案例 6-1

一份职位说明书引起的出走事件

从事人力资源工作的 R 小姐虽没有达到人力资源经理级别,但其所任职的是一家知名的大型上市公司,公司对人力资源工作极为重视,使得 R 小姐在此公司任职的三年中积累了较丰富的人力资源管理经验,同时也具有一定的行政管理经验,深得领导好评。不久前,因经济环境影响,公司大幅度裁员,R 小姐不幸身列其中,于是开始寻求职业生涯第二次发展机会。

很快,一位朋友推荐一个小公司给她,声称此公司在寻找人力资源经理,并把职位说明书发送给她,职位说明书中明确列出了四条人力资源经理通用的任职资格和工作描述,另外加注有一定的行政经验者优先。由此 R 小姐得出,此职位相当于人力行政经理,重点在人力资源各个模块的运用,和自己之前经历相符,同时其本人也期望得到一个全面掌控人力资源管理工作的机会,由此看来,此机会很适合自己的发展。

不出所料,面谈进展很顺利,薪水 5 000 元,虽然低于之前公司的 5 500 元,但 R 小姐并不介意,一周后正式入职。

在入职 10 天后,R 小姐却主动提出离职,义无反顾地离开了这家公司。

短短十天,是什么让 R 小姐的态度瞬时转变呢?经友人了解,R 小姐很胜任此工作,并在一周内将全公司的绩效考核体系搭建起来,马上就要实施,此时却得到了减薪的通知,令她十分费解,找到投资方大老板沟通。

这次沟通直接导致她对工作及公司失去了信任。原来,大老板不但对其所做工作不认可，同时明确表示自己所需要的只是一个行政人员，相应的薪水并不能给到之前谈好的5 000元，需要减薪至3 000元左右，当时，R小姐很愤怒。

用R小姐的话说，行政的工作和人力资源的工作在老板眼里原来是一回事，这是对她的工作专业度的一种侮辱，这种看低HR工作的老板和公司，是不值得一起共事的。

同时，R小姐对公司出尔反尔的态度很费解，"说实话，如果刚开始谈3 000元，我也不会完全拒绝，毕竟工作内容对我以后的发展有很大帮助，也是一种挑战，现在突然要求减薪，我不能接受。"

抛开薪水不谈，作为人力资源管理从业者应该会很理解R小姐的遭遇，这种理解可能更多的是在同行之中。换言之，如果这种遭遇放在其他岗位从业者身上，我们是否也会报以同样的心情和态度呢？毕竟，这种问题的出现不仅仅是因为老板，还有负责招聘的人事专员，都或多或少存在某些招聘和用人上的分歧或失误。

当然，R小姐的遭遇同样不可避免有人事招聘专员的责任，我们可以说人事招聘专员不专业，但不专业可以慢慢变的专业，这是小问题，关键是人事招聘专员需要完全明白老板脑子里对这个职位怎么看，怎么想，我认为这并不完全属于专业范畴的问题，这是几乎所有公司人事招聘专员每天都要应对的重要问题。

追根溯源，R小姐的遭遇，从企业方招聘角度讲，是职位说明书设计的失败。但是隐藏在任职资格和职位描述背后的诸多因素，才是导致招聘失败的关键因素。对于职位说明书，专业的人力资源工作者可以写得很漂亮，但这种漂亮在某种意义上可以和"不实际"概念偷换。招聘的失败往往体现在企业对人选的不满意，或者人选对职位设置的不理解，要么大材小用，要么小材大用，要么边用边看。

对于出现过这种问题的企业及人力资源工作者，试问一下：对于老板的想法你是否真正领悟？对于职位在公司的重要性你是否真正理解？老板的意图不清楚，怎么能去写职位说明书？公司需要这个职位解决什么问题你不清楚，怎么能去写职位说明书？

如果你想很轻松地完成职位说明的设计，那么以上问题必须要搞清楚，同时，切忌从网站上或者大纲里随便摘抄或组合一些条条框框组成一个职位说明书，这是最平常也是最忌讳的做法。

资料来源：一份职位说明书引起的出走事件．聘周刊，http://www.chinahrd.net，2009-06-23.

思考：

1. R小姐离职的根本原因是什么？
2. 如何省时省力地做出一个有效的职位说明书？

第一节 工作描述

导读案例 6-2

职责不清造成执行力低下

位于汕头某区的广东香香文具实业公司，以生产各类中性笔和办公学习用品为主，近年来销售局面极不乐观,销售额一直徘徊不前,企业陷入困境。

某个偶然的机会,区教育局决定对全区各个学校的代课老师进行考试后给一部分人转正,联系该公司提供考试专用笔。

该区教育局主管这方面工作的副局长喜欢喝酒,一次在与笔者小酌时,谈到这次采购考试用笔的惊险历程,笔者感到与职责不清这个话题有关,就将它转述如下:

那一次,接到区委分管教育的领导要我牵头,负责落实向香香文具公司采购考试专用笔的指示后,我想,这未免有点小题大做了。于是,我就把与该公司销售部签订合同等任务交给考试办的主任了。接下来,因为忙于应付各种事务性的工作,我就没把这件"小事"放在心上。

到了临近考试前一天快下班时,考试办主任气急败坏地来到我办公室,告诉我:考试专用笔还没有送过来,据香香文具公司销售部经理说还没有生产好。听到此消息后,我把考试办主任骂了一顿。骂后,我马上打电话给该公司的老板,告诉他:如果误了这次考试,你的厂等着关门吧。老板答复说:马上责令生产部,无论如何必须在当天晚上10点前完成并送到考试场。为保险起见,我还是叫考试办主任当天晚上10点亲自开车去拉笔。考试办主任将此决定通知了该公司销售部经理。结果,到了晚上将近12点,考试办主任才把笔拉回来。考试办主任擦着汗水对我说:"局长,好在你派我去了,否则,今天晚上这笔是拉不回来的,那样的话,明天考试场铃声一响,你我是吃不了兜着走了。"

随后,考试办主任把当天晚上"惊险的历程"告诉了我:销售部经理接到要提货的电话后,马上到仓库通知将笔准备好,但仓库说笔还没有入库。他马上到后道车间去。在后道车间里,他发现这批笔躺在装配机旁无人理。原来,后道车间装配组已通过装配机把这批笔的笔芯装进了笔杆,并装在塑料筐里。此时,只要将笔装进小纸盒后再装进外包装纸箱,打上包装袋就可以发货了,时间最多是20分钟。销售部经理赶紧找到后道车间主任,说:教育局10点会亲自派人来提货。后道车间主任说:我来处理吧,小事一桩,你准备接待教育局的同志吧。

于是,后道车间主任找到综合组长,叫他赶快派人把笔包装好,没想到综合组长说:"你看现在装配组的人闲得无聊,在玩手机,而我这边的人忙得连上厕所的时间都没有,为什么不叫装配组顺手将那十来箱包装了?"主任一看实际情况确是这样,综合组长说的没错。

于是,后道车间主任又找到装配组长,说:"你的人现在闲着,赶紧派两个人把笔给包装了,最多不过10来分钟。"没想到装配组长说:"我的人是开机器的,不懂包装,何况包装笔是综合组的任务,我们不能抢人家的饭碗吧。"主任一听,装配组长说的也不无道理。

于是,后道车间主任又回头找到综合组长,说:"装配组的人对包装不熟悉,加上你们是负责包装的,还是你派人把笔包装了吧。"没想到的是,综合组长一听这话就发火了,说:"虽然平时包装货物是以我们为主,但那不过是一种自然形成的习惯而已,有时其他小组也包装过。公司的岗位职责里又没有规定一定是我们综合组负责包装,你这样安排是否不太合理。"后道车间主任一听,认为综合组长关于职责范围规定这个说法有一定的道理,公正地讲,综合组现在确实很忙,硬要他们放下手头的工作来包装这批笔是有点欠合理。

于是，后道车间主任又再找到装配组长，说："公司也没有规定一定是综合组包装，平时你们不也包装过吗？这次你还是派人把笔包装了吧。"更没想到的是，装配组长回答说："讲好听的，我们有时那样做是发扬部门互相配合的精神，讲不好听的，是我们看在你的面子上。你知道吗？平时那些产品是大众用笔无所谓，现在是政府用笔，万一有点差错我们可担当不起。更何况公司的岗位职责里也没有规定是我们装配组负责包装呀，我们这样做是会吃力不讨好的。在我们公司里还是多一事不如少一事，多做多错呀。主任，对不起啦！晚上请你吃夜宵。"

于是，后道车间主任不知所措了。

当晚10点整，来提货的车到了，销售部经理把车带到仓库，发现笔还是没有入库。销售部经理一路小跑着冲进后道车间，发现刚才那批笔还是"完好无损"地躺在装配机旁。在这个初冬季节里，两头着急的销售部经理，只能一边擦着因小跑渗出的汗珠，一边电告老板。

随后，老板一路大跑着赶来，并直接指挥，终于把这件事完成了。就这样，一件10来分钟可以解决的事，在两个小时后、老板的干预下，终于"圆满"地解决了。大家都松了一口气！老板一边擦着因奔跑流出的大汗滴，一边握着考试办主任的手说着"对不起"的同时，还一边大声地批评下属："你们执行力太差了！大事小事都要我过问后才能解决，你们太让我失望了！"

资料来源：彭达生．潮汕民营企业致命伤之四：职责不清造成执行力低下．潮商，2010，(10)：64～66.

思考：

1. 为什么会造成执行力低下？
2. 如何通过职责合理划分来解决？

一、工作描述的内容

工作描述(job description)也称职务描述、职务说明，主要围绕工作内容进行描述，包括某一职位或岗位的职位信息、工作职责、工作活动、工作联系、工作条件等方面内容。工作描述是对工作分析中的"什么"(what)、"为什么"(why)、"怎么做"(how)、"哪里"(where)的回答说明。

当一份工作描述可以让一个从来没有接触过该职位的人通过看该职位的工作描述，知道自己在这个职位上要做什么以及如何去做，就说明这份工作描述已经写得比较清楚具体了。

工作描述的内容主要包括以下七个方面。

(一)工作的基本资料

工作的基本资料包括职位名称、职位编号、职位等级、所属部门、职务定员、报告关系、所辖人员、职位薪资等级等。

职位名称是对工作名称的进一步明确，在确定时应当简洁明确，能够反映职位的主要职责内容，如营销副总经理、人力资源经理、培训专员等。

职位编号是指职位的代码，组织中的每个职位都应该有一个代码。编号的繁简程度视企业具体需要而定，主要是为了方便、快速地查找所有的职位，有利于职位管理。职位编号可以先对整个集团所有机构进行编码；其次，对机构内各部门进行编码；再次，对部门内各处进行编码；最后，对各处职位进行编码。规模不太大的企业就只用对部门和职位进行编号。编号可以用数字或者部门字母简称加数字组合来排列显示。

职位等级根据对公司各职位的职序、职级的划分来确定。

所属部门是指该职位所归属的机构或部门。繁简程度根据企业具体情况来定，最好应该写到该职位所属的最小组织单元。例如，某中等规模子公司人力资源部员工，填"子公司名称＋人力资源部"；如果部门很大，还分有各处，就要再细化，如招聘处的员工填"公司名称＋人力资源部招聘处"。

职务定员是职务承担者的数目。如果聘用人员数目经常变动，其变动范围需要加以说明。

报告关系是该职位的直接上级。所辖人员是该职位的直接下属数目。

职位薪资等级是根据职位评价和薪资设计后所得的公司内部的薪资等别和级别位置。

(二) 工作概要

工作概要就是用一句或几句话以概述的形式表达该职位设立的目的、主要工作职责，说明职位承担者的预期贡献。例如，某公司人力资源部经理的工作概要是：制定、完善人力资源管理制度，解决公司人力资源管理中存在的问题，提高员工的满意度，为实现公司战略目标提供人力资源管理支持和服务。

(三) 工作职责

工作职责是对工作概要的具体细化，要描述这一职位承担的职责以及每项职责的主要任务活动。工作的职责与任务是工作描述中最为繁杂的部分。为了了解和描述职位的情况，必须要明确提供该职位的职责范围和权限。

职位的职责来自于组织使命的分解，即本职位按照组织的要求应该做什么。在编写职责时，首先应该将本职位职责的几个部分找出来，即本职位应该做哪几方面的事情；其次对每项职责进行细分，分解为不同的任务(图 6-1)；最后对每部分事情、每项任务进行具体描述。当职位由多项职责组成时，描述各职责时需要根据各项职责的内在逻辑顺序及各项职责占用的时间多少进行排列，从而避免胡乱堆砌。

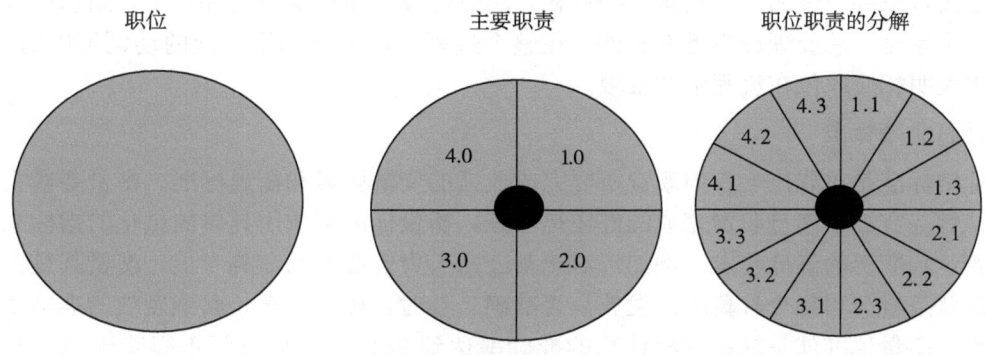

图 6-1 职位职责分解示意图

在对每一条职责进行具体描述时，尽量采用流程的形式，说明每件事的输入与输出，描述的格式为"动词＋名词宾语＋进一步描述任务的词语"。动词表明这项任务是如何进行的；名词宾语表明了实施的对象，可以是人或事情；进一步描述任务的词语表明了任务取得什么样的结果。例如，人力资源部经理某职责可以完整地描述为，"根据公司发展规划，指导招聘专员制订招聘计划，报直接上级批准后，监督实施，以保证各部门的人员需求"。

在职位职责的描述中，还必须要很清楚地界定每一职责上的权限，动词的选用是非常关键的，合适的动词能恰当地描述权限范围。所选动词不能过于笼统，如"负责"一词对不同的职位都可以用，但是很难确切地描述出任职者该如何去进行该项任务以及这项任务上具体的权限。

在编写职责时，针对不同的对象或主体，可以选择不同的动词，如表6-1所示。

表 6-1 职责描述中常用的动词

对象或主体	动词
针对制度、方案、计划等文件	草拟、拟订、转呈、提交、审核、审定、下达、备案、存档、提出意见
针对信息、资料	调查、收集、整理、提供、汇报、反馈、转达、分析、研究、总结、通知、发布、维护管理
思考行为	研究、分析、参与、评估、建议、推荐、计划
直接行动	组织、采用、参加、执行、指导、控制、监管、阐明、解释、提供、协助
上级行为	主持、审批、审定、签发、批准、组织、规划、指导、安排、协调、监督、管理、会同、评估
下级行为	收集、整理、调查、编制、依照、根据、提供、请示、研制、统计、填报、履行、核对、办理、解答、维护、遵守、接受、维修、记录、发送、呈报、接待、安装、打印、校对、编写、调试、登记、记录、送达、保管、核算、汇总
管理行为	协调、确保、达到、评估、控制、鉴定、保持、监督
专家行为	分析、建议、推荐、协助、促使、联络、支持、评估、评价

例如，某公司在编制某一文件的过程中，行政部经理组织拟订文件，部门内文员可能只是按行政部经理的要求收集一些资料，然后行政部经理草拟文件，主管副总审核文件并提出意见，总经理最终批准文件。在整个过程中，通过选用不同的动词可以清楚、准确地表明相应职位在流程中的权限。

(四) 业绩标准

业绩标准是对职位上各项职责所要完成业绩的衡量要素和衡量标准。衡量要素主要侧重从哪些方面来衡量职责完成的好还是不好，衡量标准侧重用具体的量化的指标来衡量是否达到职责的最低要求。例如，对于某公司人力资源部的薪酬专员，衡量其是否完成业绩就是看公司每个月薪酬的发放是否准确、及时，衡量要素是薪酬发放的准确率和及时性，衡量标准就是规定薪酬计算的准确率达到98%，发放时间不得晚于规定时间的2天。一般情况下，工作描述中只对衡量要素做出说明，具体衡量标准会在绩效考核方案中有详细描述。

(五) 工作关系

工作关系是指某一职位在正常工作的情况下与企业内部、外部的哪些部门、哪些职位有业务往来联系。描述工作关系还需要说明该职位的工作受谁监督、监督哪些职位、可晋升的职位、可转换的职位，以及可以晋升至此的职位等。

(六) 使用工具

使用工具是工作过程中需要使用到的各种机器、工具、设备等。

(七) 工作环境

工作环境主要是工作的场所是在室内、室外还是其他特殊场所。尤其需要对工作环境的危险性、职业病、工作时间特征、工作均衡性及环境舒适程度等方面做出说明。

二、工作描述举例

阅读材料 6-1

×××公司行政部经理工作描述

工作基本资料					
职位名称	行政部经理		职位等级	5	
职位编号	010302		职务定员	1人	
所属部门	行政部		职位薪资等级	12	
工作关系					
直接上级职位	行政人事总监		其他汇报职位		
直接下级职位	办公室秘书、总务主管	人员管理权限	薪酬	□无 □建议权 □决定权	
直接下级人数	2人		绩效	□无 □建议权 □决定权	
直接管辖团队			配备	□无 □建议权 □决定权	
业务指导职位	分公司行政经理				
受外部哪些机构影响	政府部门、新闻媒体		将影响哪些外部机构	供应商、服务提供商	
工作概要					
职位目的(存在的理由、限制和目标)	根据公司发展规划，做好公司行政的计划工作，行使对公司行政和总务的指导、监督和管理权利，为公司的长期发展做后勤服务				
工作职责					
职责范围 （名称、定义、该职责所要达到的结果/目标）			责任级别 （全部/部分/协助）		业绩标准

续表

业务类	战略层面	1. 参与制定公司战略规划，在公司面对的战略性问题上提出批评和建议，确保公司的快速长期发展	协助	业务增长盈利能力
	战术层面	1. 组织拟订、审核公司的行政管理制度和流程并监督实施	全部	机构效率
		2. 拟订行政中心年度目标和工作计划，并指导、监督下属人员工作，以达成目标	全部	计划执行情况
		3. 协调与平衡各部门之间关系，汇总各部门规章制度	部分	部门协调
	操作层面	1. 主持建立公司与外部各相关单位的关系，组织、安排重要接待工作，协调内外关系，为公司发展创造良好的外部环境	部分	公共关系
		2. 推动公司企业文化的建设工作及对外宣传工作，树立良好的公司形象	部分	公司形象
		3. 主持处理重大的突发危机事件和危机公关	部分	危机影响
		4. 主持固定资产、办公用品采购，文书管理、费用审核，车辆调度等其他后勤工作	全部	成本与效率
管理类		1. 参与拟订本部门的组织机构、岗位编制和职责分工，参与拟订相应岗位的工作要求和业绩考核标准，以建立完善的部门运作体系	部分	运作效率
		2. 参与本部门员工的招聘、任免、晋升和调配，以建立、领导及激励高效团队	部分	员工士气
		3. 负责部门日常工作管理，监督检查本部门人员遵章守纪及工作落实情况	全部	执行情况
		4. 解决部门内工作协调和人员沟通，营造良好工作氛围	部分	员工士气

使用工具
熟练操作电脑；使用 OFFICE 等办公软件
工作环境
室内、无危险性、正常工作时间

阅读材料 6-2

×××软件开发公司项目经理工作描述

一、基本资料
　　职位名称：项目经理　　　　职位编码：
　　定员人数：2　　　　　　　直接上级：市场总监
二、岗位职责
　　（一）概述
　　独立或相互配合对外业务洽谈，组织完成项目软件开发制作的工作。

续表

(二)工作职责

1. 拟定需求书,组织完成项目需求论证,成立项目组。

2. 根据合同或协议约定把握质量、工期,具体任务分配,将美工设计效果、开发制作的软件、数据库、电子地图平台等相关部分进行整体效果合成制作。实施内部测试、对接合作方初验、整体验收,跟踪后续技术支持维护服务。

3. 按照公司主要领导的安排,参与公司内部项目的开发制作。

4. 与公司技术部门配合,完成软件备份和后期维护的工作。

5. 做好工作开展的沟通和协调工作。

三、其他职责

完成领导交办的其他临时性工作。

四、工作内容及要求

工作内容	工作要求
1. 组织项目前期工作:参与项目洽谈或独立项目洽谈。实施需求分析,提出项目组成员名单和实施方案	1. 组织项目前期工作:项目需求调研、编制实施方案、编写详细方案等
2. 项目组织:组织内外沟通,实施内部测试和客户初验等工作	2. 项目组织:组织项目所需的各项资源,定制项目组的内外沟通计划,安排客户培训工作。创建开发环境,制订项目组需要的人员培训计划。定期组织项目成员进行相关技术培训以及项目相关的行业培训等。及时发现和处理项目组中出现的问题,组织内部测试和客户初验
3. 项目监督:包括行政管理和解决技术难点	3. 项目监督:随时跟踪检查项目组成员的工作质量,定期向领导汇报项目工作进度以及项目开发过程中的难题。及时了解项目组成员的工作情况,并能快速地解决项目组成员所碰到的难题
4. 项目末期:管理软件系统与硬件配置,对接客户验收	4. 项目末期管理:负责将完成的模块给客户做演示,并收集对完成模块的意见。必要时编写《用户手册》、《操作手册》和相关培训教材。对接客户最终验收工作
5. 项目后期维护:保障验收软件系统畅通运行和改版,更新维护	5. 项目后期维护:根据用户所提出问题,及时修改系统错误,并视情况提出是否更新系统版本

五、工作关系

(一)所受监督和所施监督

1. 所受监督:受市场总监的直接监督指导。

2. 所施监督:本部门内的美工、地理信息工程师、软件工程师、外业采集人员。

(二)与其他岗位的关系

1. 内部联系:本岗位与其他技术人员有技术、业务等方面的协调和配合。

2. 外部联系:本岗位与民政、各街道办有业务上的协作关系。

(三)晋升阶梯图

```
                    市场总监
项目经理(部长级)
```

六、岗位权限

1. 按照公司技术提成的相关规定,参加提成金额的分配。

2. 经市场总监授权后,开展业务洽谈工作,及时沟通汇报。

续表

> 七、劳动条件和环境
> 　　本岗位工作属于脑力工作,室内坐姿又属于体力劳动,工作环境温湿适中,无噪音、粉尘污染,照明条件良好。
> 八、工作时间
> 　　本岗位实行公司规定的标准工作制,如遇突击业务项目的工作时,为使项目按工期完成,要进行加班。对参与加班的人员,在不影响公司整体工作的前提下,给予补休或调休。
> 　　公司安排的加班,按照公司的相关规定办理。

第二节　工作规范

导读案例 6-3

华为公司成功的任职资格体系

　　任职资格反映的是从事各类工作的能力。它的一个特点是:基于工作内容,并以完成工作内容成功的行为规范为标准。也就是说,要获得一定的任职资格,必需按照所要求的行为规范完成其工作内容。它的目的是保证工作质量,有助于员工的培训,明确员工需要掌握的知识范围及能力标准。以前我们是根据工作任务或职责来估计员工需要掌握的知识和技能,并进行相应的培训,这样不可避免地带来两者之间较大的差异。

　　任职资格就是在两者之间搭起一个桥梁,明确完成工作任务所需要的成功行为的规范是什么,员工要达到成功行为的规范需要哪些必备知识与技能;根据行为规范对员工的工作行为进行认证,就可了解员工还需要掌握哪些必备知识。

　　任职资格的另一个特点是:基于工作的合理分类。因此,任职资格标准既具有针对性,又具有一定范围的适应性。工作分类的方法采用"自上而下"的功能分析法。首先从公司的主要目标开始。目标是随后分析的基础,所有的员工都应该能知道他们自己的工作与该主要目标的关系(直接或间接的)。其次就可以进行全面的功能分析,提出问题,即"要达到这一主要目标需要进行哪些工作",这样就可以进行层层分解。这里要强调的是分析的基础必须是功能的真正层次,而不是对它们的关系的传统看法以及管理者的个人立场,不能把现有的组织结构强加在分析上。功能分析是以主要目标开始,以个人工作任务结束的,并根据工作任务的合理分类形成资格领域(HAY称之为职位族)。

　　为什么要建立任职资格体系?

　　每位员工都知道,只要工作干得好,就有可能晋升,但是具体达到什么条件就不清楚了,至于未来的职位要求是什么,自我的发展方向怎么定就更不了解了。员工一旦工作上不顺利或感到前途渺茫就要求调动,调到什么岗位有利于自己的发展也不清楚,这样的调动十有八九也不会理想,这对员工对公司都是一种损失。

目前华为公司的管理干部大部分是公司创业期的技术骨干,在如今公司迅速发展到近万人规模的情况下,老干部队伍如何随着公司战略发展不断提高管理技术、管理理念,并行之有效地付诸实践;怎样更快更有效地培养这一批老员工,激励他们自我上进,又怎样从新员工中不断选拔出未来发展需要的优秀管理者等成为人力资源开发与管理上的首要问题。

1. 解决基层员工的操作规范化及自我发展问题

任职资格体系通过对职位的合理分类,形成各个资格领域,建立起各领域的职业发展通道。这样员工就可了解并选择个人最佳的职业发展途径。任职资格标准的详细说明,使员工了解工作的具体要求、需要学习的内容,掌握绩效改进的方法。通过与自己比,激发自我发展的动力,并为达到个人职业发展目标而不断努力,在达标的过程中不断规范自己的操作,提高自己的技能。

2. 解决现有干部如何进一步职业化的问题

"管理发展"是指管理队伍的建设问题。大规模的公司与小公司不同,总经理不可能管理公司的每一位员工,最重要的管理问题就是对管理者的管理,通过对中高层管理人员的管理来带动整个公司的经营运作,管理人员的工作性质决定一般需要从内部培养。

华为公司正处于高速发展期,公司领导层已意识到"管理发展"的重要性。在《98年管理要点》中十多处提到了管理队伍的建设。其《公司基本法》也增加了"关于接班人"一章。任职资格体系的建立使干部的能上能下规范化、制度化,使干部后备队伍的选拔科学化。

3. 解决如何尽快发掘培养新干部的问题

新干部需学习如何继承发展华为特色的管理理念,并能在短时间内掌握相关管理技能和专业知识。新老干部要学会不断自我激励、互相学习提高,尽快形成与高速发展的公司规模相一致的职业化干部队伍。

职务是与职位相对应的,根据市场战略的变化,组织架构及相应的职位会不断变化,而任职资格的标准修订将带动员工及干部不断学习并实践去达标,以适应职位的挑选。

资料来源:豆世红. 华为公司任职资格体系概述. 价值中国网,2009-01-21.

讨论:

1. 华为公司任职资格体系有什么样的特点?
2. 华为公司任职资格体系发挥了怎样的作用?

一、工作规范的概述

(一)内涵

工作规范(job specification),又称人员规范、任职资格条件,是指任职者为了完成职务工作,所必须具备的 KSAs 及其他个性特征(knowledge, skill, ability, other personalities, KSAOs)的书面说明。知识、技能、能力及其他个性特征这些有关人员的显性及隐性素质都会在他们履行工作职责的过程中体现出来。

(二)工作规范获得方式

工作分析大致上分为以工作为导向和以人为导向的方法，不同导向的工作分析，获得工作规范的方式也不同。

1. 工作导向的工作规范确定

以工作为导向确定工作规范就是根据已有的书面的、明确的工作描述来确定工作规范，如图 6-2 所示。工作描述是工作规范的基础，首先根据工作描述梳理出任职者完成各个职位具体职责和任务所需的任职要求，其次与列出的和职位相关的知识、技能、能力及其他个性特征进行比较，最后确定工作规范。

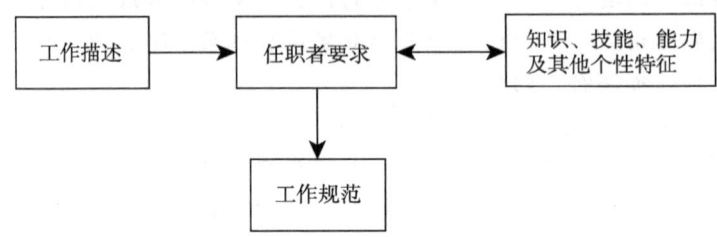

图 6-2　工作导向的工作规范确定流程

2. 人员导向的工作规范确定

以人员为导向的工作规范以人的行为、特征或关键事件为出发点，可以通过运用一些成熟的职位分析问卷或根据工作需要有针对性地开发出来的问卷来收集相关信息。再根据问卷中的项目与工作描述中的职务因素、列出的个体特征进行比较而确定工作规范。流程如图 6-3 所示。

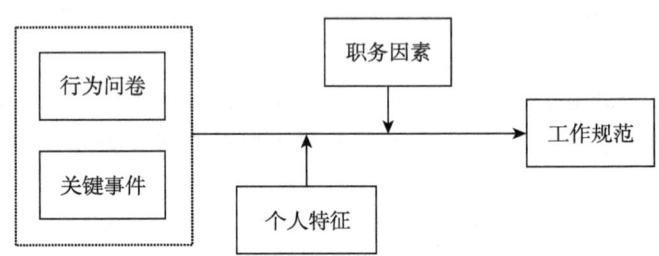

图 6-3　人员导向的工作规范确定流程

在这种确定工作规范的方式中，工作描述虽然不是直接地制定依据，但是其职务因素会成为问卷项目的检验因素，即验证列出的人员知识、技能、能力及其他个性特征是否与工作职责相匹配，再确定工作规范。依此确定的工作规范，一般需要确定职务在这方面的需求程度，如不同职务对沟通能力要求的程度就有差异。对于特定的职务还可以通过李克特量表评分形式来确定。

(三)工作规范的作用

工作规范可以应用到人力资源管理各个模块之中。工作规范为公司的人力资源规划提供员工所应具备的知识、技能、能力等内容清单；组织根据各职位所需资格条件可以有针对性地进行招聘与甄选，提高招聘效率与效果；工作规范与工作绩效直接相关，为公司内外部的应聘者提供平等的就业机会；工作规范为员工绩效考核及薪酬发放提供了判断标准；组织与员工还可以根据工作规范制订有效的培训与开发计划；工作规范为员工的职业生涯规划提供了方向。

二、工作规范的内容

工作规范的内容包括对任职人员的一般要求和特殊要求。

（一）一般要求

一般要求即生理要求，是对完成某项工作所必需的体力、精力、视力、听力等方面的要求，具体包括身高、体重、性别、年龄、视力、听力、身体健康状况等。有些特殊工作对生理的要求会比较特殊，如水下作业、高负荷作业等。

（二）特殊要求

特殊要求是指完成某些工作所必需的除生理要求以外的心理、个性、知识、能力以及培训等方面的要求，即通常所称的任职资格。不同职位的特殊要求根据具体工作的性质与要求而确定。

1. 资历

资历包括学历（学位）、所学专业（或接受何种培训）、职称和工作经验（一般工作经验和特殊工作经验）。例如，某公司一个薪酬主管的资历要求是"人力资源管理或工商管理专业，大学本科毕业，从事过人力资源管理工作三年"。

2. 所需资格证书

所需资格证书不是职称，而是指从事本工作所必需的证照。例如，很多公司出纳必须有会计证才能上岗；某公司财务部经理需要"注册会计师证"；某房地产公司一级预算工程师需要"注册造价工程师证"。

3. 知识要求

知识要求包括对业务知识和管理知识的要求。这些知识都应区分广博程度和精通程度，广博程度可以用系统级、子系统级等词或者能区分出知识广博程度的词加以区别，精通程度可以用知晓、熟悉、精通等词加以区别。

业务知识是指该职位开展工作时所必须具备的知识。例如，人力资源管理咨询师必须精通工作分析的方法、薪点制方法、绩效考核设计的方法（关键绩效指标法、平衡计分法）。

管理知识是针对管理职位或兼有管理职能的职位而言的，是指该职位在进行管理工作时所必须具备的知识。例如，办公室主任必须知晓必要的财务管理知识、人力资源管理知识、时间管理知识等。

4. 技能要求

技能要求包括对基本技能和业务技能的要求。这些技能都应区分其熟练程度。外语和计算机的应用技能可以参照国家统一规定的级别来区分，如英语四、六级，计算机一、二、三级。国家统一规定的技能可以用行业标准或本公司标准来加以区分。

基本技能是指完成各种工作时都需要具备的通用的操作技术。通常指"写作能力、外语能力和计算机能力"。例如，某集团公司办公室主任应具备的基本技能有：外语四级，能够阅读一般英文资料，能用外语进行日常交流；能够熟练使用OFFICE办公软件；良好的写作能力。

业务技能是指运用所掌握的技术完成业务工作的能力。例如，某集团公司办公室主任应具备的业务技能有：能够撰写集团领导的发言稿、宣传材料以及以集团公司名义下发的文件、报告；能够运用行政管理知识建设并维护内外部工作关系；能够运用文秘管理知识处理好文书、档案等管理工作；能够运用人员管理的方法和技巧有效地对下属进行管理与开发；能够运用公关技巧建立良好的企业形象，协调公共关系。

5．能力要求

能力要求是指完成工作必须具备的一些能力方面的要求。这些要求包括需要什么能力及其级别。能力要求一般不宜多，三到五个即可。

常见的能力有：

(1)协调能力——处理组织内、外部人际关系、缓解冲突和矛盾的能力；协调平衡各方的利益，促成"共赢"合作的能力。

(2)沟通能力——用准确的语言、简洁的方式表达自己的思想和感情的能力；善解人意，与人取得共识的能力；通过说服改变对方行为的能力。

(3)学习能力——通过自学更新知识结构，接收新事物、新工具、新方法的能力；总结工作中经验教训的能力；开辟新的学习方式，收集新信息的能力。

(4)创新能力——思维灵活，能够从不同的角度思考问题并提出新观点、新方案的能力；改进工作方式和方法的能力；开拓新局面的能力。

(5)分析判断能力——分析现有信息，找出相关因素的能力；在分析的基础上，对问题的根源、性质及其发展趋势进行判别的能力。

(6)问题解决能力——在不同环境、不同层面中发现问题的能力；面对问题提出解决思路的能力；解决问题周到全面的能力；解决问题高效的能力。

(7)计划能力——预测未来的能力；在预测基础上制定有效目标的能力；分步骤有效实施目标的能力。

(8)执行能力——领会目标要求，完成任务的能力；执行过程中应变的能力。

(9)组织能力——挖掘资源的能力；统筹安排，提高资源综合利用效率的能力。

(10)控制能力——面对各种局面，考虑并把握各方面的因素，使事情在自己的掌握之中，朝着自己期望的方向发展的能力；紧急情况下能利用各种有效的方法，稳定局面，使事情正常、有序地发展的能力。

(11)领悟能力——领会计划、方案、他人意图的正确性；在领会的基础上，举一反三，做出系列反应的能力。

(12)适应能力——熟悉新环境、新关系、新职位的能力；根据不同的环境和条件调整自己的心态和工作方法的能力；在新的组织关系中定位自身角色，了解其他成员对于自己的期望并与人合作的能力。

(13)培养指导下属能力——发现下属的特点，合理用人的能力；因人施教，开发下属的能力。

(14)信息检索能力——对信息敏感，积累与本职位工作相关的信息，掌握本领域最新动态的能力；在大量信息中，筛选有效信息的能力。

例如，某公司办公室主任的能力要求是：计划能力、组织能力、协调能力、激励下属的能力、控制能力；市场策划人员的能力要求是：信息检索能力、分析判断能力、创新能力、学习能力、沟通能力；销售人员的能力要求是：公关能力、沟通能力、拓展能力、适应能力。

6. 素质要求

素质是指一个人的潜在特质，是与生俱来、一般不宜改变的特征。素质要求是指该职位对任职者最需要的个性或特质的要求。素质要求一般不宜多，一到两个即可。

常见的素质有：

(1)忠诚——对组织、事业、职责感情真挚，忠心耿耿、忠实可靠，为组织发展不遗余力地贡献自己的力量；无论遇到多大困难，绝不放弃，全力以赴地帮助组织渡过难关；全心全意维护组织声誉。

(2)团队合作精神——对团队共同的目标、价值观有深刻的理解和认同；愿意为实现共同目标而尽自己最大的努力；明确自己在团队中的角色，承认并尊重其他工作伙伴的工作对自己的工作以及团队的重要性；开诚布公，愿意、善于与团队成员交流问题，分享经验；为了维护团队利益愿意调整自己的利益；能主动维护团队形象。

(3)情绪稳定性——当有意外发生时，能保持心情平静，头脑清醒；能很快地调节自己，恢复常态；处变不惊，临危不乱。

(4)心理承受力——坦然面对困难、压力、挫折和复杂局面，积极采取措施去适应、解决它；百折不挠，永不言败；心胸开阔。

(5)自我认识——有自知之明，对自己的能力和性格有客观而全面的认识，清醒地知道自己的缺点；明确自己在组织中适合的位置，量力而行。

(6)全局意识——能全盘考虑问题，有大局观；为了顾全大局，能牺牲局部利益；大局利益受到损害时，挺身而出维护大局利益。

(7)成就动机——不满足于已取得的成就，不断为自己提出更高的目标，或是对工作的完成情况提出进一步的要求；对自己的要求严格，在工作中总是以很高的标准来要求自己；相信事情总是可以而且应该做得更好，经常在已有水平基础上寻求更好的解决方法；有很强的时间紧迫感，不允许自己浪费一分钟。

(8)魄力——在面临多种选择时，倾向于采取风险大、受益也大的方案；偏爱富有挑战性的、竞争激烈的工作和环境；不拘泥条条框框，敢为人先，做出头鸟；胆识过人，敢于涉足、甚至偏爱那些一般人不敢涉足的领域。

(9)人际敏感性——能敏锐、准确地觉察他人对自己的态度和需求；能正确判断某个群体内部的人际气氛及其细微变化。

(10)责任心——非常清楚自己的责任，对本职工作一丝不苟，精益求精；遇到困难时，能顽强克服困难；工作第一，有奉献精神；出现失误，敢于承担责任，并想方设法加以补救。

(11)原则性——原则明确，是非分明，实事求是；随时用自己言行维护原则，即使碰到困难，也会坚持原则；对于有违反原则的事情，会坚决与之作斗争。

例如，某公司的研发人员需要有很强的成就动机；销售人员需要有较强的心理承受能力；中层管理者需要有较强的全局意识；财务人员应具备较强的原则性；高层管理人员需要有魄力。

阅读材料 6-3

×××公司销售经理工作规范

职务名称：销售经理
年龄：26～40 岁
性别：男女不限
学历：大学本科以上
工作经验：从事销售工作 4 年以上
生理要求：无严重疾病；无传染病；能胜任办公室工作，有时需要走动和站立；平时以说、听、看、写为主
心理要求标准：A. 90 分以上　B. 70～89 分　C. 30～69 分　D. 10～29 分　E. 9 分以下
心理要求
智力：A
观察能力：B
记忆能力：B
理解能力：A
学习能力：A
解决问题能力：A
创造力：A
知识域：A
数学计算能力：A
语言表达能力：A
性格：外向
气质：多血质或胆汁质
兴趣爱好：喜欢与人交往，爱好广泛
态度：积极、乐观
事业心：很强
合作能力：优秀
领导能力：卓越

第三节 如何编制职位说明书

导读案例 6-4

佳禾公司职位说明书的问题

佳禾公司的市场部主管王大伟急匆匆地来找他的直接上司秦阳天。

"秦总，你下发的这份文件要求我在一个月内修改好市场部全部40份工作的职位说明书，是吗？"

"是的，有问题吗？"秦总问。

王大伟无奈地说："我没有时间！我有市场调查项目要赶着完成呢。修改工作至少需要两周，让我放下手头的市场调查去修改工作说明，市场调查项目就来不及了。"

"我们已经有三年没有修改过职位说明书了，情况有很大变化，修改工作不能再拖了。"

"这我同意。可问题是工作说明修改后，我的下属往往意见很大。三年前，我们对工作说明进行了调整，当把调整后的说明书下发后，员工反应很大，大多数员工都不认同新的职位说明。"

"你知道问题原因吗？"秦阳天问。

王大伟回答："事情很复杂。因为我们市场部员工的工作内容不太规律，很多事情是临时布置的，说明书没有准确反映。也有员工发牢骚说，反正只要按照说明书做事，里面没有规定的就不用做了！"

秦阳天问："大伟，你有什么建议？上面已经命令我要在一个月内完成这个任务。"

"反正我不想做这件会引起混乱的工作，而且市场调查项目是不能停下来的。你最好向上面反映一下，修改职位说明书这件事情最好缓一缓，等我有时间时再说吧。"王大伟回答道。

资料来源：案例：佳禾公司的工作描述. 豆丁网，2010-08-10.

思考：

1. 职位说明书修改后下发给员工，为什么会引起混乱？请分析原因。

2. 是秦阳天需要市场部的职位说明书？还是王大伟本人需要市场部的职位说明书？还是员工自己需要？请阐明理由。

3. 该公司应该怎样做才能够解决好职位说明书问题？

一、职位说明书的模块

职位说明书由工作描述与工作规范构成。通常一份典型的职位说明书由四个模块构成。各个模块中有的内容是职位说明书中必备部分，有的内容是职位说明书中特色部分。

(一)基本资料

(1)职务名称(必备)。

(2)编号(特色)。

(3)所属部门(必备)。
(4)工资等级(特色)。
(5)工资水平(特色)。
(6)所辖人员(必备)。
(7)定员人数(必备)。
(8)工作性质(特色)。
(9)编写日期(特色)。

(二)工作描述

(1)工作概要(必备)。
(2)工作职责(必备)。
(3)工作活动内容(必备)。
(4)工作关系(特色)。
(5)工作人员运用设备和信息说明(特色)。
(6)工作绩效标准：业绩衡量标准，如何衡量每一项责任的完成情况(特色)。

(三)任职资格说明

(1)最低学历(必备)。
(2)所需培训的时间和科目(特色)。
(3)从事本职工作和其他相关工作的年限和经验(必备)。
(4)一般能力(必备)。
(5)兴趣爱好(特色)。
(6)个性特征(特色)。
(7)性别、年龄特征(特色)。
(8)体能要求：工作姿势；对视觉、听觉、嗅觉有何特殊要求；精神紧张程度；体力消耗大小(特色)。

(四)工作环境

(1)工作场所(必备)。
(2)工作环境的危险性(必备)。
(3)社会环境(特色)。
(4)职业病(必备)。
(5)工作时间特征(特色)。
(6)工作的均衡性(特色)。
(7)工作环境的舒适程度(必备)。

二、编制职位说明书的准备工作

编制职位说明书是工作分析最重要的工作之一，在编制之前需要做好充分的准备工作，以确保过程的顺利与结果的有效。

(一)取得高层的支持

职位说明书的编制不是人力资源部一个部门的事情,而是需要全公司各部门通力合作来完成。公司编制一套规范、有效的职位说明书是一项费时、费力的大工程,各部门必须要引起重视。但是现实情形中,很多部门都会把参与编制的过程看做阻碍正常工程的累赘,最后编制出的职位说明书的效果也可想而知。

所以,编制职位说明书之前,人力资源部应与企业高层进行沟通,让高层认清规范岗位工作职责的意义,明确职位说明书的定位,取得高层的支持,从而督促各部门积极配合,共同完成职位说明书的编制。

(二)统一职位分析结果

职位分析是职位说明书编制的基础,职位分析的结果直接影响职位说明书的质量。在编制职位说明书之前,编制人员需要结合各种适用的、有效的工作分析方法,采用规范的流程,获得各个职位上的工作描述资料及任职资格条件。由于在调查分析的过程中不同人对职位理解可能存在偏差,所以要整理、分析、评价各种收集到的资料,并对某些职位上存在很大差异的项目进行商议,以取得一致意见,便于职位说明书的编写。

(三)明确职位说明书编制的程序、格式

人力资源部门人员应在编制之前汇集专家或职位分析小组成员讨论并明确职位说明书编制的程序与格式。

职位构成部门,部门构成组织。在熟悉组织结构和工作流程的基础上,对各个部门的职能进行划分,明确各部门的职责权限以及与其他部门之间的关系。在此基础上将部门的工作任务分解到具体岗位,确定部门的职务、岗位设置。先编写部门职责,再对部门职责进行分解,用规范的语言明确各个职位的职责与权限,构成各个职位的说明书。

同时,还需要对组织职位说明书编制的格式进行统一,按照职位说明书的模块来确定具体的格式与内容构成。

(四)建立沟通机制

如果条件允许,可以为职位说明书编写小组提供一个固定的办公地点,便于及时沟通。为各个职位分配最合适的编写人员,与各部门负责人及职位任职人员建立定期、定时沟通机制,确保编制的职位说明书的准确性与实用性,在沟通的过程中也能取得任职者的理解与认同。

三、编制职位说明书可能存在的问题

规范的职位说明书明确了各项工作的职责、特点、任职要求等,能为企业进行人力资源管理活动提供依据。然而,很多企业经过很长时间精心编制的职位说明书却达不到应有的效果,编制时可能存在一些问题。

(一)宣传不到位

编制职位说明书之前的宣传工作不到位就很难引起高层管理者,尤其是中层管理者及基层员工的重视。导致他们误认为职位说明书只是限制他们工作行为的条条框框,对他们的发展并无价值。还有些员工可能会对职位说明书中任职资格的界定感到不安，生怕自己达不到要求而被辞退。

所以，在编制之前需要召开动员大会，给员工宣讲职位说明书的意义及其中各项内容的含义，如何运用职位说明书提升自己的技能水平、做好职业生涯规划，消除他们的思想顾虑，确保编制工作的顺利进展。

（二）部门负责人不够重视

很多部门的负责人存在偏见，认为编写职位说明书是人力资源部的工作，不愿意多花时间在这上面。实际上，人力资源部并非对每个部门的工作任务及流程都非常清晰，如果由人力资源部单独完成编写工作，编制出的职位说明书可能会存在很多漏洞。

职位说明书编制的责任人是各部门负责人，人力资源部应该充当监督、指导说明书编写的角色。各部门负责人最了解部门内部职位的职责、部门运作的流程和人员的分工合作。因此，他们应该安排任职者编写职位说明书，并对提交上来的职位说明书进行审核。人力资源部人员需要组织、培训、指导各部门进行职位分析，编写职位说明书，对质量进行把关。

（三）忽视职位分析

职位说明书应该是职位分析的产物，但是很多组织在编制职位说明书之前没有做职位分析，或者职位分析只是走流程，没有发挥相应的作用。大部分职位说明书是描述现状或是参照别的单位的内容，缺少了职位分析，很难发现现有职位设置中存在的问题。好的开始是成功的一半，如果忽视了职位分析，那就是从刚开始就为职位说明书的编制埋下了隐患。只有做好职位分析，明确各部门、各职位在组织中的定位及相互之间的联系，界定各职位的职责与权限，职位说明书的质量才能有保证。

（四）流于形式

有的组织虽然认识到职位说明书的作用，但是由于职位说明书编制人员缺乏专业水平或技术支持，他们可能仅凭经验或者只是为了完成任务而编制。编写职位说明书时侧重走过场而忽略真正起关键作用的内容部分，这样编写出的职位说明书只是形式的产物，没有充分针对行业及本企业的特点，成了表面性工作，费时费力，也无法发挥职位说明书应有的作用。

（五）语言模糊

很多组织在编写职位说明书时语言表述不够精练，喜欢笼统使用"负责"一词，使各个职位职责描述趋于一般化、普遍化，也容易造成岗位职责不清晰，岗位职责描述过大或过小。很多职位说明书的关键词使用不当，混淆职位之间的区别，造成职责、职权之间的重叠，导致工作职能重复或无效。所以，编写者应尽量采用通俗易懂的语句，避免任职者对工作角色和内容产生误解或冲突。

（六）忽略动态管理

企业组织在环境变化发展中，需要改变战略方向、更新组织结构与工作流程，职位的职责也该做相应调整。职位说明书的编制不是一劳永逸的事情，而是需要根据企业实际情况及时更新，否则会给人力资源的后续工作（人员规划、招聘、绩效考核、薪酬、培训与开发等）带来很大的不便。一般而言，职位说明书至少1~2年要修改一次。尤其当组织面临重大变革与战略调整时，必须及时对职位说明书做出修订，以确保其时效性与应用性。

第四节　职位说明书文本举例

职位说明书是组织的重要文件之一，是对各职位的工作性质、任务、责任、权限、工作内容和方法、工作环境和条件，以及本职位任职人员资格条件所作的书面表述。本节主要选取四家不同公司中有代表性的几个职位（人力资源经理、技术品管部经理、营销总监、董事长秘书）的职位说明书作为样本选读。这些职位说明书样本在格式与内容上都有差异，详略程度不一。职位说明书编制质量的高低也从一定程度上体现了该公司的人力资源管理水平。

阅读材料 6-4

×××公司人力资源经理职位说明书

一、基本资料			
职位名称	人力资源经理	所属部门	人力资源部
职务等级		薪酬等级	
直接上级	人力资源总监	直接下级	人事专员
辖员人数	5人	定员人数	1人
职位编号		文书编号	
可晋升	人力资源总监	批准日期	

二、职位概要
根据公司的中长期发展战略，组织行政人事部门工作；保障公司年度各项经营计划的实现和各项管理工作的有序开展；执行和完成总经理交办的工作。

三、工作内容及绩效标准						
编号	工作内容	工作依据	权责	文件、表单处理		考核基准
				名称	呈/送	
1	统筹编制公司行政管理规范体系文件，并监督、指导和解释执行情况	管理规定	主办	规章制度	总经理办公室	规章制度执行有效性和及时性
2	根据公司阶段性目标和年度计划，组织制订所属部门工作目标计划、实施措施，保障对应业务正常运作	公司、部门年度和阶段性计划	主办	部门工作计划与安排	总经理办公室	计划实施与完成情况

续表

3	根据公司人力资源整体规划要求，指导、组织人力资源管理体系的建立、实施与过程监督	对应公司程序文件	主办	程序文件	总经理办公室	文件的全面性与适用性
4	依据公司年度经营计划，组织安排公司行政、人事方面的事务管理	公司管理文件与程序文件	主办	工作计划工作报告	总经理办公室	各项事务的执行效果
5	根据公司年度工作计划，组织安排公司职工生活和其他后勤保障工作	规定和流程文件	主办	记录表格工作简报	总经理办公室	员工满意度
6	指导、管理、监督部门成员的日常工作	部门工作	主办	部门工作计划与安排	总经理办公室	工作绩效指标达成情况
7	参与相关合同的评审，组织编制并按时进行汇总	合同文件	主办	合同文件及评审记录	总经理办公室	合同文件的有效性
8	负责质量管理体系文件管理工作	质量体系相关文件	协办	体系文件	总经理办公室	文件的适用性、有效性

四、责权范围

1. 责任范围

汇报责任	向总经理汇报工作计划、进度、任务执行情况
培育责任	合理规划，充分调动团队成员的工作积极性
成本责任	合理控制行政日常成本和经营所需人工之直接、间接成本
财务权责	部门人事的审批决定权和其他总经理授权范围内的审批权

2. 权力范围

机密文件索取权	在总经理指导下，对公司文件及档案资料有索取和质疑权
部门人事任免权	对下属人员工作有任免权
绩效工作考核权	对公司整体工作人员的绩效考核权
对应权限审批权	对部门的各项开支有审核权
人事任免建议权	对公司相关人员的任免建议权和部门成员直接任免权

五、任职资格

1. 学历与专业

最佳学历	本科	最低学历	中专
专业要求	企业管理、工商管理或相关专业		
资格证书	学历证书、人力资源管理师资格证书		
年龄要求	30 岁以上	性别要求	不限

2. 必要的知识

必备知识	行政或人力资源管理、企业管理、成本控制、市场营销等相关专业知识
外语要求	大学英语四级
计算机要求	日常办公软件、网络知识

3. 工作经验

试用期限	2~3 个月
工作经历	本职位工作经历要求，本科 2 年、大专 3 年、中专 5 年

4. 所需业务、技能培训

续表

相关知识要求	培训时间	3~6个月
	企业管理	财务管理、生产管理、市场营销
	产品知识	行业知识、产品知识、产品技术知识
	职业提升	安全生产知识、时间管理、团队建设
	体系知识	工艺流程、流程改进、ISO体系知识、5S现场管理知识

5. 能力和素质要求

必备能力	能力标准表述
计划能力	对职责范围内任务的规划、执行能力
创新能力	对职责范围内流程的创新、改进能力
危机处理能力	对突发事件的及时有效处理能力
领导能力	能合理地评价他人的技能和绩效,辅导团队成员明确努力(工作)方向
沟通能力	能清晰地将工作意图表达清楚,并能有效地带动团队提升工作绩效
决策能力	优化选择,对急难事项处理果断有效

6. 职位关系

可晋升职位	人力资源总监
可轮换职位	行政经理
可降至职位	人事专员

阅读材料 6-5

×××公司技术品管部经理职务说明书

岗位名称	技术品管部经理	岗位编号	
所在部门		岗位定员	
直接上级	技术总监	工资等级	
直接下级	技术开发主管、品管主管	薪酬类型	
所辖人员		岗位分析日期	年　月

职位概要:
组织和领导公司的产品开发、技术改良,建立公司质量管理体系并组织实施,确保公司产品开发满足市场需求,并保证公司产品达到目标质量水平。

职责与工作任务

职责一	职责表述	协助技术总监制定研发战略规划,为重大研发决策提供建议和信息支持
	工作任务	根据公司发展战略协助技术总监组织制定公司研发战略,负责组织制定年度产品开发计划
		组织收集国内外相关行业技术信息、竞争对手技术信息、国家相关技术政策等,分析技术发展趋势
		定期、准确地向技术总监和相关部门提供有关技术信息,为公司重大决策提供信息支持

续表

职责二	职责表述	负责领导实施新产品开发和产品技术改良
	工作任务	组织新产品开发的技术可行性论证，参与新产品开发项目可行性研究
		组织新产品开发项目的实施，监督、控制开发过程，确保新产品开发产品化
		组织研发项目评审
		负责监督检查科研档案管理工作，保证科研资料的规范收集与整理
		组织公司老产品技术改良、工艺改进，降低产品成本，保证公司产品技术稳定性与先进性
职责三	职责表述	负责组织公司技术创新工作
	工作任务	掌握和跟踪国际、国内同类产品的技术发展趋势，提出新技术、新产品研发方向，与有关单位、政府部门保持密切联系，促进技术立项
		组织技术协作与技术交流活动，寻找技术合作伙伴，建立长期合作关系
		据公司业务需要引进外部先进技术，组织转化，形成生产力
		组织系统收集国内外先进技术信息、资料，支持研发工作
		规划与组织公司内部技术交流与培训
		组织研究先进技术，形成技术积累
职责四	职责表述	组织销售的技术支持工作
	工作任务	组织参与客户培训，解决合同履行过程中和售后维护中的技术问题
		组织客户投诉中技术、质量问题的解决
		参与项目投标的技术支持工作
职责五	职责表述	组织建立和完善公司质量管理体系
	工作任务	根据公司发展战略规划，组织制定公司质量管理规划
		组织建立公司质量体系
		组织制定和完善公司各项质量管理制度
		组织公司质量管理文件的制定并贯彻实施
		组织建立技术标准、工艺标准、服务标准并贯彻实施
		组织公司各部门质量管理培训和指导内部质量管理审核
		引进质量管理技术，提高质量管理水平
职责六	职责表述	负责实施产品质检，参与供应商管理并提供技术支持
	工作任务	组织对新、老供应商的质量管理水平、生产能力和生产管理水平进行论证
		指导供应商建立相应质量管理体系，提供质量管理与质量技术支持与培训，确保公司质量目标的实现
		组织编制生产工艺方案，对供应商提供技术支持，解决生产中出现的技术问题
		组织对供应厂商原材料、关键部件的质量鉴定

续表

职责六	工作任务	组织参与供应商生产过程质量控制
		组织对供应商交货前的成品质量检验
		参与质量事故分析，提出解决建议
		组织建立产品质量管理档案，提出产品质量改进方案
职责七	职责表述	部门组织管理工作
	工作任务	负责本部门员工队伍建设，提出对下属人员的调配、培训、考核意见
		组织制定研发、质量管理制度，监督检查制度执行情况
		负责协调下属员工之间、本部门与相关部门之间关系
		监督下属员工的工作目标执行情况，及时给予指导
职责八	职责表述	完成技术总监交办的其他任务

权限	
公司产品研发战略制定的建议权	
公司年度产品研发计划的制订权	
新产品开发立项建议权	
公司技术管理标准、新产品开发技术标准、工艺标准的制定权	
公司质量管理体系标准、新产品开发质量标准、产品生产质量标准、最终产品检验标准制定权	
对供应商技术、质量能力的评价权	
权限内的财务审批权	
对直接下级人员调配、奖惩的建议权和任免的提名权，考核评价权	
对所属下级的工作的监督权、检查权	
对所属下级的工作争议有裁决权	

工作关系		
	内部协调关系	总经理、技术总监、营销总监、各部门经理
	外部协调关系	供应商、行业协会、质量管理机构、政府相关部门等
任职资格		
	教育水平	大学本科或以上
	专业	机械、电气相关专业
	培训经历	接受过技术管理、质量管理体系等方面的知识培训
	经验	5年以上工作经验，2年以上产品研发经验
	知识	通晓产品特性相关方面的专业知识； 具备企业管理、质量管理体系、法律等方面的知识
	技能技巧	掌握 WORD、EXCEL 等办公软件使用方法，具备基本的网络知识，熟练运用英语
	个人素质	具有较强的领导能力、组织能力、沟通能力、影响力、计划与执行能力
其他		
	使用工具设备	计算机、一般办公设备、交通及通信设备
	工作环境	办公室
	工作时间特征	正常工作时间，偶尔需要加班
	所需记录文档	技术/质量战略规划、年度技术/质量计划、阶段性工作报告等

续表

考核指标
新产品开发任务完成情况、新产品的商品化率、产品技术的稳定性、技术文档的完整性；公司质量管理体系、产品质量检验标准的完善程度；出厂产品合格率、产品退货率、产品质量投诉次数、质量文档完整性；由产品改进所导致的产品成本节约；重大任务完成情况 费用控制情况、下属行为管理、关键人员流失率、制度建设完善性
部门合作满意度
领导能力、判断与决策能力、人际能力、沟通能力、影响力、计划与执行能力、专业知识及技能
备注：

阅读材料 6-6

×××公司营销总监职位说明书

一、岗位标识信息
岗位名称：营销总监、人力资源总监
隶属部门：营销中心
岗位级别：行政一级
直接上级：总经理、首席执行官
直接下级：市场部经理、销售部经理、企划部经理、客服部经理
二、岗位工作概述
全面负责公司营销组织、营销策划和营销管理工作，确保公司营销系统正常运行。
三、工作职责与任务
1. 了解国家宏观政策走向，了解行业相关法规，了解主要贸易市场经济形势。
2. 把握行业发展趋势、市场竞争态势、消费购买需求和主要竞争对手状况，以此为依据制定公司各阶段营销战略规划，制定或督导制定公司营销战略的产品策略、价格策略、市场策略、渠道策略、广告策略、促销策略、品牌策略和公关策略，以及策略在执行时可能存在风险的转嫁方案。
3. 负责制订公司营销目标（品牌目标、市场目标、服务目标、销量目标）的预测和行销计划，并根据公司营销综合目标拟订营销系统配置和执行经费预算。通过绩效考评体系或具体考核方案，督导并监控系统各部门对营销战略目标、行销计划、策略执行的落实与执行，确保公司综合目标的达成。
4. 根据公司整体发展战略，规划建设营销体系，制定适合公司现状及持续发展的营销系统架构、管理制度和对外工作规范，定期主持召开公司营销工作会议，全面准确把握公司营销系统运行与目标推进情况，对公司营销人员进行或组织进行业务指导和专业培训，从营销体系、管理制度、业务水平等基本面提升公司竞争力。
5. 负责对系统各部门提交方案和营销经费使用的审核，管控销售佣金内部分配方案的执行，从目标化、专业化、标准化、系统化四个层面领导和督导直接下级的工作。
6. 代表公司协调处理与政府相关职能部门、行业组织、新闻媒介、广告策划公司的关系。
7. 负责或督导系统各部门与公司内部相关协作部门的工作衔接与协调，其中，市场信息与产品研发反馈、大额工程报价与生产跟踪、应收账款监控等工作直接负责。

续表

8. 依据公司营销战略目标，指导市场部进行行业市场信息收集、渠道网络建设，并直接跟进样板市场建设，确保公司营销战略之市场目标的达成；指导企划部进行广告宣传、品牌推广、公共关系活动开展，并对重大活动直接负责，确保公司营销战略之品牌目标的达成；指导销售部开展各阶段销售工作计划，参与负责公司客户信息管理和直接负责大客户管理工作，确保公司营销战略之销量目标的达成；指导客服部开展客户关系维护和日常客户服务工作，及时处理客户投诉，大客户意见和重大投诉直接受理并落实处理。

9. 负责或参与负责对公司文化、制度、计划、活动的推广执行。

四、工作绩效标准

1. 为公司产品市场定位提供的依据准确、科学、及时。
2. 所订的行销计划及营销推广方案切合实际、科学合理、可操作性强，且行之有效。
3. 拟订的销售价格执行方案既能确保公司的投资效益，又有利于销售工作的开展，最大限度地发挥产品的价值和销售功能。
4. 在营销费用的审核中严格把关，把营销费用控制在年度预算内。
5. 营销人员的整体素质能够满足公司业务开展需求。
6. 销售佣金的内部分配严格按照既定方案执行，且公正、公开、公平、合理。
7. 营销系统团队建设和业务整合到位，各项工作有序开展，且绩效达到预期目标。
8. 在对外业务交往中，不使公司利益或形象受到损害。
9. 公司其他计划目标的完成。

五、岗位工作关系

（一）内部关系

1. 所受监督：在本职业务工作开展中接受总经理的指导、监督。
2. 所施监督：对直接下级及系统人员工作的开展实施指导、监督。
3. 合作关系：在行销计划和推广方案的实施、营销费用审核、营销系统业务工作开展等方面与公司相关中高层管理人员发生合作关系。

（二）外部关系

1. 与政府相关职能部门、新闻媒体、广告公司、策划公司的业务合作关系。
2. 与销售型客户、媒介型客户、大额自用型客户发生业务合作关系。

六、岗位工作权限

1. 对营销系统所属资源的管理权和调配权。
2. 对直接下级的人事任免权。
3. 对直接下级的工作分配、指导、监督、考核权。
4. 对公司营销系统各项具体业务的决策权。
5. 对经公司决定的营销事项的执行权。
6. 对公司营销决策的建议权。
7. 向直接上级的工作汇报权。
8. 代表公司与外界相关部门和机构的联络与业务开展权。

七、岗位工作时间

在公司制度规定的正常上班时间内工作，因需加班。

八、岗位工作环境

大部分时间在办公室工作，因需出差。

九、知识及教育水平要求

1. 具有全日制教育经济管理学相关专业（工商管理、市场营销、公共关系）大学本科以上学历。

续表

 2. 具备市场营销、品牌传播、公共关系、渠道管理、商务谈判、财务管理、人力资源管理、消费心理学、广告学等领域知识。
 3. 具备计算机常用办公知识。
十、岗位技能要求
 1. 具备十年以上相关工作经验,其中担任部门经理或以上职位五年以上管理经验。
 2. 对市场营销工作有深刻认知,具有敏锐的市场感知、把握市场动态和市场方向的能力。
 3. 具备较强的市场分析和判断能力,较强的产品调研、分析与策划能力,较强的组织协调和思考决策能力,较强的商务谈判与营销策划能力,较好的语言表达和文字处理能力。
 4. 有密切的媒体合作关系,具备大型活动的现场管理能力。
十一、个性特征
 1. 体魄强健、精力充沛。
 2. 性格直爽、豁达乐观。
 3. 主动积极、意志坚强。
 4. 思维敏捷、逻辑性强。
 5. 善于分析、勇于创新。
 6. 严谨敬业、忠诚守信。
 7. 敢于责任、承担使命。
 8. 富有团队合作精神。

阅读材料 6-7

×××公司董事长秘书职位说明书

职位名称	董事长秘书	职位代码		所属部门	董事长办公室
职系		直属上司	行政经理	直接下属	无
晋升方向	行政主管	候选渠道		轮转岗位	
工资标准		填写日期		任职人员	
内部关系:公司各部门、行政经理					
外部关系:上级单位、新闻媒体					
职位概要: 协助行政经理完成公司行政事务性工作及部门内部日常事务工作。					
岗位职责: 1. 服务于董事长办公室,包括董事长来往信件的整理/保管、办公室内卫生、绿化的管理工作。 2. 按规定接听电话、记录信息、接待访客等。 3. 记录和整理公司级会议的相关内容。 4. 负责董事长的日程安排,为董事长接见访客做好预约工作。 5. 组织和安排总经理以上级别会务工作,并对决议事项进行催办、查办和落实。 6. 及时流转董事长签批的文件。 7. 订阅和分发公司各部门报纸杂志。 8. 协助行政助理策划和安排公司大型活动。					

续表

9. 完成直属上级交办的临时性工作。
工作权限： 1. 评估公司管理水平并提出改进的建议权。 2. 董事长行程的安排权。 3. 董事长办公室的管理权。 4. 对公司会议决议内容的跟踪监督权。
关键业绩指标： 1. 董事长办公室卫生质量。 2. 会议记录的准确性、流转的及时性、监督落实及时性。 3. 董事长签批文件流转的及时性。 4. 董事长办公室文件整理的规范性。 5. 报纸杂志分发的及时性。 6. 电话接听礼仪的规范性。 7. 出勤率。 8. 部门合作满意度。 9. 重要任务完成情况。
任职资格 　　教育背景：文秘、管理等相关专业大学本科以上学历。 　　培训经历：受过管理学、公共关系、文书写作、档案管理等方面的培训。 　　经验：2年以上高级秘书工作经验。 　　技能技巧：良好的时间管理能力；优秀接待公关礼仪；擅长撰写对内/外公文；良好的中英文写作、口语、阅读能力；熟练使用办公软件。 　　态度：工作细致认真，谨慎细心，有条理性、责任心强；具有很强的人际沟通、协调能力，团队意识强；保密意识强。

▶ 案例讨论

谁是合适的业务员

小陈刚毕业两年，以前是省会城市负责小店渠道的业务员，由于工作表现出色，最近刚刚被公司派驻到 A 市担任城市经理，他所在的公司生产的产品以饼干类的休闲食品为主，价位中等。A 市是一个位于中部地区的地级市，经济基础一般，但近两年发展不错。市内有六家大型卖场和两家连锁超市，各有十多家分店，公司产品在这些大卖场和超市的销售情况不错，同类品牌销量排名在前三位，超市销量占到了总销量的 70%，而且每年还有一定程度的增长。但是作为另一个主渠道的小店销售状况一直不佳，该市小店总数大约有 2 000 家（包括郊区），铺货率也一直很低。公司在当地有一个合作 5 年的区域代理商，配合一直不错，该经销商同时经营其他 4 个品牌，包括一个瓜子品牌和一个纯果汁饮料，还有两种进口橄榄油。经销商共有三名业务员，两名负责商场超市，一名负责小店。经销商的优势渠道在于商场超市，对于小店开发一直缺少力度。在小陈到来之前，公司没有在该区域派驻专门的城市经理。小陈的任务就是年内销量增长率达到 30%，高于上一年 10% 的水平。公司已经批准了小陈的市场拓展计划和相应的费用计划。该计划的核心有两个，一是通过在商场超市进行消费者促销活动，二是通过进行一些直接面对终端的渠道促销，协助经销商进行网络建设，从而加强小店铺货率，利用双管齐下的方法来提高销量。公司还同意他在当地招聘两名业务员以便更好地开展工作，业务员的工资标准高于当地行业平均水平。小陈希望两名业务员一人负责商场超市渠道，一人负责小店渠道，而业务员的主要工作职责就是进行促销活动的管理和协助经销商进行网络的开发，直接向小陈负责，与经销商是协作关系。公司会为新入职人员进行为期一周的培训。

自从招聘消息发出以后，很多人应聘，经过初步筛选，小陈约其中六人进行面试。由于以前没有面试主考经验，他邀请好友老李协助。经过一个下午的工作，两人对于六名应聘者都有了初步的印象：

A：男，24岁，大学专科营销专业刚刚毕业，综合素质不错，个性比较灵活，口才较好，对于这份工作抱有较高期望，希望能够大展拳脚，发挥在学校学习到的专业知识，在学校也做过多次兼职促销工作，有一定的促销活动经验。

B：男，27岁，高中毕业，曾经在某知名消费品公司担任负责小店的零售代表三年，个性比较忠厚老实，感觉主动性不够，沟通能力较弱，所以在原公司一直没有提升。

C：女，22岁，中专毕业，正在自修成人大专，曾从事保险和化妆品销售两年，个性积极主动，沟通能力不错。

D：男，35岁，高中毕业，某国有企业下岗工人，个性踏实，但灵活性不足，家庭经济负担较重，在经销商手下做业务员已经两年，负责小店渠道，工作兢兢业业，经销商评价很好，因为公司的工资水平高，希望转为公司的业务代表。

E：女，28岁，高中毕业，从事过工业品和保健品的销售工作，对于促销活动的组织较有经验，感觉为人很精明，是经销商推荐的。

F：男，26岁，大学毕业，原从事企业行政工作两年，后在一小型快速消费品公司从事K/A业务代表半年，自述因为公司做事非常不规范，工作难于开展而离职，个性爽朗活跃，感觉很有想法。

面对这六个候选人，小陈陷入了矛盾之中。

资料来源：范武林. 谁是合适的业务员. 销售与市场，2004，(23)：27～31.

➢ 讨论

1. 这两个职位，最需要具备的是哪几项能力？
2. 如果你是小陈，你会选择哪两位？为什么？

模拟设计：

选定一个你感兴趣的职务或岗位，运用本章的知识模拟设计工作描述和工作规范。

➢ 思考题

1. 如何编写工作描述？
2. 如何编写工作规范？
3. 如何编制职位说明书？
4. 如何编制不同组织、不同部门的职位说明书？

第七章

职位评价的流程

学习目标

1. 理解职位评价的作用。
2. 陈述职位评价的内容。
3. 描述职位评价的流程。
3. 学会运用职位评价指标体系。
4. 模拟撰写职位评价方案。

导读案例 7-1

职位评价:让人本管理有据可依

泰州市海天广告公司是一家专业从事信息传播服务、广告设计制作、媒体代理和发布的企业,由于对市场的敏锐把握,其从1993年创立以来取得了良好的业绩,随着公司的发展壮大,员工人数大量增加,众多的组织问题和人力资源问题逐步凸现出来。海天广告公司存在的主要问题表现为:

(1)组织结构混乱、职位层次不清、职位职权不明。公司现有的组织结构,是基于创业时的规划,有些部门和职位的设立没有一个规范的标准,职位之间的职责与权限缺乏明确界定,扯皮推诿现象不断发生,职位的价值也没有明确的主次之分,部分职位的管理幅度过窄,部分职位又兼职其他诸多职位。

(2)在用人机制方面,公司很大程度上没有市场化、社会化,个别职位的员工流动不自由,不能优胜劣汰。由于对关键的管理职位的评价价值过低,过分注重业务职位,轻视管理职位,缺乏高层次的管理人才。

(3)缺乏一套完善、合理的绩效考核体系。由于各部门的职责分工不明确,各职位的价值关系不一,对绩效目标分解不能到岗到人,绩效考核更多的是流于形式,考核结果也未能与各职位的薪酬、晋升、培训等挂钩。

(4)工资体系没有合理设计,激励作用有限,员工流失现象极其严重。由于公司没有一套职位评价机制,职位的级别层次也不明确,员工的工资几乎是老板说了算。薪酬的设置缺乏内部公平性，各职位之间的工资呈现严重的两极分化现象，甚至有的职位的工资与职位的贡献成反比。

(5)缺少对员工培训的系统安排及职业发展规划。由于各职位的价值不明确，公司对有的职位价值评定过高，对有的职位价值评定又过低，新员工刚进入公司没有系统的培训过程，对职位的适应期过长，员工的个人发展不能得到有效提升。

资料来源：杨卫. 岗位评价：让人本管理有据可依. 人力资源管理，2008，(7).

上述材料显示海天广告公司缺乏对职位价值进行有效的管理，职位相对价值不明，从而导致薪酬体系设计不合理，员工缺乏有效的激励。

在一个企业中，职位名称很多，人们常常需要确定一个职位的价值，如想知道一个财务人员与一名营销人员相比，究竟谁对企业的价值更大，谁应该获得更好的报酬。如果海天广告公司能够运用职位评价的方法和技术对管理职位、业务职位的相对价值进行科学的评价，并在此基础上建立薪酬体系，就可以为构建能产生激励作用的管理体系奠定良好的基础。不仅如此，在企业中，协调各类职位之间的关系，进行科学规范的管理，也必须进行职位评价，使职位级别明确。通过评价，可以明确各个职位的门类、系统、等级的高低，使工作性质、工作职责一致，把工作上所需资格条件相当的职位都归于同一等级，这样就能保证企业对员工进行招聘、考核、晋升、奖惩等管理时，具有统一尺度和标准。职位评价对一个企业在"选人"、"育人"、"用人"、"留人"方面均有重要的作用。

第一节 职位评价的目的和意义

在企业中，往往会遇到这样的问题："职位相同而待遇不同"；"同样的职位在公司总部与子公司的价值不同"；"不同的职位，如生产经理与市场经理相比，谁对企业贡献更大？谁应该得到更多的报酬？"这些问题需要通过"职位评价"技术来解决。

一、职位评价的概念

"职位评价"(job evaluation)源于以泰勒为代表的科学管理原理。20世纪80年代开始，西方国家的公平报酬法——类似的工作内容需要同等报酬，在职位评价的发展中起到了重要的推动作用。我国企业在改革开放之前，企业职工的收入分配存在着"平均主义"、"大锅饭"的问题，不能体现"按劳分配，多劳多得"。职工缺乏激励，工作积极性不高，工作效率不高。无论是企业内部还是外部都要求"同工同酬"。否则，企业难以留住人才。因此，企业既需控制薪酬成本，又要保持其薪酬竞争力。"职位评价"成为有效的企业薪酬管理的基础，是企业人力资源管理"3P模式"[1]中的重要因素之一。如图7-1

---

[1] 3P模式，即以职位管理系统（position evaluation system）、绩效管理系统（performance appraisal system）和薪酬管理系统（pay administration system）为核心内容构成的人力资源管理系统。

所示，3P模式的人力资源管理：职位管理系统、绩效管理系统以及薪酬管理系统这三大系统是企业人力资源管理最重要的三个方面。其中，职位管理是绩效管理特别是薪酬管理的基础。

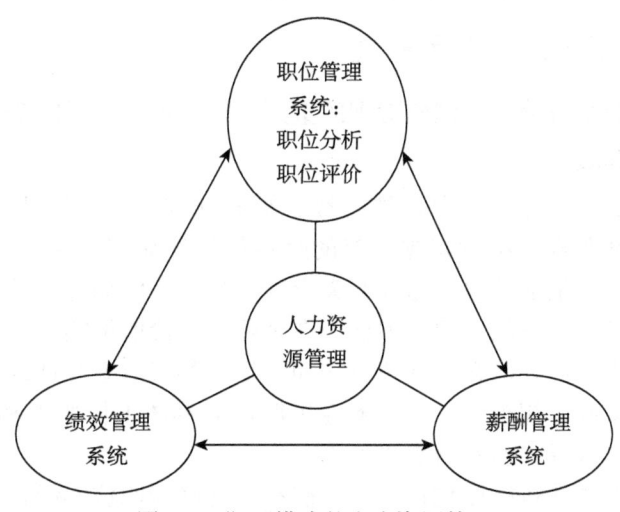

图7-1 "3P"模式的人力资源管理

职位管理中，职位分析的结果是对组织内所有职位的工作职责、内容、特征、环境和任职资格进行明确的界定。

职位评价又被称为工作评价、岗位评价，是在职位分析的基础上，评定企业内各个职位之间相对价值的过程。

二、职位评价的目的

职位评价的对象是职位，而不是任职者。职位评价的目的是按照一定的客观衡量标准，对职位的工作任务、繁简难易程度、责任大小、所需资格条件等方面进行系统评比与估价，以确定每个职位的相对价值。它反映各职位对企业贡献的相对比率。例如，"哪些职位对企业战略目标的实现具有重要作用？""哪些职位对业务、技能水平和管理水平有更高的要求？""现有职位上的人员是否符合职位任职要求？"等。它利用科学的评价手段得到各个职位的薪点[1]作为员工薪酬支付的依据，以建立企业内部公平合理的薪酬结构；同时，也作为企业员工绩效管理的基础。

此外，职位评价还有一个容易被忽视的目的，即让员工感受到岗位评价的科学性[2]。因为职位评价的首要用途就是确定职位的薪酬，薪酬的设计必须满足内部公平。作为薪酬设计基础的职位评价如能够让员工感受到评价过程的科学性，也就增加了员工们对评价结果的信任程度，因此也会增加薪酬系统的接受程度。

职位评价要达到三个平衡：①外部平衡，即企业给付员工的薪酬与同行业的市场价格相比，具有合理的可比性。②内部平衡，即企业给付员工的薪酬与岗位的相对内在价

---

[1] 薪点——企业计算薪酬的基本单位。
[2] 陈庆. 岗位分析与岗位评价(第2版). 北京：机械工业出版社，2011：6.

值相符合。③个体平衡，即对于从事同一职位的员工，企业给付员工的薪酬须体现人的特质不同所创造的价值不同，即胜任力强的员工的薪酬比胜任力弱的员工的薪酬要高。一般情况下，个体平衡主要是通过调薪来实现的。

三、职位评价的作用及意义

职位评价是企业薪酬管理与绩效管理的重要前提，具有以下四个作用。

（一）确定职位等级

职位等级常常被企业作为划分薪酬等级、福利标准、出差待遇、行政权限等的依据，甚至被作为内部股权分配的依据。有的企业仅仅依靠职位头衔称谓来划分职位等级，而不是依据职位评估的结果，这样有失准确和公平。例如，在某企业内部，尽管财务经理和销售经理都是经理的职位，但他们在企业内的价值可能并不相同，所以职位等级理应不同，薪酬也不同。而在不同企业之间，尽管都有财务经理这个职位，但由于行业不同、企业性质不同、规模不同、财务经理职位的具体工作职责和要求也不尽相同，所以职位级别也应有差异，薪酬自然也不同。

只有通过科学的方法进行职位评估，才能有效地确定职位等级。

（二）构建内部薪酬公平的基础

导读案例 7-2

工作分析——三个和尚抬水吃

在职位级别差不多的情况下，没有人会愿意主动挑水，安排挑水任务后仍然会出现上有政策、下有对策，人浮于事、效率低下等问题。这大都是因为职责不清、任务分配不当、考核粗放造成的。那么，如何使大家主动把水挑好？

◆以工作分析明确职责

胖和尚洒扫，瘦和尚知客，小和尚诵经，唯独没人挑水。

在Z经理领导的销售部门中，员工A负责终端卖场的零售促销，B负责批发业务，C负责货款回收，D负责统计，E负责客户服务，各位配合顺畅，忙得不亦乐乎。虽然年末业绩略有下滑，但全年销售可观，年末兑现报酬，大家过了一个舒心年。满怀热忱准备迎接新一年的工作时却突然发现，竞争对手的广告铺天盖地，产品充斥各大卖场，包装新颖，优势明显。从吃惊到冷静，Z在分析了现状后，请员工献计献策。D发言：其实我早注意到对手公司的情况，他们在去年10月份就着手招聘，发展销售网络；B谈到：去年末出现苗头，一些老客户都要求降低价格，并与其他公司销售政策攀比；A也表示：我们的产品优势不大，市场必然萎缩。"你们为什么不早说？"Z只能暗自无奈。

从不同渠道，大家都注意到了相同的问题，但在没有专人负责，职责没有落实的情况下，工作必定被动。因为市场复杂多变，每一个环节，各环节中的每一个要点都可能发展成为影响成败的关键。因此，必须通过工作分析将工作内容流程化，深入剖析每一个环节，事事有人做。

◆ 以工作评估确定职位等级

经过分析，安排专人挑水必要而且重要，职责落实到了用水最多的胖和尚身上。但胖和尚提出，原来大家工作量差不多，香火钱均分。现在我工作量加大了，应该多分一点儿。

原来公司办公室打字员F的工作比较单纯，只负责打字、复印。随着企业组织机构改革，裁减不必要的岗位，除了原来的工作，F还要负责管理行政档案，收发传真等，工作内容一下子变得丰富而又琐碎杂乱，忙时还要加班。然而，工作忙了，岗位级别并没有提高，工资也没有多拿。环顾四周，同部门的总机话务员G还是那样轻松，工资也没减少。"不公平啊！"F轻叹。

通过定员瘦身提高工作效率，如果没有配套的措施，可能会出现工作积极性下降的现象。因此，工作内容、工作性质发生变化，就需要重新进行职位评价，使职位等级达到内部公平，并去除忙闲不均的情况。

资料来源：胡玉杰．三个和尚抬水吃——四种常见的团队难题．中外管理，2004，6.

职位评价要解决的是薪酬的内部公平问题，组织要通过职位评价使员工相信：每个职位的价值反映了该职位对企业的真实贡献，以提高员工与员工之间、管理者和员工之间对薪酬管理的满意度。在通过职位评价得出职位等级之后，就便于确定职位工资的差异了。当然，这个过程还需要薪酬调查数据做参考，以保证薪酬内部公平，且对外也具有竞争力。国际化的职位评价体系（如HAY系统）采用的是统一的职位评价标准，使不同企业之间、不同职位之间在职位等级确定方面具有可比性；在薪酬调查时也使用统一标准的职位等级，为薪酬数据的分析比较提供了方便。

(三) 宽带薪酬设计的必要前提

宽带薪酬设计是指对多个薪酬等级及薪酬变动范围进行重新组合，从而变成只有相对较少的薪酬等级以及相应的较宽薪酬变动范围。宽带薪酬结构的设计只有对职位进行准确的评价并分级才能进行。

(四) 为员工职业生涯的发展提供参照

员工在企业内部跨部门流动或晋升时，也需要参考各职位等级。明确的职位评估标准，便于员工认识企业的价值准则，以及该怎样努力才能获得更高的职位。例如，与财务管理有关的职位变化层级为：出纳—核算会计—总账会计—核算中心主任—财务部长。财务从业员工可以很明确地了解从组织基层到高层的发展路径，从而帮助个人的职业发展。

此外，职位评价具有以下战略意义：①战略发展需要的核心能力决定职位评价方案的核心内容；②通过职位评价强化组织成员对权责体系的认识；③发挥职位评价的导向作用，提高流程运行效率；④职位评价有助于引导员工行为，提高员工对薪酬的满意度，实现薪酬体系的内部一致性；⑤有限目标，有限责任。可见，职位评价可以将不同职位的价值进行量化，对职位进行归类分级，使职位的量值转化为货币值，为建立公平的薪酬体系提供依据。同时，职位评价过程中的要素能为员工的职业发展指明方向。

四、职位评价的原则

职位评价是一项技术性强、涉及面广、工作量大的活动。这项活动不仅需要大量的人力、物力和财力,而且还要应用许多学科的专业技术知识,牵涉到很多的部门和单位。为了保证各项实施工作的顺利开展,提高职位评价的科学性、合理性和可靠性,在组织实施的过程中应遵循以下原则。

(一) 对事不对人

职位评价针对的是工作的职位而不是目前在这个职位上工作的人。以人为对象的评价属于绩效评价、人员素质测评的范畴。职位评价会涉及人,但评价的过程是"就事论事",只对职位中的任务进行评价。

(二) 标准化原则

标准化是现代科学管理的重要手段,是现代企业劳动人事管理的基础,也是国家的一项重要技术经济政策。标准化的作用在于能统一技术要求,保证工作质量,提高工作效率和减少劳动成本。显然,为了保证评价工作的规范化和评价结果的可比性,提高评价工作的科学性和工作效率,职位评价也必须标准化。职位评价的标准化就是衡量劳动者所耗费的劳动大小的依据,以及对职位评价的技术方法、特定的程序或形式做出统一规定,在规定范围内,作为评价工作中共同遵守的准则和依据。职位评价的标准化具体表现在:评价指标的统一性、评价标准的统一性、评价技术方法的统一规定和数据处理的统一技术等方面。

(三) 完备性原则

职位评价因素定义与分级表上的各项因素,彼此间是相互独立的,各项因素都有其各自的评价范围,这些范围彼此间是没有重叠且没有遗漏的。

(四) 实用性原则

评分因素应尽可能结合企业的实际,这需要在实际打分之前,对专家小组成员进行培训。项目组与专家根据该企业的实际情况,对职位评价因素定义与分级表的各类因素的权重和各个因素的定义进行协商讨论,尽可能切合实际。

(五) 保密原则

由于薪酬设计的极度敏感性,职位评价的工作程序及评价结果在一定的时间内应该是处于保密状态。当整个薪酬制度的设计完成之后,职位的分布应该公开,使全体员工都了解到自己的职位在公司的位置。

职位评价的过程"只见事,不见人",反映的是科学管理的思想。为了使企业能够做到"以人为本",除了做好以科学的职位评价为基础的薪酬管理外,还应同时做好企业文化建设以及对特殊技能人员的奖励等激励措施。

五、职位评价系统

职位评价是一个系统,由评价指标、评价标准、评价技术方法和评价结果四个子系统构成。如图 7-2 所示，四个子系统相互联系、相互衔接、相互制约。职位评价系统既从属于企业劳动管理系统，又从属于企业管理大系统。

(一)职位评价指标

在对一个职位进行评价之前，首先要分析其各种影响因素，形成评价指标。职位评价指标是整个职位评价系统的基础。

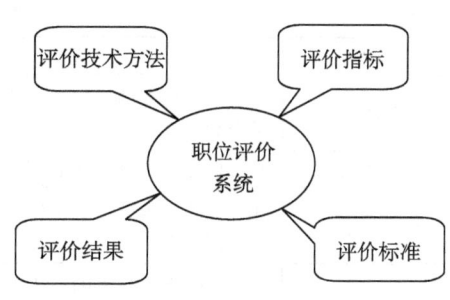

图 7-2 职位评价系统

(二)职位评价标准

职位评价标准是指由有关部门对职位评价的方法、指标及指标体系等方面所做的统一规定。它包括评价指标标准和评价技术方法标准。任何同类事物之间的比较都必须建立在统一的标准上，以保证评价工作的正确性和评价结果的可比性。因此，职位评价也必须采用统一的标准进行评价。用国家已颁布的有关标准和行业标准作为评价标准，并应用国家标准规定的方法和技术进行评价。对于暂时还没有国家标准的部分，则根据制定国家标准的基本思想和要求制定统一的评价标准。

(三)职位评价技术方法

职位评价的要素较多，涉及面广，需要运用多种技术和方法才能对多个评价要素进行准确的测定或评定，最终做出科学的评价。这些方法涉及劳动组织、劳动心理、劳动卫生、环境监测、数理统计知识和计算机技术等领域。常见的有职位排列法、职位分类法、岗位评分法、因素比较法等(详见第八章)。

(四)职位评价结果的加工和分析

职位评价过程中每一个环节得到的数据资料都需要整理。通过对数据的加工和分析能够将不同职位的区别和联系用数量关系表示出来，明确地反映不同工作性质、不同工作责任、不同工作环境和不同工作场所的职位劳动之间的区别与联系。评价结果的分析研究工作是对整个评价工作的综合与分析，分析质量的好坏直接影响着评价结果的合理运用程度。

第二节 职位评价的内容与流程

一、职位评价的内容

要评价各个职位的相对价值，需要了解该职位的任职者在生产劳动过程中所应用的智力与消耗的体力，同时了解该职位受到其劳动环境和其他因素影响的程度。职位评价就是对各个职位的劳动特点进行分析并量化为可计算的数值，数值计算的结果即为薪点。薪点越高，职位的相对价值越大。各职位的劳动特点通常被归纳为四大要素，即劳动技能/职位胜任力、职位责任、劳动强度和劳动环境；也有一些行业的职位评价需要加入第五个因素——劳动心理。职位评价的要素及其内容见表 7-1。

表 7-1 职位评价内容

要素	说明	评价内容
劳动技能	职位对劳动者的知识、技能、能力等要求的总和	专业、学历、工作经验、操作技能、技术等级等
职位胜任力	核心能力、知识、个性、职业素养等	成就动机、诚信度、专业知识、情绪智力等
职位责任	担任该职位的员工对工作中的行为和结果应承担的责任	质量、产量责任，设备使用责任，经营管理责任，安全责任，原材料消耗责任等
劳动强度	劳动者体力、脑力的压力；劳动者的机体生理负荷程度；单位时间能量消耗等	有效工时利用率、劳动姿势、劳动紧张程度、工作班次等
劳动环境	职位劳动所处的环境条件，对劳动者危害程度	外部环境，粉尘、高温、有毒物、噪声等其他风险
劳动心理	劳动者在社会中所处的地位和人与人之间的关系对劳动者工作在心理上的影响程度	择业心理 择岗心理 职位心理

职位评价内容分为以下四大要素。

(一)劳动技能/职位胜任力

劳动技能或职位胜任力是职位对任职者的要求。目前，大多数组织使用"劳动技能"的要素名称，指职位对劳动者的知识、技能、能力方面等要求的总和。知识，即理解自然和社会的运动原理与规律，如生产管理知识、写作常识等。技能，即通过练习获得的能够完成一定任务的动作系统，如焊接、电脑操作等。能力，即顺利完成某一活动所必需的主观条件，如创新能力、管理能力等。

职位胜任力在 20 世纪 70 年代被提出，在一些管理基础较好的跨国公司会应用"胜任力模型"为职位挑选其胜任者。职位胜任力包括的内容更全面，其包括任职者的能力、知识、个性、职业素养等多方面的综合。例如，某公司"品牌经理"职位胜任力模型设计为：职业素养，包括诚信度、成就动机、激情等；核心能力，包括市场分析能力、系统思考能力、创新能力等；心理素质，包括情商、工作风格、个性特征等；知识素质，包括市场营销、法律、财务等。图 7-3 是某公司的分层分类能力要素。

(二)职位责任

职位责任指职位担任者对工作中的行为和结果应承担的责任，表现为员工对最终决策或行动的控制或影响程度，如承担主要责任、共同承担责任，或仅仅是发挥间接影响。职位责任也因行业不同而有不同的侧重点。

(三)劳动强度

劳动强度指劳动者体力、脑力所承受的压力；劳动者的机体生理负荷程度；单位时间能量消耗等。

体力劳动强度的大小是以劳动强度指数来衡量的。劳动强度指数是由该工种的平均劳动时间率、平均能量代谢率两个因素构成的。劳动强度指数越大，体力劳动强度也越大；反之，体力劳动强度小。

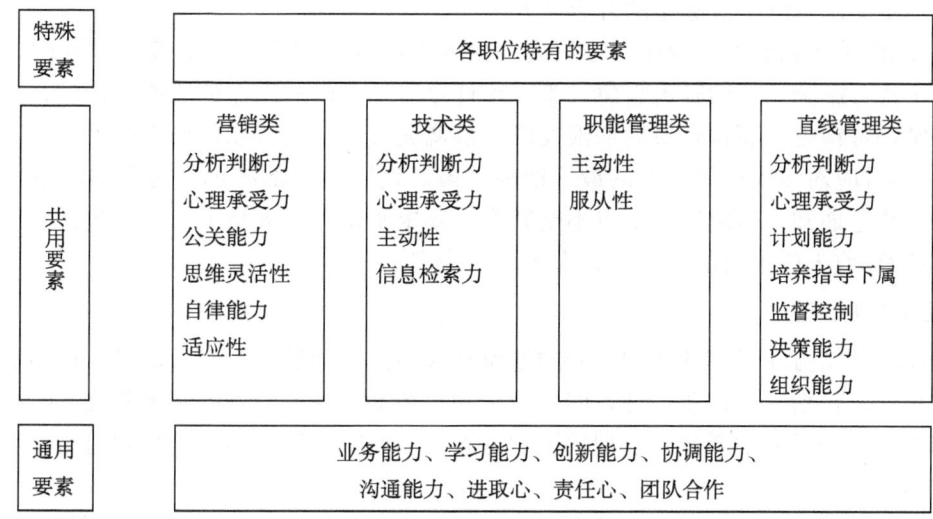

图 7-3 某公司分层分类能力要素体系

(四)劳动环境

劳动环境指的是劳动者所在的劳动场所的外部环境条件,主要是指对劳动者身心健康产生影响的各种有害因素。通过各种有害因素的危害程度的测定对劳动环境做出评价。劳动环境不同,在相同时间内其他劳动因素不变,所需付出的劳动消耗量是不同的。在较差的劳动环境中,就要付出更多的劳动。同时,可能受到生理、心理的伤害。例如,某企业劳动环境评价内容设置如下。

1. 安全性

(1)无危害环境(对人员健康不存在特别的危害)无需特殊防护。

(2)最低限度地暴露于有害环境(存在某些刺激物)由该职位特性决定的固有危害,即高分贝噪音、照明不足、强光照射、工作环境污秽、受尘埃、烟雾等影响(不考虑临时或可控制的情况)。

(3)中等程度的健康危害(所受伤害需专业治疗,然而通常并不造成大量工作时间的损失)需特定防护,即防护服、安全眼镜等。

(4)频繁暴露于有害环境且造成严重伤害(所受伤害需专业治疗或住院治疗)需经常性的防护措施,即全天候的面罩、安全眼镜及/或听觉防护。

(5)高度危害或终身伤害(暴露于诸如强电击、爆破或高空下坠等高危环境)针对日常操作设有特殊的防护措施。

2. 稳定性

(1)相当稳定:日程、工作量或工作重点很少发生变化;除日常工作外,无外加最后期限;能够预计新工作任务;面对最低限度的干扰或不可控的间断;极少面临时间要求方面的冲突。

(2)变化可预见:面对例行工作期限;通常具备足够的间隔时间;工作量会出现季节性和可预见的变化;虽存在某些干扰,仍可预计工作重点;差旅或加班会得到提前通知；可能定期出现棘手或尴尬的外界意外事件。

(3)工作重点频繁发生变化：最后期限由外部施加，即个人无法控制时限的设定与修改；干扰可影响工作的轻重缓急；难以预计今后几天内的工作性质或工作量；差旅或加班通常仍可预见；而符合最后期限要求并协调无关活动对该职位而言至关重要。

(4)同时应对多项重要任务的最后期限：最后期限由外部施加；时限的确定与更改往往临时紧急通知，造成工作重点不断转变；要求密切关注大量干扰；可包括频繁而辛劳的差旅及/或未曾预见的加班；日常工作压力突出。

(五)劳动心理

劳动心理指劳动者在社会中所处的地位和人与人之间的关系对劳动者工作在心理上的影响程度，包括：①择业心理，即岗位劳动对劳动者择业心理的影响程度。②择岗心理，即岗位劳动对劳动者择岗心理的影响程度。③职位心理，即职位位置对劳动者心理的影响程度。

不同行业的组织、不同性质的企业应根据各自的特点确定评价内容。例如，高科技企业较侧重于对就职人员在知识、技能及能力方面的特征。生产型企业较侧重于责任与劳动强度。化工企业、建筑企业、冶金企业等必须重视劳动环境的评价。

例如，一个高新技术企业根据"能力付酬"为主、"结果付酬"为辅的价值导向，将评价内容确定为六项[①]：①知识与技能；②影响与责任；③解决问题与制定决策；④行动自由；⑤沟通技能；⑥工作环境的安全性与稳定性。

二、职位评价的流程

职位评价工作是一项很重要且较复杂的基础性工作，首先需要组织的大力支持；其次，参与人员要具备较高的专业素质；最后，要遵循科学的流程。科学的职位评价流程可以使组织对这项工作进行有效的控制，提高工作效率，节约操作成本。结合国内外学者的观点及企业和知名管理咨询公司的职位评价成功案例，职位评价的流程应包括如下内容，即准备工作、人员培训、评估实施、总结与反馈。职位评价的流程如图7-4所示。

(一)准备工作

职位评价涉及面大，几乎是企业的方方面面，关系到每个人的切身利益。因此，工作人员要事先做好思想发动，让每位员工清楚地了解职位评价的意义、目的、作用等，得到广大员工的支持和配合——做到领导重视，人人关心，并能跟踪参加。在准备工作阶段，要完成以下工作。

1. 确定待评职位

对组织中的所有职位进行清理，找到哪些职位需要评价，列出待评职位的名称目录，确保无遗漏。如果组织的职位不多，可以全部纳入评价范围；如果组织职位较多，可以选出有代表性的标杆职位10~12个进行评估，并且分布在组织的各个层级，并涵

---

① 郑志宝，职位评价案例分析. http://www.chinavalue.net/，2009-06-10.

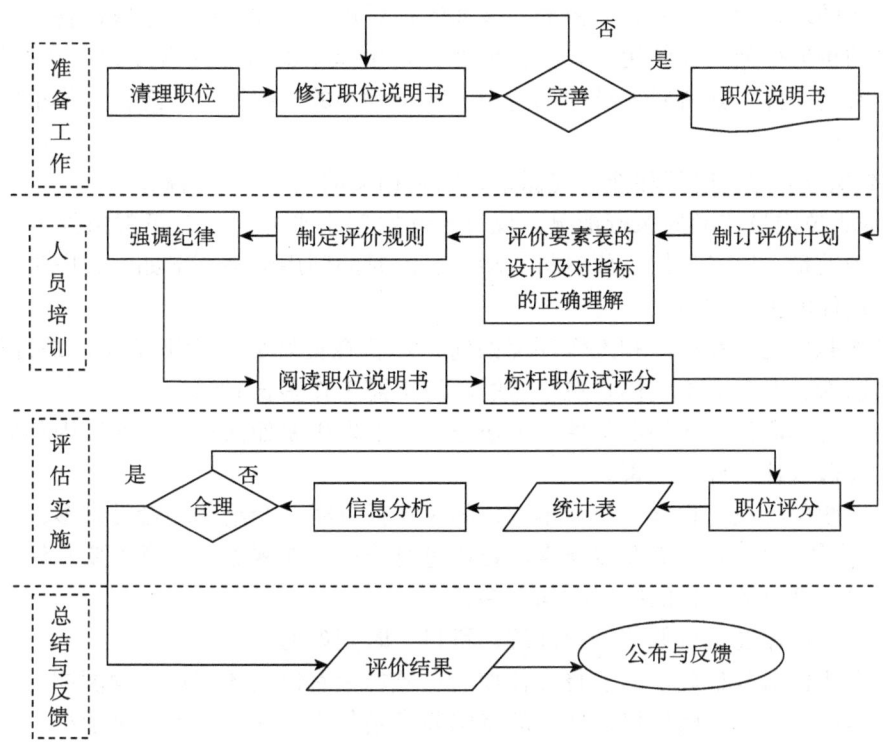

图 7-4　职位评价流程

盖企业的各职位系列。

2. 完善职位说明书

职位说明书的完善是职位评价的前提。职位说明书应涵盖下列信息。

(1) 职位名称、编码。

(2) 职位所在的厂、车间、科室、工段、作业组及工作地,以及这些组织所具有的职能、所执行的任务。

(3) 担任本职位人员的职务,担任相同职位的人数。

(4) 本职位过去若干年内的使用人数、出勤率、加班情况,离岗退休、辞职、升迁、调动的情况如何,产生的原因是什么。

(5) 本职位担当什么工作任务;任务的主要项目和内容如何;使用什么样的设备、工具,加工什么产品。

(6) 本职位受谁领导,为谁服务,又领导谁,上下左右的关系如何。

(7) 执行本职位工作的必要条件,包括:①本职位的责任。本职位在企业经营方向上,在科研、设计、生产、检验、管理上,在设备、材料、工具、技术安全上,以及在与他人的工作配合上,承担什么责任。②胜任本职位工作的必备知识。在基础理论方面、专业技术工艺方面、企业经营管理方面、实际操作方面,应具备哪些知识,程度如何。③胜任本职位工作的实际经验,即需要什么样的工作实践经验,有多长时间的经验。④胜任本职位工作的决策能力,即本职位需要在哪些问题上做出决策,决策的困难程度如何。⑤担任本职位工作需要具备的操纵、使用设备、工具仪表、仪器的能力,即设备、器具的复杂程度如何；精密准确度如何；对视力要求如何；这些设备、工具、仪表、仪器的价值如何；在使用中，正常损坏、发生差错的可能性有多大；其后果如何。⑥其他必备的条件，如科研人员的创造力、高层领导的组织能力、经营人员推销产品的能力等。

（8）本职位的劳动时间和能量代谢率，以及相关的生理测定指标。

（9）本职位定员定额的执行情况，现行劳动定额水平如何；在正常条件下工人完成生产任务的数量、质量如何；原材料、动力、工时的利用消耗情况如何；职工的经济利益与工作责任的关系如何。

（10）本职位的劳动环境和工作环境如何；是否在良好的环境下工作；是否有粉尘、噪声、热辐射、有毒有害气体；在恶劣的环境下需工作多长时间。

（11）执行本职位工作的危险性。本职位事故的发生率如何；产生的原因和后果是什么；对人会造成什么样的危害。

（12）本职位的负荷程度。执行本职位的工作任务时，会给劳动者带来多大的负荷量（精神上、肉体上）；是否需要以异常的姿势进行作业；在视觉、听觉上要求注意力集中的程度如何；高负荷工作的持续时间有多长。

（13）本职位需要进行哪些专业训练；科目、时间如何。

（14）本职位对其他职位的监督责任如何；监督中有何具体困难，程度如何。

（15）本职位对员工的体格、体力的特殊要求是什么，如色盲是否可承担。

3. 制订评价计划

（1）确定工作的整体计划。职位评价是非常重要的工作，应首先从整体上做出周密的安排，先做什么、后做什么、怎样做、谁来做、工作中会出现什么问题、应采取什么样的应急措施等，并从资料、人力、物力上做好充分的准备。

（2）建立评价委员会或工作组。职位评价工作委员会负责评价中的具体工作，如职位评价前的职位调查、职位分析的具体工作和评价后的数据处理等。委员会成员的构成直接影响工作质量，因此，这些人员必须能客观地看待问题和分析问题，对组织的职位情况比较清楚，在群众中有公信力和影响力，以保证评价结果的权威性。委员会的构成应考虑工作性质和职能的搭配；人数以18～25名为宜；人员来自组织的高、中、基层，并且基层员工应占多数。

（二）人员培训

职位评价工作非常重要，因此，组织应对参与人员进行充分的培训，培训的内容包括以下几方面。

1. 评价指标的理解

"一千个读者有一千个哈姆雷特"，每个评价人员对评价指标的理解不尽相同，这些理解差异会直接影响到评价结果的准确性。因此，工作人员必须针对指标进行充分的讨论并达成共识。

2. 评价规则的确定

职位评价打分的过程中，每个人的打分存在差异是必然的。因此，工作人员应事先确定一个明确的方差值作为标准，评价结果的方差值低于这个标准即为通过，若高于方差,但平均分合理也可以通过,否则需要重新讨论并打分。

3. 职位说明书的阅读

职位说明书是工作人员了解职位工作内容和职责,并据此打分的重要依据。在评价之前,工作人员应共同仔细阅读职位说明书,必要时可由人力资源管理负责人进行解说,确保每个人对职位有充分的认识,以确保打分的准确性。

4. 工作纪律的遵守

职位评价的结果关系到职位薪酬的确定,影响较大,评价的过程必须强调遵守工作纪律,每位评委独立打分,不得与他人讨论;同时每位评委要做到工作内容保密:在正式结果出来之前,不得泄露任何相关信息,以免在企业内部造成不好的影响。

5. 对标杆职位进行试评分

标杆职位是在组织各个层面具有代表性的职位,能够像链条一样把组织中各个职位的薪酬分布链接起来。因此,在选择这些职位的时候,要在组织低、中、高层和不同类型的职位中进行选择。对标杆职位打分时,若评委们打分结果的离散程度过大,则视为无效,需重新打分。

(三)评估实施

1. 职位评分

职位评分是整个评价过程中工作量最大的任务,因此,工作人员要做好安排。

评分过程的所有环节采取匿名的方式,以保证评委们能够更好地表达自己的观点。但评委既是评价人员又是利益相关人员,难免会有主观倾向。因此,需做到:评分结果公开化;去掉最高分和最低分;设置合理的评价制度,如当一组数据不符合预先制定的标准时,采用少数服从多数的决策方法,可以有效地将单个数值排除在外。表 7-2 是针对某一职位进行评价的样表。

表 7-2 普通文秘职位评分表

职务名称:普通文秘	职务编号:01-03-15	所属部门:公司办公室
因素名称	等级	得分
1. 风险控制的责任	1	10
2. 成本费用控制的责任	1	8
3. 指导监督的责任	1	7
4. 设备安全的责任	2	20
5. 他人安全的责任	1	8
6. 组织协调的责任	2	8
7. 计划决策的责任	2	20
8. 普通教育水平	3	30
9. 专业知识水平	3	30
10. 实践经验	3	25
11. 专业技能	3	30
12. 精力集中程度	3	25
13. 工作压力	4	22

续表

职务名称：普通文秘	职务编号：01-03-15	所属部门：公司办公室	
因素名称		等级	得分
14. 体力劳动强度		1	10
15. 作业姿势		2	8
16. 物理环境		1	8
17. 心理环境		1	5
18. 危险性		1	5
19. 职业病害		1	8
总分			287

表7-3是针对不同的职位进行评分的样表：表中分为四个评分要素，共28个指标，每个指标分别赋予不同的权重，总权重1 000。每个职位在这些指标上的得分可以由评委给出，填写在表格中。

表7-3 职位评分样表

评委编号	评分要素	权重	职位1	职位2	职位3	职位4	职位5	…
1.	责任因素							
1.1	经营损失的责任	60						
1.2	领导管理的责任	30						
1.3	内部协调的责任	35						
1.4	外部协调的责任	35						
1.5	工作结果的责任	40						
1.6	人力资源的责任	30						
1.7	法律责任	30						
1.8	决策的责任	40						
2.	知识技能因素							
2.1	最低学历要求	30						
2.2	知识多样性	30						
2.3	工作经验	35						
2.4	语言表达能力	35						
2.5	计算机知识	30						
2.6	公关能力	30						
2.7	专业技术知识技能	35						
2.8	管理知识技能	35						
2.9	综合能力	40						
3.	职位性质因素							
3.1	工作对企业发展的贡献	45						
3.2	工作压力	40						

续表

评委编号	评分要素	权重	职位1	职位2	职位3	职位4	职位5	…
3.3	工作复杂性	40						
3.4	工作的灵活性	30						
3.5	体力、脑力劳动的强度	35						
3.6	工作地点的稳定性	20						
3.7	工作的创造性	30						
3.8	工作紧张度	35						
3.9	工作均衡性	25						
4.	工作环境因素							
4.1	职业病	25						
4.2	工作时间特征	25						
4.3	环境舒适性	20						
4.4	危险性	30						
总分		1 000						

2. 信息分析

信息分析工作的内容包括：

第一，数据的录入与处理。在数据录入时，应保证至少有两组同时录入，进行对比，以保证数据录入的准确性。数据的录入也要为数据的处理做准备，如标准差的计算。因此，可以使用各种数据处理软件及网络技术来完成。

第二，数据有效性的判断。对通过打分获得的数据是否有效需要进行判断。

第一步，用标准差作为判断的标准。标准差比较大，说明评委们对某一职位在某项指标的认识上存在较大的差异。通常，为了既能保证项目的顺利实施，又能保证数据的有效性，标准差不宜超过10。如果打分结果的标准差大于事先的规定，这一组打分结果作废，重新针对这个项目进行打分。

第二步，所有的数据处理结果出来之后，确定每个职位的薪点，表7-4是某公司职位评分结果排序，所得分值即为薪点值，据此做出整个组织的薪点分布图，图7-5是某企业在进行职位分析的数据处理后，每个职位的得分情况，每个被评价职位的薪点很容易在分布图中找到。

表7-4 某企业评分结果排序

排序	职位名称	分值（薪点）
1	公司总经理	834
2	销售副总经理	735
3	生产副总经理	684
4	服务副总经理	672
5	公司党委书记	660

续表

排序	职位名称	分值（薪点）
6	总会计师	647
7	总经济师	611
8	总裁助理	607
9	A厂厂长	597
10	总工程师	592
11	财务部部长	583
...	...	...

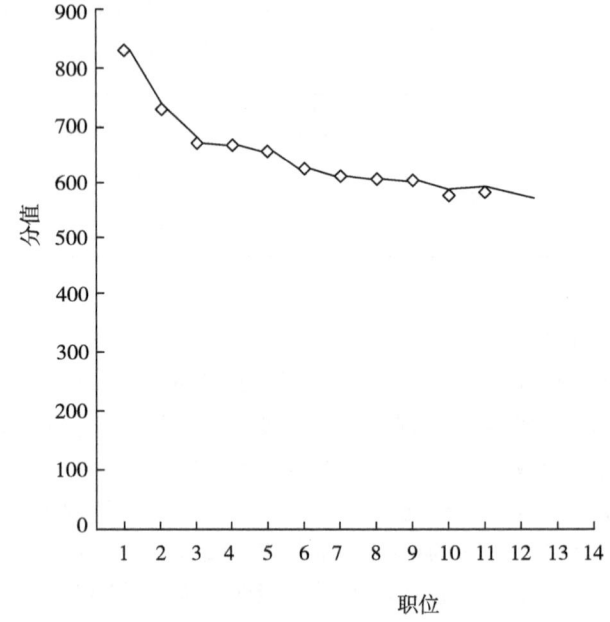

图7-5 某公司职位薪点分布图

评委们对排序是否合理进行讨论，不合理的要重新打分。得出合理的薪点顺序之后，组织将根据这个排序制定薪酬序列。

（四）总结与反馈

职位评价数据分析结束后，职位评价结果需在相关范围内公开并征集意见，由职位评价工作小组汇总成报告，由企业高层讨论、审核及确定最终结果。

第三节 职位评价的指标体系

进行职位评价，要有一系列适用于本组织特点的指标。依据职位评价的内容，职位评价的指标体系通常将前述"职位评价内容"的四个评价要素（劳动技能、劳动责任、劳动强度和劳动环境）作为一级指标。在外企中，采用的多是CRG、HAY、华信惠悦咨询公司（Watson Wyatt）等咨询公司的模式，主要偏重于组织的影响力、责任范围、沟通技巧、任职资格、解决问题难度、工作条件等要素。组织根据自己的特点将一级指标分解为若干二级指标。二级指标还可以再细化为三级指标。职位评价指标体系包括能够全面反映评价要素对职位影响的量化指标及指标分级。

一、职位评价指标体系的特点

(一)普遍性和特殊性结合

构成指标体系的各个指标,既有反映劳动普遍性的指标,又有反映劳动特殊性的指标。普遍性是指职位评价的指标体系都是以职位为对象,以职位劳动过程为内容反映职位劳动量。特殊性是指对于不同的企业,其指标体系的构成也不尽相同,各具特色。

(二)定性指标与定量指标同时并存

职位评价软指标体系包括两种:一种是定性指标体系,即目前尚不能用仪器或技术方法准确测定的指标,主要由人们的主观评价得出,如功能评定,包括劳动责任、劳动技能、劳动心理中的各指标。另一种是定量指标,即可以通过仪器仪表或其他技术方法测定出结果的量化指标,包括劳动强度和劳动环境中的各指标,主要运用技术测定法,所以也可以把这类指标称为测定指标。

(三)相对指标和绝对指标的配合

各指标的权重系数是预先确定的固定值,无论职位各指标的值是大是小,它对各职位来说都是统一不变的;而各指标的评价结果是由各职位相互比较确定的,不同职位相互比较后,其评价结果是不同的。但就权重系数而言,对所有职位都是一样的,它是一个绝对值。

二、职位评价指标体系的设计

(一)评价要素具体化

只有根据评价内容四要素设计一套科学的、有内在联系的、量化的、可比较的、可操作的具体测评指标,才能对职位进行正确的评价。

选择职位评价指标的方法多种多样,目前企业大多数都采用因素分析法。也就是从企业的实际出发,对企业生产和职位劳动状况进行全面分析,并遵循选择指标原则的基础上,找出影响和决定职位劳动状况和劳动量的所有因素,然后确定评价指标。选择过程应该是由表及里、由粗到细、层层分析,即从总体到局部,从粗到细的过程。

构建评价要素指标体系,将职位的各类条件用一个指标体系来表示,尽可能数量化。从理论上讲,指标数量越多,层级分得越细,测评结果就越准确。但从实践来看,指标数过于繁多、层级过细会增加工作量;职位差异界限不明显,反而会影响职位的划分和测评。但是,指标过少、层级粗略,不能全面反映职位情况,难以区分职位差别,也会使测评结果失实。

(二)评价要素分解为各级指标

根据评价的四个要素,通常可以将其分解为如表 7-5 所示的分级指标。

表 7-5 职位评价指标体系

Ⅰ级指标	Ⅱ级指标	Ⅲ级指标
劳动责任	监管责任	管理责任
		人事责任
		岗位责任
		安全防范责任
	经济风险	作业质量造成的经济损失
		作业期限造成的经济损失
		生产设施造成的经济损失
		人身安全造成的经济损失
	工作关系	内部关系
		外部关系
	岗位权限	决策参与程度
		管理决策级别
		工作计划层次
劳动技能	学历水平	
	工作经验	
	能力要求	专业技术能力
		协调与运作能力
		决策与应对能力
	工作创新与开拓性	开拓创新程度
		工作非程序化程度
劳动强度	工作负荷	工作负荷度
		工作复杂度
		工作复合度
	工作强度	身体的疲劳程度
		心理压力
		工作的单调性
	工作频率	
劳动环境	危害程度	
	工作地点	

(三)指标权重的设定

由于企业的行业有差异,即使同类型的企业各自情况差异也很大。因此,每个企业的同类评价指标的重要程度会有差异。某一个评价要素或指标的重要性可以通过赋予其权重来明确。权重数值越大代表这一项越重要。例如，某企业将四个一级指标分别赋予如下权重：劳动责任 40、劳动技能 35、劳动强度 20、劳动环境 5，权重和 100。在不同类型、不同结构的企业中，给不同要素、不同指标赋予不同的权数是十分必要的。一般来说，劳动条件艰苦、劳动密集型的企业，劳动环境、劳动强度方面的指标权重的比重可大一些。机器设备先进、技术水平要求高的技术密集的加工、机械制造业等，则应突出劳动技能方面的指标权重。综合性的联合企业、商业企业、管理部门，可根据实际情况或需要照顾的某一部分，全面考虑，保持基本平衡。此外，有些企业针对生产一、二、三线的不同特点，在测评不同职位时，将同样指标赋予不同的权数。例如，在某电力公司，"工作条件"这一评价指标，在管理职系、专业技术职系与事务职系的评价中被赋予 1% 的权重，而在技能职系的评价中被赋予 12% 的权重。因为技能职系的工作条件比其他三个职系复杂且危险，这一差异应在评价中反映出来。这里需要注意的是，加权要适度，加权过度会使测评结果背离职位的实际情况。

常用的指标权重的设定方法有两种，即 A、B、C 分类权重法和专家调查权重法。

1. A、B、C 分类权重法

该方法是根据"重要的少数和次要的多数"的基本原理确定各因素权数的简便方法，也是在管理统计分析中常用的主次因素分析法。具体步骤如下：

首先，排队阶段。先对各因素进行分析，然后根据企业职位劳动的特点和各因素对职位劳动量的影响程度及其重要程度，将全部因素按其重要性依次排列。

其次，分类阶段。将全部因素划分为三类，即 A 类是主要因素，占全部因素的 10% 左右；B 类是次要因素，占全部因素的 20% 左右；C 类是一般因素，占全部因素的 70% 左右。

最后，权重设定阶段。根据因素分类结果，即可对 A、B、C 三类因素赋予 3、2、1 的不同权重。

2. 专家调查权重法

该方法主要依据德尔菲法的基本原理，选择企业各方面的专家，采取独立填表选取权数的形式，然后将他们各自选取的权数进行整理和统计分析，最后确定出各因素、各指标的权数。

（四）指标的赋值与分级

职位评价通常以 1 000 点为总评分数，依据指标对薪酬给付的重要程度为Ⅰ级指标、Ⅱ级指标等进行配点。总点数＝Ⅰ级指标点数之和＝Ⅱ级指标点数之和＝Ⅲ级指标点数之和…。用于评分的最后一层次的指标需要分级，通常分为 3～6 级，每一级再配点。要求每一相邻等级必须是清晰可辨的。

以某一Ⅲ级指标划分为 5 个等级为例：若该指标被配点 100，则用点数除以等级数即 100 除以 5 得到最低层的点数 20，同时也是各级点数之差，再用级数乘以点数差即得到各级点数：20，40，60，80，100。

例一：A 企业职位评价指标的分解说明

A 企业将四大评价要素分解为 14 个Ⅱ级指标，并进行了定义、分级和配点，总值为1 000点，见表7-6职位评价指标权重、配点与分级。

表7-6 职位评价指标权重、配点与分级

Ⅰ级指标	Ⅰ级配点（权重）	Ⅱ级配点	Ⅱ级指标	Ⅱ级指标分级					
				一	二	三	四	五	六
劳动技能	350（35%）	80	(1)学历	20	40	60	80		
		80	(2)经验	15	30	45	60	75	
		90	(3)专业技能	15	30	45	60	75	90
		100	(4)主动性及创造性	20	40	60	80	100	
劳动责任	400（40%）	120	(5)经营效益责任	0	30	60	90	120	
		90	(6)对他人管理责任	15	30	45	60	75	90
		100	(7)开拓发展责任	20	40	60	80	100	
		50	(8)质量管理责任	10	20	30	40	50	
		40	(9)企业文化建设责任	8	16	24	32	40	
劳动强度	200（20%）	100	(10)脑力强度	20	40	60	80	100	
		50	(11)工作负荷	10	20	30	40	50	
		50	(12)心理压力	10	20	30	40	50	
劳动环境	50（5%）	30	(13)工作场所	15	30				
		20	(14)潜在危险性	5	10	20			

上述表格中的Ⅱ级评价指标分级定义与配点的说明如下。

(1)学历。学历是衡量顺利履行工作职责所要求的最低文化水平，以及职工自学校或职业训练所而不是实际工作中所获得的学业水平，见表7-7学历分级及配点。

表7-7 学历分级及配点

分级	分级定义	配点
一	高中/中专	20
二	大专	40
三	本科	60
四	本科以上	80

(2)经验。经验是衡量工作在达到基本要求后，为获得并熟练掌握本职位(专业)工作的技巧以达到胜任本职位工作的要求，而需要的实际工作经历时间，其中包括开始工作时的见习时间，以及从事相关工作的时间，但不包括在学校内的职业培训时间。见表7-8 经验分级及配点。

表7-8 经验分级及配点

分级	分级定义	配点
一	1年以下	15
二	1~3年	30
三	3~5年	45
四	5~8年	60
五	8年以上	75

(3) 专业技能。该指标衡量岗位对任职人员在经营管理、计划、政策水平、分析判断以及专业技术应用等方面应达到的专业技术水平，见表 7-9 专业技能分级及配点。

表 7-9 专业技能分级及配点

分级	分级定义	配点
一	了解本专业工作内容，照章办事，具有完成一般性工作的能力	15
二	了解和初步掌握本专业工作内容及本专业有关的政策规定，具有简单的分析判断能力，能完成一般性技术管理工作	30
三	熟悉本专业工作内容和政策规定，有一定分析判断能力，能够独立解决处理本专业范围内的问题，受过培训，能独立承担本专业中一般项目的设计、技术、经营管理工作，能完成一般性工作总结报告	45
四	熟悉本专业工作内容和政策规定，具有一定的综合分析和独立判断及解决本专业较为复杂问题的能力，受过一定的培训，有一定的工作经验和开拓能力，能独立承担本部门或本专业较复杂的研究、设计及经营项目，能撰写一定水平的总结、报告	60
五	有较高的政策（技术）业务水平及综合、独立判断和解决处理本专业复杂问题的能力，受过系统的培训，有较丰富的工作经验，具有较强的开拓能力，能够独立主持或组织本部门、本专业内的重大项目的研究和设计，能撰写较高水平的总结、报告	75
六	精通本专业，具有解决重大、疑难问题和全面主持工作的组织能力，受过全面系统的培训，有丰富的工作经验，具有很强的开拓能力，能独立承担集团公司的重点研究课题和特大工程技术项目设计，有较强的综合分析和独创能力	90

(4) 主动性及创造性。该指标衡量工作本身所要求的判断、决定、计划、活动能力，以及所需要的智能程度。主动性及创造性指标分级及配点如表 7-10 所示。

表 7-10 主动性及创造性指标分级及配点

分级	分级定义	配点
一	要求具有较低的主动性及创造性：仅需按照简单的规定行事，具有对简单事项做出决断的能力	20
二	要求具有中等以下水平的主动性及创造性：能够按照若干具体规程行事，具有一般的判断能力和决断能力	40
三	要求具有中等水平的主动性及创造性：工作上具有做出一定规划的能力，具有确保工作正常运转和服务质量的一般决断能力	60
四	要求具有中等以上水平的主动性及创造性：工作上经常需要对非常规的困难工作进行决断，具有较高的规划能力	80
五	要求具有较高的主动性及创造性：需要突出的工作力和高度的规划性，对涉及面很广、很复杂的问题进行主动机智的处理	100

(5) 经营效益责任。该指标衡量如果任职职位发生工作失误，或者工作未达到标准，对本公司经济效益所造成的直接和间接经济效益损失。经济效益损失的大小以销售成本、创汇额、利润额或其他不良经济后果来衡量。经营效益责任分级与配点如表 7-11 所示。

表 7-11 经营效益责任分级与配点

分级	分级定义	配点
一	对公司最终产品的销售成本及企业经济效益影响较小	0
二	对公司最终产品的销售成本及企业经济效益影响不大	30
三	对公司最终产品的销售成本及企业经济效益影响较大	60
四	对公司最终产品的销售成本及企业经济效益影响很大	90
五	对公司最终产品的销售成本及企业经济效益影响巨大	120

(6)对他人管理责任。该指标衡量岗位任职人员在正常权限范围内，对他人工作进行监督、指导、帮助的责任。其责任的大小，根据所监督指导人员的数量和层次进行判断。对他人管理责任分级与配点如表 7-12 所示。

表 7-12 对他人管理责任分级与配点

分级	分级定义	配点
一	在别人指导监督下工作，只对本人工作负责	15
二	担任主管、副主管职务，并负有指导他人工作责任	30
三	担任部门副职领导职务，负有中等指导监督责任	45
四	担任部门正职领导职务，负有中等以上指导监督责任	60
五	担任公司高层副职领导职务，负有重要领导监督责任	75
六	担任公司高层正职领导职务，负有全面领导监督责任	90

(7)开拓发展责任。该指标衡量岗位要求任职人员对公司的持续发展在开发新的产品、拓展市场、项目投资、管理创新等方面所应承担的开拓发展责任。开拓发展责任分级与配点如表 7-13 所示。

表 7-13 开拓发展责任分级与配点

分级	分级定义	配点
一	岗位要求对公司的发展负有较小责任	20
二	岗位要求对公司发展负有一定责任	40
三	岗位要求负有较大责任	60
四	岗位要求在主要方面负有重要责任	80
五	岗位要求负有全面责任	100

(8)质量管理责任。该指标衡量岗位要求任职人员对保证贯彻落实集团公司质量方针所承担的责任。质量管理责任分级与配点如表 7-14 所示。

表 7-14 质量管理责任分级与配点

分级	分级定义	配点
一	岗位要求对贯彻公司质量方针负有较小责任	10
二	岗位要求对贯彻公司质量方针负有一定责任	20
三	岗位要求对贯彻公司质量方针负有较大责任	30
四	岗位要求对贯彻公司质量方针在主要方面负有重要责任	40

续表

分级	分级定义	配点
五	岗位要求对贯彻公司质量方针负有全面责任	50

(9)企业文化建设责任。该指标用来衡量任职人员在"企业文化建设"方面所承担的责任,如表7-15所示。

表7-15 企业文化建设责任分级与配点

分级	分级定义	配点
一	岗位要求对公司企业文化建设负有较小责任	8
二	岗位要求对公司企业文化建设负有一定责任	16
三	岗位要求对公司企业文化建设负有较大责任	24
四	岗位要求对公司企业文化建设负有重要责任	32
五	岗位要求对公司企业文化建设负有全面责任	40

(10)脑力强度。该指标衡量工作上所需要的脑力,即在进行本岗位工作时需要的思想集中程度,见表7-16脑力强度分级与配点。

表7-16 脑力强度分级与配点

分级	分级定义	配点
一	需要较低的脑力:在从事本岗位工作时,工作节奏可以自由调节和掌握,需要较少的脑力	20
二	需要初等程度的脑力:在从事本岗位工作时,需要集中脑力	40
三	需要中等程度的脑力:在从事本岗位工作时,需要经常保持思想集中和运用脑力	60
四	需要中等程度以上的脑力:在从事本岗位工作时,需要持续地使用脑力	80
五	需要高强度的脑力:在从事本岗位工作时,需要高强度的脑力思考,并具有远见性和计划性	100

(11)工作负荷率。该指标衡量完成本岗位工作对日常确定性工作和非确定性工作所需要的纯劳动时间占制度工作时间的比例。

在计算纯劳动时间时,对工作均衡的岗位,可以以工作日为单位评估;对工作不均衡的部门或岗位,可以以月、季或年为周期评估,见表7-17工作负荷率分级与配点。

表7-17 工作负荷率分级与配点

分级	分级定义	配点
一	工作负荷率60%以下,纯劳动时间在5小时以下	10
二	工作负荷率61%~70%,纯劳动时间在5~5.5小时	20
三	工作负荷率71%~80%,纯劳动时间在5.6~6.4小时	30
四	工作负荷率81%~90%,纯劳动时间在6.5~7.2小时	40
五	工作负荷率91%以上,纯劳动时间在7.3小时以上,甚至需要经常加班	50

(12)心理压力。该指标衡量在完成本岗位所承担的任务时,由于工作范围、工作节奏、责任大小、时间要求等方面的综合因素,而对岗位任职人员所造成的心理紧张程度和心理压力,见表7-18心理压力分级与配点。

表7-18 心理压力分级与配点

分级	分级定义	点数
一	很小的心理压力:工作单一,不需要或很少做出决定,工作常规化	10
二	较小的心理压力:工作较单一,很少做出决定,工作节奏有一定要求	20
三	中等程度的心理压力:工作有较快节奏的要求,需要做出一些决定,需要处理一些应急性事宜	30
四	中上等程度的心理压力:工作任务多样,较为繁重,要求经常地、迅速地做出决定,上下班时间难以正常实现,经常需要处理一些非常规的问题	40
五	很大的心理压力:经常地、迅速地做出决定,工作繁杂,很繁重、很紧张,以致在工作时间之外仍要继续考虑某些深层次的问题	50

(13)工作场所。该指标衡量工作区域的环境情况,包括闷热、寒冷、潮湿、噪音、震动、污垢、尘埃、油腻、烟灰等含量、露天工作时间以及工作流动性,见表7-19工作场所分级与配点。

表7-19 工作场所分级与配点

分级	分级定义	点数
一	工作场所固定,没有污染;工作环境好	15
二	工作场所不固定,经常出差	30

(14)潜在危险性。该指标衡量工作中可能遇到的人身危险,见表7-20潜在危险性分级与配点。

表7-20 潜在危险性分级与配点

分级	分级定义	配点
一	没有:没有发生潜在的危险性	5
二	较小:工作执行中直接操作设备,但设备对人的危险性较少,因而发生潜在的危险性较小	10
三	较大:工作属于危险性较大的工种,且大量而频繁,因而发生潜在的危险性较大	20

例二:B企业职位评价指标的分解说明

B企业的职位评价指标中有Ⅰ级指标四个,包括工作责任、工作技能、努力程度以及工作条件。将其分解为13个Ⅱ级指标,再进一步分解为24个Ⅲ级指标。B企业职位评价指标一览表如表7-21所示。

表 7-21　B 企业职位评价指标一览表

薪酬因素			评定等级				
Ⅰ级	Ⅱ级	Ⅲ级	1	2	3	4	5
工作责任	1. 监管责任	(1)管理责任					
		(2)人事责任					
		(3)岗位责任					
		(4)安全防范责任					
	2. 经济风险	(5)作业质量造成的经济损失					
		(6)延误作业期限造成的经济损失					
		(7)发生设备事故造成的经济损失					
		(8)工作疏忽造成的经济损失					
	3. 工作关系	(9)内部关系					
		(10)外部关系					
	4. 岗位权限	(11)决策参与程度					
		(12)管理决策级别					
		(13)工作计划层次					
工作技能	5. 学历水平						
	6. 工作经验						
	7. 能力要求	(14)专业技术能力					
		(15)协调运作能力					
		(16)决策应对能力					
	8. 工作创新与开拓性	(17)开拓创新程度					
		(18)工作非程序化程度					
努力程度	9. 工作负荷	(19)工作负荷度					
		(20)工作复杂度					
		(21)工作复合度					
	10. 工作强度	(22)身体的疲劳程度					
		(23)心理压力					
		(24)工作的单调性					
	11. 工作频率						
工作条件	12. 危害程度						
	13. 工作地点						
		总点数					

表 7-21 中每个职位评价指标说明如下。

1. Ⅰ级指标——工作责任

工作责任被分解为 4 个Ⅱ级指标，即监管责任、经济风险、工作关系和岗位权限。

1)监管责任

其是指任职者对下属或其他岗位应承担的各种管理职责。评价标准以实际承担的管理任务、责任的范围、规模和层级为主要依据，包括 4 项Ⅲ级指标。

(1)管理责任，指对企业或部门的整体工作的管理职责及其影响程度。其责任的大小根据承担的管理职责对企业和部门的影响程度来判断(表 7-22)。

表 7-22　管理责任分级

等级	界限说明
1	只对本岗位工作负有管理责任,对其他岗位没有影响
2	对相关联的岗位负有管理责任,并对其管辖的岗位有重要影响
3	对本部门(科级)的工作负有管理责任,并对本部门工作有重要影响
4	对本公司(处室级)的工作负有管理责任,并对公司(或处室)工作有重要影响
5	对全局工作负有主要的管理责任,并对全局工作有重要影响

(2)人事责任,指本岗位所督导的直接下属岗位及其人员的级别和规模。其责任的大小以下属岗位的级别和规模为判断依据(表 7-23)。

表 7-23　人事责任分级

等级	界限说明
1	没有下属岗位
2	有 3 个以下的下属岗位
3	有 4～6 个下属岗位,或 1 个科级岗位
4	有 7～9 个下属岗位,或 1 个处级岗位
5	有 10 个及以上下属岗位,或 2 个以上处级岗位

(3)岗位责任,主要包括四项职责:工作任务的数量责任(主要指该岗位所承担的业务职能量的多少)、质量责任(主要指该岗位工作质量的好坏对全局工作的影响)、期限责任(指该岗位任务的完成是否在时间上有较为严格的限制)和流程责任(指该岗位工作对其他岗位的影响程度)等(表 7-24)。

表 7-24　岗位责任分级

等级	界限说明
1	责任很小
2	主要承担 1～2 项责任,其他责任不大
3	承担 3～4 项责任,但责任不大
4	承担四项责任,且责任较大
5	承担四项责任,且责任重大

(4)安全防范责任,指该岗位所承担的工具和设备安全(对生产设备的安全运行负有直接的防范责任)、工作对象安全(对生产材料等的安全负有的防范责任)和他人人身安全(对其他工作人员的人身安全防范)的责任。其责任大小根据评分者经验判断(表 7-25)。

表 7-25　安全防范责任分级

等级	界限说明
1	责任很小
2	承担其中 1~2 项责任，且责任很小
3	承担三项责任，但责任不大
4	承担三项责任，且责任较大
5	承担三项责任，且责任重大

2）经济风险

经济风险是指在各种不确定因素下任职者所承担的各种经营、作业风险的防范责任，以工作失误可能造成的直接或间接经济损失程度为主要的判断依据。

(5) 作业质量造成的经济损失，指该岗位工作质量不符合要求而可能导致的直接或间接经济损失，根据可能造成的损失金额来判断(表 7-26)。

表 7-26　作业质量造成的经济损失责任分级

等级	界限说明
1	损失金额很小，但影响正常的工作进程
2	较小数额的经济损失，或金额在 10 000 元以下
3	较大数额的经济损失，或金额在 10 000~100 000 元
4	较为严重的经济损失，或金额在 100 000~200 000 元
5	严重的经济损失，或金额在 200 000 元以上

(6) 延误作业期限造成的经济损失，指该岗位延误作业期限而可能导致的直接或间接经济损失，根据可能造成的损失金额来判断(表 7-27)。

表 7-27　延误作业期限造成的经济损失责任分级

等级	界限说明
1	损失金额很小，但影响正常的工作进程
2	较小数额的经济损失，或金额在 10 000 元以下
3	较大数额的经济损失，或金额在 10 000~100 000 元
4	较为严重的经济损失，或金额在 100 000~200 000 元
5	严重的经济损失，或金额在 200 000 元以上

(7) 发生设备事故造成的经济损失，指该岗位人员工作时因生产设备事故而可能导致的直接或间接经济损失，根据可能造成的损失金额判断(表 7-28)。

表 7-28　发生设备事故造成的经济损失责任分级

等级	界限说明
1	损失金额很小，但影响正常的工作进程
2	较小数额的经济损失，或金额在 10 000 元以下
3	较大数额的经济损失，或金额在 10 000~100 000 元
4	较为严重的经济损失，或金额在 100 000~200 000 元
5	严重的经济损失，或金额在 200 000 元以上

(8)工作疏忽造成的经济损失,指因为该岗位人员工作发生疏忽而导致的人身安全事故风险所带来的直接或间接经济损失,根据造成的损失金额判断(表7-29)。

表7-29　工作疏忽造成的经济损失责任分级

等级	界限说明
1	损失金额很小,但影响正常的工作进程
2	较小数额的经济损失,或金额在10 000元以下
3	较大数额的经济损失,或金额在10 000~100 000元
4	较为严重的经济损失,或金额在100 000~200 000元
5	严重的经济损失,或金额在200 000元以上

3)工作关系

工作关系是指任职者为完成本岗位职责所必须发展和维护的与工作有关的内部、外部关系。其责任大小依据联系单位的数量和联系频率而定,包括2项Ⅲ级指标。

(9)内部关系,指任职者为完成本岗位职责需要与企业内部的人员、部门和单位发生的工作联系,以联系的频繁和密切程度作为判断依据(表7-30)。

表7-30　内部关系复杂度分级

等级	界限说明
1	几乎不与公司其他部门发生工作联系
2	偶尔与公司内部的部门有一般性的工作联系
3	经常与公司内部的多个部门有密切的工作联系,或偶尔与局系统其他单位有一般性的工作联系
4	经常与局系统其他单位有工作联系
5	经常与局系统多个兄弟单位有密切的工作联系

(10)外部关系,指任职者为完成本岗位职责需要与企业外部的人员、部门和单位发生的工作联系。其关系密切程度以联系的部门多少和频繁程度为评价依据(表7-31)。

表7-31　外部关系复杂度分级

等级	界限说明
1	几乎不与局外人员、部门和单位发生工作联系
2	只与局外系统内部少数部门有一般性的工作联系
3	与局外系统内部多个部门有密切和频繁的工作联系,或与系统外少数单位有一般性的工作联系
4	与局外和系统外少数单位有密切和频繁的工作联系
5	与局外和系统外多个单位有密切和频繁的工作联系

4)岗位权限

岗位权限是指任职者在履行岗位职责时需要做出的各种计划和决策。评价标准主要以决策参与程度、管理决策级别和工作计划层次的高低为依据,包括3个Ⅲ级指标。

(11)决策参与程度,指任职者对岗位或部门工作的决策参与程度,以不同的决策权限作为判断标准(表7-32)。

表 7-32 决策参与程度分级

等级	界限说明
1	具有对本岗位具体工作的执行权
2	具有对本岗位日常工作的决定和处置权
3	具有对本部门日常和重大工作的提供决策方案权
4	具有对本部门日常和重大工作的参与决策权
5	具有对本部门日常和重大工作的最终决策权

(12)管理决策级别,指任职者对岗位或部门工作的管理决策程度,以管理级别和决策权限作为判断标准(表 7-33)。

表 7-33 管理决策权限分级

等级	界限说明
1	对岗位内工作的决定权
2	对部门内相关工作(工作族)的决策权
3	对部门(科级)工作的决策权
4	对部门(处级)工作的决策权
5	对局级工作的决策权

(13)工作计划层次,指任职者对岗位或部门工作的计划层次,以岗位级别和计划层次为判断标准(表 7-34)。

表 7-34 工作计划权限分级

等级	界限说明
1	只需要做本岗位的工作计划
2	需要做相关岗位(工作族)的工作计划
3	需要做本部门(科级)的工作计划或具体规划
4	需要做部门(处级)或本系统的工作计划或局部规划
5	需要做全局的工作计划或整体规划

2. Ⅰ级指标——工作技能

工作技能被分解为 4 个Ⅱ级指标。其中,学历水平和工作经验不设Ⅲ级指标。

5)学历水平(Ⅱ级指标)

学历水平是指顺利完成岗位工作所必需的最低学历要求,其判断标准为接受正规教育的程度(表 7-35)。

表 7-35 学历水平分级

等级	界限说明
1	大专以下学历
2	大学专科学历
3	大学本科学历
4	硕士学历
5	博士学历

6）工作经验（Ⅱ级指标）

工作经验是指胜任本岗位工作所需要的最短准备时间，或需要具备的相关工作经验的时间长短，以年数作为划分标准（表7-36）。

表 7-36　工作经验分级

等级	界限说明
1	1年以下
2	1～2年
3	3～5年
4	5～8年
5	8年以上

7）能力要求（Ⅱ级指标）

能力要求是指根据岗位职责对任职者的客观能力要求。其评价标准以实际工作需要的能力性质和程度为依据，包括3项Ⅲ级指标。

（14）专业技术能力，指岗位职责对任职者的技术能力要求，按照技术职称进行级别划分，如表7-37所示。

表 7-37　专业技术能力分级

等级	界限说明
1	没有技术职称
2	初级技术职称
3	中级技术职称
4	副高级技术职称
5	正高级技术职称

（15）协调运作能力，指履行本岗位职责对任职者所需要的计划协调和实施运作能力的要求（表7-38）。

表 7-38　协调动作能力分级

等级	界限说明
1	没有需求
2	需求很小
3	需要具备一般层次的能力
4	需要具备较高层次的能力
5	需要具备非常高的能力

（16）决策应对能力，指履行本岗位职责，对任职者所需要的对经营环境中各种不确定性因素，或突发异常情况的认知判断和应变应对能力（表7-39）。

表 7-39 决策应对能力分级

等级	界限说明
1	没有需求
2	需求很小
3	需要具备一般层次的能力
4	需要具备较高层次的能力
5	需要具备非常高的能力

8)工作创新与开拓性(Ⅱ级指标)

其是指任职者在完成岗位工作职责时所必需的开拓与创新意识和能力要求。评价依据是任职者在履行工作职责时,需要进行的管理创新或技术创新的程度,包括 2 个Ⅲ级指标。

(17)开拓创新程度,指履行岗位职责对任职者开拓创新的依赖程度,以是否需要任职者经常适应变化的工作环境与工作内容为判断依据(表 7-40)。

表 7-40 开拓创新分级

等级	界限说明
1	没有需求
2	需求很小
3	有时需要适应小的变化
4	经常需要适应变化
5	经常需要适应大的、非常复杂的变化

(18)工作非程序化程度,指本岗位工作内容和工作方式是否有章可循,是否经常变化,以需要任职者进行非程序化决策的程度为主要判断依据(表 7-41)。

表 7-41 工作程序化分级

等级	界限说明
1	工作内容非常程序化,几乎没有变化
2	工作内容有时需要小的、非程序化的改变
3	工作内容经常需要小的、非程序化的改变
4	为适应工作内容的改变,经常需要非程序化的决策
5	为适应工作内容的改变,经常需要大的、非程序化的决策

3. Ⅰ级指标——努力程度

9)工作负荷

工作负荷是指工作内容涉及的主要工作职责范围、任务的性质和种类对任职者努力程度的要求,其评价标准以工作负荷度、复杂度和复合度为判断依据,包括 3 个Ⅲ级指标。

(19)工作负荷度,指工作职责的覆盖范围和工作负荷的饱满程度,以工作负荷率的大小为判断标准(表 7-42)。

表 7-42 工作负荷度分级

等级	界限说明
1	岗位工作任务的负荷率为 50%~60%
2	岗位工作任务的负荷率为 61%~70%
3	岗位工作任务的负荷率为 71%~80%
4	岗位工作任务的负荷率为 81%~90%
5	岗位工作任务的负荷率为 90%以上

(20)工作复杂度,指工作职责和内容的复杂、难易程度,以工作步骤和内容的复杂性为判断标准(表 7-43)。

表 7-43 工作复杂度分级

等级	界限说明
1	工作内容大体或基本确定,工作步骤和过程交叉少,相对独立地工作
2	工作内容有一定的确定性,但涉及较复杂的专业和业务问题,工作步骤和实施过程可在他人指导或参考有关经验的情况下独立完成
3	工作内容具有不确定,涉及较多和较为复杂的专业、业务问题,需要综合分析众多问题或与其他部门协调解决。拟定和实施工作方案时需要借鉴多种信息,或需要运用先进的工艺技术或新的管理思路和方法
4	工作内容有较大的不确定性,工作任务包括承担企业重要的业务项目,拟订复杂的工作计划、工作标准;或为企业和专业的疑难问题提供解决方案;或需要统筹考虑相关的管理和技术目标,了解国内外先进的技术和管理知识
5	工作内容有很大的不确定性,工作任务需要从全局角度出发,跨越部门和专业领域,并考虑诸多中、长期管理目标。拟订工作规划要把握企业、行业、国家的整体状况,了解本行业的发展趋势,创造性地借鉴国内外的先进经验

(21)工作复合度,指岗位职责所涵盖的业务量和范围,以及对其业务领域的影响,以本岗位对相关工作的影响程度和复合程度为判断依据(表 7-44)。

表 7-44 工作复合度分级

等级	界限说明
1	承担一项简单的专业辅助工作,对其他工作的进行起推动作用
2	承担一项或几项专业工作,对本领域具体任务的完成起基础性作用
3	主管一项或几项专业工作,对本部门专业任务的完成有较大影响
4	统管一、两项业务或专业工作,对本系统工作的进行起关键作用,对企业本业务领域的发展具有较大影响
5	负责企业的全面业务工作,对全局性生产和经营业务的发展起关键作用

10)工作强度

其是指岗位工作对任职者身心健康的影响程度,评价内容主要以任职者身心的疲劳和承受程度为依据,共 3 个Ⅲ级指标。

(22)身体疲劳程度,指岗位工作内容造成的对任职者体力支出和身体疲劳程度的影响，评价标准以任职者日净劳动时间长度为依据(表7-45)。

表 7-45 身体疲劳程度分级

等级	界限说明
1	岗位职责只要求轻体力劳动，指净劳动时间为290分钟，约为4小时50分钟
2	岗位职责要求中等体力劳动，指净劳动时间为320分钟，约为5小时20分钟
3	岗位职责要求较重体力劳动，指净劳动时间为350分钟，约为5小时50分钟
4	岗位职责要求重体力劳动，指净劳动时间为370分钟，约为6小时10分钟

注：以上体力劳动强度分类标准为中华人民共和国国家标准(GB 3869—83)

(23)心理压力，指岗位工作内容对任职者心理健康的影响程度，评价内容主要以任职者心理压力程度为依据(表7-46)。

表 7-46 心理压力分级

等级	界限说明
1	日常工作无严格的时间制约，很少有心理压力
2	根据原始记录进行简单信息处理，间断工作，但有时间要求，有较小心理压力
3	工作任务要求进行一定的思维性劳动，间断工作，造成一定的心理负担
4	工作有一定的风险，需要任职者进行综合分析和管理决策，脑力劳动性质较强，有时间限制，易造成较大的心理压力
5	要求任职者承担较大的风险，属开拓和创造性的劳动，工作频率高，精神要求高度集中，易产生很大的心理压力

(24)工作的单调性，指岗位工作内容对任职者身心状态的影响，评价内容主要以工作单调程度为依据(表7-47)。

表 7-47 工作单调程度分级

等级	界限说明
1	工作内容非常多样化、环境轻松，易于引起任职者的兴趣
2	工作内容和工作地点经常变化
3	工作内容可以更换，但必须固定在一个位置上
4	工作较单调，长时间重复一个动作，但可以走动
5	工作非常单调，长时间在固定位置上重复一个动作

11)工作频率

其是指岗位工作内容在时间分布上的特点，评价标准主要以工时利用率、班制安排和加班情况为依据(表7-48)。

表 7-48 工作频率分级

等级	界限说明
1	日工时利用率在70%以下，一班制，几乎不加班
2	日工时利用率在70%~80%，一班或多班制，偶尔加班
3	日工时利用率在80%~90%，一班或多班制，加班占工作时间的10%左右

续表

等级	界限说明
4	日工时利用率在80%~90%，一班或多班制，加班占工作时间的20%左右
5	日工时利用率在90%以上，一班或多班制，加班占工作时间的30%左右

4. Ⅰ级指标——工作条件

工作条件是指任职者在完成岗位职责时所面临的潜在危险。评价标准主要以危险发生后对任职者造成的客观伤害为依据，包括2个Ⅱ级指标。

12）危害程度

其是指任职者在完成工作职责时所面临的潜在危险，评价标准主要以危险发生后对个体可能造成的客观伤害为依据（表7-49）。

表 7-49 工作危害程度分级

等级	界限说明
1	工作环境只要求一般的安全措施，不需要特别的健康安全预防措施，如办公室、会议室等
2	工作环境存在着一定程度的危险性，只要一般的安全防范措施，如工作对象涉及移动的物体、车辆或机器等（在此类环境中工作时间必须超过总工作时间的一半以上）
3	工作环境存在一定的危险性，岗位的自然条件（温度、湿度、气候等）对劳动者产生影响，容易诱发一种或几种职业病，但一般不会构成生命危险，如海上作业等（在此类环境中工作时间必须超过总工作时间的一半以上）
4	工作环境存在着一定的危险性，需要特别的安全措施，如接触有毒有害气体、高温、噪音等（在此类环境中工作时间必须超过总工作时间的一半以上）
5	工作环境有着较大的危险性，必须采取严格的安全保护措施，如从事高空作业等（在此类环境中工作时间必须超过总工作时间的一半以上）

13）工作地点

其是指任职者在完成工作职责时所处的场所特点，评价标准主要以工作场所的特点对个体身心健康造成的影响程度为依据（表7-50）。

表 7-50 工作地点分级

等级	界限说明
1	工作特点要求任职者在完成工作任务时，基本上不需要离开本单位
2	工作任务要求时常出差，但所占总工作时间的比例不大
3	工作任务要求时常出差，所占总工作时间的比例为30%左右
4	工作特点要求经常出差，全年外出时间占总工作时间的50%或以上
5	工作特点要求任职者常年驻外，只有短暂的假期

对上述指标设定权重、划分评定等级并配点（总点数为1 000），B企业评价指标权重、分级与配点如表7-51所示。

表 7-51　B 企业评价指标权重、分级与配点

薪酬因素（3个层级指标）				评定等级（5个等级）				
Ⅰ级	Ⅱ级	Ⅲ级		1	2	3	4	5
工作责任（40%）	监管责任（16%）	管理责任	40点	8	16	24	32	40
		人事责任	40点	8	16	24	32	40
		岗位责任	40点	8	16	24	32	40
		安全防范责任	40点	8	16	24	32	40
	经济风险（10%）	作业质量造成的经济损失	25点	5	10	15	20	25
		延误作业期限造成的经济损失	25点	5	10	15	20	25
		发生设备事故造成的经济损失	25点	5	10	15	20	25
		工作疏忽造成的经济损失	25点	5	10	15	20	25
	工作关系（4%）	内部关系	20点	4	8	12	16	20
		外部关系	20点	4	8	12	16	20
	岗位权限（10%）	决策参与程度	33点	7	14	21	27	33
		管理决策级别	34点	7	14	21	27	34
		工作计划层次	33点	7	14	21	27	33
工作技能（30%）	学历水平（5%）		50点	10	20	30	40	50
	工作经验（5%）		50点	10	20	30	40	50
	能力要求（10%）	专业技术能力	40点	8	16	24	32	40
		协调运作能力	30点	6	12	18	24	30
		决策应对能力	30点	6	12	18	24	30
	工作创新与开拓性（10%）	开拓创新程度	50点	10	20	30	40	50
		工作非程序化程度	50点	10	20	30	40	50
努力程度（20%）	工作负荷（10%）	工作负荷度	30点	6	12	18	24	30
		工作复杂度	40点	8	16	24	32	40
		工作复合度	30点	6	12	18	24	30
	工作强度（6%）	身体的疲劳程度	20点	4	8	12	16	20
		心理压力	20点	4	8	12	16	20
		工作的单调性	20点	4	8	12	16	20
	工作频率（4%）		40点	8	16	24	32	40
工作条件（10%）	危害程度（5%）		50点	10	20	30	40	50
	工作地点（5%）		50点	10	20	30	40	50
总点数			1 000					

第四节　职位评价方案的撰写

职位评价方案是指导评估工作的蓝图，因而方案的优劣将直接关系到评估的成败。职位评价方案要明确的内容包括：为什么进行职位评价；谁来评价；如何评价；需要哪些支持；遇到问题如何解决等。一个好的方案可以让职位评价的工作事半功倍。职位评价方案的设计通常应该包含以下几方面内容。

一、职位评价工作的目的

职位评价的目的是明确组织为什么要进行职位评价,评价之后达到什么目标,获得什么样的结果。例如,M公司描述的职位评价目的如下:

(1)通过使每一个职位的报酬与其对组织的相对贡献相适应,来支持工作流程。

(2)通过建立一个可行的、一致同意的、能减少随机和偏见的工作结构,来减少员工对职位间报酬差别的不满与争端。

(3)对性质相同的相近岗位,制定统一的测量、评定标准,从而使单位内各个岗位之间能够在客观衡量自身价值量的基础上进行横向纵向比较,并具体说明其在企业单位中所处的地位和作用。

(4)为企业职位列等排列奠定基础,进而为实现企业薪酬管理的内部公平公正提供依据。

(5)通过职位评价向员工指明组织重视他们工作的哪些方面,以及哪些方面有助于组织的战略与成功。

(6)提高员工对什么是有价值的、为什么会变化的认识,以帮助其适应组织变化。

二、职位评价工作的原则

对职位评价工作的过程从原则上进行保障,如保密的原则、全程参与的原则等。

三、职位评价工作的程序

职位评价程序中要明确评价工作的先后顺序。例如,某公司的职位评价程序为:

第一阶段,在部门内部进行初步评价(为第二阶段评价提供参照),要求参与评价人员在进行评价时站在第三方的立场上公正地进行评价。评价的方法采用排序法,排序结果由主管签字后交给职位评价委员会。

第二阶段,由职位评价委员会进行评价(参照第一阶段评价结果),从全局的角度进行平衡和再评价。

具体程序如下:

1. 准备阶段,清理职位,列出职位名称目录

↓↓

2. 打印职位说明书

↓↓

3. 评价前的准备工作

↓↓

4. 培训阶段,与评价委员会成员讨论评价表的因素设计和权重分配

↓↓

5. 与评价委员会成员讨论标杆职位的选择

↓↓

6. 对评价委员会成员进行培训,并对标杆职位中的一个职位进行试打分和分析结果

↓↓
7. 与评价委员会成员共同确定对结果的评判标准
↓↓
8. 评价阶段，以部门为单位依次对各部门职位进行评价
↓↓
9. 评价前，人事教育处介绍该部门内各职位基本情况
↓↓
10. 对部门内的职位进行评价
↓↓
11. 对已经进行评价的职位的数据处理结果进行讨论
↓↓
12. 完成一个部门后，对该部门的职位评价结果进行排序
↓↓
13. 进行下一个部门的评价
↓↓
14. 总结阶段，完成所有职位评价后，对全部职位进行排序，评价委员会讨论结果
↓↓
15. 对其中普遍认为不合理的部分职位重新进行评价
↓↓
16. 完成所有的职位评价工作
↓↓
17. 公布职位评价结果

四、组织保障

其主要是明确评价工作过程中需要的人力、物力、财力、信息等资源，由哪些人或部门来负责，出现问题应如何解决等。

> 案例讨论

N 公司的职位评价为什么失败

N公司在进行了职位分析获取职位信息以后，着手进行职位评价，以确定职位的相对价值。为合理地确定职位相对价值，N公司成立了以人力资源部经理为首的职位评价小组，并邀请了外部专家参与职位评价过程。N公司采用了国际通行的 IPE 码作为职位评价的工具，为保证职位评价工具的科学性，职位评价小组没有对职位评价方案进行修正。

N公司共有80多个职位，分为管理类、技术类、营销类三种职位类别，职位评价小组从中选择了约30个职位作为标杆，标杆职位是按照纵向的职位等级进行选择的。

为保证职位分析的公平性，N公司采取了三方评价的方式：上级评价占40%、专家评价占30%、员工个人评价占30%，职位评价方案下发后，立刻在员工中引起了较大的反应。首先，由于事先没有进行培训，员工根本不理解进行职位评价的意义和作用；其次，由于职位评价方案过于专业，员工很难准确把握各种描述，经过一番争论，大家渐渐对职位评价失去了信任；最后，由于个人对方案中

的表述理解不一样，每个人对自己职位的评价都超出了常理，最为可笑的是公司行政文员对自己职位的评价得分居然超过了行政人事总监。

通过这种方式收集的职位评价数据当然不能使用，只有放弃这一途径，采取人力资源部门会同直接上级评价和专家评价的方式确认职位的价值。在这一评价的过程中，遇到了一个致命的问题：技术类职位评价结果的平均水平低于管理类职位，这一结果显然和公司倡导的薪资分配向技术人员倾斜的导向不符，而按照这一结果所得的薪酬显然不利于留住这些核心人员、经过七拼八凑，公司终于拿出了职位评价方案的初稿。

职位评价方案一经出台，立刻在员工中引起轩然大波，员工纷纷将自己职位的结果与其他职位进行对比，然后通过正式或非正式渠道向公司反映。职位评价小组经过仔细审查，发现确实有很多职位横向对比有很大的出入，在职位评价的各维度上，各职位也缺乏可比性，甚至出现在"沟通"维度上，人力资源部文员的得分比营销部主管还要高，这些显失公平的地方，成为本次职位评价最为薄弱的被攻击环节，直接导致了职位评价的最终失败。

资料来源：某公司职位评价案例．圣才学习网，http://www.hrd1101.com/Article/ShowArticle.asp？ArticleID＝205，2008-06-12.

➤ 讨论

1. N公司职位评价过程中出现了哪些问题？为什么N公司的职位评价最终会失败？
2. 在职位评价中，员工应有多大的参与程度，是不是应完全公开透明？

➤ 思考题

1. 什么是职位评价？
2. 职位评价的作用有哪些？
3. 职位评价的流程如何？
4. 职位评价的主要内容是什么？
5. 职位评价指标体系是如何确定的？

第八章

职位评价方法的运用

学习目标

1. 了解职位评价的作用。
2. 学习职位排序法、职位分类法、因素比较法、因素计分法等几类职位评估方法。
3. 掌握如何运用职位排序法、职位分类法、因素比较法、因素计分法等几类职位评估方法。

导读案例 8-1

宏伟广告公司最近出现了一些问题,具体情况如下:公司创意设计部门中有的员工认为他们的工作与行政事务这样的部门比较起来技术含量和难度都要大得多,但因为不是主管,所以就比行政部门的主管得的薪水低,创意设计部门的员工认为这样不合理。并且,部门主管之间也有意见,有人认为每个部门的工作量和难度是不一样的,不应该所有的部门一刀切,应该体现出差别,还有的主管认为他们承担的责任比员工大得多,所以他们的薪水应该与员工再拉得大一些。针对这些问题,公司的高层决定对工作进行一次全面的评价,以此来制定新的薪酬制度。

资料来源:陈筱芳. 人力资源管理——网络化互动教学系统配套教材. 北京:清华大学出版社,2008.

讨论:
1. 你认为该公司要做好职位评价需要注意哪些问题?
2. 该公司适合采用何种职位评价方法?为什么?

第一节 职位排序法的运用

一、职位排序法的定义

职位排序法是目前国内外广泛应用的一种职位评价方法,这种方法是一种整体性的职位评价方法。它是评价人员凭着自己对工作的综合判断，给出工作的相对价值，并按这个价值进行排序。根据一个简单的标准，如工作复杂性或工作对公司竞争战略的重要性，对所有的岗位从高到低进行排序。这种方法需要对每个岗位完整地进行考虑和分析，通常适用于岗位比较简单的公司。对于很多大公司来说，采用这种方法需要以部门为单位给每个部门的岗位进行排序，再对每个职位进行排序，并确定相应的系数，通过系数进行转化，确定每个职位的价值大小。简单排序法需要参与排序的人要对所有岗位的情况非常了解，排序结果的处理可以用简单算数平均，也可以根据评分人对岗位的熟悉情况进行加权平均。

二、职位排序法操作说明

职位排序法是根据一些特定的标准，如工作的复杂程度、对组织的贡献大小等对各个职位的相对价值进行整体的比较，进而将职位按照相对价值的高低排列出一个次序的职位评价方法。

1. 进行比较和排序

由职位评价委员会成员依据因素定义（表 8-1）对职位进行排序。排序时，首先在排序表中找出同类职位中最重要的职位，并在该职位同一行第二列（初排序号栏）标明序号 1；然后再在该排序表中找出其他职位中最重要的职位，并在该职位同一行第二列标明序号 2；依次类推，排出其他职位的次序。排完一类职位后，按以上步骤完成其他类型职位排序。

表 8-1　排序因素定义参考

责任因素	风险控制的责任：指在不确定的条件下，为保证贸易、投资、社会稳定及其他项目顺利进行，并维持公司合法权益所担负的责任，该责任的大小以失败后损失影响的大小作为判断标准
	决策的层次：指在正常的工作中需要参与决策，其责任的大小以所参与决策的层次高低作为判断基准
	领导管理的责任：指在正常权力范围内所拥有的正式领导管理职责，其责任的大小根据所领导或管理下属的层次和数量进行判断
	协调责任：指在正常工作中，与内部及外部单位协调共同开展业务活动所需要承担的责任。其协调责任的大小以协调结果对公司的影响程度为判断基准
知识技能因素	知识多样性：指在顺利履行工作职责时，学历学科知识之外需要使用多种学科、专业领域的知识判断。其基准在于广博不在精深
	工作复杂性：指在工作中履行职责的复杂程度。其判断基准根据所需的判断、分析、计划等水平而定
	工作的灵活性：指工作需要处理正常程序化之外事情的灵活性。其判断基准取决于工作职责要求
	专业技术知识技能：指为顺利履行工作职责应具备的专业技术知识和技能
	管理知识技能：指为了顺利完成工作目标，组织协调相关人员进行工作所需要的素质和能力。其判断基准是：工作中进行组织协调的程度和组织协调工作的影响
	沟通能力：指工作交流中表达自身信息与获取对方信息的能力，主要从沟通的频繁程度与难度来考虑

续表

职位性质	工作压力：指工作本身给任职人员带来的压力。根据决策的迅速性、工作常规性、任务多样性、工作变动性以及工作是否被经常打断来判断
	脑力辛苦程度：指在工作时所需脑力辛苦程度的要求。根据集中精力的时间、频率进行判断
	工作地点稳定性：指工作时是否经常变换工作地点，主要根据出差的频繁程度进行判断
工作环境因素	危险性：指工作本身可能对任职者身体所造成的伤害
	环境舒适性：指任职者对工作环境的心理或生理感受

排序时每位职位评价委员会成员手中备有：因素定义参考、各职位的职位说明书、排序表。

2. 进行检查

评价者各自检查排序的结果，对其中不合理的地方进行调整。然后在排序表"调整后的序号"栏写上经调整后的每个职位对应的顺序号。

3. 确定排序结果

根据评价委员会成员排序的结果计算出排序结果。计算过程是将每位评价者对同一职位评价序号相加后除以评价者数得到每个职位最终得分，得分越少职位最终排序越靠前。

三、职位排序法的分类

职位排序法是职位排序人员根据各种工作的相对价值或各种工作对组织的贡献大小对职位由高到低进行排列的一种方法。

（1）直接排序法，即按照职位的说明根据排序标准从高到低或从低到高进行排序。具体例子见图 8-1。

（2）交错排序法，即先从所需排序的职位中选出相对价值最高的排在第一位，再选出相对价值最低的排在倒数第一位，然后再从剩下的职位中选出相对价值最高的排在第二位，接着再选出剩下的职位中相对价值最低的排在倒数第二位，依次类推。如图 8-2 所示。

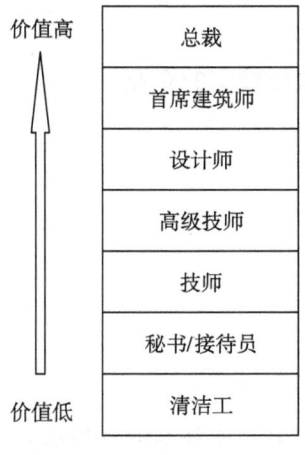

图 8-1　直接排序法举例

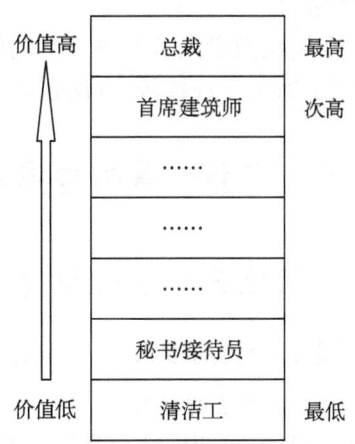

图 8-2　交错排序法举例

(3)配对比较法，即首先将每一个需要被评价的岗位都与其他所有岗位分别进行比较，然后根据岗位在所有比较中的最终得分来划分岗位的等级顺序。评分标准是，价值较高者得一分，价值较低者失去一分，价值相同者双方得零分，如表8-2所示。

表8-2 配对比较法

职位	职位A	职位B	职位C	职位D	职位E	职位F	职位G	总计	职位名称
职位A	—							6	总裁
职位B		—						5	首席建筑师
职位C			—					3	高级技师
职位D				—				1	技师
职位E					—			0	秘书/接待员
职位F						—		1	评估师
职位G							—	4	设计师

四、职位排序法的优缺点

1. 排序法的主要优点

(1)理论上与计算上简单，易操作，可以很快建立起一个新的岗位等级序列。因而这种方法能很快地为建立合理的工资结构提供一个都能接受的基础。

(2)将每个岗位作为一个整体来比较，凭人的直觉进行判断，可以吸收更多的人员参加，并且容易在岗位数量不太多的单位获得相当满意的评价结果。

2. 排序法存在的缺陷

(1)在排序方面各方可能很难达成共识，尤其是在一些价值差异不是很明显的岗位之间。

(2)由于是从整体上对岗位的价值进行评价，因此不同来源和不同工作背景的人不可避免地会在评价过程中夹杂个人主观意志甚至偏见。

(3)虽然不同岗位之间的价值高低可以判断出来，但具体的价值差距大小却无法得到明确的解释。

(4)在岗位数量太多时排序法的使用难度会很高。

排序法适用于规模较小(岗位数不多)，且岗位设置较稳定的企业。

第二节 职位分类法的运用

一、职位分类法的概述

(一)职位分类的概念

1. 职位分类法的定义

职位分类法也叫岗位分类法，是企业职位评价方法中一项基本的评价法，是以职位为对象，以事为中心的人事分类方法，是在工作分析的基础上对每个职位的性质、任务、要求及员工的任职资格进行系统的研究。所谓职位分类，是指首先将企业所有的工作岗位（即职位）按其业务性质分为若干职系、职组（从横向上而言）；其次，根据工作的繁简及难易程度、责任的大小、职位所需资格和条件等分为若干职级、职等（从纵向上而言）；最后，对每一个职位给予准确的定义和描述，并制成岗位说明书，以此作为职位评价的依据。

2. 职位分类法的构成要素

（1）职位，即岗位，是指在一个特定的企业组织里、一个特定时间内、由一个特定的人所担负的一个或数个任务所组成。一般而言，职位是企业某个员工需要完成的一个或一组任务。

（2）职系，是指具有相同的工作性质，而所承担的责任和难易程度不同，导致职级、职等不同的职位系列。一般来说，一个职系就是一类专门职业，如医疗职系、护理职系等。职系是录用、考核、晋升、培训员工时从专业性质上进行考核的依据。

（3）职组，是指工作性质相近的若干个职系综合而成为一个职组，也称为职群。例如，医疗职系、护理职系和理疗职系、药理职系等共同形成卫生职组。

（4）职门，是指若干工作性质大致相近的职组归纳为职门，如行政职门、技术职门等。它是职位分类中最粗略的概括。

（5）职级，是指将工作内容、难易程度、责任大小、所需资格和条件等相似的职位划为同一职等，对其实行同样的管理和报酬制度。

（6）职等，是指在不同职系之间，把职责大小、工作繁简困难程度、所需任职资格条件充分相同的职位归为同一等级，同一等级上职位的劳动报酬相同。职等是工作、奖金、待遇调整的依据。

职位分类法的构成要素及相互关系如图 8-3 所示。

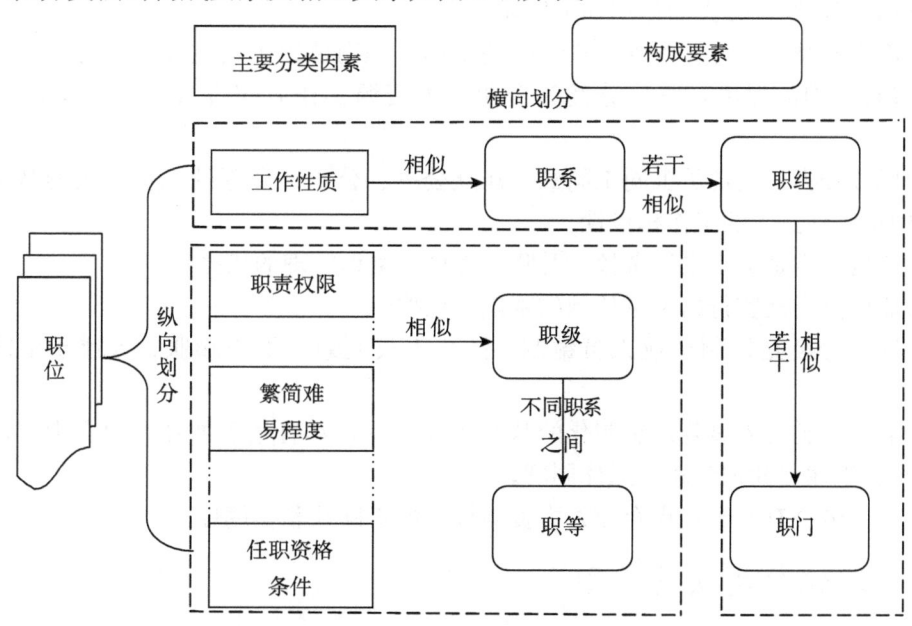

图 8-3 职位分类法的构成要素及相互关系

(二)职位分类法的特征

从职位分析法的概念中可以看出,职位分类法具有以下特征:

(1)职位分类法是以"事"为中心的分类,"因事择人"即将合适的人安排合适的岗位上。

(2)职位分类法所依据的根本要素是职位的工作性质、繁简和难易程度、责任大小以及任职的资格和条件。职位分类法依据以上要素进行横向和纵向的职位划分。

(3)职位分类法并不是规定或描述某个职位的工作内容,而是对每个职位的具体工作进行客观分析与评价,由此确定具体职位在职位分类布局中所处的位置,并对其进行分类管理和评价。

(4)职位分类并不是固定不变的,而是会随着职位工作的变化而改变,但是与工作人员的变动无关,即其不会因为工作人员的职位升迁或职务改变而变化。

(5)职位分类本身不是目的,而是人力资源管理和岗位评价的一种科学的方法。

(三)职位分类的作用

职位分类是一个企业合理支付报酬的依据,通过职位分类和归级,可以实现同工同酬,使员工的薪金和实际工作形成紧密的联系。职位分类也是企业招聘、录用人才的科学依据,企业可以分别按照各类职位的职务内容、工作性质、责任、任职资格等制订合理的招聘计划和人才聘用标准,为企业招录更适合企业发展、对企业有用的人。职位分类还有利于企业员工升迁、晋级、调转的管理,以及制定合理的认识预算。通过职位分类,企业可以清楚知道需要增加哪些职位,相应增加多少薪金;当企业的任务和工作量发生变化时,还可以根据职位分类及时调整职位编制,不仅提高了工作效率,防止人浮于事或是人员短缺,还有利于保持组织活力。

总体而言,职位分类的作用如下所述:

(1)职位分类是人力资源管理科学化的基础,是岗位评价的重要方法之一,也是企业员工有效管理的保障,职位分类为企业人力资源工作效率和准确率的提高创造了条件。

(2)职位分类是实现员工同工同酬,建立公平、公正、合理的工资制度的基础和依据,有助于调动员工的工作积极性。

(3)职位分类是员工进行考核、升降、奖惩、培训管理的依据。

(4)职位分类是实行岗位责任制的基础和依据。

(5)职位分类是控制企业人员编制,防止人员冗余、组织膨胀、人浮于事的重要手段。

(6)职位分类是人事管理法制化的基本条件之一,其有利于加强企业人力资源法制建设,有利于建立和推动离、退休制度。

(7)职位分类有助于提高企业人力资源统计的正确性和实用性。

二、职位分类法的原则

"因事设置"是职位分类法最基本也是最主要的原则。具体而言,职位分类还应遵循以下几条原则。

1. 系统原则

企业管理者不能局部地、孤立地看待职位设置和分类，而应该从系统的角度，从各职位的相互联系上来把握。任何一个完善的组织机构都是相对独立的系统，都具有集合性、相关性、目的性、整体性和环境适应性的特点。在进行职位设置时，要从系统的角度出发，把每个职位都放入相应的系统之中，从总体上和相互关联上分析其独立存在的必要。

2. 最低岗位数量原则

最低岗位数量是指一个企业为了完成其目标或任务而必须设置的岗位数量。岗位设置超过了最低岗位数量就有造成职位虚设、组织膨胀、人浮于事的危险，然而岗位数量也不是越少越好，若是企业实际岗位数量低于最低岗位数，就会造成职位短缺、人员不足，影响企业工作的进度和组织目标的实现。最低岗位数量原则是企业高效率、高收益的有效保障。

3. 整分合原则

整分合原则是指一个企业必须在整体规划下明确分工，在此基础上进行有效的合作，以增加整个组织的效应。在进行职位分类时，应以企业的总任务和总目标为核心，从上至下层层分解，将其分解成具体的子任务和子目标，直至分解到每一个职位上。然后，再对这些职位从下至上进行综合，确保各职位上下间隶属关系和左右间的协调合作关系，以保证组织系统的整体功能。

4. 能级原则

"能级"是借用原子物理中的概念，是指原子中的电子处在各个定态时的能量等级。在进行职位分类中所说的"能级"概念，是指一个组织系统中各个职位的功能等级。显而易见，功能大的职位，在组织中所处的等级就高，而其能级就高；反之，功能小的职位，在组织中的级别低，其能级亦低。在进行职位分类时，应依据能级原则来分析评估不同职位的能级，使其各就其位，各得其所。

三、职位分类法的步骤

职位分类法大致可分为两种，一种是对所有岗位直接进行分类，另一种是先将所有职位按照横向和纵向进行分级，然后再进行具体的分类。

1. 直接分类法

职位直接分类法即对所有的岗位直接进行分类，不考虑横向和纵向的区别，此种分类方法有四个步骤。

（1）职位分析。职位分析是职位分类的基础准备工作，需要由企业内专门人员组成评定小组，对各个岗位进行调查评价，调查的主要内容包括职位内容、工作量、工作难易程度以及岗位权责。具体可采用的方法有访谈法、观察法、填表法、会议法以及综合法。

（2）职位分类。首先，要按照企业生产经营过程中各类岗位的职责、作用等将全部岗位划分为若干个大类；其次，在此基础上，进一步按照每一大类中各个岗位的性质、特征划为若干个子类；最后，根据每一种类中岗位最为显著的特征，将职位划分为更小的类别。

（3）建立职位等级。首先，确定等级数量，其取决于职位的工作性质、组织规模、功能以及相关的人事政策。企业需要根据自己的实际情况，选择与之相匹配的等级数量，等级的数量并没有统一的要求。其次，确定基本分类因素。通过分类因素测评岗位的重要程度。每个企业的性质和功能不同，因此基本因素也不尽相同，在实际操作时需要灵活处理。最后，确定等级标准。等级标准是区分工作重要性以及确定工作评价结果的主要依据，因此确定等级标准也是建立职位等级的核心。

（4）职位列等。根据职位等级的确定标准，对职位进行列等和测评，并将岗位说明书与等级标准逐一进行核对，将工作岗位列入相应等级，从而评定出不同组织、不同系统以及不同岗位之间相对价值和关系。对小企业而言，由于其组织结构相对简单、职位数量较少，因此实施职位分类法相对容易一些，而大企业组织结构复杂，职位众多，实施职位分析法就相对复杂和困难一些。

2. 横纵向分类法

横纵向分类法，顾名思义，是先将企业内所有岗位分别进行横向分级和纵向分级，再对分类后的岗位进行进一步的职位分类。横向分级，即根据岗位的工作性质和特征将其分为若干类别；纵向分级即根据职位的繁简难易程度、权责轻重以及员工所需的学历、技能、经验水平等因素，将其归入不同的档次级别。最后根据职位分类的结果，制定各职位的岗位说明书，以此作为人力资源相关工作的依据，并建立企业职位分类图表，显示企业各类职位的分布和相应配置，为企业员工的分类管理提供依据。

1) 职位横向分类方法的步骤

职位横向分类是一个由粗到细的工作，首先将企业内全部岗位按照工作性质进行细分，形成若干职门（部门）；其次将各部门内的岗位根据其具体的工作特征和内容进一步细分，将业务相同的工作岗位归为一类职组中；最后将职组内的职位按照工作性质的异同，拆分为一个个职系。

2) 职位纵向分类方法的步骤

企业按照预定的标准，分别对每一个职系中的岗位按照职位的繁简难、易责任大小以及员工任职资格等因素，进行分析和评价，并按照一定的顺序（如"简"、"低"、"轻"到"繁"、"重"、"高"）统一岗等。各个职系中最高或最低职等中的职位的各个因素也存在很大的差异。

进行纵向分类时，首先要选择职位评价要素，根据企业生产类型、职位性质特征，确定评价要素的重要程度，决定合理的评分分值、权重和评比标准。例如，技术密集型企业，上岗技能要求是首要评价要素；而劳动密集型企业，工作责任和劳动强度则是主要的评价要素。其次，建立职位要素指标评价标准表，即根据职位的重要程度，赋予职位评价要素相对合理的度量值，为了便于操作，可以先根据职位要素间相对重要程度，确定出最高和最低要素及其相应的点数，再采用相对比较的方法，将剩余要素与极限要素指标逐一比较，以认定其相对位置及其相应点数，将评价要素，依程度高低分割为若干档次，且每个档次都是等距的。再次，按照要素评价标准对各职位打分，根据打分的结果进行职位归级。最后，根据各个职位的职级统一归入相应的职等。

四、职位分类法的优缺点

职位分类法是一种简便易理解和易操作的职位评价方法。同时这种方法的灵活性较强，组织中职位发生变化时，可以迅速地将组织中新出现的职位归类到合适的类别中。其优点在于：①操作比较简单、所需经费、人员和时间也相对较少。这种方法在工作内容不太复杂的部门，能在较短的时间内得到满意的结果。②由于在设计职位分类的等级标准时依据了职位的工作性质、难易程度、责任大小及所需资格条件等根本因素，其结果比排列法更准确、客观。当出现新的工作或工作有变动时，按照等级标准很容易确定其等级。由于等级的数量以及等级与组织结构之间的相应关系在各个工作列等之前已经确定下来，因此采用分类法分出的等级结构能如实反映组织结构的情况。由于分类法应用起来比较灵活，适应性强，也为劳资双方谈判解决争端留有余地。③因事设人的原则避免了因人设事滥竽充数的现象，同时可以使考试和考核标准更加客观，有利于事得其人，人尽其才。④便于实行公平合理的工资待遇和制定合理的员工培训计划，可以做到职责分明，剔除不必要的推诿纠纷，同时有利于获得职位的最优人选，此外还可以有效解决办理机构重叠、层次过多、授权不清、人浮于事等问题，提高组织机构的科学化、系统化水平，使组织机构常常处于合理高效的状态。职位分类法为企业职位的归级归档提供了一套严格的法规文件，以工作决定报酬，实行同工同酬，为员工考试录用、考核奖惩、升迁等各项管理提供客观依据。

然而，此种方法也有一定的不足和局限性，那就是对职位等级的划分和界定存在一定的难度，有一定的主观性。如果职位级别划分得不合理，将会影响对全部职位的评价。另外，这种方法对职位的评价也是比较粗糙的，只能得出一个职位归在哪个等级中，职位之间价值的量化关系还很模糊，因此在应用到薪酬体系中时会遇到一定的困难。除此之外，职位分类在适用范围上，较适用于专业性较强的工作和职位，而对高级行政职位、秘密性职位、临时性职位和通用性较强的职位，则不太适用；实施职位分类的程序烦琐复杂，需要动用大量的人力、物力并需要有履历的专家参与完成，否则难以真正做到科学和正确；职位分类法重事不重人，强调"职位面前人人平等"，因此严格限制了每个职位的工作数量、质量、责任，并严格规定了人员的升迁调转途径，对员工的发展和企业内人才流动有一定的消极影响，而且员工个人积极性很难得到充分发挥；职位分类在考核方面过于注重公开化和量化指标，会使员工感到烦琐、死板，不易推行。

美国的职位分类以细密、细致著称，被认为是实行功绩制的一种方法和人事现代化的标志。20世纪七八十年代以来，美国进行了多次改革，重视简化分类制度和注重"人"的积极作用，但费时、耗资、繁复等问题始终没有得到好的解决，尤其是这种静态的分类模式，常常难以适应时常变动的职位布局。近年来，职位分类中出现了一些新的发展趋势，不少国家更加重视"人对职位的影响"，实行了"级随人走"制度，此外，职位分类的体系布局也将趋于简化。

第三节 因素比较法的运用

一、因素比较法的概念

因素比较法是一种量化的职位评价方法,其实质是对职位排序法的一种改进。

1. 什么是因素比较法

因素比较法最初是评分法的一个分支。1926年由高速交通股份公司的E.J.本奇和他的助手们最先提出,他们是在试图完善评分法时创立了因素比较法的最初形式。因此,因素比较法仍然体现了评分法的一些原则,但两者的主要区别在于因素的配分形式和工作等级转换成工资结构的方法不同。从某种程度上讲,这种方法是一种混合方法,兼有排列法和评分法的特征。

因素比较法是一种量化的职位评价方法,是在确定标杆职位和付酬因素的基础上,运用标杆职位和付酬因素制成的因素比较尺度表,将待评职位付酬因素与标杆职位进行比较,从而确定待评职位的付酬标准。

2. 因素比较法的特点

因素比较法不关心具体职位的职位职责和任职资格,而是将所有的职位的内容抽象为若干要素,根据每个职位对这些要素的要求不同,而得出职位价值。比较科学的做法是将职位内容抽象成五种因素,即智力、技能、体力、责任及工作条件。评估小组首先将各因素区分成多个不同的等级,然后再根据职位的内容将不同因素和不同的等级对应起来,等级数值的总和就是该职位的职位价值。

因素比较法是按决定的评价因素对选定的标准职位进行评分定级,制定出标准职位分级表,把非标准职位与标准职位分级表对比并评价相对位置的方法。它是一种较为系统和完善的职位评价方法,可靠性较高,并且根据评价结果可以直接得到工资数额;每个因素无上下限的限制,比较灵活,可以根据企业特点和具体职务的特殊情况做特殊处理。

由于各因素相对价值在总价值中的百分比确定完全是根据主观判断,因此因素比较法应用起来难度较大,需要专业的培训和指导;开发初期非常复杂且难度大,成本很高,中间也有许多主观因素,员工有时不易理解,容易怀疑其准确性和公平性。

3. 因素比较法与职位排序法的区别

因素比较法与职位排序法的主要区别是:职位排序法是从整体的角度对职位进行比较和排序,而因素比较法则是选择多种报酬因素,如工作责任、工作强度、任职要求、工作环境等方面,并按照各种因素分别进行排序。

因素比较法是一种比较计量性的工作评价方法,根据若干基准职位的薪酬水平选择并确定多种报酬因素,进而按照各种报酬因素分别对组织内的待评估职位进行排序。与职位排序法比较相似,因此可以将它看做改进的职位排序法。当然,这并不意味着因素比较法与职位排序法之间没有区别。二者之间的区别主要表现在两个方面:

一是与职位排序法只从一个综合角度比较各种工作不同,因素比较法是选择多种报酬因素分别进行比较排列。

二是因素比较法是根据每种报酬因素得到的评价结果设置一个具体的报酬金额，然后计算出每种工作在各种报酬因素上的报酬总额并把它作为这种工作的薪酬水平。这种方法的精确程度虽不是很高，但对于一般规模不大的企业来说，是很有效的，即使大企业也可以采用。

二、因素比较法的评价步骤

因素比较法的步骤如图 8-4 所示。

1. 选择评价标准因素

与点数法相同，因素比较法首先选择职位之间的各项通知的报酬因素，这些因素可称为标准因素。通常包括智力要求、体力要求、技能要求、责任和工作条件等。

2. 选择标准职位

在因素比较法中，标准职位的选择是一项既困难又重要的操作。因为评价结果的可靠性是以所选择的标准职位为依据的。选择标准职位必须具备两个条件：①这些岗位必须具有代表性。②这些岗位能表现出工作岗位的等级，并充分显示每一因素重要程度的不同等级；同时在确定的范围内能够准确地给予定义。

3. 根据这个标准职位建立起来的等级必须能被大家接受

标准职位能成为建立全新的工作等级工资制的标准，并且其工资同当地劳动力市场上相同工作的工资差距不能太大。

在实际采用因素比较法时，标准职位数量的选取要恰当。如果太多，通过该方法对工作岗位进行排列所耗费的时间会很多；如果太少，测评结果的误差就会相对高些。一些专家认为，实行因素比较法至少要选择 30 个标准工作岗位。

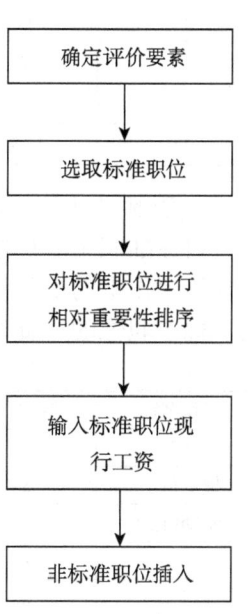

图 8-4　因素比较法步骤图

4. 将标准职位按照选定的因素进行排列

标准职位被确定后，按照所选定的因素按相对重要程度依次排列，制定出标准工作分级表。排列工作由评定小组的每一个成员分别进行分级，然后将分级结果提交给评定小组做综合分析。标准职位分级表如表 8-3 所示。

表 8-3　标准职位因素等级分布

等级顺序	智力	技能	体力	责任	工作条件
1	搬运工	搬运工	计时工	搬运工	计时工
2	保卫	保卫	监督工	保卫	监督工
3	卡车司机	计时工	装配工	装配工	装配工
4	装配工	装备工	螺旋机工	油漆工	搬运工
5	油漆工	卡车司机	油漆工	卡车司机	保卫

续表

等级顺序	智力	技能	体力	责任	工作条件
6	磨料工	监督工	制动机工	制动机工	机工
7	制动机工	油漆工	车工	管子工	工具制模工
8	管子工	管子工	管子工	磨料工	车工
9	车工	制动机工	车工	计时工	卡车司机
10	木工	磨料工	卡车司机	车工	木工
11	机工	车工	木工	木工	磨料工
12	计时工	木工	保卫	机工	管子工
13	螺旋机工	机工	工具制模工	螺旋机工	制动机工
14	工具制模工	螺旋机工	磨料工	监督工	油漆工
15	监督工	工具制模工	搬运工	工具制模工	螺旋机工

5. 将标准职位按照选定因素确定工资额

对标准职位进行排列之后，因素比较法直接对每一岗位确定工资额，即根据每个因素在该工作中的重要程度，按一定比例确定其相应的工资值，并据此对工作重新进行排列。标准职位的工资率及因素配制如表 8-4 所示。

表 8-4 标准职位的工资率及因素配置

工作名称	智力/分	技能/分	体力/分	责任/分	工作条件/分	现行工资率/%
装配工	17	15	26	14	9	0.81
螺旋机工	34	40	28	26	25	1.53
制动机工	19	24	29	16	19	1.07
木工	26	32	36	21	17	1.32
监督工	39	19	24	28	8	1.18
保卫	12	10	38	8	12	0.80
机工	29	35	41	22	13	1.40
搬运工	9	8	50	6	10	0.83
磨料工	18	25	47	18	17	1.25
油漆工	18	20	28	14	23	1.03
管子工	19	23	33	17	18	1.10
计时工	32	11	24	20	8	0.95
工具制模工	37	45	40	31	13	1.66
卡车司机	14	17	35	16	16	0.8
车工	24	31	33	20	16	1.24

6. 建立工资因素级别表

企业中尚未进行评定的其他岗位，与现有的已评定完的标准岗位进行对比，某岗位的某因素相近，就按相近条件的岗位工资分配计算工资，其累计后就是本岗位的工资。至此，构成一张工资因素级别比较表，该表将不同性质的工作，按照因素的特征排列在一起，从而体现工作因素相同，则报酬相同的原则。工资因素级别对应表如表 8-5 所示。

表 8-5 工资因素级别对应表

价格/元	智力	技能	体力	责任	工作环境
20		工具制模工	搬运工		
19					
18					
17				工具制模工	
16			工具制模工		
15					
14		监督工			
13				监督工	
12					
11	监督工		保卫		
10					
9	工具制模工				
8					
7					
6					
5	保卫				
4		保卫			
3				保卫	工具制模工
2	搬运工		监督工		搬运工/保卫
1		搬运工		搬运工	监督工

三、因素比较法的优缺点

因素比较法的优点有以下几点：

(1)评价结果较为公正。因素比较法把各种不同工作中的相同因素相互比较，然后再将各种因素的工资累计，主观性减少了。

(2)此法是用岗位说明书建立岗位比较尺度，这意味着任何人只要具备岗位评价知识，就能够遵行该方法来制定适用的尺度。

(3)减少了工作量。由于因素比较法是先确定标准岗位的系列等级，然后以此为基础，分别对其他各类岗位再进行评定，所以，极大地减少了工作量。

因素比较法的缺点包括：①各影响因素的相对价值在总价值中所占的百分比完全是考评人员的直接判断，这就必然会影响评定的精确度。②操作起来相对比较复杂，而且很难对工人们做出解释，尤其是用货币值衡量因素的价值时，很难说明其理由。③工资尺度的存在势必受现行工资的影响，很难避免不公平现象。④一个或多个代表性岗位可能变更或责任加重，这样会使这些代表性岗位失去代表性作用。⑤岗位比较尺度的建立步骤复杂，难以向员工说明。

四、因素比较法的实施要点

(1)在确定各种工作影响因素时,要考虑生产和经营的性质。例如,影响因素可以概括为五个,即劳动者的智力、技能、体力、责任和工作环境,各因素对不同性质工作的影响不同。各因素还可以细分,如劳动者的智力可进一步分为知识、经验等;责任可以分为安全责任、经验责任或者风险责任等。

(2)用最简洁的方法将各因素的内涵表述清楚,以保证评定标准的统一和公正。与其他职位评价方法相同,因素比较法也需要遵循自上而下和自下而上的沟通渠道,依靠专业人员提供设计方案,但需要一线人员的密切配合和及时反馈。

(3)确定各因素的影响等级及其在总体体系中的比重时,要注意结合企业的性质和特点。例如,工作环境因素,在一些设备先进、机械化程度高、工作条件差异不大的企业,其重要性低于一些工作环境较差、机械化程度低、工作条件差异大的企业;相反的,前者对劳动者的智力因素要求比较高。

第四节 因素计分法的运用

因素计分法不直接对每一岗位的具体岗位职责、工作内容、工作环境和任职资格等进行相互比较,而是将所有岗位的工作特性抽象成若干个付酬要素(compensable factors),将岗位的具体内容与这些付酬要素的标准相比较。根据企业的业务性质和其他具体情况,在确定并明确定义这些付酬要素之后,赋予这些要素不同的权重,并将每个要素划分为不同的等级,然后再根据每个岗位对这些要素的不同要求,确定其在每一要素上的等级和得分,将这些得分汇总即得出该岗位的岗位价值。世界最著名的人力资源顾问公司,如HAY、CRG(后与William Mercer合并)、Watson Wyatt等,都是采用此类方法。

一、因素计分法的步骤

进行因素计分法时,设计一个因素评分方案,一般要经过职位分析、确定付酬要素、确定要素等级、确定要素权重以及各个等级的分数、计算因素得分并总和排序。

1. 职位分析

因素计分法是根据岗位的工作特性进行的,因此,在因素评分之前首先需要做好基础工作,如做好职位分析、撰写职位说明书。同时,对职位进行分类(划分职族),如可以分成销售职位、行政职位、生产职位等。

2. 确定付酬要素

在职位特性明了之后要确定付酬要素,即影响职位价值的因素,如该职位对企业的影响程度、职责大小、工作难度(包括解决问题的复杂性、创造性)、对任职人的要求(包括专业技术要求、能力要求、生理要求等)、工作条件、工作饱满程度等。在国内公司特别是国有企业的岗位测评中,常用的四大评价要素是岗位责任、岗位要求技能、劳动强度、劳动条件。在外企中,采用的多是CRG、HAY、Watson Wyatt等咨询公司的模式，主要偏重于决策自由度、最终结果的影响力、责任的重要性、沟通技巧、任职资格、解决问题难度、工作条件等因素。

3. 确定要素等级

确定付酬要素等级就是对每一付酬要素的各种不同等级水平进行界定，每一种付酬要素的等级数量多少应当与组织中各待评价职位在该付酬要素上的差异程度成正比。报酬要素的每个等级可以根据基准职位中有代表性的技能、任务和行为来确定。确定付酬要素等级时要注意：划分层次不宜过多，运用相应职位名称和容易理解的术语规范等级的定义。

4. 确定要素权重以及各个等级的分数

根据每个要素在全部的付酬要素中的重要性，确定每个要素的权重。报酬要素的权重用百分比的形式表示，它代表了不同的付酬要素对于总体职位评价结果所起作用的重要程度。

在各付酬要素的权重确定之后需要给即将使用的职位评价体系一个总的分数，如500分或1 000分。总分数的大小根据待评价岗位数量多少和价值差异大小而定。根据各付酬要素的权重和总分数可以确定每一要素的总分数（最高分）。然后给每一付酬要素的各个等级配置一定的分数，各因素之间的等级差最好是相等的。具体如表8-6所示。

表8-6 付酬要素的结构量化表

付酬要素	付酬要素子因子及权重（合计最高500分）	付酬要素等级及分数				
		5级	4级	3级	2级	1级
个人能力(40%)	技术(10%)	50	40	30	20	10
	管理能力(20%)	100	80	60	40	20
	专业知识(10%)	50	40	30	20	10
劳动类型(15%)	脑力劳动(5%)	25	20	15	10	5
	体力劳动(10%)	50	40	30	20	10
工作环境(15%)	工作场所(5%)	25	20	15	10	5
	危险性(10%)	50	40	30	20	10
工作责任(30%)	他人安全(10%)	50	40	30	20	10
	他人工作(5%)	25	20	15	10	5
	设备安全(5%)	25	20	15	10	5
	生产产量(10%)	50	40	30	20	10
合计分数		500	400	300	200	100

5. 计算因素得分并总和排序

首先，确定每个职位在每一因素项上的得分；其次，把各项得分汇总，得出每个职位的总分；最后，按照一定的归级标准（如每25分相差一级），得出每一职位的具体等级。

因素计分法的优点是客观性和准确性强，由于它是通过运用明确的因素对工作进行个别的、定量化的判断，因此主观判断的随意性要比其他方法小得多，评价结果也因此而具有更高的科学性和准确性，易为员工所接受。同时，对评价主体的要求不像定性法那么高，评价人员可以按照岗位说明书对每一岗位进行分析，而无需熟悉每一工作的全部情况。因素计分法的缺点是在岗位评价之初，需要耗费相当多的时间和精力，为了保证评价结果的合理性和准确性，相应地就提高了岗位描述或岗位说明书的要求，因此，要求有关人员在制定岗位说明书时，要保证其能完整地表现工作内容、工作职责、工作环境和任职资格等。

二、常见的因素计分法类型

因素计分法是一种应用非常广泛的岗位评价定量方法，也是难度较大的一种评价方法。

(一)海氏职位评价系统

海氏(Hay)职位评价系统又叫"指导图表-形状构成法"(guide chart-profile)，是由美国工资设计专家艾德华·海(Edward Hay)于1951年研究开发出来的。它有效地解决了不同职能部门的不同职务之间相对价值的相互比较和量化的难题，在世界各国上万家大型企业推广应用并获得成功，被企业界广泛接受。

1. 海氏指导量表

海氏工作评价系统实质上是一种评分法，是将付酬因素进一步抽象为具有普遍适用性的三大因素，即知能水平、解决问题能力和承担职务责任，相应设计了三套标尺性评价量表，最后将所得分值加以综合，算出各个工作职位的相对价值。海氏认为，各种工作职位虽然千差万别、各不相同，但无论如何总有共性，也就是说，任何工作职位都存在某种具有普遍适用性的因素，他认为一般可以将之归结为三，即知能水平、解决问题能力和承担职务责任。相应的形成三套用以指导评价的量表。根据这个系统，所有职务所包含的最主要的付酬因素有三种，每一个付酬因素又分别由数量不等的子因素构成。

1)海氏指导量表[一]：知能水平指导量表

知能是达到标准的业绩水平所需要的各类知识、技能与经验的深度和广度，知能由专业知识、管理诀窍和人际关系技巧三个要素构成。

(1)专业知识，即有关科学知识、专门技术及操作方法，分为基本的为务水平、初等业务水平、中等业务水平、高等业务水平、基本的专门技术、熟练的专门技术、精通的专门技术和权威的专门技术八个等级。

(2)管理诀窍，即有关计划、组织、执行、控制及评价等管理诀窍，分为起码的、有关的、多样的、广博的和全面的五个等级。

(3)人际关系技巧，即有关激励、沟通、协调、培养等人际关系技巧，分为基本的、重要的和关键的三个等级。

这三种要素的每一种组合的分值如量表8-7所示，即该职位知能水平的相对价值。表中各数值的相对差异，遵循心理测量学所谓15%韦伯分级定律。

表 8-7 海氏指导量表[一]：知能水平指导量表

管理技巧和要求		起码的			有关的			多样的			广博的			全面的		
人际关系技巧		基本	重要	关键	基本	重要	关键	基本	重要	关键	基本	重要	关键	基本	重要	关键
专业知识技能	基本的业务水平	50	57	66	66	76	87	87	100	115	115	132	152	152	175	200
		57	66	76	76	87	100	100	115	132	132	152	175	175	200	230
		66	76	87	87	100	115	115	132	152	152	175	200	200	230	264
	初等业务水平	66	76	87	87	100	115	115	132	152	152	175	200	200	230	264
		76	87	100	100	115	132	132	152	175	175	200	230	230	264	304
		87	100	115	115	132	152	152	175	200	200	230	264	264	304	350
	中等业务水平	87	100	115	115	132	152	152	175	200	200	230	264	264	304	350
		100	115	132	132	152	175	175	200	230	230	264	304	304	350	400
		115	132	152	152	175	200	200	230	264	264	304	350	350	400	460
	高等业务水平	115	132	152	152	175	200	200	230	264	264	304	350	350	400	460
		132	152	175	175	200	230	230	264	304	304	350	400	400	460	528
		152	175	200	200	230	264	264	304	350	350	400	460	460	528	600
	基本的专门技术	152	175	200	200	230	264	264	304	350	350	400	460	460	528	608
		175	200	230	230	264	304	304	350	400	400	460	528	528	608	700
		200	230	264	264	304	350	350	400	460	460	528	608	608	700	800
	熟练的专门技术	200	230	264	264	304	350	350	400	460	460	528	608	608	700	800
		230	264	304	304	350	400	400	460	528	528	608	700	700	800	920
		264	304	350	350	400	460	460	528	608	608	700	800	800	920	1 056
	精通的专门技术	264	304	350	350	400	460	460	528	608	608	700	800	800	920	1 056
		304	350	400	400	460	528	528	608	700	700	800	920	920	1 056	1 216
		350	400	460	460	528	608	608	700	800	800	920	1 056	1 056	1 216	1 400
	权威的专门技术	350	400	460	460	528	608	608	700	800	800	920	1 056	1 056	1 216	1 400
		400	460	528	528	608	700	700	800	920	920	1056	1 216	1 216	1 400	1 600
		460	528	608	608	700	800	800	920	1 056	1 056	1 216	1 400	1 400	1 600	1 840

2) 海氏指导量表[二]：解决问题能力指导量表

解决问题的能力即该职位所需要的思考能力，是寻找办法和取得某一结论所需要的自然思考。解决问题能力，与工作职位要求承担着对环境的应变力和要求处理问题的复杂程度有关，海氏评价法将之看做是"技能水平"的具体运用，因此以技能水平利用率（%）来测量。进一步分为两个层面：

(1) 思维环境。思维环境是指环境对职务行使者的思维的限制程度。该子要素分为高度常规的、常规性的、半常规性的、标准化的、明确规定的、广泛规定的、一般规定的和抽象规定的八个等级。

(2) 思维难度。按解决问题所需创造性由低到高其可分为重复性的、模式化的、中间型的、适应性的和无先例的五个等级（表 8-8）。

表 8-8 海氏指导量表[二]：解决问题能力指导量表（单位：%）

思维环境	思维难度				
	重复性的	模式化的	中间型的	适应性的	无先例的
高度常规的	10	14	19	25	33
	12	16	22	29	38
常规性的	12	16	22	29	38
	14	19	25	33	43
半常规性的	14	19	25	33	43
	16	22	29	38	50
标准化的	16	22	29	38	50
	19	25	33	43	57
明确规定的	19	25	33	43	57
	22	29	38	50	66
广泛规定的	22	29	38	50	66
	25	33	43	57	76
一般规定的	25	33	43	57	76
	29	38	50	66	87
抽象规定的	29	38	50	66	87
	33	43	57	76	100

3）海氏指导量表[三]：承担职务责任指导量表

承担职务责任是指工作职务承担者的行动自由、行为后果影响及职务责任的大小，包括 3 个层面：

（1）行动自由度。行动自由度是工作职位受指导和控制的程度，分为有规定的、受控制的、标准化的、一般性规范的、有指导的、方向性指导的、广泛性指引的、战略性指引的和一般性无指引的九个量级。

（2）行为后果影响。行为后果影响分为后勤和辅助间接影响作用，以及分摊和主要直接影响作用两大类、四个级别。

（3）职务责任大小。职务责任大小为微小、少量、中级和大量四个等级，并有相应的金额范围（表 8-9）。

表 8-9 海氏指导量表[三]：承担职务责任指导量表

职务责任	大小等级	微小				少量				中级				大量			
	金额范围																
行为后果影响		间接		直接		间接		直接		间接		直接		间接		直接	
		后勤	辅助	分摊	主要	后勤	辅助	分摊	主要	后勤	辅助	分摊	主要	后勤	辅助	分摊	主要
行动自由度	有规定的	10	14	19	25	14	19	25	33	19	25	33	43	25	33	43	57
		12	16	22	29	16	22	29	38	22	29	38	50	29	38	50	66
		14	19	25	33	19	25	33	43	25	33	43	57	33	43	57	76
	受控制的	16	22	29	38	22	29	38	50	29	38	50	66	38	50	66	87
		19	25	33	43	25	33	43	57	33	43	57	76	43	57	76	100
		22	29	38	50	29	38	50	66	38	50	66	87	50	66	87	115

续表

职务责任	大小等级	微小				少量				中级				大量			
	金额范围																
行动自由度	标准化的	25	33	43	57	33	43	57	76	43	57	76	100	57	76	100	132
		29	38	50	66	38	50	66	87	50	66	87	115	66	87	115	152
		33	43	57	76	43	57	76	100	57	76	100	132	76	100	132	175
	一般性规范的	38	50	66	87	50	66	87	115	66	87	115	152	87	115	152	200
		43	57	76	100	57	76	100	132	76	100	132	175	100	132	175	230
		50	66	87	115	66	87	115	152	87	115	152	200	115	152	200	264
	有指导的	57	76	100	132	76	100	132	175	100	132	175	230	132	175	230	304
		66	87	115	152	87	115	152	200	115	152	200	264	152	200	264	350
		76	100	132	175	100	132	175	230	132	175	230	304	175	230	304	400
	方向性指导的	87	115	152	200	115	152	200	264	152	200	264	350	200	264	350	460
		100	132	175	230	132	175	230	304	175	230	304	400	230	304	400	528
		115	152	200	264	152	200	264	350	200	264	350	460	264	350	460	608
	广泛性指导的	132	175	230	304	175	230	304	400	230	304	400	528	304	400	528	700
		152	200	264	350	200	264	350	460	264	350	460	608	350	460	608	800
		175	230	304	400	230	304	400	528	304	400	528	700	400	528	700	920
	战略性指导的	200	264	350	460	264	350	460	608	350	460	608	800	460	608	800	1 056
		230	304	400	528	304	400	528	700	400	528	700	920	528	700	920	1 216
		264	350	460	608	350	460	608	800	460	608	800	1 056	608	800	1 056	1 400
	一般性无指引的	304	400	528	700	400	528	700	920	528	700	920	1 216	700	920	1 216	1 600
		350	460	608	800	460	608	800	1 056	608	800	1 056	1 400	800	1 056	1 400	1 840
		400	528	700	920	528	700	920	1 216	700	920	1 216	1 600	920	1 216	1 600	2 112

海氏评估法三要素及各子要素的构成如表 8-10 所示。

表 8-10 海氏评估法三要素及子要素的构成

因素	知能水平			解决问题能力		承担职务责任		
维度	专业知识	管理诀窍	人际关系技巧	思维环境	思维难度	行动自由度	行为后果影响	职务责任
等级数	8	5	3	8	5	9	4	4
具体措施	1. 基本的业务水平 2. 初等业务水平 3. 中等业务水平 4. 高等业务水平 5. 基本的专门技术 6. 熟练的专门技术 7. 精通的专门技术 8. 权威的专门技术	1. 起码的 2. 有关的 3. 多样的 4. 广博的 5. 全面的	1. 基本的 2. 重要的 3. 关键的	1. 高度常规 2. 常规性的 3. 半常规性的 4. 标准化的 5. 明确规定的 6. 广泛规定的 7. 一般规定的 8. 抽象规定的	1. 重复性的 2. 模式化的 3. 中间型的 4. 适应性的 5. 无先例的	1. 有规定的 2. 受控制的 3. 标准化的 4. 一般性规范的 5. 有指导的 6. 方向性指导的 7. 广泛性指导的 8. 战略性指导的 9. 一般性无指引的	1. 间接后勤 2. 间接辅助 3. 直接分摊 4. 直接主要	1. 微小 2. 少量 3. 中级 4. 大量

2. 海氏岗位评估法的六步操作流程

1)第一步：标杆岗位的选取

规模稍微大一点的企业，岗位往往比较多，如果全方位进行岗位评估，评估者往往会因为被评估的岗位过多而敷衍了事，或者因岗位较多而难以对不同岗位进行区分，这样会使评估工作出现较多的偏差。

标杆岗位选择有三个原则：①够用（过多就起不到精简的作用，过少非标杆岗位就很难安插、有些岗位价值就不能得到厘定）；②好用（岗位可以进行横向比较）；③中用（标杆岗位一定要能够代表所有的岗位）。

2)第二步：准备好标杆岗位的工作说明书

工作说明书是岗位测评的基础，完善的、科学的岗位说明书能大大提高测评的有效性。没有详细的工作说明书做基础，测评者就只能凭主观印象对岗位进行打分，尤其是当测评者不是对所有标杆岗位都很熟悉的时候，测评者的主观性就会增大。

3)第三步：成立专家评估小组

评估小组的人员由外部与内部两部分组成，企业外部的专家顾问要能站在中立、客观的角度进行测评，同时还能培训内部测评人员的测评方法和技巧。企业内部的测评人员一般要求在企业任职时间较长，对企业的业务和岗位非常了解，在不同的部门工作过。企业内部的测评人员一定要有良好的品德，能客观公正地评价事务。

4)第四步：进行海氏评估法培训

这一步往往需要借助外部专家的力量。海氏法是一门比较复杂的测评技术，涉及很多的测评技巧。在测评前，测评者一定要经过系统的培训，对海氏测评法的设计原理、逻辑关系、评分过程、评分方法非常了解才能从事测评工作。

5)第五步：对标杆岗位进行海氏评分

海氏的评分工作一定要慎重。科学的做法是海氏法的培训讲师选出两个标杆岗位进行对比打分，详细阐述打分的过程和原由。同时选择一名测评者做同样的演示，直到所有的测评者完全清楚后为止。测评者学会打分后，并不要立刻进行全面的海氏测评，可先选择部分标杆岗位进行测试，对测试结果统计分析，专家认为测试结果满意后再全面展开测评工作。如果一开始就全面展开测评工作，而测评结果因为测评者没有完全掌握测评技巧而不理想时，再进行第二轮测评会遭到很多人的反对。

6)第六步：计算岗位的海氏得分并建立岗位等级

计算岗位的海氏得分也很有技巧性。计算出各标杆岗位的平均分后，可算出每位评分者的评分与平均分的离差，对离差较大（超出事先设定标准）的分数可做去除处理。因为有些测评者为了本部门的利益或对有些岗位不熟悉而导致评分有较大偏差，在计算最后得分时务必要通过一些技术处理手段将这种偏差降到最低限度。各标杆岗位最后得分出来后，按分数从高到低将标杆岗位排序，并按一定的分数差距（级差可根据划分等级的需要而定）对标杆岗位分级分层。然后，再将非标杆岗位按其对应的标杆岗位安插到相应的层级中。

3. 海氏评分计算

对所评估的岗位按照知能水平、解决问题能力和承担职务责任三个要素及相应的评价图表、标准进行评估打分，得出每个岗位的评价总分。评价总分计算公式如下：

评价总分＝[知能水平×(1＋解决问题能力％)]×类型％＋承担职务责任×类型％

其中，海氏将岗位形态类型分为上山型、平路型、下山型。

(1)上山型。此岗位的承担职务责任比知能水平与解决问题能力重要，如公司总裁、销售经理、负责生产的干部等。

(2)平路型。知能水平和解决问题能力在此类职务中与承担职务责任并重，平分秋色，如会计、人事等职能干部。

(3)下山型。此类岗位的承担职务责任不及知能水平与解决问题能力重要，如科研开发、市场分析干部等。

通常要由职务薪酬设计专家分析各类岗位的形状构成，并据此给知能水平、解决问题能力这两因素与承担职务责任因素各自分配不同的权重，即分别向前两者与后者指派代表其重要性的一个百分数，两个百分数之和应为100％。

(二)美世国际职位评估系统

美世国际职位评估系统(inter-national position evaluation，IPE)。IPE系统是职位评估的新方法，也是国际上最通用的两套职位评估方法之一。IPE系统共有4个因素，10个纬度，104个级别，总分1 225分，评估的结果可以分成48个级别。这套评估系统的4个因素是影响、沟通、创新和知识。

1. 因素1：影响

因素1包含两个维度，即影响的性质和贡献级别(图8-5)。在评估时首先确定"影响"的层次——考虑一个职位对整体组织的影响，不同影响层次的岗位，其贡献度级别的定义和遵循原则有所差异。有限贡献程度指难于辨别对完成具体结果的贡献，对最终结果的取得无影响；部分贡献程度指容易辨别的贡献，对最终结果的取得有间接的影响；直接贡献程度指对结果的取得有直接的、明显的影响；显著贡献指对结果的取得有显著的、根本的、权威性的贡献；首要贡献程度指对主要结果的取得有唯一的、决定性的影响。

		贡献级别				
		1	2	3	4	5
	影响的性质	有限	部分	直接	显著	首要
1	交付性					
2	操作性					
3	战术性					
4	策略性					
5	远见性					

图8-5 因素1的两个维度：影响和贡献的定义和刻度

2. 因素2：沟通

沟通着眼于职位所需频繁应用的沟通技巧，主要衡量沟通的性质和沟通的情境。首先，确定一个岗位所要求的沟通本质层次，如图8-6所示，包括传达、交互和交流、影响、商议、策略性商议5个层次。传达层次指通过表达、建议、手势或外表来沟通；交互和交流层指通过灵活和折中的交流达成一致；影响层指不借助指令和外力而说服他人；商议层指通过探讨和妥协控制沟通达成协议；策略性商议，又称长期商议，是说服具有不同观点、立场和目的的人达成具有战略性意义的一致意见。其次，确定上述选择的沟通层次的发生范围和性质，即沟通情境。辨别沟通是内部还是外部，并判定沟通性质是共享还是分歧。

	沟通情境			
沟通的方式	1	2	3	4
	内部共享	外部贡献	内部分歧	外部分歧
1 传达				
2 交互和交流				
3 影响				
4 商议				
5 策略性商议				

图8-6 因素2的两个维度：沟通的性质和情境

3. 因素3：创新

有关职位改进和开发全新的产品/服务、技术/概念、流程的要求，是一个持续的要求，因素3包括创新性和复杂性两个维度（图8-7）。其中创新性分为6个层次，即跟从、核查、修改、改进、创新、科学突破；复杂性分为明确的、困难的、复杂的、多维度，如表8-11所示。

表8-11 创新的维度划分

维度	层次	层次程度
创新性	跟从	没有改变的要求
	核查	微小的、岗位范围内的改变
	修改	常规的、局部的改良
	改进	重大的、整体性的改进
	创新	新技术、新方法的革新
	科学突破	科学的重大突破

续表

维度	层次	层次程度
复杂性	明确的	问题比较清晰,不需要调查分析,有先例的,有可选方案
	困难的	问题也许只是被模糊地阐述,并要求掌握与考虑其他范畴和工作领域
	复杂的	问题需要得到全面解决,必须考虑以下三种资源中的两个:运作、财务和人力资源
	多维度	需要得到全面解决,必须考虑以下三种资源中的两个:运作、财务和人力资源

		复杂性			
		1	2	3	4
创新性		明确的	困难的	复杂的	多维度
1	跟从				
2	核查				
3	修改				
4	改进				
5	创新				
6	科学突破				

图 8-7 因素 3 创新的两个维度:创新性与复杂性

4. 因素 4:知识

因素 4 是岗位所要求的,任职人必须具备的,以完成岗位目标和创造价值的知识,包括知识层次、团队角色、知识应用宽度三个维度。知识被分为 8 个层次。团队角色有普通团队成员,对领导他人没有直接的责任;团队领导在技巧上指导他人,领导、规划、分配并监督工作,至少 3 个下属(不包括秘书,助理);多团队经理指挥一个以上的团队,决定团队的结构和成员的角色。知识应用宽度分为本地、洲际、全球三个层次(图 8-8)。

IPE 系统有自己的计分体系,对应于每个维度的每个等级,根据被选择的刻度,自动生成分数。简言之,就是对企业中每一个职位在 4 个因素 10 个维度上进行评估打分。分数自动生成之后对照等级换算表(表 8-12),确定职位等级。

(三)翰威特职位评估系统

翰威特因素分析法也是被广泛采用的一种职位评估的方法。其力求从简单明了、相关性和易于沟通三方面,通过一致且公平的国际通行方式,基于所有职位(而非在职者)对于公司的整体贡献来确定它们之间的相对序列。因此形成了其在衡量各职位对公司的价值与贡献为基础上体现职位间区别的特点。

		团队角色		
		1	2	3
	知识程度	团队成员	团队领导	多团队经理
1	有限工作知识			
2	基本工作知识			
3	宽泛工作知识			
4	专业知识			
5	资深专业知识			
6	职能专家			
7	杰出专业知识			
8	丰富且深入的实践经验			

知识应用宽度
本地
洲际
全球

图 8-8　因素 4 知识的三个维度：知识层次、团队角色、知识应用宽度

表 8-12　IPE 等级换算表

总分范围	职位等级	总分范围	职位等级	总分范围	职位等级
26～50	40	426～450	56	826～850	72
51～75	41	451～475	57	851～875	73
76～100	42	476～500	58	876～900	74
101～125	43	501～525	59	901～925	75
126～150	44	526～550	60	926～950	76
151～175	45	551～575	61	951～975	77
176～200	46	576～600	62	976～1 000	78
201～225	47	601～625	63	1 001～1 025	79
226～250	48	626～650	64	1 026～1 050	80
251～275	49	651～675	65	1 051～1 075	81
276～300	50	676～700	66	1 076～1 100	82
301～325	51	701～725	67	1 101～1 125	83
326～350	52	726～750	68	1 126～1 150	84
351～375	53	751～775	69	1 151～1 175	85
376～400	54	776～800	70	1 176～1 200	86
401～425	55	801～825	71	1 201～1 225	87

1. 要素组成及内涵

翰威特职位评估体系是一种多矩阵式要素评分法，主要从 6 个方面来全面衡量一个职位对企业贡献价值的大小，包括知识与技能及应用、影响力与责任、解决问题与制定

政策、沟通技巧、工作环境、行动自由度。6大要素的具体组成和内涵如下：

(1)知识与技能及应用。"知识"指理解并运用大量事实或规则的能力；"技能"指实施所学习的/实际工作任务的熟练程度。该因素旨在评估通过各种途径所获得的所有必备"技术"，从而更加有效地完成工作任务。

由于合格员工们背景间具有显著差异性，因此该方法并未通过具体的正规教育年限来对知识与技能运用加以说明，而是将经验、固有技能或通过培训而获得的技能以及正规知识视为促成个人工作能力的潜在因素。知识与技能"类型"之间不加以区别，如运用某具体设备或者某一特定领域的技术或正规知识。该因素着眼于知识水平或深度，以及实际工作中所必备的各种知识与技能的广度或类型。

在评估过程中应着重评估具体职位所要求的知识水平，而非就职人员自身所具备的技能。

(2)影响力与责任。该因素通过具体行为对实现组织、经营单位或部门目标并最终促成企业成功的潜在影响，以及具体职位在实现相关结果的过程中所承担的职责来进行职位评估。

"影响"的评估指标包括财政收入、资产、预算权、计划或项目管理权以及其他与该职位相关的重要评估参数。"责任"是指对最终决策或行动的控制或影响力度。该因素旨在评估某个职位是否承担主要责任，或共同承担责任，或仅仅是发挥间接影响。

在运用上述维度时，某个职位可以通过多种方式来影响组织目标。这时，应采用与该职位最直接相关的较高水准评估值。

该因素仅适用于评估该职位的常规职责范围。其可能产生的消极影响是绩效问题，但在职位评估计划中不对个人绩效进行探讨。

(3)解决问题与制定决策。该因素旨在衡量调查问题与评估各种解决方案时所必需的判断与分析程度。同时，对该职位所需进行的常规决策或判断的复杂性加以评估。

该因素的较低评级所解决的是常规问题，而且已有既定的行动方案或有限的备选方案；中层评级通常需解决更加复杂的问题并运用一种通用的解决问题方案；高层评级需进行新颖的分析，运用概念性思考并发挥创造力。

在运用该因素进行职位评估时，应思考从任务到工作部署乃至职责这一上升过程。与此上升过程息息相关的方面包括决策过程中认清并解决问题所存在的回旋余地，以及各考虑因素的深度与广度。在此对其定义如下：

"任务"是指预期结果非常具体，且为实现这些结果需进行一系列明确的行动步骤。

"工作部署"是指目标与结果较为具体，为实现这些结果的行动步骤仅作了笼统规定。工作部署要求在职者思考更加宽泛的组织问题。

"职责"的定义非常宽泛，要求明确众多工作部署中的目标及相关问题，并始终关注某个具体的运作领域。在"职责层次"职位中，在职者在设立目标和确定问题时应思考各项工作部署之间的关联性。此外，还应思考该职位所反复经历的问题类型的复杂程度；是否存在多种解决问题的备选方案，制定决策受公司政策与规程的限制程度，以及用于协助解决问题的现有人力、物力资源等。

同时，评估过程应根据该职位所反复经历并期望由该职位来解决的"典型"问题来对该因素加以评估。

(4) 沟通技巧。该因素旨在定性评估该职位所需具备的人际关系处理技能。同时评估该职位与组织内、外的其他人员进行交往时所需的协调与社交技巧的程度。此外，该因素可用于评估履行工作职责与义务所需的沟通水准。

该项因素主要用于多种常规类型的沟通，其中包括公司内部、经营单位内部及组织外部所预期的各种沟通（上司与下属之间的沟通除外）。对于针对公司内部、外部的不同职位应运用同样水准的沟通技能。

(5) 工作环境。该因素旨在分析可预计的正常工作环境下的精神压力状况。评估考虑外部所施加的最后期限对职位工作者所开展活动的控制力度，即任职人员所无法影响或控制的工作干扰、工作重点转移及无法确切预计的工作量。

工作环境因素不仅考虑到繁重的差旅任务或不定期的工时安排所造成的不同压力类型；也考虑到处理疑难或棘手社交场面的必要性，如在常规工作活动中遇到怀有"敌意"或不满情绪的客户。

(6) 行动自由度。该因素旨在评估相关工作"层次"、行动自由度以及实施或接受监管的性质。评估时应注意该职位中所需进行规划、组织、人员配置与指导的力度，以及下属的类型/级别及其工作性质。

在该项因素的较低评级中，职位负责有限的行动，因而着重评估被监管的性质。中等评级代表较高层次的职责及/或在不断维护高效业绩方面所起到的明确而持续的监管职责。较高评级体现了在实现一级部门/经营单位/或组织总体目标与具体目标过程中的广泛职责与权限。

值得注意的是：该因素与组织汇报层次紧密相关，应注意明确实际工作职责，尤其是应通过"定性"而非"定量"标准来对监管职责加以评估，即定期监管的员工人数不应作为关键的决定因素。

2. 职位评估工作表格

职位评估工作表如表 8-13 所示。

表 8-13 职位评估工作表

所属部门	职位名称	因素评级						
		Ⅰ. 知识与技能及应用	Ⅱ. 影响力与责任	Ⅲ. 解决问题与制定决策	Ⅳ. 行动自由度	Ⅴ. 沟通技巧	Ⅵ. 工作环境	
							安全性	稳定性

每个要素基本分 13 级，每个要素的分值从 20 分到 200 分，6 个要素所占的权重可以根据企业的战略和文化等特点进行设定。

➢ 案例讨论

某公司职位评价案例——这样做好不好？

A公司在进行了职位分析，获取职位信息以后，着手进行职位评价，以确定职位的相对价值。

为合理地确定职位相对价值，A公司成立了以人力资源部经理为首的职位评价小组，并邀请了外部专家参与职位评价过程。在外部专家的建议下，A公司采用了国际通行的IPE码作为职位评价的工具，为保证职位评价工具的科学性，职位评价小组没有对职位评价方案进行修正。

A公司共有800多个岗位，分管理类、技术类、营销类和生产类四种职位类别，职位评价小组从中选择了约30个岗位作为标杆，标杆岗位的选择是按照纵向的职位等级进行选择，没有考虑横向职位类别的因素，这一疏漏为以后的职位评价方案的扩展埋下了隐患。

为保证职位分析的公平性，A公司采取了三方评价的方式：上级评价占40%、专家评价占30%、员工个人评价占30%，职位评价方案下发后，立刻在员工中引起了较大的反应。首先由于事先没有进行培训，员工根本不理解进行职位评价的意义和作用；其次，由于职位评价方案过于专业，员工很难对各种描述准确把握，经过一番争论，大家渐渐对职位评价失去了信任；最后由于个人对方案中的表述理解不一样，每个人对自己职位的评价都超出了常理，最为可笑的是公司行政文员对自己岗位的评价得分居然超过了行政人事总监。

通过这种方式收集的职位评价数据当然不能使用，只有放弃这一途径，采取人力资源部门会同直接上级评价和专家评价的方式确认职位的价值。在这一评价的过程中，遇到了一个致命的问题：技术类职位的评价的结果平均水平低于管理类职位，这一结果显然和公司倡导的薪资分配向技术人员倾斜的导向不符合，而按照这一结果所得的薪酬显然不利于留住这些核心人员。经过七拼八凑，终于拿出了职位评价方案的初稿。

职位评价方案一经出台，立刻在员工中引起轩然大波，员工纷纷将自己职位的结果与其他职位进行对比，然后通过正式或非正式渠道向公司反应。职位评价小组经过仔细审查，发现确实有很多职位横向对比有很大的出入，在职位评价的各维度上，各职位也缺乏可比性，甚至出现在"沟通"维度上，人力资源部文员的得分比营销部主管还要高，这些显失公平的地方，成为本次职位评价最为薄弱的被攻击环节，直接导致了职位评价的最终失败。

资料来源：某公司职位评价案例. 新浪博客网，2007-09-13.

➢ 讨论

1. A公司职位评价过程中出现了哪些问题？为什么A公司的职位评价最终会失败？
2. 在职位评价中，员工应有多大的参与程度，是不是应完全公开透明？
3. 技术类职位应如何确定其报酬水平？
4. 职位评价的适用范围是什么？

➢ 思考题

1. 因素计分法在什么条件下适用？
2. 组织在确定使用何种职位评价方法过程中，需要考虑哪些因素？

第九章

工作分析和职位评价成果的运用

学习目标

1. 陈述定编定员的步骤和基本方法。
2. 描述工作分析在绩效管理中运用的要点。
3. 陈述职位评价在薪酬管理中运用的要点。
4. 描述工作分析在八项员工招聘工作中的运用要点。
5. 陈述工作分析在三个层次的培训需求分析中的运用特点。

导读案例 9-1

工作分析的成功典范

美国 AMCO 钢铁公司,以往在聘用新的钢铁工人后,通常在从事永久性的职务前,会把这些新进人员暂时放在一般的劳工群中,也就是说新聘用的人员必须符合一般劳工群中任何工作的要求。但公司并不了解一般劳工群中每项工作的特定资格,所以也就无法评估工作申请者是否能符合进公司后第一份暂时性工作的专业要求。万一雇用的人员不适合担任这一职务,公司就会面临生产力下降或意外灾害增加的风险。

为了解决这个问题,AMCO 设计了一套有关一般劳工群中每一项工作所需必备条件的测验,依据这些测验对工作申请者进行筛选。只有那些通过每一项考试的申请者,才会被视为完全合格而被录用。

工作分析在选取每项工作需要的必备条件的过程中扮演着关键性的角色。公司人力资源专业人员对每项在一般劳工群中的工作都进行仔细分析,研究与每项工作有关的活动和任务,以便决定能够胜任该项工作的人员所需要的条件(如力气、平衡感、灵活度等)。专业人员首先观察工人的工作,其次征询其督导者获得所需要的信息,最后经筛选确定需要进行哪些测验以便测量这些工作技巧。

为了确定这些测验的价值或结果,AMCO 把这些测验项目先在现有的员工中实施,然后再将测验高分者与低分者与其工作绩效进行比较。结果发现,测试成绩好的人实际的工作绩效几乎是成绩差者的两倍。这个发现让公司能够在测验的过程中,评估工作申请者未来所能提供的生产力。后来该公司的实践表明，通过测验的每位员工每年可以为公司增加 4 900 美元的价值，而公司每年大约要雇用 2 000 名新工人。

这项测验计划所带来的成功要归功于这些测验中测量了一些重要的工作技能，而工作分析为这些测量所得的信息奠定了根基。美国 AMCO 钢铁公司的实例说明了，通过工作分析所获得的工作人员必备条件，为人员的甄选奠定了坚实的基础。事实上，工作分析和职位评价的成果在实际工作中应用十分广泛（图 9-1）。工作分析所得到的职位描述信息、任职者资格信息等在人力资源开发和管理的其他各项管理工作中都能发挥作用，而职位评价的结果也是建立企业薪酬制度的一项重要依据。考虑到篇幅限制，在本章中，我们将侧重介绍工作分析和职位评价的几个主要应用领域，即在定编定员、绩效管理、薪酬管理、员工招聘、培训开发中如何运用工作分析和职位评价的结果。

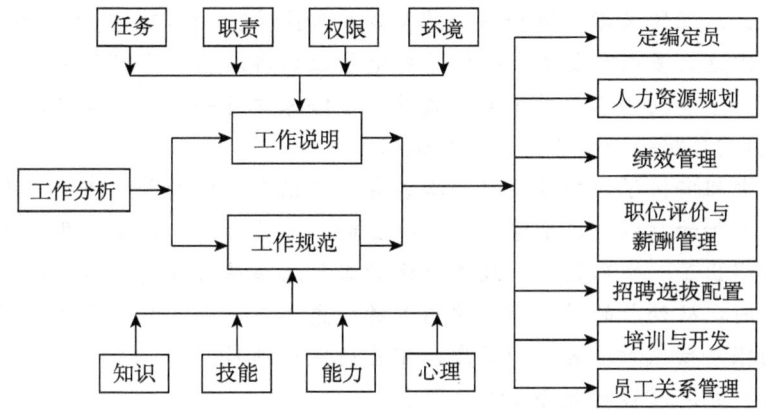

图 9-1　工作分析在人力资源管理中的应用

资料来源：工作分析的意义. 学思网，2009-12-07.

第一节　工作分析在定编定员中的运用

在工作分析的过程中，除了对每个具体的工作岗位进行系统的研究外，还需要从组织整体上对岗位进行设置，确定组织应设立多少个岗位以及每个岗位所需要的人员数量等。定编定员包括对岗位设置的规划和思考，而定岗也不可能单纯进行岗位设置而排除对岗位定员的考虑，所以定岗也包括定编定员。在本书中，定岗定编与定编定员没有本质上的区别。

工作分析对定编定员有直接的影响，下面这个实例充分说明了这一点。

导读案例 9-2

某石油销售公司开展定编定员的经过

一天，我接到程总的电话："我刚谈下一个石油销售公司的定岗定编项目，时间比较短是 20 天的项目，客户提出要先进行工作写实，通过工作写实的结果再进行定岗定编，你愿不愿意做？"

由于刚做完一个定岗定编的项目，想进一步对定岗定编进行更深入一些的研究，并且和程总的合作非常愉快，所以就非常痛快地答应了。

石油销售公司是省级公司，下设14个地级公司，运营的加油站903座，加油站现有员工9 221人，项目的重点就是通过对五个加油站的工作写实，对全省加油站的9 221人进行定岗定编设计。

和石油公司具体负责与我们联络的大姐初步沟通后，由对方找出五个比较典型的加油站，五个加油站分布在3个城市，分别代表市级最好的加油站、县级最差的加油站、中等水平的加油站。确定完开展写实的加油站后，大姐提出了她的疑虑："你们两个人怎么开展这个工作呢？"我给客户解释："我们开展工作写实需要你们公司派人协助，每个加油站需要配备6个左右的工作写实加油员，1个电脑录入员。我们负责项目总体设计、培训指导、后期的数据分析和结论。"大姐非常诧异："我们不是把项目包给你们了，怎么还要我们出这么多人？要不我给程总打电话让她再派些人来？"原来客户从来没有做过咨询项目，对于咨询还不是很了解，我进一步给客户进一步做了解释，最终大姐带着质疑的眼神说："那就……按你们说的先试试。"

接下来，大姐安排了一场项目启动洽谈会，包括人事处处长、市公司经理、市公司人事科长、写实加油站经理，主管副总没有出面。洽谈会上，大家首先进行了项目需求的沟通，对方提出了一系列疑问，我们提出的工作思路尽管获得了客户的认可，但是洽谈会结束道别时，从处长的神情看，他内心的疑虑仍未打消。我们立志要通过高度的专业和有力度的报告彻底打消客户的疑虑，完美地完成项目。

项目在客户充满质疑的配合下开始了。

第一项工作就是创立模型。进行工作写实首先需要建议一个模型，由于以前做过的项目并没有通过工作写实进行定岗定编，而公司的项目库中也缺少工作写实的项目积累。所以，前期我收集了大量的资料并建立了一个工作写实模型，包括工作写实的流程、每个步骤的表单和结论要求等，并制作出工作写实观察员的培训大纲。虽然模型不是很成熟，但是大方向是对的，要在接下来的工作中进一步去完善了。

第二项工作是开展工作写实。做好了准备，工作写实就正式开始了。首先项目组两个人先在一个加油站开展写实，等模型相对完善后再向另外四个加油站拓展。石油公司仅派了7个实习的大学生配合项目组的工作，由于加油员是4班倒的工作性质，工作写实要有连续性，所以要5个大学生做白天的工作写实观察员，1个做夜间的工作写实观察员，1个做数据录入员。进行了简单的培训后，工作开始了。

加油员的工作是非常辛苦的，一般要站上近10个小时进行车辆加油，观察员的工作更是辛苦的，他们不仅要时刻伴随着加油员，还要用秒表记录下加油员每个细分动作的时间，并且要写到记录表上。工作强度非常大，而石油公司派来的观察员都是实习大学生，没有工作经验，而且都是独生子女，从来没有受过这种苦，刚开始的两天还能比较认真地记录，接下来就不能严格按照要求进行记录了，我们在观察员人数设计上仅仅考虑了人数而没有完全考虑到工作量，为了能保证记录的准确性，项目组的两个人也和观察员一起加入到了写实的记录中。由于加油员的夜间工作性质，所以为了保证夜间写实记录的真实性，项目组两个人轮流值夜，这可能是做咨询以来第一次24小时工作了。

而此时，数据录入成了瓶颈，由于我们要求观察员将加油员的分解动作记录到秒，而加油员每天的加油次数是非常多的，一个观察员一天的记录往往就有十几页纸，仅有的一个数据录入员一天要录入近百页，并且时间数据录入量非常大，一个人无法完成当天的工作量，在此情况下，我们向石油公司申请增加录入员。

在写实工作开展的同时，我进一步完善了写实模型，修正了其中的一些数据要求和表单，经过这个加油站3天的写实和模型的完善，项目组决定同步开展剩下四个加油站的写实工作。

项目组两个人兵分两路，一个人负责两个加油站的写实工作，并且分赴两个不同的地区。由于有了第一个加油站写实的经验，对写实模型进行了完善，并且要求石油公司每个写实加油站多配了观察员和数据录入员，所以接下来的写实工作开展得非常顺利。

第三项工作是进行数据分析。实地的写实工作顺利结束，收集了非常全面的工作写实数据。接下来，项目组就要对写实数据进行分析了，但是在这时又遇到了一个问题，大量的写实数据如何在短时间内导入岗位工作量表中呢？

工作写实分析虽然是以实地的数据为基础，但是数据必须要导入事先设计好的岗位工作量表中，通过岗位工作量表进行岗位职责分析、岗位工作量比较分析等工作完成后，才能为接下来的定岗定编提供依据。而从原始数据如何快速导入岗位工作量表中，由于项目总时间仅有20天，而实地工作写实已经占去了将近十天，如果在数据分析上占用大量时间的话，项目如何能按期完成？

如何能找到简单快速的方法实现数据的有效导入呢？在找了很多资料，百思不得其解后，我电话求助公司的同事，询问了几个同事后，依然没有答案。正在苦恼之际，我忽然想到一个工商管理硕士（master of business administration，MBA）同学，读书时他是我们班的数据高手，何不向他请教呢？我打通了他的电话，并且向他请教我的问题。果然没有找错人，他听了我的问题后，给了我一个简单的公式，"这个公式应该能解决你的问题"，他自信地说。我听后如获至宝，马上按照他的公式进行实践，果不其然，大量的数据通过这个公式快速准确地导入岗位工作量表中，我将这个消息马上通知项目组的同事，我们马上改用新方法导入数据，按照传统方法需要3～4天的工作量，而采用新方法后我们不到一天就全部完成了，并且由于减少了数据的多次引用环节，数据的准确性也大大提高了。可见，方法的提高是如此重要！

突破数据导入环节后，下面的数据分析工作就顺利多了，通过数据分析，我们发现了隐藏在事物表象下规律性的东西并写入报告，有了数据的充分支持，我们对报告获得通过充满信心。

第四项工作是写实报告沟通。大姐对项目组的工作支持非常大，虽然一直怀有疑虑，但是还是要人给人、要物给物，每次接触我都能感觉到她对结果的殷切期待，但是由于一直没有结论，我只能坚持到写实报告初稿完成。

得知写实报告初稿完成，大姐马上安排了人事处长和公司几个高层的小范围汇报会，项目组在汇报会上将工作写实报告进行了汇报。汇报相当成功，听完报告后，处长和公司的几个高层对报告称赞不已，他们一致认为报告数据充分、分析透彻，不仅使他们看明白了加油站各岗位真实的工作量，并且还改变他们以往的一些看法："我们一直以为这个岗位的员工特别忙,看完数据分析后,我们才明白了真相。原来我们眼中看到的不一定是真实的啊!"

汇报会不仅打消了大家对项目组的疑虑,并且使项目组赢得了极高的声誉。会后大姐更是激动不已,连连向项目组道歉,说以前不明白咨询公司的工作方法,这个报告获得好评更是对她的肯定,说明她没有找错人!

第五项工作是设计定岗定编。由于工作写实为定岗定编提供了丰富的数据支撑,所以定岗定编设计相对就简单多了,但是由于工作写实已经占用了15天时间,要在剩下的5天内完成项目难度非常大。此期间程总来了,看到了项目组的报告,并且了解了项目的实际进展情况,当得知项目有可能延期后,程总主动提出要给项目组延长5天项目时间,这让项目组非常兴奋,合伙人也认可了项目组的工作!

第六项工作是定岗定编设计沟通。虽然定岗定编设计的难度不大,但是由于设计中涉及的部门、岗位、人员较多,所以在报告完成后我们要求石油公司再次召开小范围的报告汇报,以听取意见。果不其然,项目组在汇报完定岗定编设计后,人事处长提出了几点修改意见,而此时非油处长也提出了增加非油人员的意见。

根据工作写实数据分析,我们不仅将加油站非油人员的岗位进行了合并,并且非油人员的编制减少数量较多,减了下属的人和岗,非油处长不愿面对,但是由于对报告的数据和逻辑提不出质疑,非油处长只能从未来发展方面提出要求,希望为了未来发展不要减人太多,其实他从内心还是认为应该减人的。

会议结束后,项目组内部讨论,我们的报告不仅要从内容本身讲求科学性,而且在不是原则性的问题上可以适当调整,以达到客户相关部门的平衡,这样在报告的实施过程中遇到的阻力就会小很多。基于此,项目组在报告中将非油编制在可控范围内适当增加。

最后一项是进行该项目的最终汇报。项目组将工作写实报告和定岗定编设计报告合并,并根据客户方的意见进行了修订。在几轮修订后,报告在人事处高层及公司的几个高层内部获得了认可和通过。

这时,项目组和大姐都认为可以召开最后的汇报会了,这次要把主管副总请过来,只有他对报告认可了报告才算真正通过。大姐对这次汇报会非常重视,不仅请了副总和公司另外几个核心高层,而且召集了十几个分公司的经理、人事科长、加油站经理同时参加汇报会。

由于事前的充分准备,报告汇报完后几十个相关人员所提的基本是细枝末节的意见,对于报告主题都是肯定的,就连副总对报告也给予了非常高的评价。

资料来源:刘辉. 某石油销售公司定岗定编项目案例总结. 中国人力资源开发网, http://www.chinahrd.net/management-planning/strategic-planning/2010/1018/124694.html, 2010-10-18.

工作日写实是在工作分析过程中收集工作信息的一种方法,本实例详细介绍了主人公运用工作日写实法实地收集加油站工作信息的过程以及圆满完成定岗定编合作项目的曲折经历。从中不难理解,如果没有细致严谨的工作日写实,项目组不可能提出令合作方满意的定编方案。定编定员是一项重要的人力资源管理工作,工作分析的结果对于企业定编定员具有重要的意义。通过工作分析以及职位评价,可以建立起排列有序的职位体系，使每个具体职位都能在该体系中找到相应的位置，从而确定企业的职位数量和任职者人数及构成，为定编定员提供依据；准确揭示每个职位的工作性质、特征、责任大小、技术难易、任职者所需资格等职位特点和任职条件，为人力资源开发与管理提供标准。下面侧重介绍定编定员的方法和流程。

一、什么是定编定员

1. 定编定员的含义

企业的定编定员，是指企业在既定发展战略的指导下，通过组织结构设计和职能的分解，设置相应的岗位，在设置岗位的基础上确定企业的编制，再确定执行岗位工作的具体工作人员的管理活动。

企业通过定编定员，才能做到各个部门事事有人做、人人有事做、岗位不重复、工作无遗漏。

2. 定编定员的特征

(1) 必须在企业有一定的业务规模基础上进行。
(2) 必须在企业业务发展方向已定的基础上进行。
(3) 具有一定的时效性，即有一个发生、发展的过程。
(4) 不仅要从数量上解决好人力资源的配置，而且还要从质量上确定使用人员的标准，从素质结构上实现人力资源的合理配备。

定编定员与岗位设计是密切相关的。岗位确定过程本身就包括工作量的确定，也就包括了对基本的上岗人员数量和素质要求的确定。

二、企业定编定员的步骤

第一，定编定员之前最重要的是要设定好企业的组织架构，进行部门设置，明确部门角色分工和职责担当。

第二，根据公司业务规模及发展趋势、公司发展战略、业务特点等预测人员总的需求量。

第三，确定岗位设置的基本标准和岗位职责。

第四，确定岗位定员人数。

总体流程可用八个字概括，即定责、定岗、定编、定员。定责定岗，即根据公司发展战略设计组织架构，确定部门职责；将部门职责细化为岗位职责，确定岗位的设置。定编定员，即根据岗位承担的职责要求确定岗位编制数，然后在定编的基础上，严格按编制数额和岗位的质量要求，为企业每个岗位配备合格的人员。

定编定员是企业职位管理工作的一个难点，难就难在对部门实际工作情况与需求的了解与理解上，容易陷于因为缺乏理论方法只能"拍脑袋"设计编制的误区。

三、定编定员的方法

1. 效率定员法

效率定员法是按劳动定额定员的一种方法，适用于能用劳动定额表现工作量的工作。

劳动定额的基本形式有产量定额和时间定额两种。若采用产量定额，其计算公式为

$$定员人数 = \frac{计划期生产任务总量}{工人劳动效率 \times 出勤率}$$

若采用时间定额，其计算公式为

$$定员人数 = \frac{生产任务 \times 时间定额}{工人劳动效率 \times 出勤率}$$

2. 设备定员法

设备定员法是根据工作量确认机器设备的数量，再根据机器设备的数量、设备利用率、开动班次及工人看管定额、出勤率来确定人数。它适用于大量同类设备、以机械操作为主的工种。其计算公式为

$$定员人数 = \frac{年设备台数 \times 每台设备开动班次}{工人看管定额 \times 出勤率}$$

例如，某纺织厂车间有纺织机器 500 台，每台开动班次 2 次，工人每人看管定额为 10 台，出勤率为 95%，计算该车间定员人数为

$$定员人数 = \frac{500 \times 2}{10 \times 95\%} = 105（人）$$

3. 岗位定员法

岗位定员法是根据岗位数量、岗位的工作量大小、劳动效率及出勤率、每台设备开动班次等因素来计算定员人数。它适用于需要多人看管的大型设备及流水线等。其计算公式为

$$定员人数 = \frac{每个岗位的工作量}{工人劳动效率 \times 开动班次 \times 出勤率}$$

或者

$$定员人数 = \frac{岗位数 \times 岗位定员标准 \times 班次}{出勤率 \times 轮休系数}$$

4. 比例定员法

比例定员法是根据服务对象的人数和定员标准比例定员的方法。其计算公式为

$$M = T \times R$$

其中，M 表示某类人员的定员数；T 表示服务对象的人数；R 表示定员的标准比例。

根据分工与协作的要求，企业中有一部分人员会与另一部分人员之间存在一定的比例关系，并且前者会随着后者数量的变化而变化，如教师与学生，炊事员与企业员工总数等，在生产型的企业中，一些辅助性生产的员工数量与生产工人的比例也适用此方法。

5. 职责定员法

职责定员法是按业务分工、岗位职责和工作量计算定员的方法，适用于企业管理人员和工程技术人员的定员。由于管理工作、技术工作比较复杂，无法用数学公式表示，可根据职责和工作量，参照效率定员和岗位定员方法进行估算。

导读案例 9-3

移动通信公司定岗定编的方法及应用

（一）移动通信公司定岗定编方法的选择

中国移动通信集团公司（以下简称移动通信公司）业务具有自身的独特性质，在采取上述一般性的定岗定编方法的同时，还要结合移动通信业务的特点选择适当的方法。

影响移动公司员工总数的因素较多，既有规模方面的因素，如通话用户数、营业厅台席数、代销点数等；又有效益方面的因素，如收支差、人均利润等，所以可利用多元回归模型进行员工总量的测算。移动通信公司的市场和客服部门实质上是向用户提供一种服务，有关岗位的定员可采用比例定员法；根据技术支撑部门的特点，其员工人数的确定可采取职责定员和设备定员等方法。

（二）某省移动通信公司定岗定编的主要内容

某省移动通信公司开展定岗定编的总体原则是：依事设岗、按岗定员；定性推算和定量测算相结合；宏观控制与微观调节相结合。

依照以上原则，在前期访谈和资料收集的基础上，工作分析人员对各市分公司、省公司的员工总量及一线生产岗位进行定量测算，相应部门的管理岗位按比例推算，综合职能部门岗位职数按职责进行适当配备。

1. 市分公司员工数量的测算

鉴于移动通信公司的组织架构，公司定岗定编的一项重要内容就是各市分公司员工编制数的确定。对市分公司的定岗定编主要包括总量预测和岗位预测两大部分，具体思路见图 9-2。

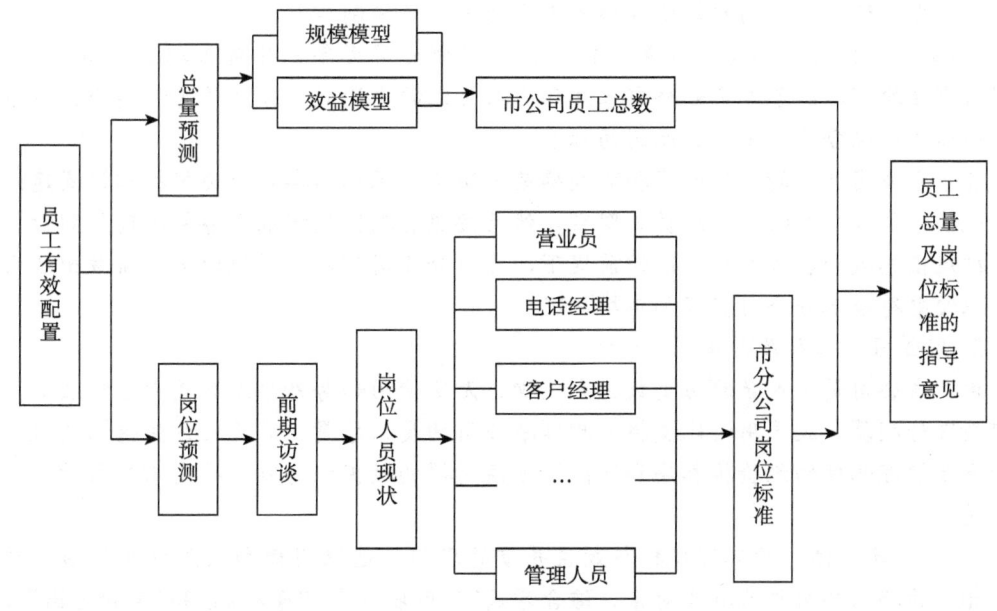

图 9-2　市分公司定岗定编的具体思路

(1) 员工总量预测。测算各市分公司人力资源总量采用回归模型法,即找到影响员工总数的规模变量和效益变量,利用某省各市分公司的横截面数据(2004年)建立多元回归方程,再代入2005年相应指标的计划数,得到2005年的员工总量的预测值。

对影响员工数量的因素进行综合分析,发现"用户数、乡镇数、代销点数(含合作营业厅)、自办营业厅台席数"等是影响市分公司员工总量的关键因素。采用多元回归法建立规模-人员测算模型:

$$Ln(Y) = -2.00 + 0.569 \times Ln(X1) + 0.12 \times Ln(X2) - 0.21 \times Ln(X3) + 0.26 \times Ln(X4)$$

其中,Y为员工数;$X1$为用户数;$X2$为乡镇数;$X3$为代销点数;$X4$为自营厅台席数。模型总体上通过F统计量的显著性检验,自变量对因变量的解释程度较高,可以用于预测。

为反映效益状况对员工数的影响,以员工人数为因变量,收支差为自变量,建立起效益-人员测算模型:

$$Ln(Y) = -3.43 + 0.499 \times Ln(X)$$

其中,Y为员工数;X为收支差。模型通过F统计量的显著性检验,决定系数较大,可用来对员工数进行预测。

通过规模模型和效益模型得到相应的员工预测数后,再对规模参数(用户数)和效益参数(收支差)分别与员工人数进行相关性分析,利用相关系数取得各自所占权重,结果是规模参数的权重为51%,效益参数的权重为49%。对两者进行加权综合,得到员工总量的预测数,即

市分公司员工定编数＝0.51×基于规模的编制数＋0.49×基于效益的编制数

结合各分公司目前人员配备的实际情况、自办营业厅渠道建设的进度和同类公司人员配置规模现状,省公司人力资源部和市场部及各市分公司在充分沟通的基础上,对模型测算数再作微调,得到的数值作为各市分公司年底编制控制指标。

(2) 员工配比标准和岗位配置。在分析各市分公司历年三片员工职数比例基础上,依照居中性原理,以各类市分公司三片部门人员比的平均数,分别作为该类分公司市场片、运建片和综合片员工职数比例的标准。

各市分公司具体的岗位设置和职数确定方法是:根据各类市分公司机构设置建议框架,先按工作量标准配备一线员工职数,然后按照管理幅度标准配备管理岗位职数。在不突破规模总数和各片人员配比的前提下,各市分公司可以对岗位职数安排做出适当调整,以便更符合本分公司实际和市场状况。

2. 省公司员工人数测算

由于省公司员工人数的历史数据点较少,无法使用趋势外推法和因素分析法建立数学模型进行测算,故采用对比类推法测算省公司的员工总量,并将此方法得出的数值与基于有效管理幅度的经验推算法和职能界定法所得的数据相对照,确定省公司的员工人数总量。

(1) 对比类推法。为体现规模与效益并重的思想,选取规模和效益方面与该省移动公司相近的移动公司作为类比对象,综合考虑"运营收入"、"净利润"和"运营支出"三项主要指标与员工总数的关系。将"运营收入、净利润和运营支出"除以全省员工总数,得

到"人均收入、人均利润和人均支出"三项指标，利用三项指标2004年的数值，结合该省移动通信公司2005年"运营收入、净利润和运营支出"的计划数，回推得出2005年年底该省移动通信公司全省的员工总量。

得到全省的员工总量后，再考察近几年省公司员工数占全省员工总数的比重及变化趋势，结合理论分析，拟合出省公司员工数占全省员工总数比重的指数曲线，进而得到2005年省公司员工数占全省员工总数的比重。据此比例，结合上面得到的全省员工总量，得到省公司员工数。

(2) 基于有效管理幅度的经验推算。经验推算法是按照对市分公司相应部门垂直管理有效幅度的经验数值来确定员工数。由于省公司的市场、运建和综合三类部门在对市分公司相关部门的指导和业务性质方面客观上存在着差别，因此三类职能部门岗位定编在综合考虑对各市分公司员工总量测算、一线岗位职数测算和市分公司现有员工人数及结构的基础上来进行。

(3) 省公司员工总量的职能界定法测算。按照部门职责划分和为完成相应工作量所必需的职数（通过访谈和调查得出的数据），得出省公司各部门人数配备及总量。

(4) 省公司各部门实际人员数的确定。由于各省移动通信公司的部门设置和职责划分不尽相同，公司往往根据市场变化和集团公司的要求对有关部门的设置进行适当调整。所以，在确定省公司员工总量的基础上，可以按照职能界定法确定的各部门人数作为部门配备人员的参考依据。

通过以上几种方法，既可得到省公司、市分公司员工总数的预测值，又可确定各部门的岗位配备比例，这些预测值配备比例将作为移动通信公司进行定岗定编的参考依据和标准。

资料来源：程开明. 移动通信公司定岗定编的方法及应用. 市场研究，2006，(7)：30～33.

四、企业定编定员的工作原则

企业在进行定编定员工作时，应遵循以下工作原则。

(1) 以战略为导向。强调岗位与组织和流程的有机衔接，以企业的战略为导向，与提升流程的速度与效率相配合。

(2) 以现状为基础。强调岗位对未来的适应。一方面，必须以岗位的现实状况为基础，充分考虑岗位价值发挥的基础条件；另一方面，也要充分考虑组织的内外部环境的变化、组织变革与流程再造、工作方式转变等一系列变化对职位的影响和要求。

(3) 以工作为中心。强调人与工作的有机融合，充分考虑任职者的职业素质与个人特点；体现职位对人的适应，处理好岗位与人之间的矛盾，实现人与职位的动态协调与有机融合。

(4) 以分析为手段。强调对岗位价值链的系统思考。其不是对职责、任务、业绩标准、任职资格等要素的简单罗列，而是要在分析的基础上对岗位价值链上每个环节应发挥作用的系统思考，包括该岗位对组织的贡献，与其他岗位之间的内在关系，在流程中的位置与角色，其内在各要素的互动与制约关系等。

五、岗位设置的常用形式

岗位设置的具体设计形式有很多，归结起来，常用的有三种[①]，即基于任务的岗位设置、基于能力的岗位设置和基于团队的岗位设置。

(一) 基于任务的岗位设置

基于任务的岗位设置是将明确的任务目标按照工作流程的特点层层分解，并用一定形式的岗位进行落实。这种做法的优点是岗位的工作目标和职责简单明了，易于操作，到岗者经过简单培训即可开始工作。同时，它也便于管理者实施监督管理，在一定时期内会有很高的效率。在这种形式下，企业内部的岗位管理主要是采用等级多而细的职等结构，员工只要在本岗位上工作一定的年限而不出大错就能被提级加薪。这种岗位设置的缺点是它只考虑任务的要求而往往忽视在岗者个人的特点，员工个人往往成为岗位的附庸。

这种形式在机器化大工业时代显得十分突出：操作工在长长的流水线旁日复一日不停地重复同一种动作，时间一长，员工的积极性往往会一落千丈。此外，由于任务目标是可以量化的，所以这种岗位设置的具体编制也可以用人均劳动生产率（或人均利润）等量化指标具体计算出来。

(二) 基于能力的岗位设置

基于能力的岗位设置是将明确的工作目标按照工作流程的特点层层分解到岗位。但区别在于岗位的任务种类是复合型的，职责也比较宽泛，对员工工作能力的要求相对要全面一些。这种设置的好处是岗位的工作目标和职责边界比较模糊，使员工不会拘泥于某个岗位设定的职责范围内，从而有发挥个人特长的余地，进而使企业具有应对市场变化的弹性。在这种形式下，企业内部的岗位管理常常采用的是"宽带"管理，即各岗位之间的等级越来越宽泛。目前许多美国企业内部从上到下只有6个等级，各等级内的各岗位的职责分工没有明确的界限，完全根据市场的变化来调整企业内部各岗位所承担的具体任务。由于员工个人的表现难以像基于任务的岗位设置那样简单明了，所以这种形式会要求赋予直接管理者更大的责任，由直接管理者对下属进行决断、监督和评估。但是，它的缺点也会因为员工的灵活性加大而使工作成果的不确定性上升。同时，由于对员工的能力要求高，劳动力成本和培训费用也会相应增加。

这种形式在第三产业占主导的时代很显著：许多第三产业的行业是高度依赖于人的。在这些行业中，员工的能力和工作积极性对工作任务的完成有着很大的影响力，如金融、保险、咨询服务、超市零售等。因为在这种服务性的行业中，具体岗位所承担的任务在许多情况下是要求完成一个过程，是难以量化的，所以这种岗位设置形式往往不规定一个具体的编制数，而是用一定的人力成本预算来进行控制。

(三) 基于团队的岗位设置

基于团队的岗位设置则是一种更加市场化、客户化的设置形式。它以为客户提供总体附加值（总体解决方案）为中心，把企业内部相关的各个岗位组合起来，形成团队进行

---

① 丁敬平．企业定岗定编的依据及其形式．企业改革与管理，2007，(3)：64~65．

工作。它的最大特点是能迅速回应客户、满足客户的各种要求。同时，又能克服企业内部各部门、各岗位自我封闭、各自为政的毛病。对在岗者来说，在一个由各种技能、各个层次的人组合起来的团队中工作，不仅可以利用集体的力量比较容易地完成任务，而且可以从中相互学到许多新的东西，也能经常保持良好的精神状态。显然，它是一种比较理想的岗位设置形式。但是，这种形式对企业内部的管理、协调能力要求很高，否则容易出现"打乱仗"的现象。

目前它的应用还不够普及，更多的是在那些"项目型"的公司中应用，如软件设计、系统集成、咨询服务、中介服务、项目设计、工程施工等。这种岗位设置形式的人员确定往往是采用根据客户要求的特点进行组合的方式。在人力成本方面也往往采用预算控制法。

六、定岗定编应注意的问题

(1) 统一标准与实际情况相结合的问题。定岗定编确定了企业员工总数、部门岗位配置的标准，按标准进行具体配置时可考虑到企业、部门的具体情况进行微调，应统一给出调整幅度的标准。

(2) 定岗定编标准的动态调整。随着企业经营战略的重大调整，如移动通信公司的自办营业厅建设、客服部门上挂、3G网络建设等，所涉及部门的人员肯定会有较大的变动，员工总数及岗位置备标准也应做出动态的调整，以适应企业业务发展需求。

(3) 应着手建立起相关的监控测量制度和流程；做好企业发展、工作效率、效益提升等方面测量和数据采集工作，进一步完善定编标准，建立起滚动调整机制；还应对企业人力资源的流动情况进行分析，包括流出、流进、升迁、降职、退职等，以动态的观点对企业的人力资源总量状况有一个清晰的把握。

(4) 建立一个全体员工在人员方面都能进行自我约束、自我控制的机制。现在许多企业的困惑是各部门都称人少，结果造成人员总数越来越多，人力成本不断加大，但企业的效率却没有提高。因此，企业希望找到一种办法来有效地控制员工总数。企业往往是将这个任务交给人力资源部去负责，而这种只靠人力资源部门进行单方面控制，而其他部门缺乏自我约束的做法是难以奏效的。企业需要的是一个大家在人员方面都能进行自我约束、自我控制的机制，而不仅仅是一套硬性的定岗定编的规定。

第二节 在绩效管理中的运用

导读案例 9-4

工作分析和绩效管理有何联系

某焊接企业想从事大口径管道焊接的业务，年初派人到另外一家从事大口径管道焊接的企业，对管道焊工的安全性、劳动强度、作业环境和作业条件等做了现场调查（工作调查）。工作人员回来后整理了调查资料，并编写了管道焊工工作环境说明、技术种类及要求、岗位操作规范等说明书（工作分析）；公司决定此种焊工由工程部直接负责管理，每两个焊工为一组，每20个焊工为一队，每队设一名队长，采取每小时工作轮班制（工作设计）。公司在3月份中标了100千米的大口径管道焊接的业务，人力资源部在3月份招聘了100名符合要求的焊工（工作实施）；工程部与焊工代表共同商讨了每天的工作量及施工进度计划，具体到每人每天完成多少道焊口（工作绩效计划）；3月底，100名焊工全部到施工一线工作（工作绩效实施）；5月底，公司专门组织了操作规范和健康、安全、环境三位一体的管理体系（health, safety, environment, HSE）等方面的培训（工作绩效辅导）；7月初，人力资源部到施工一线调查与岗位相关的信息（工作调查）；7月底，人力资源部对岗位进行了评价，评价发现焊工的工作劳动强度和粉尘危害程度比当初分析的要大，生活条件比较恶劣（工作评价）；9月底，工程部对焊工的工作态度、工作效率及任务完成情况进行了评价（工作绩效评价）；10月初，工程部与那些工作效率低的焊工进行了交谈，共同商量如何提高工作效率，许多焊工提出了改进意见（工作绩效反馈及改进）；11月初，人力资源部对工作重新进行了分析，并建议公司购买自动焊接设备，给焊工每月多发放一套劳保用具，建立条件更好的住宿营地（工作再分析）；12月底，工程部决定每两个焊工为一组操作焊接设备，并采取每半小时轮班制（工作调整）。

在该案例中，先有工作调查、工作分析和工作设计，而后聘请了工作人员，才有工作绩效计划、工作绩效实施、工作绩效辅导以及绩效反馈，严谨细致的工作分析为顺利开展绩效管理提供了有关绩效标准制定的依据以及绩效计划落实的基础。

企业人力资源管理的核心在于如何提高员工的绩效水平，从而为组织的整体目标与战略的实现做出贡献。因此，绩效考核作为绩效管理的核心，在人力资源管理中便具有关键性的地位。然而，我们经常会听到一些人抱怨"我根本不知道什么是优秀的绩效，凭直觉做吧"或者"我们的绩效评估根本就没有什么客观的标准，全凭主管人员的印象"，而人力资源部经理们也经常思考这样的问题，绩效评估应评估哪些内容？绩效的标准怎样设定？绩效提升应该着重从哪些方面入手？如果这些问题解决得不好，就无法合理地对员工的绩效进行评估，更无法改善绩效。工作说明书中的工作职责、工作权限、工作任务、工作关系等是进行考核的必备基础，其对绩效管理的影响主要体现在对绩效考核的指标、主题、方式及周期的影响上。

资料来源：李维，王金洲. 工作分析＝岗位绩效管理？中国人力资源开发网，2010-01-28.

一、工作分析与绩效管理的关系

(1)工作分析和工作设计可以作为绩效计划的依据。绩效计划的制订不能超出员工的职责范围，也不能超出工作分析设定的最高工作量，以免员工超负荷或低负荷工作。

(2)工作分析和工作评价可以作为绩效评价的依据。工作分析中含有针对不同工作所确定的考核指标，进行绩效评价时应该参考这些指标；工作评价的结果可以反映部分影响绩效的因素，绩效评价应该考虑这些因素，做到评价的客观性。

(3)工作评价可以作为绩效反馈及改进的依据。在对绩效进行反馈及改进的过程中，要考虑到工作评价的结果，以便明确失误的责任是在于工作设置还是在于员工本身，避免反馈和改进的盲目性。

(4)绩效评价可以作为工作再分析和再设计的依据。绩效评价的结果可以反映当初工作设置的合理程度,所以在工作重新分析和设计的过程中应该考虑工作绩效评价的结果[①]。

工作分析与绩效管理的关系如图 9-3 所示。

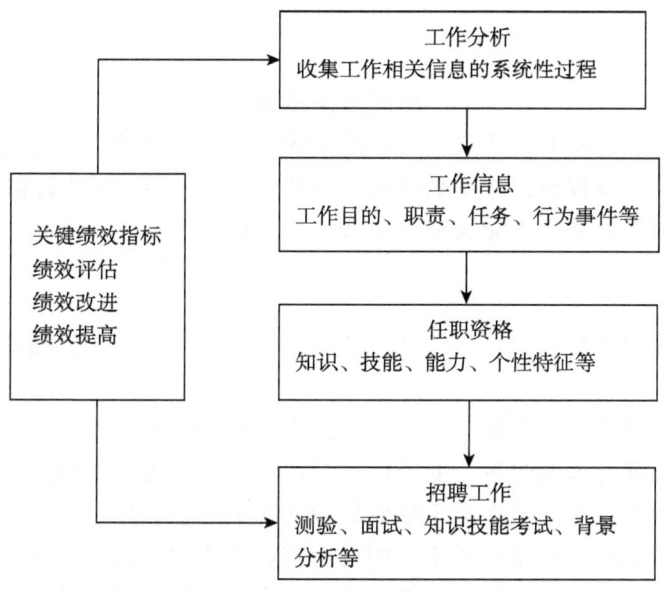

图 9-3　工作分析与绩效管理的关系

二、关键绩效指标的确定

(一)什么是关键绩效指标

企业关键绩效指标是通过对组织内部流程的输入端、输出端的关键参数进行设置、取样、计算、分析,衡量流程绩效的一种目标式量化管理指标,是把企业的战略目标分解为可操作的工作目标的工具,是企业绩效管理的基础。关键绩效指标可以使部门主管明确部门的主要责任,并以此为基础,明确部门人员的业绩衡量指标。建立明确的切实可行的关键绩效指标体系,是做好绩效管理的关键。关键绩效指标是用于衡量工作人员工作绩效表现的量化指标,是绩效计划的重要组成部分。

(二)确定关键绩效指标的原则

关键绩效指标反映了企业的经营重点与发展方向。确定关键绩效指标应遵循 SMART 原则。S 代表具体(specific),指绩效考核要切中特定的工作指标,不能笼统;M 代表可度量(measurable),指绩效指标是数量化或者行为化的,验证这些绩效指标的数据或者信息是可以获得的;A 代表可实现(attainable),指绩效指标在付出努力的情况下可以实现,避免设立过高或过低的目标;R 代表关联性(relevant),指绩效指标是与上级目标具明确的关联性,最终与公司战略目标和发展方向等相结合;T 代表有时限(time bound),注重完成绩效指标的特定期限。

---

① 李强,李永杰. 工作分析理论与应用. 北京:中国劳动社会保障出版社,2005.

三、通过工作分析得出绩效指标

导读案例 9-5

小周为何不满

公司一年一度的绩效考核结束了。小周非常不满，因为该公司绩效考核时采用的指标都是一些笼统的、模糊的、靠主观评价打分的指标。小周说："我们的绩效考核根本就没有什么客观标准，全凭主管人员的印象。其实我自己也不知道到底应该做什么，应该做到什么程度。"

造成这种情况的重要原因之一就是该公司在没有进行工作分析的基础上设定绩效考核指标。

绩效管理的过程通常被看做一个循环，这个循环包括绩效计划、绩效实施与管理、绩效考核、绩效反馈与绩效改进。要想做好绩效管理，首先必须做好绩效计划。在绩效计划阶段，管理者与员工需要在员工绩效期望问题上达成共识，员工对自己的工作目标做出承诺。这种共识和承诺是基于工作职责而言，工作职责的来源是工作说明，或基于工作分析基础上的相关资料。那么，怎样通过工作分析得出关键绩效指标呢？

1. 确定工作职责

当通过工作分析确定了一个职位的工作职责之后，就需要找出每一项工作职责的工作产出是什么，也就是这项职责产生了什么样的成果。

2. 设定评估标准

找出对这些工作产出进行评估的角度。概括地讲，工作产出主要可以从数量、质量、成本、时限、满意度这几个方面进行评估。设定评估标准也就是分别对工作产出在这几个方面设定评估标准，即绩效指标和绩效标准。

3. 工作说明书

有了一份好的工作说明书，能对员工的工作起到指导作用。因此，在绩效实施过程中，工作说明书是非常重要的。到了绩效评估阶段，有了在工作职责指引下设立的绩效指标和绩效标准，对绩效的评估即可做到有根有据，在一定程度上避免了主观性。

第三节 在薪酬管理中的运用

一、工作分析对薪酬设计的意义

导读案例 9-6

华源祥公司薪酬制度问题出在哪里

华源祥公司的人力资源部经理最近非常苦恼，因为他发现公司留不住人，新招来的年轻人干不了几个月就走了。通过深入到员工中跟员工交流才发现问题原来出在薪酬体制上。它还是沿用了以前的制度，几乎所有的工作都在一个薪酬水平线上，没有体现出工作的差别。人力资源部经理获得上级支持后，决定对薪酬制度进行改革。改革先从工作分析做起，因为他认为，员工所从事工作的难度越大，其获得的薪酬相应就应该越高。工作分析信息可以用来确定任务、职责和责任的权重，对难度较大的工作给予较大的权数，从而付给更高的薪酬。他相信，建立在合理的工作分析及职位评价基础上的薪酬制度将使员工获得公平感，从而可以有效防止人才的流失。

工作分析通过了解各项工作的内容、工作所需要的技能、学历背景、工作的危险程度等因素确定工作相对于组织目标的价值，也可以作为决定合理薪酬的依据。工作分析为薪酬管理提供相关的工作信息，通过工作差别确定薪酬差别，使薪酬结构与工作相挂钩，从而制定公平合理的薪资政策。

二、职位评价对薪酬设计的意义

职位评价是企业内部建立薪酬公平机制的重要手段。它的理论假设是：对于不同性质的工作职位，不论职位的工作内容是否相同，都可以通过对比职位背后所隐含的付酬要素，确定它们的相对价值，并据此确定职位薪酬。例如，尽管一个车间班组长和一个办公室秘书所从事的工作完全不同，但所需要的技能、努力程度、责任大小、教育训练水平、对组织的贡献和工作环境等是可以比较的。如果根据一定的标准和程序判断他们的付酬要素，若比较结果相同，则这两个职位就应当获得同样的职位薪酬。职位评价对于薪酬设计的意义是双重的：

一方面，职位评价在薪酬设计中引入了理想分析的方法，克服了不同职位之间由于工作性质、工作内容不同造成的价值对比障碍，使得职位薪酬的确定可以处于同一标准之下，从而为增加职位薪酬的合理性，克服其制定过程中的主观性、随意性奠定了基础。

另一方面，职位评价的程序性为薪酬设计引入了程序公平、帮助组织建立员工对薪酬分配结果的公平性认知。职位评价不能仅仅停留在建立统一的薪酬衡量标准这个纯技术层面上，更为重要的是通过过程控制来实现程序公平、为组织的薪酬体系提供合法性解释。

三、薪酬设计与职位评价

现代企业的薪酬体系设计一般需要遵循一定的基本原则，其基本原则如表9-1所示。其中，内部一致性是指企业的薪酬结构应该具有可比性，即通过职位之间的横向比较和纵向比较之后，每个员工的薪酬与其职位本身的价值相一致。内部一致性的薪酬结构必须建立在科学的职位评价的基础之上。

表 9-1　薪酬设计原则

原则	主要内容
内部一致性	薪酬结构要支持工作流程，要对所有员工公平，并使员工与组织间的目标一致
外部竞争性	强调的是薪酬支付与外部组织的薪酬之间的关系
激励性	要能够对企业业绩、团队责任和个人能力有激励作用
经济性	要达到劳动力价值平衡、利润合理积累和薪酬总额控制目标
合法性	要遵循企业制度和相关法律法规

同样，现代企业的薪酬体系也需要遵循一定的流程，图 9-4 是现代企业的薪酬设计流程图，其中实线框表示各个步骤的名称，虚线框是对应各个步骤的主要活动。从图 9-4 可以看出，企业的薪酬设计必须建立在科学的职位评价的基础之上，而职位评价的依据则来自于工作分析所形成的职位说明书。因此，基于工作分析基础的职位评价是薪酬设计的客观依据。

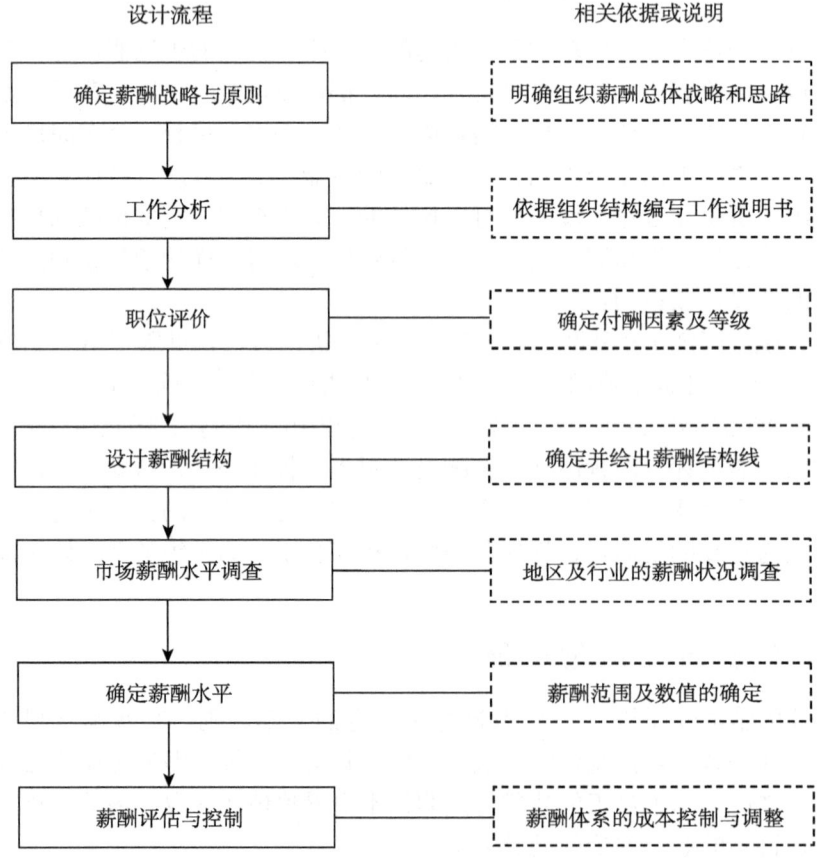

图 9-4　薪酬设计流程

第四节 在其他人力资源工作中的运用

一、工作分析在人员招聘和录用中的运用

导读案例 9-7

招聘与工作分析脱节

天津一家上市公司在 2000 年高薪招聘 70 名具有大学本科以上学历的技术型人才。招聘时该公司人力资源部承诺为他们提供良好工作环境、优越的工作条件和一定诱惑力的薪水。然而工作不到一年，各类问题接踵而至，有人抱怨专业不对口，技术优势无法发挥；有人认为自己的才能远远超过岗位工作的要求；有人反映工作条件并不能满足岗位工作的需要，而其他资源条件却没有被充分利用。更有甚者，在一次偶然的技术事故中，当事人以岗位说明书未注明工作风险的可能性为由推脱责任。不满情绪和换岗要求搞得人力资源经理非常困惑，几位出类拔萃的优秀员工离开了公司。后来经调查发现是以下三个方面的问题：①招聘时没有进行以工作分析为基础的人才测试，仅仅注重了学历要求和技术背景；②安排工作时未充分考虑任职者的现实能力和岗位要求；③工作过程中没有实施以工作分析为基础的培训和绩效评估。

资料来源：王小艳. 如何进行工作分析. 北京：北京大学出版社，2004.

人员招聘和录用是一个复杂、完整而又连续的过程。在招聘人员之前，招聘者需弄清楚需要招聘哪些人员，这些人员主要做的工作有哪些，他们在组织中的位置是怎样的，需要具备什么素质的人才能胜任这样的工作——所有的问题都是通过工作分析解决的。

基于工作分析的招聘流程以及录用如图 9-5 所示。

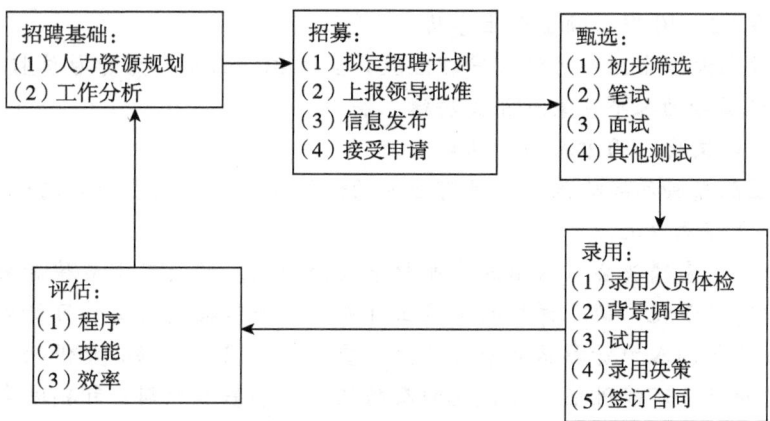

图 9-5　人员招聘和录用程序

工作分析在人力资源招聘中的作用主要表现在8个方面，即招聘需求的确定、招聘信息的确定、招聘信息的发布、应聘人员的筛选、招聘测试、面试应聘者、选拔和录用、工作安置和试用。

（一）招聘需求的确定

在招聘需求的确定环节中，通过工作分析可以掌握人力资源规划中人员配置是否得当；可以了解招聘需求是否恰当；可以分析需要招聘职位的工作职责、工作规范。

（二）招聘信息的确定

在进行招聘工作前，先要明确拟招聘岗位的目标和意义、岗位职责与工作权限、工作关系及岗位任职资格条件等问题。根据工作说明书拟发布的招聘信息，使潜在候选人了解对工作的要求和对应聘者的要求。

首先，明确工作的目标和意义：①岗位设置的目的；②该岗位工作的结果对组织目标有何作用。

其次，明确岗位职责与工作权限：①该岗位的主要职责及任务；②完成该岗位需要具备哪些权限。

再次，明确工作关系：①该岗位属于哪个部门，在整个组织中处于何种地位；②该岗位的直接领导是谁，监督的下属是谁；③该岗位在工作过程中需要与哪些人员和部门联系。

最后，明确岗位任职资格条件：①岗位所需的知识和技能；②完成工作需具备哪些能力；③履行岗位职责需具备什么样的职业道德；④岗位对身体素质的要求。

导读案例 9-8

招聘人力资源总监

A投资公司资产逾30亿元，目前控股多家海内外上市公司，近年来在国内主要是以证券市场运作为主，较少涉足产业经营。托管某B集团后，A投资公司公开高薪招聘派驻B集团的人力资源总监，并且委托多家知名猎头公司代为寻找。其中一家著名的猎头公司开列的条件如下：

（1）年龄在32～40岁，硕士以上学历。

（2）五年以上大型企业人力资源管理经验，至少担任三年人力资源总监。

（3）熟悉中国劳动人事政策及相关法律、法规。

（4）熟悉中西文化、西方人力资源理论。

（5）富有团队精神和战略眼光，具有出色的组织能力、判断能力和沟通能力。

（6）年薪20万元以上。

表面看来，这家猎头公司给出的资质要求较为明确。然而对于应聘者来说，这里有许多标准难以有效量化，缺乏详尽的岗位工作内容、流程描述与工作目标要求，而这些对于一个真正懂行的人力资源总监来说是至关重要的，因为他（她）要借此判断自己的工作经验与能力特点能不能胜任工作，这涉及聘任的一个基本原则，即判断自己是不是最为合适的人选。

(三)招聘信息的发布

确定需要招聘岗位的相关信息后,下一步的工作是发布招聘信息。根据工作规范的素质(知识、技能等)特征要求及招聘的难易程度选择招聘信息发布渠道。招聘信息的内容应简洁明了,让应聘者明确拟招聘岗位的主要岗位职责及任职资格要求,其主要内容包括以下几个方面。

(1)企业信息:①企业名称及性质、企业规模;②经营业务。

(2)岗位信息:①招聘岗位的名称、所属部门;②招聘的人数;③岗位职责、任务及目标;④岗位任职资格条件,即年龄、性别、所受教育和培训、工作经验等;⑤工作地点。

(3)其他:①应聘方式;②招聘负责联系人及联系方式;③招聘的截止日期。

招聘信息的质量高低,将直接影响招聘效果的好坏。另外,招聘者还应根据招聘岗位的特点选择发布招聘信息的媒体,媒体的选择也会影响招聘效果。

(四)应聘人员的筛选

1. 简历的筛选

招聘信息发布后、企业会收到大量潜在岗位候选人的应聘资料,如何从大量的应聘资料中挑选出合适的应聘者,这是招聘人员的首要任务。

招聘岗位的工作规范是筛选应聘者重要的参考依据。为了提高筛选应聘者资料的效率,一般可以从以下5个方面来把握:

(1)简历的结构,主要从简历撰写的逻辑性、层次感、重点突出等方面考察,如应聘者的工作经验这一栏,一般采用倒叙的方式叙述。

(2)应聘者的学历、专业,如企业招聘会计,其岗位规范中规定需要会计专业,本科以上学历。招聘人员可以据此迅速地淘汰一部分不符合要求的人员。

(3)工作经验及以往取得的工作成就,根据企业发展的需要,企业部分岗位会对应聘者工作经验有相应的要求,如在会计岗位工作规范中,明确要求需要2年以上本职工作经验,招聘人员可以按照这个硬性条件淘汰一部分简历,减少工作人员的工作量。

(4)所掌握的工作技能,在应聘者资料中是否有企业招聘岗位所需的工作技能,据此可以把不符合条件的应聘者排除掉。

(5)内容真实性,招聘人员浏览应聘者资料时,可以查看其有无前后矛盾或者不真实的地方。

2. 人员选拔

筛选出一部分合适的简历后,接下来的工作便是对这部分初选者进行选拔。采用何种方式对应聘者进行选拔,从哪些方面对其进行选拔,考核的标准如何制定等,职位说明书为这些问题的确定提供了依据。一般常用的选拔方法主要有以下四种:

(1)笔试。笔试主要是对应聘者的专业知识水平、业务知识水平、智力等方面进行测试。

(2)面试。面试是企业进行人员选拔常用的方式之一,主要考察应聘人员的综合素质和相关能力。

(3)评价中心。
(4)心理测验。

(五)工作分析在招聘流程中其他环节的应用

工作分析在招聘流程中其他环节的应用如表9-2所示。

表9-2 工作分析在招聘流程中其他环节的应用

招聘流程中的环节	工作分析在各个环节中的应用
招聘测试	根据招聘职位或职位的实际工作,选用适当的方式(操作考试、情景测试、评价中心); 选用与实际工作相类似的工作内容对应聘候选人进行测试,了解、预测其在未来实际工作中完成任务的能力
面试应聘者	通过工作分析掌握面试中需要向应聘者了解的信息,验证应聘者的工作能力是否符合工作职位的各项要求
选拔和录用	根据工作职位的要求,录用最适合的应聘者
工作安置和试用	根据工作职位的要求进行人员合理安置,对试用期的员工进行绩效考核,确认招聘是否满足职位需要

资料来源:高艳.工作分析与职位评价.西安:西安交通大学出版社,2006

二、工作分析在培训中的应用

(一)培训流程

在现代企业中,员工的培训流程一般分为四个环节,如图9-6所示。

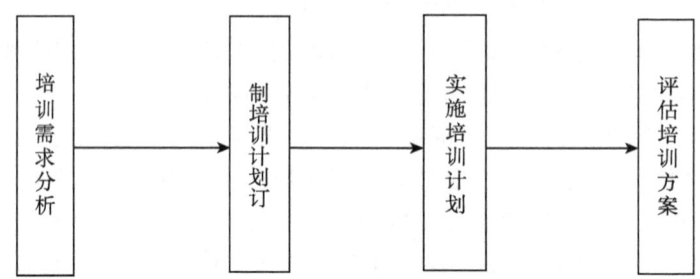

图9-6 企业员工的培训流程

(二)工作分析与培训的关系

导读案例 9-9

IBM公司销售人员的培训为什么有效

国际商业机械公司(International Business Machines Corporation,以下简称IBM公司)非常重视对员工的培训,其既有统一的文化、观念的培训,也有针对具体工作所采取的专门培训。例如,对于新招进来的员工,每个人都要接受公司理念的培训,包括公司的历史、信念、政策等;对于新来的销售人员,通过对这一职位的认真分析,明确了其所要具备的资格条件，并在此基础上，制定了专门针对销售人员的培训。培训时间是12个月，其中有3个月的课程学习，9个月的分公司实习。课程学习分两期进行：第一期课程主要是销售政策、销售时间以及计算机概念和IBM公司的产品介绍；第二期课程主要是学习如何销售，由本公司在销售第一线、有突出成绩的一流人才担任授课教师。事实证明，这种建立在工作分析基础上、有针对性的培训取得了良好的效果。

资料来源：王小艳．如何进行工作分析．北京：北京大学出版社，2004．

1．工作分析与培训需求分析之间的关系

培训需求分析是构建培训体系的起点，即确定培训目标、设计培训规划的前提，也是进行培训评估的基础，因而也是决定培训效果的关键。培训需求分析是以对岗位的分析为基础而展开的。

培训需求分析是指在规划与设计每项培训活动之前，由培训部门、主管人员、工作人员等采取各种分析和技术，对各种组织及其成员的目标、知识、技能等方面进行系统的鉴别与分析，以确定是否需要培训及确定培训内容的一种活动或过程。

培训需求分析必须在组织中的三个层次上进行，第一层是培训需求的组织分析层次；第二层是培训需求的任务分析层次；第三层是培训需求的个体分析层次。

1）工作分析与组织分析的关系

组织分析即把组织作为一个整体来考察，通过对企业的发展目标、人力资源需求和企业效率三方面的分析，来确定组织总体的培训需求。其主要包括组织的人力资源需求分析、文化分析及效率分析等。

工作分析对于分析组织层面培训需求的贡献是通过两个方面来实现的：一是帮助组织构建内部的人力资源信息系统，使组织能够准确地对人力资源现状进行度量；二是提供关于工作的情景信息，包括关于职位最终产品与服务、工作流程、工作成本等方面所面临的问题，找到组织中可以进行改进的方面，从而为组织层面的培训需求的确定提供依据。工作分析对组织分析的贡献可以用图9-7来表示。

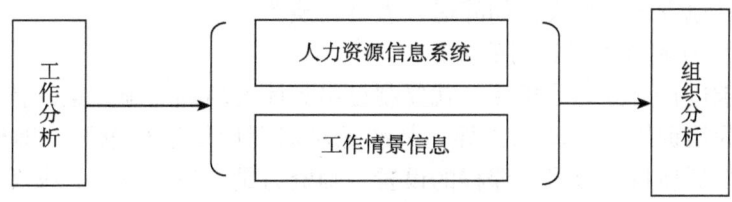

图9-7　工作分析对组织分析的贡献

资料来源：高艳．工作分析与职位评价．西安：西安交通大学出版社，2006

2）工作分析与任职者资格分析

任职者资格分析即着眼点是企业中的各个职位，主要包括任务本身的分析、岗位责任的分析、工作关系的分析、工作环境的分析、任职条件的分析等。

以培训为导向的工作分析，对任职资格部分的要求须具有自身的特点，主要体现为强调任职资格的能力特征分析。任职者资格体系一般包括能力特征和个性特征两个部分。能力特征是关于任职者在知识、技能和认识等方面的显性特征；个性特征则包括自我观念、内在动机等隐性特征。在两个特征中，个性特征是比较稳定的，一般在短期内不会改变，能力特征较易改变，因此，培训中的任职资格分析主要针对的是能力特征分析。

3）工作分析与个人分析的关系

个人分析主要是对员工的工作能力和工作绩效表现进行分析，从而确定培训的具体内容和培训对象，以增强培训效果的分析。

个人分析是建立在任职者资格分析之上，将任职资格与任职者现状进行对比的过程，并在此基础上确定谁需要和应该接受培训及培训的内容。

与工作分析密切相关的工作主要是人员的能力、素质和技能分析。工作分析明确了每项工作所要求的能力、素质和技能要求。从人员的角度进行同样的分析，用以考察评价工作人员是否达到了这些要求以及这些能力、知识和技能达到了什么样的水平，并由此决定对培训的需求状况。此外，对人员的知识、能力和技能进行分析，不仅仅是为了满足当前的工作需要，也是为了满足组织发展的未来工作的需要。

根据HAY公司的胜任力特征模型——"冰山模型"，在任职资格体系中，主要包括两个部分：一个部分是浮于水面之上的内容，包括知识、技能、认知过程、感知等。在工作说明书中，这部分主要体现在岗位的知识要求、技能要求以及素质要求中，如信息收集能力、观察能力、计划能力、组织能力等，而与个性无关的部分是较容易改变的。另一个部分则位于冰山的水面之下，主要包括自我观念、内在动机等，在工作说明书中体现为素质要求中的个性特征部分，如责任心、外向性等，其比较稳定，改变起来相当困难。培训中的任职资格分析主要针对"冰山浮于水面以上"的部分。

通过对比任职资格与任职者之间的差异来找到培训的需求点，这是培训需求分析的主要手段。但是，并非任职者与既定标准之间的所有差异都需要通过培训来弥补。在这里，需要考虑培训的成本与收益。只有针对那些能够通过培训来改变，并且通过培训所获得的收益大于培训的成本时，我们才能考虑将这样的项目纳入培训计划之中。否则，我们只能通过其他方式来解决，如辞退、人员轮换等。

2. 工作分析与制订培训计划的关系

对培训需求进行充分的分析后，就要制订出具体的培训实施方案。首先是设置培训的具体目标，为培训提供方向和指导；其次是对培训计划进行编制，即根据培训的目标，具体确定培训项目的形式、课程的设置、师资力量、教学方法、参考教材、考核方式、辅助培训器材与设施、培训效果评估的标准等。

企业中存在着既相互联系又相对独立的不同部门，每个部门中的工作人员又相对有着不同的岗位职责，这就决定了各部门所需要的培训内容是有所区别的，而同在一个部门工作的员工，又因其岗位高低和本职工作的不同在培训需求上也各不相同，完全按照一套培训课程进行培训将无法真正满足这种个性化的需求。因此，培训工作应该像现代市场营销中为客户提供量身定做的个性化服务或个性化产品一样，在工作分析的基础上，针对不同的工作岗位选择培训项目及课程内容设置。

3. 工作分析与实施培训计划的关系

培训计划制订好后，就是如何将这一计划付诸实践。在实施培训计划的过程中，必须依据培训的阶段性目标和培训过程中的关键点，对培训过程进行控制，做到动态、准确地掌握培训进程，以保证培训目标的完成。在培训过程的控制中，应密切关注培训学员是否按照工作所要求的核心要求展开，所学知识和技能是否有助于今后的职业发展。

4. 工作分析与评估培训效果的关系

培训结束后，需要对培训效果进行评估，究竟完成一次培训能给员工和企业带来什么，这就涉及培训效果的评估问题。员工的培训效果评估对改进和完善培训工作提供了有力的佐证，同时也可以与员工的薪酬、升迁等挂钩，从而实现对员工的有效激励。培训效果可以从以下几个方面进行分析。

(1) 所确定的工作任务是否符合实际，即研究各个岗位所确定的工作任务是否符合工作实际，是否是员工在实际工作中所完成的，这是非常重要的。为确保工作任务符合工作实际，对各个岗位工作任务的确定应建立在科学、合理的工作分析基础上。

(2) 培训目标是否直接与工作任务相关，即确定培训目标是否直接与岗位工作任务相关，培训内容是否为员工在实际工作中所需要的，员工能否真正在工作中运用所需的知识。如果所培训的知识、能力或技能不是员工在实际工作中所需要的，或者员工不能将这些知识、技能在实际中付诸实践，则会影响培训的有效性。

(3) 培训目标的实现程度。培训目标的实现程度与培训系统的有效性直接相关，如果培训系统存在问题，如培训的方式不恰当、培训地点不合理、培训内容不科学等，会影响培训目标的实现。

(4) 经过培训的员工的感受如何。管理者可以通过反馈、学习、行为和结果 4 种方式来判断所开展的培训是否真的有效，即经过培训的员工是否真的从培训中得到了预期的知识、能力或技能。

▶ 案例分析

通过对职位进行创新性设计来留住优秀员工

某家澳大利亚银行有两位优秀女性员工，一段时间里正好遇上这两位员工要同时生孩子。按照惯例，她们在生育期间要完全脱离工作，回家休息，但银行担心她们回家后再不会返回工作岗位。考虑到两位女职工均是优秀且难得的人才，领导希望将她们都留下。怎样做才能避免令人担忧的事情发生？

最终，该银行重新调整工作设计，成功地留住了两位优秀员工。他们让这两位主管共同合作完成过去由一个人单独完成的工作，使她们不仅能照顾好孩子，还能兼顾好工作，继续保持工作状态。由于两位女性主管过去工作就非常出色，她们在合作中总是在转交工作前尽力把能够做完的工作做完。这家银行因此成功留住了两位能干的人才。

思考：

试分析该银行在工作设计上运用了什么方法？

课堂讨论

小西的困惑

2003 年 4 月 1 日下午 13：00，在大家午休的时候，小西和人力资源开发经理被叫到了公司会议室——管理顾问临时召见。这是小西来公司的第二天，一切才慢慢开始变得有点亲切，包括人力资源开发经理——年过六旬、社会阅历颇丰、人格魅力很强的忻姨和将要给她们开会的管理顾问——刚刚留美归国的 MBA。

MBA：小西，很高兴你的加盟，为了让你有机会展示自己的才能，我和忻姨决定由你来系统地做一下公司每个岗位的工作分析。有什么困难可以提出，我们会尽量提供帮助。

忻姨：我们公司已通过了国家 ISO9001 质量认证，你可以参照一下 ISO 体系文件，会有所启发。

小西：（先沉默了一下，因为她感觉事情并不简单）好吧，我先试着去做，有问题随时请求你们帮助。

任务就这样下来了，对于小西——去年北京某高校人力资源管理专业毕业——来说，真的有点难度，"我根本就不怎么了解公司情况啊，而且工作分析说起来简单，要做好恐怕不容易呀。唉……"小西愁开了。

公司背景介绍：

××宽带数字技术有限公司（以下简称××公司）成立于 1993 年，是行内小有名气的一家从事机顶盒研究开发的高新企业。公司员工虽然不到 200 人，但是组织结构安排得井井有条，从机顶盒的产品规划到研究开发再到生产最后走上数字电视的大市场，公司都配备了一套良好的班子。2002 年，在机顶盒行业并不十分景气的情况下，××公司凭着独特的经营方式，强有力的人力资源后盾创下了年销售量 6 万台的佳绩，在行内遥遥领先。2003 年为了迎接更好的机遇、更大的挑战，以管理顾问为首的公司领导班子决定进行深度改革，首先从组织架构着手，把市场部提到了新的高度，重整了原来的系统软件部、应用软件部、硬件部等，同时也引进了一批更专业的人才（小西就是基于此引进的），用总经理的话说：专业的人才，做专业的事。但是，由于组织架构的变动，有些岗位名称变了，有些部门名称变了，也有一些员工的部门隶属关系变了，部门主要职能变了。因此有些员工开始迷茫：我现在该做什么；什么叫做"项目管理总经理"；等等。缘此，我们的管理顾问就提出让小西做系统的工作分析，明确每个岗位的职责。

公司原有工作分析介绍：

翻开公司的 ISO 体系文件，在《管理责任程序》后的附件二"部门职责说明"之后就是小西最想参考的《工作说明书》了，可是当她细看之后，发现这和现在公司的岗位安排有较大的距离，而且，这里的《工作说明书》好像并不规范，没有遵循所谓的工作分析要包括"5W1H"（who，whom，what，when，where，how）的说法，还有岗位定编定员等。现从中选一例供大家讨论。

例："人力资源部工作说明书"

人力资源部经理：

1. 负责公司的劳资管理，并按绩效考评情况实施奖罚。
2. 负责统计、评估公司人力资源需求情况，制订人员招聘计划并按计划招聘公司员工。
3. 按实际情况完善公司《员工工作绩效考核制度》。
4. 负责向总经理提交人员鉴定、评价的结果。
5. 负责管理人事档案。
6. 负责本部门员工工作绩效考核。
7. 负责完成总经理交代的其他任务。

培训考核岗位：

1. 负责按月收集各部门绩效考核表，并按公司《员工工作绩效考核制度》进行人员绩效考核，按时上报人力资源部经理。
2. 负责收集各部门的培训需求，制订培训计划。
3. 负责执行经审批的培训计划，并进行培训考核，撰写培训总结。

4. 完成人力资源部经理交代的其他工作。

小西看完后仔细思考了一下，虽然不知道这份工作分析是怎么做出来的（据说这是经过深思熟虑，反复推敲后成文的），但是她觉得这里面至少存在这样几个问题：

（1）格式过于简单。虽然工作说明书可以纯粹用文字的形式来表达，但大标题、小标题还是需要明确的。上面引用的工作说明书，格式过于简单，造成视觉上的不良印象。

（2）内容不完整。虽然未必能够使前面所提的"5W1H"面面俱到，但是作为工作说明书，至少要在"基本资料"一栏中写清楚：岗位名称、直接上级、所属部门。"工作描述"一栏中写清"工作概要"、逐项列出"岗位职责"。"职位关系"一栏中写明受谁监督、监督谁；可晋升、转换和晋升至此的职位；工作中可能与哪些职位发生关系。"任职资格"一栏中分别列出就职该岗位所需的学历要求、工作经验要求、能力要求，还可加上性别、年龄、体能要求等。工作说明书还可以包含"工作环境"的说明，如工作场所、环境的危险性、工作时间特征、均衡性、舒适性等。

上面的工作说明书，只是简单地列了几条该岗位的平时可能发生的工作内容，都属于"岗位职责"的内容。虽然"岗位职责"是工作说明书中的重要内容，但并不是唯一内容。

（3）内容描述不准确。对于"人力资源部经理"来说，小西觉得他的工作起码应涉及人力资源管理的几个重要部分：人力资源规划、员工招聘、培训发展、绩效考核、薪资福利，虽然每个方面都可以安排专员负责。但是，现在××公司的情况是：在小西没来之前，人力资源部就只有经理一人（以前有过一个助理，已离职），所以她的工作说明书就应该更详细一点，因为实际工作就是这样。对于"负责管理人事档案"这一条，小西有点疑虑：××公司是民营企业，没有档案管理权，根本就不存在"管理人事档案"这一说。事实上，××公司员工的档案都是挂靠在南方人才市场的，委托南方人才市场来管理。这样说来，这一条是不是错了呢？

至于"培训考核岗位"，小西也弄不太清，我们的培训考核流程具体是怎样的呢？小西暂时找不到答案。

新的工作分析这样形成：

为了完成来××公司的第一项工作任务，小西不再依赖原有文件，她开始竭尽所能地收集资料。首先弄清楚新的组织架构图中出现的每一个名词的含义，搞清楚公司的人员安排，即所谓的定岗定编。其次，利用互联网查询与每个职位有关的信息，对照自己公司的情况进行取舍。当然"工作说明书"被无数次地搜索过，为此，她去购书中心购买相关书籍，*The Dictionary of Occupational Titles*（美国《职业名称辞典》）也第一次进入了小西的视野。虽然大学期间，"工作分析"被列入重点专业课之一，用了一个学期来学，可是当初好像根本就没学到什么，现在能记起来的更是寥寥无几，况且理论与实践的差距太大了。

经过各种途径的资料搜集，当然也多次向人力资源开发经理和管理顾问请教，小西的工作说明书有了雏形（注：由于各种原因，在准备做工作分析的过程中，小西并没有去请教各部门经理，也没有做过任何调查问卷，可以说小西的工作说明书是完全凭她自己的理解做的，所以内容的准确性值得考虑，工作分析的进行过程也是问号），现把其中"人力资源部经理"的职位说明书列出来，供大家讨论。

人力资源部经理职位说明书

岗位名称：人力资源部经理

所属部门：人力资源部

直接上级：总经理

岗位设置目的：建立健全人力资源管理系统，制定人力资源发展战略和相关制度

岗位要求：清楚用人政策、办事途径；工作认真严谨，善于用人、管人；自身人格魅力强

工作责任：

1. 根据公司发展目标及内外部需求，建立人力资源发展规划。

2. 建立并根据内外形势不断修改人力资源管理系统。
3. 根据市场的发展，定期评估企业架构、部门职能和工作流程。
4. 根据公司短期和长期发展需求，及时进行人员招聘和人才储备。
5. 负责公司劳资管理，并按绩效考核情况实施奖罚。
6. 拟订并定期修改工作分析、绩效考评系统、福利制度、员工升迁规定等。
7. 负责员工档案的挂靠管理，处理员工劳动关系。
8. 完成公司交付的其他任务。

绩效考核标准：
1. 公司人力资本有效运用情况。
2. 人力资源部经理自身能力、素质。

工作难点：如何招聘好的员工，充分发挥员工能力，真正做到人—岗匹配

工作禁忌：自身素质欠佳，不能选拔、管理员工

职业发展道路：人力资源总监

任职资格
1. 学历、工作经验要求：本科毕业五年以上、研究生（及以上）毕业三年以上大型企业人力资源管理工作经验。
2. 工作业绩：在本岗位上完成本职工作。
3. 职业培训：组织行为学、劳动安全与卫生、《中华人民共和国劳动法》、薪酬管理、工作分析、人力资源开发与管理、社会保障学。
4. 年龄要求：28岁以上。
5. 个人素质：沟通协调能力、组织管理能力、业务指导能力、分析判断能力、实务操作能力、个人亲和力。

▶ 讨论

1. 企业在什么情况下要进行系统的工作分析，明确岗位职责？
2. 工作分析究竟该怎样进行，岗位调查问卷是必经途径吗？能否在不经过调查的情况下进行？
3. 工作分析到底由谁来做，是人力资源部一手操办的吗？
4. 在工作分析进行、执行的过程中，组织管理者充当什么样的角色？难道仅仅是任务的布置者？或者是旁观者？
5. 在工作分析过程中，部门经理、岗位任职者该做些什么，还是什么都不做，等着工作说明书来规范自己？
6. 工作说明书做好后，该怎样推广执行呢？仅仅靠人力资源部来发布通知，告诉员工按照工作说明书的内容工作吗？
7. 在工作说明书执行的过程中，如果员工有异议，或者说根本就不同意你对他所在岗位作的规定，那么人力资源部该怎么做？
8. 工作说明书执行后，是否需要更新维护，还是就这样不再变动？如果需要更新维护的话，依靠什么、由谁来做呢？是人力资源部吗？

▶ 思考题

1. 工作分析如何运用于人才的引进和人员的配置过程？
2. 定编定员的方法有哪些？

3. 简要叙述定编定员的步骤。
4. 职位评价是如何运用于薪酬管理的?
5. 工作分析和职位评价的结果在运用到人力资源管理工作中会遇到什么障碍或问题?如何克服或化解?

主要参考文献

陈庆.2011.岗位分析与岗位评价(第二版).北京：机械工业出版社
陈维政，余凯成，程文文.2011.人力资源管理.北京：高等教育出版社
董临萍.2008.工作分析与设计.上海：华东理工大学出版社
高艳.2006.工作分析与职位评价.西安：西安交通大学出版社
葛玉辉.2011.工作分析与工作设计实务.北京：清华大学出版社
李强，李永杰.2005.工作分析理论与应用.北京：中国劳动社会保障出版社
刘俊振.2009.职务管理.天津：南开大学出版社
孙宗虎，郭蓉.2007.工作分析与职位说明书编写实务手册.北京：人民邮电出版社
孙宗虎，郭蓉.2009.岗位分析评价与职务说明书编写实务手册.北京：人民邮电出版社
王青.2009.工作分析的理论与应用.北京：清华大学出版社，北京交通大学出版社
杨明海，薛靖，孙亚男.2010.工作分析与岗位评价.北京：电子工业出版社
姚若松，凌文辁，方俐洛.2003.职位评价研究综述.广州大学学报(社会科学版)，2(4)：60～63
张建辉.2003-04-12.职位分析与职位评价.www.sycp.com.cn
赵永乐.2006.工作分析与设计.上海：上海交通大学出版社
周亚新，龚尚猛.2010.工作分析的理论、方法及运用(第二版).上海：上海财经大学出版社
周占文.2005.新编劳动定额定员学.北京：电子工业出版社
朱兴佳，白京红.2008.职位分析与评估.北京：电子工业出版社
Harvey R J, Wilson M A. 2000. Yes Virginia, there is an objective reality in job analysis. Journal of Organizational Behavior, 21：829～854